Markus Philipp

Lexikon Saarbrücker Straßennamen

Markus Philipp

Lexikon Saarbrücker Straßennamen

ISBN 978-3-946036-91-3

www.geistkirch.de

1. Auflage 2019

Verlag: Geistkirch Verlag, Saarbrücken
Titelgestaltung: Florian Brunner, Saarbrücken
Satz und Layout: Harald Hoos, Landau
Printed in EU

Meinem Freund Daniel Vissering

(29.12.1972 – 29.5.2008)

Inhaltsverzeichnis

Einführung

Saarbrücken ist meine Geburts- und Heimatstadt. Zwar sehe ich viele Dinge, die hier geschahen und geschehen kritisch, aber im Laufe der Jahre ist doch eine große Verbundenheit mit dieser Stadt entstanden. Mein Geographie-Studium (1995 - 2001) war mit heimatkundlichen Aspekten gespickt und weckte nicht zuletzt das Interesse für meine Umgebung. Daraus resultierte meine inzwischen zwanzigjährige, nebenberufliche Tätigkeit als Exkursionsleiter und Saarland-Gästeführer. So kommt man zwangsläufig mit der Fragestellung in Berührung, warum Straßen so heißen, wie sie heißen. Reden und Schreiben liegt mir vielleicht auch etwas im Blut, denn meine Mutter war bereits als Schriftstellerin aktiv, auch heimatkundlich v. a. für ihre „Wiege" St. Arnual.

Die Idee, ein solches Lexikon zu schreiben, stammt ursprünglich von meinem besten und unvergessenen Freund Daniel Vissering. Eigentlich Speditionskaufmann, war er ebenfalls sehr interessiert an seiner Heimatstadt Saarbrücken, sammelte Bücher und Postkarten. Darüber wurde unsere Freundschaft sehr eng, dann aber durch seine furchtbare Krankheit und seinen sehr frühen Tod 2008 beendet. Seine Idee, einmal alle Saarbrücker Straßennamen zu erklären, habe ich mitgenommen.

Der Anstoß kam von Florian Brunner, Mitinhaber des Geistkirch-Verlages und ebenfalls heimatkundlicher Buchautor. Er wandte sich 2013 an mich, um mehr über die Spuren der alten Saarbrücker Straßenbahn zu erfahren. Daraus entstand unser gemeinsames Projekt „Saarbrücker Spurensuche" mit inzwischen zwei beliebten Bänden. Als ich ihm von Daniels Idee erzählte, ermutigte er mich, mit den Arbeiten für dieses Werk zu beginnen.

Zum Anspruch dieses Buches

Das Buch nennt sich „Lexikon Saarbrücker Straßennamen" und nicht „Lexikon Saarbrücker Straßen". Die Straße an sich spielt nur dann eine Rolle, wenn es der Name erforderlich macht. Denn dieser steht im Mittelpunkt der Betrachtung. Dabei sind bei Weitem nicht nur historische und heimatkundliche Bezüge relevant, sondern sehr häufig auch Allgemeinwissen. Bei Straßen, die nach Pflanzen, Tieren, Personen oder Orten benannt sind, werden genau diese erläutert. Hierin sehe ich durchaus einen Mehrwert. Ich gehe davon aus, dass manche Bewohner der Glogauer Straße nicht wissen, was Glogau ist und wo es liegt oder Anwohner der Wendel-Schorr-Straße eine Ahnung haben, was für ein mutiger Mann sich hinter dem Namen verbirgt. Bei einer solchen Betrachtung gehe ich bewusst die Gefahr ein, Namen zu erklären, die selbsterklärend sind. Ich bin mir nicht zu schade, alle sechs Rosenstraßen zu erklären. Doch halt - hier zeigt sich wieder die Spannung im Buch: Erweisen sich fünf Rosenstraßen als selbsterklärender Teil eines „Blumenviertels", schert die sechste aus.

Zweierlei kann und möchte dieses Buch also *nicht* leisten: Erstens, die Straßen in ihrer zeitlichen und räumlichen Charakteristik darzustellen, also ihre Entstehungsgeschichte aufzuzeigen sowie ihre Bebauung und Erschließung zu beschreiben. Das würde den Rahmen bei Weitem sprengen. Zweitens, die Gründe warum eine Straße einen Namen erhielt. Dies liegt manchmal auf der Hand, manchmal ist es mir bekannt oder unproblematisch nachzuweisen. In den seltensten Fällen gehe ich jedoch auf die Hintergründe ein. Dazu müsste man häufig Sitzungsakten der jeweils zuständigen Stadt-, Bezirks- oder Gemeinderäte in Archiven wälzen, um herauszufinden, warum sich z.B. ausgerechnet Komponisten im Kaiser- und Mühlenviertel und Greifvögel in Bübingen tummeln. Der damit verbundene Aufwand hätte das Erscheinen des Buches um Jahre verzögert und den Umfang zu sehr aufgebläht.

Eine Wertung oder Interpretation der Straßenbenennung unterbleibt ebenfalls in aller Regel. Dass zum Beispiel die Benennung der Straßen des Eschberges 1963 nach „verlorenen" deutschen Orten und Landschaften erfolgt ist oder sich die „Straße des 13. Januar" immer noch wacker hält, wurde bereits von anderen Autoren hinreichend kommentiert (z. B. Cenkel/Kabioll 1989, Schleiden 1998 oder Bungert 2014).

Die reine Konzentration auf Namen erschien mir allerdings etwas wenig, weshalb ich einige Komplementärinformationen zu den Straßen zusammenstellte, z. B. deren Lage, Länge, Einwohnerzahl, Umbenennungen etc. Näheres hierzu wird in der Lesehilfe erläutert. Daraus ergeben sich auch ein paar nette statistische Spielereien. Wussten Sie beispielsweise, welcher Straßenname am häufigsten in Saarbrücken vorkommt? Ich lag mit meiner Vermutung daneben. Damit beschäftigt sich ein eigenes Kapitel am Ende des Buches.

Zur Methode der Recherche für dieses Buch

Diese Arbeit stützt sich überwiegend auf Quellen, die im Anhang genannt sind. Eigene Recherchen und Interpretationen sind seltener. Auswertung von Print- und Online-Medien sowie persönliche Befragung von Experten waren die wesentlichen Methoden, um die gewünschten Informationen zusammenzustellen. Dabei war mir mein eigenes Archiv mit aktueller und antiquarischer, regionaler Literatur und Kartenwerken eine große Hilfe.

Für sehr viele Begriffs- und Namenserklärungen hielt einfaches, lexikalisches Wissen wie das der Brockhaus-Enzyklopädie oder mancher Impuls von Wikipedia her. Im heimatkundlichen Bereich, z. B. bei lokalen Persönlichkeiten oder Flurnamen, musste die Recherche spezialisiert werden. Stadtpläne, topographische Karten, Adressbücher und allgemeine Internetrecherchen stellen hierbei das grundlegende Material dar. Literatur über die Region, Saarbrücken und seine Stadtteile lieferte die besten Ergebnisse. Vorbildliche Chroniken und somit sehr ergiebig für meine Recherchen stellten die Werke über Bübingen (1989 & 2018), Güdingen (1973) oder Fechingen (1973) dar. Auch das Straßenlexikon Dudweiler (2017) ließ fast keine Wünsche bei der Recherche offen. Und Standardwerke wie Rolf Wittenbrock's Stadtgeschichte in zwei Bänden (1999) und Gerhard Bauers Flurnamenbuch (1957) tun ihr Übriges. Internetseiten wie die saarländischen Biographien von Prof. Dr. Joachim Conrad oder die heimatkundliche Internetpräsenz Ensheims von Paul Glass ergänzen dies vorzüglich. Allerdings sind doch manche Stadtteile für meine Zwecke überraschend schlecht dokumentiert, z. B. Bischmisheim, Klarenthal oder Schafbrücke. Doch hier konnten Experten vor Ort in vielen Fällen ungeklärter Namensgebungen Licht ins Dunkel bringen. Alle Quellen und Helfer sind im Literatur- und Quellenverzeichnis aufgeführt. Nicht zuletzt darf ich mich selbst als Quelle nennen, da ich im Laufe der Jahre einiges Wissen über meine Heimatstadt erworben habe.

Danksagung

Dies führt mich dazu, festzustellen, dass ich zwar meistens im „stillen Kämmerlein" saß, um dieses Lexikon zu schreiben, aber ohne das Zutun einiger engagierter und mir oft freundschaftlich verbundener Helfer wäre das in dieser Form nicht machbar gewesen. Das erste „Danke" geht an meine Frau Simone Philipp und meinen Verleger Florian Brunner. Erstere ließ mich in besagtem Kämmerlein gewähren und unterstützte mich wo immer nötig. Letzterer war für mich stets ansprechbar und ein guter, freundschaftlicher Ratgeber, auch inhaltlich. Mein Freund Lutz Frey hatte nicht nur die Aufgabe des Adlerauges in zwei anspruchsvollen Korrekturlesungen, sondern konnte durch sein umfassendes Wissen einige ungeklärte Fragen beantworten und weitere Quellen auftun. Viele weitere heimatkundlich aktive und kompetente Personen konnten mich grundsätzlich oder gezielt in Einzelfragen unterstützen. Dies sind in alphabetischer Reihenfolge Helmut Ballas, Hans Eck, Thomas Fläschner, Paul Glass, Manfred Hahn, Prof. Dr. Wolfgang Haubrichs, Dr. Christa Jochum-Godglück, Werner Karg, Karl-Ernst Kugler, Reiner Morsch, Peter Nest, Stefan Oemisch, Julius Roth, Roland Schmitt, Harald Seiler, Delf Slotta, Norbert Thäder, Dr. Claus Theres und Stefan Weszkalnys. Ihnen allen gilt mein Dank! Herrn Rainer Waespi-Oeß (Landeshauptstadt Saarbrücken) danke ich für die Unterstützung mit statistischen Informationen, die das Buch bereichern. Wesentlich für den Erfolg eines Buches ist die gute Zusammenarbeit zwischen Verlag und Autor – daher mein Dank an Harald Hoos und nochmals Florian Brunner.

Markus Philipp

Grundsätzliches zum Thema Straßennamen und -schilder

Wie kommt die Straße zu ihrem Namen?

Straßennamen haben die Funktion, eine Straße unterscheidbar zu ihren Nachbarstraßen und damit insbesondere für Ortsfremde auffindbar zu machen. Die Namensgebung geht in einzelnen Fällen zurück bis in die Antike. In Städten kamen Straßennamen dann vermehrt bereits im Mittelalter auf. Spätestens mit der Ausdehnung der Städte und Dörfer im 19. und 20. Jahrhundert haben Straßennamen die heutige Bedeutung erlangt. Die Wahl des Namens unterliegt dabei sehr oft einem gewissen Zeitgeist. Waren in früheren Jahrhunderten ansässige Berufe oder Bevölkerungsgruppen (Krämergasse, Hugenottenstraße...) namensgebend, kamen im 19. und beginnenden 20. Jahrhundert oft wichtige Persönlichkeiten wie Herrscher oder Militärs zu Ehren. Auch Flurnamen und historische Ortsbezüge spielen in städtischen wie ländlichen Gebieten eine Rolle. Richtungsweisende Namensgebung (Saarbrücker Straße) oder Benennung nach Eigenschaften (Bergstraße) ziehen sich durch die gesamte Geschichte der Namensgebung. Im Übrigen ist auch der hintere Teil eines Straßennamens sehr häufig schon ein Hinweis auf die Art der Straße: „... straße, ... weg, ... gasse, ... ufer, ... platz, ... brücke" – damit ist schon einiges gesagt.

Insbesondere im Saargebiet änderte der häufige Wechsel der politischen und nationalen Gesinnung die Namensgebung vieler Straßen mehrfach. Eine Reaktion auf diese oftmals sehr umstrittene Namensgebung sind die unverfänglichen Straßennamen vieler Neubaugebiete der Nachkriegszeit, in denen zum Beispiel Pflanzen, Tiere, Ortschaften oder Flüsse oft eine thematische Einheit herstellen. Diese Gruppierungen werden im lexikalischen Teil mit dem Zusatz „Teil eines Viertels mit Straßennamen nach..." herausgehoben.

Bis heute entscheiden über die Verleihung eines Straßennamens im Zuge einer Neu- oder Umbenennung grundsätzlich kommunalpolitische Gremien. Seit den 1990er Jahren sind dies in Saarbrücken die Bezirksräte. Damit sollten diese Gremien, die oft nur eine zuarbeitende Funktion für den Stadtrat besitzen, auch eigene Entscheidungen für ihr direktes Umfeld treffen können. Der Stadtrat wird in Kenntnis gesetzt und die Stadtverwaltung setzt den Beschluss um. Bei aktuellen Benennungen werden gerne Persönlichkeiten der Stadtgeschichte geehrt. Dabei wird gerade in den letzten Jahren Wert auf eine Gleichbehandlung beider Geschlechter gelegt, was eine verstärkte Benennung von jüngeren Straßen nach Frauen zur Folge hat, da diese bislang unterrepräsentiert waren.

An dieser Stelle möchte der Autor dieses Buches kurz einhaken und eine konkrete Straßenbenennung vorschlagen: Trudeliese (Gertrud Elisabeth) Schmidt (1942 - 2004) war eine weltbekannte Opernsängerin, die in Burbach aufwuchs und am Saarbrücker Theater ihre Laufbahn begonnen hat. Der noch namenlose Platz am Schlossfelsen gegenüber der Alten Brücke böte sich an, da er sich in Sichtweite zum Ort des frühen Schaffens der Mezzosopranistin, dem Staatstheater, befindet. Der Verfasser würde seiner Großcousine „Trudel", mit der er bis kurz vor deren zu frühem Tod noch ein herzliches Verhältnis pflegte, diese Ehre sehr wünschen.

Straßenphantome und offene Fragen

Es gibt in Saarbrücken Straßen und Treppen, die es nicht gibt. Dieser Widerspruch entsteht durch voreilig in Karten und Listen übernommene Straßen. Ein Beispiel ist die Luxemburger Straße, die wohl erst nach Erschließung des Neubaugebietes Franzenbrunnen eine Rolle spielen wird.

Sie ist aber schon viel früher auf Plänen aufgetaucht, obwohl sie im Gelände noch nicht identifizierbar ist. Am Rastpfuhl gibt es zwei weitere solche Phantome, die Reiler Treppe und den Irscher Weg. Beide sind nicht auszumachen, was daran liegt, dass hier mal etwas geplant war, was nie umgesetzt wurde. Auf Stadtplänen hat man es aber schon mal verewigt und dort ist es - einmal erfasst - wieder schwer wegzubekommen. Mit der alten Trillertreppe verhält es sich anders: Sie gab es tatsächlich, wurde leider absichtlich aufgegeben und geriet in Vergessenheit, ist aber immer noch auf einigen Stadtplänen eingetragen.

Offene Fragen zu Namensgebungen gab es anfänglich viele. Die meisten wurden durch Recherche und wertvolle Hinweise geklärt. Manche konnten nur durch Vermutungen erklärt werden. Einige Erläuterungen zu Personen oder Flurnamen sind sehr knapp oder unvollständig bzw. lassen Fragen offen. In solchen Fällen war es dem Autor nicht möglich, auf der Grundlage seiner Quellen und Informanten mehr herauszubekommen. Als besonders hartnäckiges Pflaster hat sich Klarenthal erwiesen, wo in vier Fällen gar keine Erklärung der Namensgebung möglich war. Insgesamt liegt die Zahl der nicht oder nur unzureichend erklärbaren Namen bei dreizehn, was nur 0,7 % aller Namen entspricht. In weiteren Fällen stehen dem Leser mehrere Erklärungsansätze zur Verfügung. Natürlich ist der Autor in diesem Zusammenhang für Hinweise aus der Leserschaft dankbar, die bitte an den Verlag zu richten sind.

Das Straßenschild - nur wenn es fehlt, erregt es Aufsehen

Die Illustration dieses Buches erfolgt überwiegend durch aktuell abgelichtete Straßenschilder. Eigentlich heißen diese Schilder nach § 45 (3) der Straßenverkehrsordnung „Straßennamensschilder" und haben die Zeichennummer 437. Sie sind die wesentliche Verortung des Straßennamens. Sie prägen wenngleich diskret und oft übersehen, das Stadtbild - meist an Kreuzungen und Einmündungen. Erst wenn ein Ortsunkundiger an einer Stelle ein Straßenschild vermisst oder übersieht, wird das unauffällige Blech zum Thema. Doch die Schilder selber sind einen näheren Blick wert (siehe auch „Saarbrücker Spurensuche" (2015), Kapitel 14).

Die ältesten Schilder mit Emaille-Überzug sind in aller Regel an Hauswänden befestigt, haben eine leicht gewölbte Oberfläche und die weißen Buchstaben auf blauem Grund sind leicht erhaben. Manchmal zeigt auch ein gefiederter Pfeil die Richtung des Straßenverlaufs an (z. B. in der Mainzer Straße Ecke Bleichstraße). Nicht ganz die ältesten sind die Schilder, auf denen der Name in deutscher Frakturschrift steht. Diese Schilder dürften schwerpunktmäßig aus den 30er Jahren stammen, was in vielen Fällen zum Baujahr der Gebäude passt, an denen sie befestigt sind.

Erst nach dem Zweiten Weltkrieg dürfte man dazu übergegangen sein, die Schilder nicht mehr an Gebäuden, sondern vorzugsweise an freistehenden Masten anzubringen. Dabei vermied man insbesondere Probleme mit Hausbesitzern, die beispielsweise Renovierungen an der Fassade vornehmen möchten. Bei den Masten handelt es sich um solche, die sowieso vorhanden sind, beispielsweise für die Straßenbeleuchtung, oder um solche, die eigens für die Straßenschilder aufgestellt wurden. Nach wie vor ist die in Saarbrücken übliche Darstellung eine weiße Schrift auf dunkelblauem Grund eines beschichteten Metallschildes. In einigen Fällen, insbesondere ältere Schilder, besitzen diese einen weißen Zierrahmen. Einige wenige Straßenschilder neueren Datums weisen eine schwarze Schrift auf hellem Grund auf. Diese werden nach Informationen der Stadtverwaltung an nicht bewohnten Straßen (z. B. Brücken wie Alte Brücke, Ostspange) rein informativ aufgestellt. In ganz wenigen Fällen trifft man sogar weiße Schrift auf grünem Grund an. Dabei dürfte es sich um besondere Beschilderung handeln, wie die des Gouvy-Platzes in Schafbrücke, der keine offizielle Adresse darstellt, sondern nur zum Gedenken an den Komponisten Gouvy benannt wurde. Genauso verhält es sich u. a. mit dem Max-Braun-

oder Wolfgang-Staudte-Platz, die hingegen wieder klassisch weiß-blaue Straßenschilder aufweisen.

Die Landeshauptstadt Saarbrücken unterhält in verschiedenen Bauhöfen Schilderlager (siehe Fotos Seite 408 und 426). Dort werden für die wichtigsten Straßen Ersatzschilder bereitgehalten.

Straßenschilder einer anderen Stadt verlassen den Brennofen.

Lesehilfe

Zum richtigen Verständnis des lexikalischen Teils werden dem Leser im Folgenden einige nützliche Hinweise gegeben.

Die Straßennamen sind grundsätzlich alphabetisch geordnet, wobei die Umlaute „ä, ö, ü" wie „a, o, u" behandelt werden.

Dem ausgeschriebenen Straßennamen folgt zunächst die Erklärung des Namens. Ist diese im Rahmen der Recherchen nicht möglich gewesen oder bestehen Unsicherheiten oder mehrere Erklärungsansätze, wird dies hier erwähnt. Auch Vermutungen werden als solche gekennzeichnet. Die Erklärung erfolgt wie in der Einleitung erläutert auf der Grundlage der verfügbaren Quellen nach bestem Wissen. Korrektur- und Ergänzungshinweise aus der Leserschaft sind willkommen und an den Verlag zu richten. Der Hinweis „s. o." wird bei Straßennamen verwendet, deren Namen bei identischer Erklärung mehrfach vergeben ist. Außerdem schließen sich hier bei manchen Straßen Hinweise auf eine Gruppierung von Straßennamen mit gleichem Thema an (z. B. „Blumenviertel": Teil eines Viertels mit Straßennamen nach Blumen).

Ⓤ – Falls dies für die jeweilige Straße zutrifft und im Rahmen der Recherchen bekannt wurde, folgt hier eine Aufstellung über frühere Namen der Straße sowie das Jahr der Umbenennung. Es besteht kein Anspruch auf Vollständigkeit. Durch die unterschiedlichen politischen Strömungen und Zugehörigkeiten sind Mitte des 20. Jahrhunderts verstärkt Straßen umbenannt worden. Dies war zu Beginn und nach Ende der nationalsozialistischen Herrschaft sehr häufig. Alleine ein Dokument vom November 1945 zählt 63 Umbenennungen im damaligen Stadtgebiet (vor der Gebietsreform) auf. Auch nach Anschluss an die Bundesrepublik Deutschland 1957 erfolgten wieder zahlreiche Umbenennungen. Bei den ab 1974 im Rahmen der Gebietsreform hinzugekommenen äußeren Stadtteilen dürften bzgl. der Dokumentation von Umbenennungen Lücken bestehen, da eine detaillierte Recherche im Rahmen dieser Arbeit nicht möglich war. Die Angaben beschränken sich grundsätzlich auf den oder die ehemaligen Namen und das Jahr der Umbenennung. Sofern das Jahr einer Umbenennung nicht bekannt ist, wird „ehemals" oder „früher" angegeben oder eine andere grobe Zeitangabe gemacht („ca."). Auf die Gründe zur Umbenennung wird nicht eingegangen. Hier sei u. a. die Literatur von Bungert (2014) oder Schleiden (1998) empfohlen. Auf die Bedeutung ehemaliger Straßennamen wird nur teilweise und dann auch nur in Form von kurzen Hinweisen in Klammern eingegangen.

Im folgenden Block sind einige geographische und statistische Daten zu den Straßen zusammengestellt:

Ⓢ – Stadtteil = offizieller Stadtteil der Landeshauptstadt Saarbrücken, in dem sich die Straße befindet. In einigen Fällen durchlaufen Straßen zwei oder mehrere Stadtteile.

Ⓓ – Distrikt = offizielle Unterteilung der Stadtteile in einzelne Distrikte. Kleinere Stadtteile (z. B. Ensheim) sind gleichzeitig Distrikt bzw. sind nicht weiter in Distrikte unterteilt. In einigen Fällen durchlaufen Straßen zwei oder mehrere Distrikte.

– Postleitzahlengebiet, dem die Straße zugeordnet ist. In wenigen Fällen gehört eine Straße zu zwei PLZ-Gebieten. Eine Straße, die mehr als zwei PLZ-Gebiete durchläuft, gibt es nicht. Achtung: Die PLZ-Gebiete sind nicht immer mit den Grenzen von Stadtteilen und Distrikten gleichzusetzen! Die Grenzziehung ist teilweise kompliziert, z. B. die Abgrenzung von 66117 und 66119 in Alt-Saarbrücken oder 66111 und 66121 im Ostviertel.

↔ – Länge der Straße. Die Entfernungen wurden anhand des Entfernungsmesstools auf der digitalen Topografischen Karte des Saarlandes (1:25.000; LKVK 2010) manuell gemessen. Die Werte sind auf ein Meter gerundet. Durch Generalisierung, Messungenauigkeiten und Ungenauigkeiten im Übergang von Straßen, kann es zu geringen Abweichungen von der Realität kommen. Abzweigungen mit gleichem Namen werden mitgerechnet (aufsummiert), sofern sie öffentlich befahrbare Straßen darstellen. Reine Wegeverbindungen zu benachbarten Straßen werden in der Regel erwähnt, aber in der Längenberechnung nicht berücksichtigt, ebenso wenig Einfahrten in Privatgrundstücke oder Parkplätze. Plätze werden anhand von zwei bis drei Durchmesserwerten in ihrer Ausdehnung dargestellt. „k. A." bedeutet, dass die Bemessung der Straße nicht eindeutig nachzuvollziehen ist und daher entfällt. Straßen und Plätze, deren genaue Grenzziehung nicht nachvollziehbar ist, werden mit „ca."-Angaben dargestellt.

– Einwohnerzahl der Straße, Stand 31.12.2017 nach Angaben der Landeshauptstadt Saarbrücken, Amt für Entwicklungsplanung, Statistik und Wahlen. Aus Datenschutzgründen werden die genauen Einwohnerzahlen erst bei Straßen mit mehr als 29 Einwohnern angegeben, bei 29 und weniger Einwohnern erscheint „< 30". Nicht bewohnte Straßen sind mit „0" angegeben (z. B. Brücken, Industriegebiete). „k. A." bedeutet, dass die Zahl aus unterschiedlichen Gründen nicht ermittelt werden konnte, z. B. Straßenneuanlage nach Erfassungszeitpunkt.

– Lage der Straße im Straßennetz oder in ihrer Umgebung. Im Regelfall verbindet eine Straße zwei weitere Straßen (verbindet „X" und „Y") oder zweigt eine Straße als Sackgasse von einer anderen ab („Seitenstraße der X").

Q – Quellen (insbesondere Literatur und persönliche Hinweise Sachkundiger), die der Recherche zu Grunde lagen. Die hier aufgeführten Abkürzungen werden im Literatur- und Quellenverzeichnis im Anhang erläutert.

Aachener Straße – Aachen: Stadt in Nordrhein-Westfalen, ca. 254.000 Einwohner. Römische Ursprünge, Residenz des Frankenreiches Karls des Großen und Krönungsstadt deutscher Könige und Kaiser vom 9. bis 16. Jahrhundert.

Teil eines Viertels mit Straßennamen nach Städten Westdeutschlands.

Ⓢ Burbach Ⓓ Hochstraße 66115 ↔ 363 Meter 290 Einwohner
verbindet Merziger und Serriger Straße Ⓠ Lex, LHS

Abtsdell – Die Namensgebung bezieht sich auf den Abt des Klosters Wadgassen, dessen Propstei hier bis ins 18. Jahrhundert hinein Ackerland besaß. Dell(e) = Vertiefung im Gelände.

Ⓢ Alt-Saarbrücken Ⓓ Bellevue 66117 ↔ 440 Meter 158 Einwohner
ringförmige Seitenstraße der Moltkestraße mit Abzweig Ⓠ Bau, Lex, LHS

Achenbachstraße – Es gab zwei in Saarbrücken geborene Brüder Achenbach, nach denen die Straße benannt sein kann: 1. Moritz Ludwig Adolf Achenbach (25.1.1825 - 13.6.1903): Geheimer Oberbergrat und 1869 - 1878 Vorsitzender der königlich-preußischen Bergwerksdirektion Saarbrücken, unter dessen Regie der Neubau des Direktionsgebäudes in St. Johann umgesetzt wurde (heute „Europa-Galerie").

2. Heinrich Karl Julius von Achenbach (23.11.1829 - 9.7.1899), Rechtswissenschaftler, Geheimer Bergrat und preußischer Handelsminister.

Teil eines Viertels mit Straßennamen mit bergbaulichem Bezug.

Ⓢ Jägersfreude Ⓓ Jägersfreude 66123 ↔ 341 Meter 116 Einwohner
Seitenstraße der Hauptstraße (Jägersfreude) Richtung St.-Hubertus-Kirche
Ⓠ Adr, Bio, DuStr

Achtstraße – Flurbezeichnung „Acht": geht auf das mittelhochdeutsche Word „âhte" zurück, welches Ackerland unter besonderem Rechtsschutz eines Herren stehend bezeichnet. Mit Herren dürften hier die Stiftsherren des Stiftes St. Arnual gemeint sein (Achtwiese = Pfarrwiese).

Ⓢ St. Arnual Ⓓ Wackenberg 66119 ↔ 171 Meter 67 Einwohner
Seitenstraße der Saargemünder Straße Ⓠ Bau, LHS

Ackerstraße – Flurname, der sich auf die ehemalige Nutzung des Geländes als Garten- und Ackerland (z. B. Getreideanbau) bezieht.

Ⓢ *Burbach* Ⓓ *Hochstraße* *66115* ↔ *85 Meter* *< 30 Einwohner*
verbindet über Eck Jakobstraße und Auf dem Acker Ⓠ *Bau*

Ackerstraße – s. o.

Die Benennung der nahe gelegenen Feldstraße unterstreicht die ehemalige Landnutzung.

Teil eines Viertels mit Straßennamen nach Beschaffenheit des Untergrundes.

Ⓢ *Dudweiler* Ⓓ *Dudweiler Nord* *66125* ↔ *275 Meter* *71 Einwohner*
verbindet Fischbachstraße und Im Tierbachtal Ⓠ *DuStr*

Adalbertstraße – Adalbert I von Saarbrücken (1075 - 1137): Erzbischof von Mainz. Sohn des ersten Grafen Sigebert von Saarbrücken.

Bildet mit der Sigebertstraße ein sinnhaftes Namenspaar.

Ⓤ *bis 1927 Graf-Adalbert-Straße*

Ⓢ *St. Arnual* Ⓓ *Wackenberg* *66119* ↔ *90 Meter* *< 30 Einwohner*
verbindet Lehmkaulweg und Rubensstraße Ⓠ *LHS, Rupp*

Adlerring – Verzweigte, annähernd ringförmige Straße nach dem Greifvogel Adler (Gattung der Habichtartigen, z. B. Steinadler, Seeadler ...).

Teil eines Viertels mit Straßennamen nach Vogelarten.

Ⓢ *Bübingen* Ⓓ *Bübingen* *66129* ↔ *370 Meter* *117 Einwohner*
verbindet Zum Forstberg und Auf Lehen Ⓠ *Lex, LHS*

Adolf-Wilhelm-Straße – Viktor Adolf Wilhelm (26.11.1886 - 25.10.1958): Langjähriger Lehrer und Rektor in Ensheim, 1952 Ehrenbürger der ehem. Gemeinde Ensheim, u. a. auch Chorleiter und Heimatforscher.

Ⓢ *Ensheim* Ⓓ *Ensheim* *66131* ↔ *795 Meter* *35 Einwohner*
verbindet Heimel- und Rudolf-Wilhelm-Straße Ⓠ *ens*

Agnes-Kaiser-Weg – Agnes Kaiser (18.11.1885 - 26.4.1952): Buchhalterin, erste weibliche Stadtverordnete Saarbrückens 1920 (für die SPD). Vorsitzende des Zentralverbandes der Angestellten.

Teil eines Viertels mit Straßennamen nach lokalhistorisch bedeutsamen Frauen.

Ⓢ *Malstatt* Ⓓ *Rastpfuhl* *66113* ↔ *120 Meter* *< 30 Einwohner*
verbindet Am Hölzersbach und Johanna-Hofer-Weg Ⓠ *Bio, Frau, Witt*

Ahornstraße – Ahorn: Pflanzengattung der Rosskastaniengewächse mit bis zu 200 Arten auf der Nordhalbkugel. Meistens Bäume und Sträucher. Teil eines Viertels mit Straßennamen nach Strauch- und Baumarten.

Ⓢ Burbach Ⓓ Füllengarten ✉ 66115 ↔ 205 Meter < 30 Einwohner
verbindet Linden- und Heckenstraße (Eisenbahnkolonie) Ⓠ Lex

Ahornweg – s. o. Teil eines Viertels mit Straßennamen nach Baumarten

Ⓢ Güdingen Ⓓ Alt-Güdingen ✉ 66130 ↔ 90 Meter < 30 Einwohner
Seitenstraße des Eichenweges Ⓠ Lex

Ahrstraße – Ahr: linker Nebenfluss des Rheins, Quelle in Blankenheim/Eifel, Mündung nach 85 km bei Remagen.
Teil eines Viertels mit Straßennamen nach südwestdeutschen Flüssen.

Ⓤ bis 1945 Moselstraße

Ⓢ Malstatt Ⓓ Rastpfuhl ✉ 66113 ↔ 304 Meter 123 Einwohner
verbindet Lebacher und Rheinstraße Ⓠ Lex, LHS, SU1

Akazienweg – Akazie: Strauch-/Baumart der Mimosengewächse, mit ca. 1.400 Arten weltweit verbreitet.
Teil eines Viertels mit Straßennamen nach Baumarten.

Ⓢ Bübingen Ⓓ Bübingen ✉ 66129 ↔ 64 Meter < 30 Einwohner
Seitenstraße der Kiefernstraße Ⓠ Lex

Akazienweg – s. o.
Am Hirschberg (siehe Hirschbergstraße) befand sich lange Zeit ein Akazienbestand mit einem eingefriedeten Hirschgehege.

Ⓤ bis 1960 Waldstraße

Ⓢ Schafbrücke Ⓓ Schafbrücke ✉ 66121 ↔ 837 Meter 136 Einwohner
Seitenstraße der Hirschbergstraße mit Abzweigung Ⓠ Bal4, Lex, LHS

Alaunbergstraße – Nimmt Bezug auf die Gewinnung von Alaun (Kalium-Aluminium-Sulfat) als Nebenprodukt der durch Schwelbrand gerösteten Schiefer des Brennenden Berges. Die Alaunindustrie war für Dudweiler und Sulzbach schwerpunktmäßig im 18./19. Jahrhundert ein bedeutender Wirtschaftszweig.

Ⓢ Dudweiler Ⓓ Kitten ✉ 66125 ↔ 93 Meter < 30 Einwohner
verbindet Bei der Humesgrub und Brennender-Berg-Straße Ⓠ DuStr, Phi

Albert-Ruppersberg-Straße – Prof. Dr. Albert Ruppersberg (18.8. 1854 - 14.2.1930): Lehrer am Ludwigsgymnasium, Heimatforscher, Autor und langjähriger Vorsitzender des Historischen Vereins für die Saargegend.

Ⓢ *St. Arnual* Ⓓ *Wackenberg* *66119* ↔ *173 Meter* *100 Einwohner*
verbindet Don-Bosco- und Rubensstraße Ⓠ *Bio, LHS*

Albert-Schweitzer-Straße – Ludwig Philipp Albert Schweitzer (14.1.1875 - 4.9.1965): deutsch-französischer Arzt, Philosoph, Organist und Theologe. Pazifist und Entwicklungshelfer in Afrika. Friedensnobelpreisträger 1952.

Ⓤ *bis 1972 Pößweg*

Ⓢ *Bischmisheim* Ⓓ *Bischmisheim* *66132* ↔ *450 Meter* *< 30 Einwohner*
Seitenstraße der Feldstraße Ⓠ *Lex, LHS*

Albert-Weisgerber-Treppe – Albert Weisgerber (21.4.1878 - 10.5. 1915): in St. Ingbert geborener deutscher Maler und Grafiker. Studierte in München und absolvierte Studienreisen durch Europa, fiel im Ersten Weltkrieg.

Teil eines Viertels mit drei Straßennamen nach berühmten Malern.

Ⓢ *Alt-Saarbrücken* Ⓓ *Triller* *66117* ↔ *k.A.* *0 Einwohner*
verbindet Am Franzenbrunnen und Hedwig-Dohm-Straße (Wohngebiet Franzenbrunnen)
Ⓠ *Bio*

Albertstraße – Benannt nach einer Person mit bergbaulichem Bezug, entweder Dr. Albert Ludwig Serlo (1824 - 1898, Vorsitzender der königlich-preußischen Bergwerksdirektion) oder nach Albert von Maybach (1822 - 1904, preuß. Handelsminister, vgl. Grube Maybach).

Die in der Straße befindliche Nebenschachtanlage der Grube Jägersfreude (1916/1922 angehauen) hieß zunächst Pascal-Schacht, wurde dann nach Rückgliederung ins Deutsche Reich nach der Straße zu Albert-Schacht umbenannt, 1973 stillgelegt.

Ⓢ *Dudweiler* Ⓓ *Dudweiler Süd* *66125* ↔ *336 Meter* *282 Einwohner*
Seitenstraße des Alten Stadtweges Ⓠ *DuStr, Ruth*

Albertweg – Dr. Albert Ludwig Serlo (14.2.1824 - 14.11.1898): Oberberghauptmann, 1861 - 1865 Vorsitzender der königlich-preußischen Bergwerksdirektion Saarbrücken.
Teil eines Viertels von Straßennamen mit bergbaulichem Bezug

Ⓢ *Jägersfreude* Ⓓ *Jägersfreude* 📫 *66123* ↔ *106 Meter* 🚹 *0 Einwohner*
⊕ *verbindet Hauptstraße und Sellostraße, Treppenanlage* Ⓠ *DuStr*

Albrecht-Dürer-Straße – Albrecht Dürer (21.5.1471 - 6.4.1528): deutscher Maler, Grafiker, Mathematiker und Kunsttheoretiker aus Nürnberg. Schuf weltberühmte Werke im Stil der Renaissance.
Teil eines Viertels mit Straßennamen nach bekannten Malern.

Ⓢ *St. Arnual* Ⓓ *Wackenberg* 📫 *66119* ↔ *244 Meter* 🚹 *94 Einwohner*
⊕ *verbindet Rubens- und Don-Bosco-Straße* Ⓠ *Lex, LHS*

Alfener Weg – Alf: Ort an der Mosel im Landkreis Cochem-Zell (Rheinland-Pfalz), ca. 840 Einwohner. Tourismus, Verpackungsindustrie.
Teil eines Viertels mit Straßennamen nach Orten des Mosellandes.

Ⓢ *Malstatt* Ⓓ *Rastpfuhl* 📫 *66113* ↔ *179 Meter* 🚹 *58 Einwohner*
⊕ *Seitenstraße des Erdener Weges* Ⓠ *Lex, LHS*

Alleestraße – Wahrscheinlich alleeartiger Charakter in früheren Zeiten. Durch lange gerade Führung diente die Straße zeitweise dem Kohlentransport zur Verladung an der Saar.

Ⓤ *frühere Namen: Kohlenweg, Neudorfer Weg, Adolf-Hitler-Straße*
Ⓢ *Altenkessel* Ⓓ *Rockershausen & Altenkessel* 📫 *66126* ↔ *1870 Meter*
🚹 *804 Einwohner*
⊕ *verbindet Provinzialstraße und Zentrum Altenkessels (Gerhard-/Pfaffenkopfstraße)*
Ⓠ *Altk, LHS, Phi*

Alleestraße – Die Straße hatte früher zumindest einseitig den Charakter einer baumbestandenen Allee. Neuere Baumpflanzungen sollen daran anknüpfen.

Ⓢ *Herrensohr* Ⓓ *Herrensohr* 📫 *66125* ↔ *449 Meter* 🚹 *< 30 Einwohner*
⊕ *verbindet Marktstraße und In den Kurzen Rödern/Herrensohrer Weg* Ⓠ *DuStr, LHS*

Allmendsweg – Allmende: Gemeindeflur, gemeinschaftlicher Besitz eines Dorfes abseits der parzellierten Flurstücke in Privatbesitz.

Ⓢ *Eschringen* Ⓓ *Eschringen* *66130* ↔ *100 Meter* *< 30 Einwohner*
verbindet Auf der Poweyh und Sittersweg Ⓠ *Lex, Phi*

Alsbachstraße – Alsbach: Grenzbach zwischen Burbach und Altenkessel, entspringt am Pfaffenkopf, mündet in Höhe der Werftstraße in die Saar. Bis ca. 1400 lag an diesem Bach die namensgebende Siedlung Alsweiler („Alîneswîlâri", wahrscheinlich auf einen Personennamen zurückgehend). Insofern ist die Straße nach dem Bach, der Bach nach der wüst gefallenen Siedlung, diese wiederum nach einer Person benannt.

Ⓢ *Burbach* Ⓓ *Füllengarten* *66115* ↔ *208 Meter* *78 Einwohner*
Seitenstraße des Matzenberg, Verbindung zur Rockershauser Straße Ⓠ *Bau, LHS, Spa*

Alstinger Weg – Alsting: grenznaher Ort in Frankreich, Département Moselle (Région Grand-Est), ca. 2.600 Einwohner, darunter zahlreiche deutsche Grenzpendler.
Teil eines Gewerbeviertels mit drei Straßennamen nach grenznahen Orten.

Ⓢ *Alt-Saarbrücken* Ⓓ *Glockenwald* *66117* ↔ *173 Meter* *0 Einwohner*
verbindet Metzer Straße und Zinzinger Straße Ⓠ *LHS, Lex*

Alte Artilleriekaserne – Frühere militärische Nutzung des Geländes: Die Kaserne wurde 1894 erbaut, seit 1898 als Garnisonsstandort der reitenden Abteilung des Feldartillerie-Regiments Nr. 8, später u. a. Pferdelazarett, Polizeistandort (Reiterstaffel). Noch heute erinnert ein Teil des alten Gebäudebestandes an die ehemalige Nutzung.

Ⓢ *St. Arnual* Ⓓ *Winterberg* *66119* ↔ *165 Meter* *59 Einwohner*
Seitenstraße der Barbarastraße Ⓠ *Fry, HeSA, Int, Phi*

Alte Bergstraße – Anspielung auf Topographie: Die Straße führt auf den Höhenzug des Saarkohlenwaldes Richtung Rodenhof. „Alt": Wahrscheinlich wegen Unterscheidung zur Bergstraße (Burbach).

Ⓢ *Malstatt* Ⓓ *Rußhütte* *66113* ↔ *280 Meter* *72 Einwohner*
Seitenstraße der Fischbachstraße Ⓠ *LHS*

Ein neues Schild für eine aufgehübschte Brücke neben einem monumentalen Bau.

Alte Brücke – Älteste noch existierende Saar-Brücke. Erbaut 1546-49 als Ersatz für eine Fährverbindung zwischen Saarbrücken und St. Johann auf Anregung Kaiser Karls V. Die Brücke wurde mehrfach umgebaut, wobei die Anzahl der sichtbaren Bögen von ehemals 14 auf heute acht reduziert wurde.

Ⓢ *Alt-Saarbrücken & St. Johann* Ⓓ *St. Johanner Markt & Schloßplatz* ✉ *66111*
↔ *200 Meter* 🚹 *0 Einwohner*
⊕ *verbindet Am Stadtgraben und Franz-Josef-Röder-Straße über die Saar* Ⓠ *Phi*

Alte Grube Velsen – Gebiet der ehemaligen Grube Velsen, 1907 nach Oberberghauptmann Gustav von Velsen (1847-1923) benannt, eröffnet als Grube Rosseln 1899, 1965 Standort im Verbundbergwerk Warndt-Luisenthal, 2005 geschlossen und anschließend verfüllt.

Ⓢ *Klarenthal* Ⓓ *Klarenthal* ✉ *66127* ↔ *k.A.* 🚹 *0 Einwohner*
⊕ *Seitenstraße der Warndtstraße* Ⓠ *Bio, Lex*

Alte-Kelter-Straße – Bezeichnet den ehemaligen Standort eines Kelterhauses (Presse zur Wein- und Saftgewinnung) an der Ecke zur Bliesransbacher Straße.

Ⓤ *bis 1993 Brückenstraße (Brücke über den Saarbach)*

Ⓢ *Brebach-Fechingen* Ⓓ *Fechingen* ✉ *66130* ↔ *137 Meter* 🚹 *< 30 Einwohner*
⊕ *verbindet Bliesransbacher und Provinzialstraße* Ⓠ *LHS*

Alte-Kirchhof-Straße – Bezeichnet den Standort des ehemaligen Malstatter Kirchhofes (Friedhofes), wo heute ein Kinderspielplatz ist

Ⓢ *Malstatt* Ⓓ *Unteres Malstatt* ✉ *66115* ↔ *187 Meter* 🚹 *78 Einwohner*
⊕ *verbindet Breite und Frankenstraße* Ⓠ *LHS, Stpl*

Alte Lebacher Straße – Alter Straßenverlauf der Lebacher Straße vor dem Bau der heutigen Eisenbahnstrecken. In Richtung des Marktortes Lebach im mittleren Saarland führend.

Ⓢ *Malstatt* Ⓓ *Jenneweg* ✉ *66113* ↔ *177 Meter* 🚹 *122 Einwohner*
⊕ *kürzt den Straßenverlauf der unteren Lebacher Straße ab* Ⓠ *LHS*

Alte Schulstraße – Die Bübinger Dorf- bzw. Grundschule befand sich im stark umgebauten Eckgebäude am Beginn der Straße rechterhand. Dieses wurde 1873 erbaut. Im März 1961 zog die Schule in das heutige Grundschulgebäude in der Bergstraße um.

Ⓢ *Bübingen* Ⓓ *Bübingen* ✉ *66129* ↔ *115 Meter* 🚹 *45 Einwohner*
⊕ *Seitenstraße der Saargemünder Straße* Ⓠ *Lauf2*

Alte Spitalstraße – Bezeichnet den Standort des ehemaligen Ensheimer Werkskrankenhauses der Fa. Adt (gegr. 1889), an dem der ehemalige Namensgeber der Straße, Prof. Karl Oscar Orth, 1905 - 1912 Direktor war. Umbenennung aufgrund der umstrittenen Rolle Orths als Arzt zur Zeit des Nationalsozialismus.

Ⓤ *bis 1848 Spitalstraße, 1948 - 2001 Oscar-Orth-Straße*

Ⓢ *Ensheim* Ⓓ *Ensheim* ✉ *66131* ↔ *111 Meter* 🚹 *< 30 Einwohner*
⊕ *verbindet Johannstraße und Hauptstraße* Ⓠ *Int, Gla, Lex, Phi*

Altenkesseler Straße – Richtungsweisende Namensgebung: Die Straße führt nach Altenkessel, Stadtteil Saarbrückens seit 1974.
Teil eines Viertels mit Straßennamen nach Orten westlich Burbachs.

Ⓢ *Burbach* Ⓓ *Füllengarten* ✉ *66115* ↔ *292 Meter* 🚹 *122 Einwohner*
⊕ *verbindet Pfaffenkopfstraße und Innovationsring* Ⓠ *Phi*

Alter Matzenberg – Flurbezeichnung aus dem Mittelhochdeutschen: „ûf dem atzenden berc" = de-m-atzen-berg (falsche Silbentrennung) = zu/auf dem als Weide dienenden Berg, alter Zuweg vor Bau der Eisenbahn.

Ⓢ *Burbach* Ⓓ *Füllengarten* *66115* ↔ *120 Meter* *< 30 Einwohner*
ringförmige Seitenstraße der Luisenthaler Straße Ⓠ *Bau*

Alter Mühlenweg – Die Straße führte zum ehemaligen Mühlenstandort der Kronenmühle in Brebach. Diese durch die Familie Cron gegründete Mühle wurde durch deren Sohn später nach Fechingen verlegt (siehe An der Kronenmühle). Im Umfeld Bischmisheims gab es mehrere Mühlen.

Ⓢ *Bischmisheim* Ⓓ *Bischmisheim* *66132* ↔ *583 Meter* *177 Einwohner*
verbindet Brebacher Straße und Am Bungert Ⓠ *BbFch, Bre1, Bre2, Karg*

Alter Stadtweg – Erste nachgewiesene Wegeverbindung von Dudweiler in die Städte St. Johann und Saarbrücken über den Homburg bis ca. 1740. Fortsetzung auf St. Johanner Seite durch den Dudweiler Stadtweg und die Dudweilerstraße. Der „neue Stadtweg" ist sozusagen die Dudweiler Landstraße bzw. Sulzbachtalstraße.

Ⓢ *Dudweiler* Ⓓ *Dudweiler Mitte* *66125* ↔ *1310 Meter* *521 Einwohner*
Abzweigung der Theodor-Storm-Straße bis zum Waldrand am ehem. Schiedebornschacht
Ⓠ *Bau*

Altes Werk – Nimmt Bezug auf den ersten Standort eines Hüttenwerkes samt Arbeitersiedlung in Brebach, am Osthang des Halberges, das 1756 von Fürst Wilhelm Heinrich zu Nassau-Saarbrücken an einer ehem. Mühle gegründet wurde.

Ⓢ *Brebach-Fechingen* Ⓓ *Brebach* *66130* ↔ *280 Meter* *52 Einwohner*
ringförmige Seitenstraße der Scheidter Straße/Kolbenholz Ⓠ *Bre2*

Altgasse – Die Straße wurde angeblich nach einer Familie Alt benannt. Mundartlich: Eselsgasse. Einzige Straße, nach der gleich zwei Bushaltestellen benannt sind: „Altgasse" und „Eselsgasse"!

Ⓢ *Altenkessel* Ⓓ *Altenkessel* *66126* ↔ *133 Meter* *30 Einwohner*
verbindet Gerhardstraße und Mittelstraße Ⓠ *Altk*

Altneugasse – Die Namensgebung ist ein Zeugnis der schrittweisen Ausdehung der Stadt: Es handelt sich um eine neu angelegte Gasse im Zuge einer frühen Stadterweiterung Saarbrückens. Diese „Neugasse" wurde 1746 in „Alt-"/„Alte Neugasse" umbenannt, da die heutige Wilhelm-Heinrich-Straße wiederum neu gebaut wurde und dann zunächst „Neugasse" hieß.

Ⓤ *bis 1746 Neugasse, im 19. Jh. auch Altgasse*

Ⓢ *Alt-Saarbrücken* Ⓓ *Schloßplatz* 66117 ↔ *124 Meter* *105 Einwohner*
verbindet Kirchgasse/Markthallenstraße mit der Schloßstraße Ⓠ *Adr, Köll, LHS, Stpl*

Alvenslebenstraße – Konstantin von Alvensleben (1809 - 1892): Infanterie-General im Deutsch-Französischen Krieg, unterstützte als kommandierender General des 3. Armeekorps in der Schlacht bei Spichern am 6.8.1870 zwei Regimenter der 14. Division.

Teil eines Viertels mit Straßennamen nach militärischen Befehlshabern des Deutsch-Französischen Krieges.

Ⓢ *Alt-Saarbrücken* Ⓓ *Malstatter Straße* 66117 ↔ *159 Meter* *44 Einwohner*
verbindet über Eck die Hohenzollern- und Göbenstraße Ⓠ *Adr, LHS*

Am Alsbach – Verläuft parallel zum gleichnamigen Bach, dessen Namensgebung entweder keltischen Ursprungs oder auf die nach einer Person namnes „Allin" (althochdeutsch) benannte gewüstete Siedlung Alsweiler zurückgeht.

Ⓢ *Burbach* Ⓓ *Füllengarten* 66115 ↔ *141 Meter* *< 30 Einwohner*
Seitenstraße des Matzenberg Ⓠ *Bau*

Am Alsbach – Gleiche Namenserklärung wie oben, nur vor der Gebietsreform 1974 auf anderem Gemeindegebiet (Altenkessel statt Saarbrücken).

Ⓢ *Altenkessel* Ⓓ *Altenkessel* 66126 ↔ *180 Meter* *59 Einwohner*
Seitenstraße der Burbacher Straße Ⓠ *Bau*

Am alten Kalkwerk – Das Neubaugebiet entsteht derzeit auf der Fläche des alten Bübinger Kalkwerkes. Hier wurde von 1903 bis 1966 Kalk aus umliegenden Steinbrüchen in den Schichten des Muschelkalkes gebrannt und als Hochofenzuschlags- und Baumaterial v. a. an die Burbacher Hütte geliefert. Landmarken waren die beiden 80 und 90 m hohen Schornsteine, die 1974 abgetragen wurden.

Ⓢ *Bübingen* Ⓓ *Bübingen* ✉ *66129* ↔ *k.A.* 🚹 *155 Einwohner*
⊕ *Seitenstraße der Saargemünder Straße mit mehreren Abzweigungen* Ⓠ *Lauf2, Phi*

Am alten Turm – Benannt nach dem in der Nähe stehenden Turm der Dudweiler Kirche von ca. 1350 im romanischen Stil mit gotischen Elementen, eines der ältesten und nie zerstörten Gebäude im Saarland.

Ⓢ *Dudweiler* Ⓓ *Dudweiler Mitte* ✉ *66125* ↔ *60 Meter* 🚹 *< 30 Einwohner*
⊕ *verbindet Saarbrücker und Sulzbachtalstraße* Ⓠ *Dud, Lex*

Am Aschbacherhof – Die Straße ist nach dem ehemaligen 1784 erbauten Aschbacher Hofgut benannt, das zum größten Gersweiler Gutshof wurde und im Zweiten Weltkrieg zerstört und dann geplündert wurde. Auf den Fundamenten haben später Gersweiler Kinder und Jugendliche eine Hütte gebaut.

Ⓢ *Gersweiler & Klarenthal* Ⓓ *Neu-Aschbach & Krughütte*
✉ *66127, 66128* ↔ *934 Meter* 🚹 *59 Einwohner*
⊕ *verbindet Am Sprinkshaus und Kreisstraße* Ⓠ *Büch, Gers, Kug*

Am Bach – Am östlichen Ende der Straße vereinigen sich die Bäche Hahnenklamm (auch Thalbach) und Ellerbach (auch Mühlenbach) zu einem Bachlauf Richtung Saar, heute kaum mehr sichtbar.

Ⓤ *früherer Name: Untergasse*

Ⓢ *Bübingen* Ⓓ *Bübingen* ✉ *66129* ↔ *95 Meter* 🚹 *< 30 Einwohner*
⊕ *verbindet Saargemünder und Querstraße* Ⓠ *Lauf*

Am Bahndamm – Verläuft entlang der hier aufgeschütteten Bahnstrecke durch das Sulzbachtal (eröffnet 1852).

Ⓢ *Dudweiler* Ⓓ *Dudweiler Mitte* ✉ *66125* ↔ *297 Meter* 🚹 *31 Einwohner*
⊕ *verbindet Bahnhofstraße und Am Neuhauser Weg* Ⓠ *Hopp, Lex*

Am Bartenberg – Die Straße verläuft an der Südflanke des Kleinen und Großen Bartenberges (359 m ü. NN), dessen Name wahrscheinlich auf eine Person „Bardo" zurückgeht.

Ⓢ *Scheidt* Ⓓ *Scheidt* *66133* ↔ *1424 Meter* *123 Einwohner*
verläuft von der Dudweilerstraße bis zur Stadtgrenze St. Ingbert Ⓠ *Bau*

Am Baumgarten – Das Gelände war früher mit Obstbäumen bestanden.

Ⓢ *Schafbrücke* Ⓓ *Schafbrücke* *66121* ↔ *84 Meter* *< 30 Einwohner*
Seitenstraße der Nußbaumstraße Ⓠ *Eschb*

Am Blauberg – Nach dem Farbadjektiv „blau" benannt, was der häufigen Farbgebung von Kupfererzen zu verdanken ist. In den Schichten des oberen Buntsandsteins am Sonnenberg sind Vorkommen von Kupfererzen nachgewiesen, deren Abbau man zu vorgeschichtlicher Zeit vermutet. Eine geologische und historische Parallele ist im Wallerfanger Blauloch zu sehen.

Ⓢ *St. Arnual* Ⓓ *Wackenberg* *66119* ↔ *204 Meter* *73 Einwohner*
Seitenstraße der Saargemünder Straße Ⓠ *Bau, Schi2*

Am Bruch – Bruch = Sumpf, Moor. Hier sumpfige Niederung des Gehlenbaches. Am Ende der Straße befinden sich noch Überreste des alten Schwimmbades. Hier kann man den sumpfigen Charakter des Tales sehr gut nachvollziehen.

Ⓢ *Klarenthal* Ⓓ *Klarenthal* *66127* ↔ *241 Meter* *56 Einwohner*
Seitenstraße der Kreisstraße Ⓠ *Büch, Phi*

Am Bruchhübel – Es handelt sich um eine Anhöhe (Hübel) hinter dem Bruch (= Sumpf, heute Bruchwiesen).

Ⓢ *St. Johann* Ⓓ *Rotenbühl* *66123* ↔ *353 Meter* *< 30 Einwohner*
Seitenstraße der Scheidter Straße mit Wegeverbindung in Kleingartenanlage Ⓠ *Bau*

Am Brünnchen – Bezieht sich auf eine Stelle der ehemals dezentralen Wasserversorgung, einen vier Meter tiefen Hausbrunnen am Hang des Anwesens Neuweilerstraße 38. Seit 1898 wird Dudweiler zentral mit Wasser versorgt (Wasserwerk in der Saarbrücker Straße).

Ⓢ *Dudweiler* Ⓓ *Kitten* *66125* ↔ *138 Meter* *32 Einwohner*
verbindet St. Ingberter und Neuweilerstraße Ⓠ *Dud, DuStr, Lex*

Am Buchenhain – Die Namensgebung dürfte sich auf einen ehemaligen Baumbestand beziehen (Hain = kleiner Wald, Gehölz, Baumgruppe).

Ⓢ *Bischmisheim* Ⓓ *Bischmisheim* *66132* ↔ *353 Meter* *61 Einwohner*
Seitenstraße der Brebacher Straße Ⓠ *Lex, Phi*

Am Bungert – Bungert = Flurname, der einen Baumgarten oder eine Obstwiese bezeichnet, die im hier anstehenden Muschelkalk typisch ist.

Ⓢ *Bischmisheim* Ⓓ *Bischmisheim* *66132* ↔ *368 Meter* *114 Einwohner*
verbindet Auf der Lück und Altem Mühlenweg Ⓠ *Lex*

Am Dachsbau – Flurname „Am Daxbau/An der Däxerei" bezieht sich wahrscheinlich auf ehemalige Besiedlung durch den Dachs.

Ⓤ *früher Teil der Neudorfer Straße (heute Alleestraße)*
Ⓢ *Altenkessel* Ⓓ *Rockershausen* *66126* ↔ *62 Meter* *38 Einwohner*
Seitenstraße der Alleestraße Ⓠ *Altk*

Am Dachshübel – siehe „Am Dachsbau", hier auf einer Anhöhe = Hübel

Ⓢ *Klarenthal* Ⓓ *Klarenthal* *66127* ↔ *522 Meter* *116 Einwohner*
Seitenstraße der Warndtstraße Ⓠ *Phi*

Am Dienstadter Weiher – Benannt nach dem nahe gelegenen Weiher, der wiederum nach dem Rentmeister (= Finanzverwaltungschef) Dennstatt aus dem 17. Jahrhundert benannt ist.

Ⓢ *Alt-Saarbrücken* Ⓓ *Glockenwald* *66117* ↔ *86 Meter* *< 30 Einwohner*
Verlängerung der Straße „Am Drahtzugweiher", Sackgasse Ⓠ *Bau*

Am Dietrichsberg – Die Namensgebung der nur auf Völklinger Gebiet (Stadtteil Geislautern) bewohnten Straße geht auf eine alte Legende zurück. Die hochmütige Tochter eines Hüttenbesitzers namens Dietrich lief einem Hochstapler, den sie verehrte, bis an den Fuß des Berges nach, wo dieser verschwand und worauf schadenfreudige Bewohner die Namensgebung wählten.

Ⓢ *Klarenthal* Ⓓ *Klarenthal* *66127* ↔ *1057 Meter* *0 Einwohner*
unbewohnte Verlängerung der gleichnamigen Straße in VK-Geislautern Ⓠ *Fry, VKS*

Am Drahtzugweiher – Benannt nach dem nahe gelegenen Weiher, der wiederum nach der 1768 von Fürst Wilhelm Heinrich gegründeten Fabrik zum Drahtziehen benannt wurde. Hier wurde später auch ein Blechhammer eingerichtet sowie eine Loh- und Mahlmühle.

Ⓢ *Alt-Saarbrücken* Ⓓ *Glockenwald* ✉ *66117* ↔ *213 Meter* *k.A.*
zwischen Folsterweg, Deutschmühlental und Am Dienstadter Weiher gelegen Ⓠ *Bau, Klau*

Am Eichhumesberg – Beschreibt eine ehemals feuchte Niederung/Graben/Mulde, auch ein ehemaliger Bergbaustandort (oberflächliche Schürferei „Eich Humes“ bzw. „Hummes Grube“) mit Baum- oder Buschwerk aus Eichen bestanden.

Ⓢ *Dudweiler* Ⓓ *Kitten* ✉ *66125* ↔ *90 Meter* *< 30 Einwohner*
verbindet Brennender-Berg-Straße und Bei der Humesgrub Ⓠ *Dud, DuStr*

Am Emmersberg – Bereits im 18. Jahrhundert als „Emers Berg“ bezeichnet, wahrscheinlich mundartlich „Embere“ = Himbeere aufgrund des entsprechenden Vorkommens von Himbeerbüschen, was bis in jüngere Zeit dokumentiert ist.

Ⓢ *Malstatt* Ⓓ *Rußhütte* ✉ *66113* ↔ *576 Meter* *161 Einwohner*
verbindet Fischbachstraße und Alte Bergstraße Ⓠ *Bau, LHS*

Am Engelwirtsberg – Hier gibt es verschiedene Erklärungen: Zum einen kann der Familienname „Engelswirth“ namensgebend sein, zum anderen die hier ehemals vielleicht vorkommende Heilpflanze Engelwurz, die z. B. als Gegenmittel gegen Tollkirschengift verwendet wurde. Auf jeden Fall ist der Name seit 1848 als Flurname überliefert.

Ⓢ *Dudweiler* Ⓓ *Wilhelmshöhe- Fröhn* ✉ *66125* ↔ *760 Meter* *186 Einwohner*
Seitenstraße der Sulzbachtalstraße Ⓠ *Dud, DuStr*

Am Engenberg – Die Namensgebung bezieht sich auf den nahe gelegenen Engenberg, dessen Namen daher rührt, dass er mit seinem steilen Abhang sehr dicht an die Saar heranreicht und dem Verkehr bereits in historischer Zeit eine enge Stelle zumutete (bis heute, spürbar an kurzer Autobahnauffahrt).

Ⓢ *Gersweiler* Ⓓ *Gersweiler Mitte* ✉ *66117* ↔ *211 Meter* *40 Einwohner*
Seitenstraße der Burbacher Straße parallel zur Bahnlinie Saarbrücken - Fürstenhausen Ⓠ *Bau*

Am Felsbrunnen – Alte Flurbezeichnung, die sich auf einen ehemals nahe gelegenen Brunnen im Buntsandstein auf der anderen Seite der Großblittersdorfer Straße bezieht (seit 1418: Felßborn, Felsbrunnen).

Ⓢ Güdingen Ⓓ Schönbach 66119 ↔ 537 Meter < 30 Einwohner
Seitenstraße der Kirchwies mit Abzweigung Ⓠ Bau, Güd

Am Forst – Die Straße verläuft parallel zur Grenze des Forstes (= bewirtschafteter Wald).
Bildet mit Jägerpfad ein sinnhaftes Namenspaar.

Ⓢ Klarenthal Ⓓ Klarenthal 66127 ↔ 358 Meter 36 Einwohner
Seitenstraße der Karlstraße Richtung Wald Ⓠ Lex, Phi

Am Forst – Bezieht sich ebenfalls auf den nahe gelegenen Forst (s. o.).

Ⓢ Burbach Ⓓ Füllengarten 66115 ↔ 51 Meter 0 Einwohner
verbindet Zaunstraße und ohne Durchfahrtmöglichkeit Im Füllengarten (Eisenbahnkolonie)
Ⓠ LHS

Am Franzenbrunnen – Bezieht sich auf den dort liegenden Brunnen, der wiederum nach einer Person benannt sein soll. Es wird von den Grundstücksbesitzern „Fuhrmann Frantz" oder „Saarschiffer Frantz" berichtet. Der Name taucht bereits vor knapp 400 Jahren auf.
Der Brunnen selber wird vom Grundwasser gespeist und wurde 1998 restauriert. Hier entsteht Stand 2018 ein Neubaugebiet, daher können sich die statistischen Angaben rasch ändern.

Ⓢ Alt-Saarbrücken Ⓓ Triller 66117 ↔ 444 Meter < 30 Einwohner
verbindet Hohe Wacht/Mondorfer Straße und In der Galgendell
Ⓠ Bau, LHS, SZ 28.9.2017

Am Freibüsch – Flurbezeichnung, die auf einen herrschaftlichen Wald zurückgeht, in dem Bürger wahrscheinlich besondere Rechte und Freiheiten genossen.

Ⓢ Burbach Ⓓ Füllengarten 66115 ↔ 219 Meter < 30 Einwohner
verbindet Kreuzung Pfaffenkopfstraße/Jakobshütter Weg und Lindenhofstraße Ⓠ Bau

Am Gegenortschacht – Zufahrt zur ehemaligen, abgerissenen Schachtanlage „Gegenort I & II" (1843 angehauen, 1961 endgültig verfüllt). „Gegenortvortrieb" bezeichnet eine Tunnel- bzw. Stollenbauweise, bei der zwei Vortriebe gegeneinander aufgefahren werden, mit dem Ziel, sich in der Mitte zu treffen. Diese Anlage war ursprünglich als Gegenort zum in St. Johann beginnenden tiefen Saarstollen angelegt, wurde dann aber eine Nebenanlage (Wetterschächte) der Skalleyschächte der Grube Hirschbach.

Ⓤ *Die Schächte hießen in den 1920er Jahren Goetheschächte*

Ⓢ *Dudweiler* Ⓓ *Kitten* 🖃 *66125* ↔ *586 Meter* 🯅 *< 30 Einwohner*

⊕ *Seitenstraße der Sulzbachtalstraße, Zugang zum Brennenden Berg* Ⓠ *DuStr, Fry, Lex, Phi*

Am Gehlenbach – Nach dem parallel verlaufenden Bachlauf benannt, dessen Name wahrscheinlich auf althochdeutsch „geil" = üppig, fruchtbar zurückzuführen ist.

Ⓢ *Klarenthal* Ⓓ *Klarenthal* 🖃 *66127* ↔ *60 Meter* 🯅 *< 30 Einwohner*

⊕ *Seitenstraße der Saarstraße* Ⓠ *Bau, Phi*

Am Gehlenberg – Nach dem östlich liegenden Gehlenberg (359 m ü. NN) benannt, Bedeutung entweder von althochdeutsch „geil" = fruchtbar oder „gehl" = gelb. Letzeres erscheint wahrscheinlich aufgrund des gelben Sandsteins und gelber Ginsterhecken, die dort verbreitet gewesen sein sollen.

Ⓢ *Dudweiler* Ⓓ *Pfaffenkopf* 🖃 *66125* ↔ *156 Meter* 🯅 *308 Einwohner*

⊕ *Seitenstraße der Gehlenbergstraße* Ⓠ *Bau, Dud, Schab*

Am Geisenberg – Flurbezeichnung, die auf eine früher von Ziegen (= Geißen) beweidete Fläche zurückgeführt wird. Die Haltung von Ziegen war bereits in historischer Zeit weit verbreitet und erfuhr im 19. Jahrhundert aufgrund ihrer geringen Größe und Nützlichkeit als „Bergmannskuh" erneut Zuspruch.

Ⓢ *Dudweiler* Ⓓ *Geisenkopf* 🖃 *66125* ↔ *509 Meter* 🯅 *191 Einwohner*

⊕ *verbindet Beim Weisenstein und Im Scheidter Eck* Ⓠ *Dud, DuStr*

Am Gilbenkopf – Flurname, der eine Erhöhung (Kopf) mit fruchtbarer Landschaft (wahrscheinlich von althochdeutsch „geil" = fruchtbar, kräftig, üppig und /oder dem Farbadjektiv „gelb") beschreibt.

Ⓢ *Malstatt* Ⓓ *Rastpfuhl* *66113* ↔ *545 Meter* *164 Einwohner*
Seitenstraße der Rußhütter Straße zum Waldrand Ⓠ *Bau*

Am Glockenwald – Der Name geht höchstwahrscheinlich auf den ursprünglichen Besitz des Waldes durch die Kirche (ggf. Stift St. Arnual) zurück. Es handelte sich um ein Waldstück, dessen Ertrag für die Kirche (symbolisch als „Glocke" bezeichnet) bestimmt war.

Ⓢ *Alt-Saarbrücken* Ⓓ *Glockenwald* *66117* ↔ *658 Meter* *< 30 Einwohner*
verbindet Hirtenwies und Folsterweg Ⓠ *Bau*

Am Gottwill – Flurbezeichnung, die eine geringe Qualität des Bodens aussagen soll, der hier sehr sandig und unfruchtbar ist: „Es wächst hier nur etwas, wenn Gott will."

Ⓢ *Alt-Saarbrücken* Ⓓ *Bellevue* *66117* ↔ *525 Meter* *120 Einwohner*
Seitenstraße der Zeppelinstraße, besitzt im mittleren Verlauf Wegecharakter Ⓠ *Bau*

Am Grafenhof – Erinnert an den Standort eines ehemaligen gräflichen Wirtschaftshofes: 1546 als Schäferei eingerichtet, auch Rothenhof genannt, 1763 an die Stadt verkauft, zu Beginn des 19. Jahrhundert privatisiert. Das letzte Gebäude wurde im Zweiten Weltkrieg zerstört. Siehe auch Rodenhoferdell.

Ⓢ *Alt-Saarbrücken* Ⓓ *Reppersberg* *66119* ↔ *137 Meter* *84 Einwohner*
mündet an beiden Enden in die Spichererbergstraße Ⓠ *Kloe, LHS, Witt*

Am Großen Hohlweg – Hohlweg = ein in das Gelände eingeschnittener Weg, z. B. durch Fuhrwerke. Erste Erwähnung hier bereits 1601 als Weg vom Mühlbachtal (später Tabaksmühle) zum Waldrand.

Ⓢ *St. Arnual* Ⓓ *Wackenberg* *66119* ↔ *398 Meter* *< 30 Einwohner*
verbindet Im Almet und Oberst-Petersen-Weg Ⓠ *Bau, Lex*

Am großen Knopf – Die Flurbezeichnung „Knopf" bezeichnet eine Erhöhung, einen höchsten Teil, eine Endkuppe; hier: spornartige Erhöhung zur Saar hin.

Ⓢ *Gersweiler* Ⓓ *Gersweiler Mitte* *66128* ↔ *87 Meter* *< 30 Einwohner*
Seitenstraße der Hauptstraße Ⓠ *Büch*

Am Grüneberg – Der ursprüngliche Flurname „Hexenberg", dessen Namensgebung unklar ist, wurde in der Nachkriegszeit in Grüneberg umbenannt. Grund waren Befürchtungen neuer privater Grundstückseigentümer und Bauherren, der ursprüngliche Name könnte zu negativ belegt sein. Daher entschied man sich für einen beliebigen, positiv klingenden Namen.

Ⓢ *Alt-Saarbrücken* Ⓓ *Reppersberg* *66119* ↔ *90 Meter* *< 30 Einwohner*
Seitenstraße der Spichererbergstraße Ⓠ *Bau, Wesz*

Am Guckelsberg – An der Nordflanke des gleichnamigen Berges gelegen (nordöstlicher Ausläufer des Großen Homburges), für dessen Name es unterschiedliche Erklärungen gibt: Der Name Guckel kann von Gockel = Hahn kommen, was einen Bezug zum früheren fürstlichen Jagdrevier herstellt (Jagd auf Fasane oder Auerhähne). Eine zweite Erklärung sieht den „Ausguck" = Ausblick vom erhabenen Punkt in die Umgebung als namensgebend an. Eine alte Flurbezeichnung „Bockelsberg" könnte auch das buckelförmige Gelände beschreiben. Nicht auszuschließen ist auch, dass mehrere Erklärungen zusammenkamen und zur Namensgebung führten.

Ⓢ *Dudweiler* Ⓓ *Dudweiler Süd* *66125* ↔ *273 Meter* *68 Einwohner*
Seitenstraße der Hermann-Löns-Straße mit Fußwegen zur Kantstraße Ⓠ *DuStr*

Am Gutenbrunnen – Bezieht sich auf eine nahe gelegene Quelle jenseits der Saargemünder Straße, die reichlich gutes Wasser führte und als Tränke geeignet war. Der Wasserlauf verlief entlang der Achtstraße zur Saar. In der Verlängerung: Brücke Am Gutenbrunnen, die vorschnell gebaut wurde und aufgrund ihrer nie erlangten verkehrlichen Funktion auch Geister- oder „Soda-Brücke" genannt wird – sie steht einfach „so da".

Ⓢ *St. Arnual* Ⓓ *Wackenberg* *66119* ↔ *178 Meter* *67 Einwohner*
Seitenstraße der Saargemünder Straße Ⓠ *Bau, Phi*

Am Güterbahnhof – Die Straße verläuft parallel zur der 1907 eröffneten Eisenbahnstrecke Saarbrücken - Großrosseln, an der hier ein Güterbahnhof lag.

Ⓢ *Gersweiler* Ⓓ *Gersweiler Mitte* *66128* ↔ *ca. 255 Meter* *< 30 Einwohner*
Seitenstraße der Burbacher Straße Ⓠ *Hopp, Phi*

Am Hagen – Ältere Bezeichnung „Hahnen", allerdings abgeleitet vom mittelhochdeutschen „hac/hag" = Einfriedung, (Dorn-)Gebüsch.
Ein Hagen ist überregional ein insbesondere mit Hecken eingefriedetes Gelände. Vgl. im heutigen Sprachgebrauch „behaglich".

Ⓤ *bis 1912 „Am Hahnen"*
Ⓢ *Alt-Saarbrücken* Ⓓ *Bellevue* *66117* ↔ *253 Meter* *75 Einwohner*
verbindet Zepplinstraße mit Unterer/Oberer Hagen Ⓠ *Bau, Lex, Stpl*

Am Halberg – Am Fuße des gleichnamigen Berges gelegen, dessen Name wahrscheinlich aus dem althochdeutschen „halda" = Abhang, Berghang bzw. „hald" = geneigt, steil abzuleiten ist.

Ⓢ *Brebach-Fechingen* Ⓓ *Brebach* *66121* ↔ *382 Meter* *56 Einwohner*
verbindet über Eck Kolbenholz und Kaiserstraße Ⓠ *Bau*

Am Hang – Bezieht sich auf die Topographie, liegt in steilerer Hanglage am Pfaffenkopf.

Ⓢ *Dudweiler* Ⓓ *Pfaffenkopf* *66125* ↔ *610 Meter* *100 Einwohner*
verbindet Pfaffenkopf- und Rentrischer Straße mit Abzweigung Ⓠ *DuStr, Phi*

Am Hasenbühl – Der alte Flurname (16. Jahrhundert) bezieht sich wahrscheinlich auf einen Hügel/eine Anhöhe (= Bühl) mit einem Bestand an Haselsträuchern oder -bäumen. Der Hasenbühl ist die höchste Erhebung Gersweilers mit der Landmarke des 25 Meter hohen alten Wasserturms.

Ⓤ *nach 1919 kurzzeitig Christian-Ries-Straße (nach erschossenem Bürger)*
Ⓢ *Gersweiler* Ⓓ *Gersweiler Mitte* *66128* ↔ *474 Meter* *125 Einwohner*
Seitenstraße der Krughütter Straße Richtung Waldrand Ⓠ *Büch, Gers*

Am Hauptbahnhof – Bezieht sich auf die Lage direkt vor dem gleichnamigen Gebäude. Der Saarbrücker Hauptbahnhof wurde 1852 in Betrieb genommen. Die beiden Vorgängergebäude wurden durch den heutigen Nachkriegsbau von 1967 ersetzt.

Ⓢ *St. Johann* Ⓓ *Hauptbahnhof* *66111* ↔ *314 Meter* *0 Einwohner*
verläuft parallel zur Oberen Kaiserstraße um den Bahnhofsvorplatz zur St. Johanner Straße
Ⓠ *Hopp, Lex, Phi*

Am Heckenberg – Wahrscheinlich beschreibt der Name die ursprüngliche Gestalt des Geländes: eine mit Hecken bestandene Anhöhe. Ein entsprechender Flurname ist nicht zu identifizieren.

Ⓢ *Klarenthal* Ⓓ *Klarenthal* *66127* ↔ *50 Meter* *< 30 Einwohner*
Seitenstraße der Saarstraße Ⓠ *Phi*

Am Heubügel – Vermutlich wurde der Flurname im Laufe der Jahrhunderte umgedeutet und bedeutete ursprünglich mittelhochdeutsch „heie" = gehegter (jagdwirtschaftlich genutzter) Wald und „Bühl" = Anhöhe.

Ⓢ *Malstatt* Ⓓ *Rastpfuhl* *66113* ↔ *70 Meter* *< 30 Einwohner*
Seitenweg der Köllertalstraße Ⓠ *Bau, Lex*

Am Hirschenberg – Der alte Flurname bezieht sich vermutlich nicht auf den Hirsch als Tier, sondern auf das Getreide Hirse, welches selbst im hier vorhandenen kargen Boden (Buntsandstein) noch gedeihen konnte.

Ⓢ *Gersweiler* Ⓓ *Gersweiler Mitte* *66128* ↔ *84 Meter* *< 30 Einwohner*
verbindet Haupt- und Hirschenbergstraße Ⓠ *Büch*

Am Hof – Bezieht sich auf einen durch Fürst Wilhelm Heinrich zu Nassau-Saarbrücken 1748 angelegten und zunächst an den Kaufmann Gouvy verpachteten Hof nahe der Rußhütte, der 1804 an das Saarbrücker Hospital ging - als Gegenleistung für die Umnutzung dessen Gebäudes zur Kaserne.

Ⓢ *Malstatt* Ⓓ *Rußhütte* *66113* ↔ *443 Meter* *99 Einwohner*
verbindet Rußhütter Straße und Fischbachstraße Ⓠ *Bau, Lex, Witt*

Am Höllweg – Früherer Weg zur Richtstätte/zum Galgen, für die zu Richtenden vergleichbar mit dem „Weg zur Hölle". Der Weg verläuft teilweise als Treppe seit geraumer Zeit auf Privatgelände, dennoch ist die nahe gelegene Haltestelle noch nach ihm benannt.

Ⓢ *Eschringen* Ⓓ *Eschringen* 66130 ↔ *k.A.* *< 30 Einwohner*
Seitenweg der Hauptstraße Ⓠ *Schm3*

Am Holzbrunnen – Bezieht sich auf einen ehemaligen in der Nähe gelegenen Brunnen (seit ca. 1500 „Holtzborn") mit einem kleinen Weiher, wobei unklar ist, ob es sich bei „Holz" um einen Wald oder Holzlagerplatz gehandelt haben soll.

Ⓢ *St. Johann* Ⓓ *Kaninchenberg* 66121 ↔ *410 Meter* *< 30 Einwohner*
verbindet Am Kieselhumes und Eschbergerweg Ⓠ *Bau*

Am Hölzersbach – Alte Flurbezeichnung, dessen genaue Bedeutung nur vermutet werden kann: Außer Holz kann auch ein mittelhochdeutsches Wort „heltaere" = „Hirte/Beobachter" namensgebend sein.

Ⓢ *Malstatt* Ⓓ *Rastpfuhl* 66113 ↔ *113 Meter* *39 Einwohner*
verbindet Agnes-Kaiser-Weg und Martha-Traut-Weg Ⓠ *Bau*

Am Homburg – Bezieht sich auf die nahe gelegene Erhöhung „Großer Homburg" (337 m ü. NN), was ursprünglich als „hoher Berg" zu deuten wäre.

Ⓢ *St. Johann* Ⓓ *Am Homburg* 66123 ↔ *1072 Meter* *515 Einwohner*
führt vom Meerwiesertalweg bis an den Waldrand Nähe Einmündung Siemensstraße Ⓠ *Bau*

Am Hügel – Der Flurname nimmt Bezug zur Topographie eines dem Schwarzenbergmassiv vorgelagerten Hügels oder Hanges.

Ⓤ *südl. Teil bis 1945 Zoppoter Weg (poln., ehem. pomm. Stadt), dann kurzzeitig Am Schwarzenberg*

Ⓢ *St. Johann* Ⓓ *Rotenbühl* 66123 ↔ *380 Meter* *52 Einwohner*
verbindet über Eck Kaiserslauterer und Scheidter Straße Ⓠ *LHS, Phi, Stpl, SU1*

Am Jakobsgärtchen – Nach dem Wirt Carl Jakob benannt, der hier (vermutlich im 19. Jahrhundert) ein Ausflugslokal betrieb, was später an den Brauereibesitzer Knipper überging.

Ⓢ *Alt-Saarbrücken* Ⓓ *Triller* *66119* ↔ *90 Meter* *0 Einwohner*
Treppenverbindung zwischen Trillerweg und Narzissenstraße Ⓠ *LHS*

Am Jungenwald – Ursprünglich Fläche eines jungen Waldes, sprich einer Schonung.

Ⓢ *Dudweiler* Ⓓ *Kitten* *66125* ↔ *90 Meter* *< 30 Einwohner*
verbindet Bei der Humesgrub und Brennender-Berg-Straße Ⓠ *Dud*

Am Kalkofen – Der Name weist auf den ehemaligen Standort eines Kalkbrennofens hin (wahrscheinlich vor oder bis ins 18. Jahrhundert). Die die Schichten des Muschelkalks nutzende Kalkindustrie war für Bübingen bis ins 20. Jahrhundert ein bedeutender Wirtschaftszweig.

Ⓢ *Bübingen* Ⓓ *Bübingen* *66129* ↔ *239 Meter* *56 Einwohner*
Seitenstraße der Feldstraße Ⓠ *Lauf*

Am Kalkofen – Der Straßenname bezieht sich auf den ehemaligen Standort einer Kalkfabrik, etwa im 19. Jahrhundert.

Ⓢ *Klarenthal* Ⓓ *Klarenthal* *66127* ↔ *373 Meter* *70 Einwohner*
verbindet Karl- und Hauptstraße Ⓠ *Nest*

Am Kaninchenberg – Der Kaninchenberg hieß ursprünglich Stromberg. Er wurde 1617 von Graf Ludwig zu Nassau-Saarbrücken mit Kaninchen besetzt und eingezäunt, was aber dennoch der Umgebung durch Verbiss etc. missfiel. Seit dem 18. Jahrhundert Standort eines Pavillons oder kleinen Schlösschens.

Ⓢ *St. Johann* Ⓓ *Rotenbühl* *66123* ↔ *309 Meter* *75 Einwohner*
Seitenstraße von Am Kieselhumes Ⓠ *Bau, Köll, Rupp*

Am Katzental – Im Bereich des nahe gelegenen „Schinnwasens" (auch Schindwasens), wo verendete Tiere der Bauern begraben wurden, sollen sich früher auffällig viele streunende Katzen aufgehalten haben.

Ⓢ *Scheidt* Ⓓ *Scheidt* *66113* ↔ *119 Meter* *38 Einwohner*
Seitenstraße der Catharina-Loth-Straße Ⓠ *Näh*

Am Kesselhaus – Bezieht sich auf das nahe gelegene Kesselhaus (Standort des Dampfkessels samt Feuerung) des früheren Eisenbahn-Ausbesserungswerkes (1906 - 1997).

Ⓢ Burbach Ⓓ Füllengarten 66115 ↔ 319 Meter 31 Einwohner
verbindet Vollweidstraße und Am Forst (Eisenbahnkolonie) Ⓠ LHS, Lex

Am Kieselhumes – Bezieht sich auf den Namen des Baches „Kieselgrund" (Willingsquelle - Römerbrünnchen - östlich des Kaninchenberges - Saar). Die Namensgebung ist wahrscheinlich auf das Vorkommen von Kieselsteinen im Bachlauf und humosem Grund (Humes/Humus = nasse Erde) zurückzuführen.

Ⓢ St. Johann Ⓓ Rotenbühl & Am Kaninchenberg 66121, 66123
↔ 1377 Meter 456 Einwohner
verbindet Mainzer und Pater-Delp-/Weimarer Straße Ⓠ Bau, Phi, Stpl

Am Kindergarten – Die Straße lag an der ehemaligen Spielschule/am Kindergarten des Eisenbahn-Ausbesserungswerkes (siehe An der Spielschul).

Ⓢ Burbach Ⓓ Füllengarten 66115 ↔ 24 Meter k.A.
verbindet Ahornstraße und Am Kesselhaus (Eisenbahnkolonie) Ⓠ LHS

Am Kirchberg – Die Straße führt zur alten evangelischen Kirche (Turm aus dem 12. Jahrhundert, eines der ältesten christlichen Bauwerke des Saarlandes) in steiler Hanglage, alter Flurname: „Hinter der Kirche"

Ⓢ Brebach-Fechingen Ⓓ Fechingen 66130 ↔ 170 Meter < 30 Einwohner
Seitenstraße der Bliesransbacher Straße Ⓠ BbFch, Lex

Am Kirschenberg – Ursprüngliche Flurbezeichnungen „Kirchenberg" und „auf dem Kirchenberg" - unklar, ob sich dies auf einen Kirchenbesitz oder das Vorkommen von Kirschbäumen bezog.

Ⓢ Scheidt Ⓓ Scheidterberg 66113 ↔ 105 Meter < 30 Einwohner
Seitenstraße von Am Turm Ⓠ Bal2, Phi

Am Knieschinner – Volkstümliche und plastische Ausdrucksweise für einen Weg, der steil ansteigt und damit „die Knie schindet".

Ⓢ *Alt-Saarbrücken* Ⓓ *Glockenwald* ✉ *66117* ↔ *25 Meter* 🚶 *< 30 Einwohner*
⊕ *verbindet Am Drahtzugweiher und An der Habsterkirch* Ⓠ *Bau, LHS*

Am Krenzelsberg – Alte Flurbezeichnung, die seit dem 18. Jahrhundert in unterschiedlichen Schreibweisen überliefert ist (Krintzels-, Krentzelßberg), deren Bedeutung aber unklar bleibt.

Ⓢ *Burbach* Ⓓ *Hochstraße* ✉ *66115* ↔ *710 Meter* 🚶 *448 Einwohner*
⊕ *ringförmige Seitenstraße der Heinrich-Barth-Straße (Saarterrassen)* Ⓠ *Bau*

Am Kreuzberg – Flurbezeichnung, die vermutlich auf den Standort eines ehemaligen Kreuzes (Wegekreuz, Gebetsstätte) hinweist.

Ⓢ *Bübingen* Ⓓ *Bübingen* ✉ *66129* ↔ *510 Meter* 🚶 *67 Einwohner*
⊕ *verbindet Mühlenweg/Bergstraße und Feldstraße* Ⓠ *Lauf*

Am kühlen Brünnchen – Verweist vermutlich auf einen nahe gelegenen Quellwasserbrunnen, evtl. gespeist vom in der Nähe verlaufenden Brunnenbach.

Ⓤ *ehem. Jakobstraße, nach dem ehem. Gemeindevorsteher Jakob Willié*

Ⓢ *Altenkessel* Ⓓ *Altenkessel* ✉ *66126* ↔ *1079 Meter* 🚶 *271 Einwohner*
⊕ *Seitenstraße der Alleestraße über die Burbacher Straße hinaus, dann Sackgasse* Ⓠ *Altk, Phi*

Am Langfeld – Die Flurbezeichnung bezieht sich auf ehemalige Äcker, die auffällig langgezogen waren.

Ⓤ *vor 1963/64 (Autobahnbau) westlicher Teil der Hochstraße*

Ⓢ *Güdingen* Ⓓ *Alt-Güdingen* ✉ *66130* ↔ *762 Meter* 🚶 *77 Einwohner*
⊕ *verbindet Theodor-Heuss- und Bühlerstraße parallel zur A6/A620* Ⓠ *Güd, HSe*

Am Lehberg – Nach der nahe gelegenen Erhebung benannt.

Ⓢ *Ensheim* Ⓓ *Ensheim* ✉ *66131* ↔ *186 Meter* 🚶 *34 Einwohner*
⊕ *verbindet Ormesheimer Straße und Eschringer Straße* Ⓠ *ens*

Am Lieschenfeld – Wahrscheinlich nach dem in Mitteleuropa heimischen und verbreiteten Lieschgras (Phleum) benannt, eine Süßgräser-Gattung z. B. Wiesen-Lieschgras.

Ⓢ *Schafbrücke* Ⓓ *Schafbrücke* ✉ *66121* ↔ *257 Meter* 🚶 *81 Einwohner*
⊕ *Seitenstraße der Bergstraße* Ⓠ *Lex, Bru3*

Die 1928 gepflanzten Lindenbäume waren und sind bis heute namensgebend für den Platz.

Am Lindenplatz – Linde: Laubbaum aus der Familie der Malvengewächse (siehe auch Lindenstraße). Der Platz ist noch heute mit acht ausgewachsenen Lindenbäumen umrahmt.

Ⓢ *Dudweiler* Ⓓ *Wilhelmshöhe- Fröhn* ✉ *66125*
↔ *32 x 25 Meter* *< 30 Einwohner*
Platz zwischen Mittel- und Oberstraße (Kolonie Wilhelmshöhe) Ⓠ *Dud*

Am Löbel – Löbel: Flurbezeichnung, die sich aus dem Wort „lewen" (16. Jahrhundert) ableitet = Hügel. Die Namensgebung beschreibt also die Topographie.

Ⓢ *Dudweiler* Ⓓ *Pfaffenkopf* ✉ *66125* ↔ *176 Meter* *< 30 Einwohner*
Seitenstraße der Löbelstraße mit Abzweigung Ⓠ *Dud*

Am Lorenzberg – Lorenzberg ist der Name der kleinen Erhebung, auf der die evangelische Kirche steht - früher „Lauersberg" genannt, nach einer gleichnamigen Familie, die mit den Grundbesitzern Groß (Mühlenbesitzer) verwandt waren.

Ⓤ *1966/67 kurzzeitig Kirchweg*

Ⓢ *Schafbrücke* Ⓓ *Schafbrücke* *66121* ↔ *188 Meter* *< 30 Einwohner*
Seitenstraße der Bahnstraße mit Abzw. zur ev. Kirche Ⓠ *Eschb*

Am Ludwigsberg – Benannt nach Fürst Ludwig zu Nassau-Saarbrücken, der hier 1769-91 eine feudale Garten-, Park- und Waldanlage mit Gartenarchitekturen und Gebäuden errichten ließ. Die Anlage wurde 1793 in Folge der französischen Revolution zerstört. Reststrukturen sind ab 2004 im Rahmen des Projektes Regionalpark Saar wieder sichtbarer gemacht worden.

Ⓤ *bis Mitte der 1920er J. Ludwigsbergstraße*

Ⓢ *Malstatt* Ⓓ *Rußhütte & Rodenhof* *66113* ↔ *768 Meter* *459 Einwohner*
verbindet Ludwigsbergkreisel/Trierer Straße mit Am Torhaus, im unteren Bereich in zwei Einbahnstraßen aufgeteilt Ⓠ *LHS, Phi, Stpl*

Am Ludwigsgymnasium – Die Straße verläuft entlang der gleichnamigen, 1604 durch Graf Ludwig zu Nassau-Saarbrücken gegründeten und 1950 hier neu gebauten Schule.

Ⓢ *Alt-Saarbrücken* Ⓓ *Schloßplatz* *66117* ↔ *180 Meter* *< 30 Einwohner*
Seitenstraße der Stengelstraße Höhe Roonstraße Ⓠ *LHS, LuGy, Phi*

Am Ludwigsplatz – Benannt nach Fürst Ludwig zu Nassau-Saarbrücken (1745-1794), Sohn des Fürsten Wilhelm-Heinrich. Letzterer ließ die Platzanlage samt lutherischer Kirche durch seinen Architekten Friedrich Joachim Stengel erbauen, erlebte die Fertigstellung 1775 aber nicht mehr. Daher sind Kirche und Platz nach seinem Sohn und Nachfolger benannt.

Ⓢ *Alt-Saarbrücken* Ⓓ *Schloßplatz* *66117* ↔ *356 Meter* *36 Einwohner*
von Keplerstraße abzweigend, den Ludwigsplatz umlaufend Ⓠ *Lex, Phi*

Am Markt – Bezieht sich auf die Nähe zum Marktplatz, dem historischen und aktuellen Zentrum Dudweilers. Der Marktplatz entstand in seiner heutigen Form Mitte des 19. Jahrhunderts, nachdem dort ein Dorfweiher trocken gelegt wurde.

Ⓢ *Dudweiler* Ⓓ *Dudweiler Mitte* ✉ *66125* ↔ *286 Meter* 🚶 *113 Einwohner*
Wegeverbindung zwischen Theodor-Storm- und Beethovenstraße sowie Standort der Einkaufsgalerie Ⓠ *DuStr, Phi*

Am Matzenberg – Bezieht sich vermutlich auf den Personennamen Matz = Matthias, nach dem die kleine Erhebung nordwestlich des Gersweiler Ortskerns benannt ist. Interessant ist die komplett anderslautende Deutung des auf der anderen Saarseite liegenden Matzenberges in Burbach (s. Matzenberg)!

Ⓤ *im 18. Jh. Kramberger Weg*
Ⓢ *Gersweiler* Ⓓ *Gersweiler Mitte* ✉ *66128* ↔ *141 Meter* 🚶 *35 Einwohner*
Seitenstraße der Hüttenstraße Ⓠ *Büch, Gers*

Am Mügelsberg – Dr. Ferdinand Mügel (gestorben 1901): Arzt und seit ca. 1860 Bierbrauer. Errichtete Ende des 19. Jahrhunderts die Union-Brauerei am Beginn des nahe gelegenen Neugrabenweges (Gebäude im Zweiten Weltkrieg zerstört, heute Telekom/Postbank-Gebäude).

Ⓤ *bis ca. 1965 Leibnizstraße, zwischenzeitlich Teil der Kantstraße*
Ⓢ *St. Johann* Ⓓ *Nauwieser Viertel* ✉ *66111* ↔ *55 Meter* 🚶 *< 30 Einwohner*
Seitenstraße der Kantstraße Ⓠ *Phi, KlNf*

Am Nahbrunnen – Nach dem Nahbrunnen benannt, einem der ältesten Brunnen Ensheims, der heute noch den Brunnen am unteren Marktweg speist.

Ⓢ *Ensheim* Ⓓ *Ensheim* ✉ *66131* ↔ *151 Meter* 🚶 *47 Einwohner*
Seitenstraße des Marktweges Ⓠ *ens*

Am Neuhauser Weg – Die Straße führt in Richtung Neuhaus (Forsthaus Neuhaus und Siedlung mit ehem. Schachtanlage Neuhaus).

Ⓢ *Dudweiler* Ⓓ *Dudweiler Mitte & Nord* ✉ *66125* ↔ *1372 Meter* 🚶 *317 Einwohner*
⊕ *Seitenstraße der Sulzbachtalstraße, geht am anderen Ende in die L256 über (Höhe AS Herrensohr der A623)* Ⓠ *Phi*

Am Niederweg – Es gibt drei Wegeverbindungen von Bischmisheim in den nordöstlich gelegenen „Hochwald" genannten Wald. Während die Hochstraße auf der Höhe dorthin verläuft, verbindet der Niederweg das Oberdorf topographisch niedriger gelegen mit dem Wald.

Ⓢ *Bischmisheim* Ⓓ *Bischmisheim* ✉ *66132* ↔ *300 Meter* 🚶 *92 Einwohner*
⊕ *verbindet Feldstraße und Breitenberger Weg* Ⓠ *Karg*

Am Ordensgut – Die Namensgebung erinnert an den Grundbesitz des christlichen Ritterordens der Deutschherren („Orden der Brüder vom Deutschen Haus Sankt Mariens in Jerusalem", Kommende St. Elisabeth), der sich hier früher erstreckte. Er wurde 1227 von Graf Simon III (s. Graf-Simon-Straße) aus Dankbarkeit nach einer Wallfahrt gestiftet. Bis zur französischen Revolution gab es hier Mitglieder des Ordens, die sich u. a. der Pflege von Armen und Kranken verschrieben, auch gab es ein Hospiz für Jakobspilger.

Ⓢ *Alt-Saarbrücken* Ⓓ *Bellevue* ✉ *66117* ↔ *986 Meter* 🚶 *314 Einwohner*
⊕ *verbindet Dr.-Eckener-Straße und Am Hagen* Ⓠ *LHS, Lex, Phi*

Am Ottenhausener Berg – Die Straße führt steil bergan zur ehemaligen Siedlung Ottenhausen. Das Dorf bestand zunächst vom 11. Jahrhundert bis zum 30-jährigen Krieg (Zerstörung 1635), danach Wiederbesiedelung. Namensgebung: Leitet sich wahrscheinlich vom althochdeutsche Wort „ahta" = Land-/Erbgut ab (früher Attenhuzen, dann Ottenhusen).

Ⓢ *Gersweiler* Ⓓ *Ottenhausen* ✉ *66128* ↔ *731 Meter* 🚶 *186 Einwohner*
⊕ *verbindet Saarufer- und Klarenthaler Straße* Ⓠ *Klau, Büch, StPl*

Am Probstbaum – Propst = kirchlicher Titel/Verwalter äußerer Angelegenheiten eines Klosters. Im Mittelalter gehörte Bischmisheimer Land dem Kloster von St. Remigiusberg (bei Kusel), welches einen Propst zur Verwaltung einsetzte. Der nahe gelegene Flurname „In der Probstwies" weist noch darauf hin. Wahrscheinlich geht der Straßenname auf einen nicht mehr zu identifizierenden Baum zurück.

Ⓢ Bischmisheim Ⓓ Bischmisheim ✉ 66132 ↔ ca. 416 Meter 👤 68 Einwohner
⊕ Seitenstraße der Brebacher Straße mit drei Seitenwegen Ⓠ Bisch, Karg, Phi

Am Rathaus – Die Straße verläuft unmittelbar hinter dem Klarenthaler Rathaus.

Ⓢ Klarenthal Ⓓ Klarenthal ✉ 66127 ↔ 85 Meter 👤 < 30 Einwohner
⊕ Seitenstraße der Feldstraße Ⓠ Phi

Am Rebenberg – Bezieht sich auf eine ehemals mit Weinreben bestandene Fläche. Seit römischer Zeit bis ins 20. Jahrhundert wurde im „Saar-Blies-Winkel" (vom südlichen Bliesgau über die obere Saar bis zu den Südhängen Saarbrückens) immer wieder Weinbau betrieben. Bereits im 13. Jahrhundert taucht an dieser Stelle eine Flurbezeichnung „Rebberg" auf, später „Auf dem Rebenberg". Eine Bewirtschaftung dürfte hier bis in die erste Hälfte des 19. Jahrhunderts erfolgt sein.

Ⓢ Bischmisheim Ⓓ Bischmisheim ✉ 66132 ↔ 192 Meter 👤 35 Einwohner
⊕ verbindet Brebacher Straße und Forstweg/In der Nachtweid Ⓠ Phi, Schm2, Schm3

Am Rebenberg – Hier wurde im 19. Jahrhundert kurzzeitig Wein angebaut. Die entsprechende Flurbezeichnung stammt aus bayerischer Zeit.

Ⓢ Eschringen Ⓓ Eschringen ✉ 66130 ↔ 300 Meter 👤 80 Einwohner
⊕ verbindet Eschringer Straße und Allmendsweg mit Abzweigung Ⓠ Schm2

Ob die Häuser vor Nr. 15 „gerade" sind, wollte der Verfasser des Schildes nicht verraten...

Am Recher – Topographische Flurbezeichnung: Rech/Recher = Hang, Abhang.

Ⓢ *Güdingen* Ⓓ *Alt-Güdingen* 🖃 *66130* ↔ *585 Meter* 🚹 *88 Einwohner*
⊕ *Seitenstraße der Bergstraße, die sich in drei Teilstraßen aufzweigt* Ⓠ *Bau*

Am Ritterbrunnen – Flurnamen eines Flurstückes mit Brunnen, der sich entweder auf das mittelhochdeutsche Wort „riuten" = roden bezieht („Reuterbrunnen", Rieterbrunn") oder auf einen Personennamen aus dem 17. Jahrhundert, „Reutern".

Ⓢ *Bübingen* Ⓓ *Bübingen* 🖃 *66129* ↔ *187 Meter* 🚹 *< 30 Einwohner*
⊕ *Seitenstraße der Feldstraße* Ⓠ *Lauf*

Am Römerkastell – Führt auf die in Teilen noch erhaltenen Reste (Fundamente) einer römischen Siedlung (ca. 1.-5. Jahrhundert) hin, die als „vicus saravus" an der Kreuzung zweier Handelsstraßen samt Brücke über die Saar bekannt ist.

Ⓤ *bis 1927 Alte Brebacher Straße*
Ⓢ *St. Johann* Ⓓ *Kaninchenberg* 🖃 *66121*
↔ *ca. 439 Meter mit anschl. Fußweg* 🚹 *< 30 Einwohner*
⊕ *verbindet Mainzer Straße und An der Römerbrücke über Zur Ostspange hinweg und ist als durchlaufende Straßenführung nicht mehr nachvollziehbar* Ⓠ *Bün, Lex, Phi, Witt*

A

Am Rothenbüsch – Im 15. Jahrhundert „rodebosche"; Rodbusch = Niederwald (Strauchartige Bäume oder Büsche niedriger Höhe), der gerodet und verbrannt wurde, wobei die Asche als Dünger des gewonnenen Ackerlandes genutzt wurde.

Ⓢ Malstatt Ⓓ Rastpfuhl 66113 ↔ 345 Meter 87 Einwohner
führt vom Neumagener über den Siebenbürger Weg in einen platzartigen Abschluss nahe der Lebacher Landstraße Ⓠ Bau

Am Sandberg – Die Namensgebung verweist auf die Beschaffenheit des Untergrundes: Geologisch liegt die Straße in einem Grenzbereich zwischen mittlerem und oberem Buntsandstein sowie dem Westfal als Teil des Karbons. Stellenweise kann man auch heute noch aufgeschlossene Sandsteinwände erkennen, z. B. an der nahe gelegenen Unterführung am Neuhauser Weg.

Ⓤ bis 1910 Bergstraße
Ⓢ Dudweiler Ⓓ Flitsch 66125 ↔ 353 Meter 117 Einwohner
verbindet Birkenallee und Sudstraße mit Abzweigungen Ⓠ DuStr, Phi

Am Schanzenberg – Schanze: eigenständiges Festungsbauwerk, oft nur temporär. Da die Flurbezeichnung erst um 1840 auftaucht, wird vermutet, dass kriegerische Auseinandersetzungen im Zuge der französischen Revolution 1793 namensgebend sein können. Hinter dem (nahe gelegenen) Deutschhaus soll im Herbst 1793 auf der Höhe eine Schanze errichtet worden sein. Dies würde zur Namensgebung des Berges zwischen altem Messegelände und Deutschmühlental passen.

Ⓢ Alt-Saarbrücken Ⓓ Malstatter Straße & Glockenwald 66117
↔ ca. 1350 Meter < 30 Einwohner
Seitenstraße des Deutschmühlentals, welche das alte Messegelände erschließt mit Seitenweg zur alten Radrennbahn Ⓠ Bau, Köll, Lex

Am Schloßberg – Die Straße führt auf die aus einem Buntsandsteinfelsen bestehende Anhöhe, auf der die Saarbrücker Grafen und Fürsten ihre Burg und das spätere Schloss errichteten (erste Erwähnung im Jahre 999 n. Chr.).

Ⓢ Alt-Saarbrücken Ⓓ Schloßplatz 66119 ↔ 132 Meter 105 Einwohner
verbindet Franz-Josef-Röder-Straße mit der Nahtstelle Talstraße/Vorstadtstraße Ⓠ Phi

Am Schmittenberg – Benannt nach dem Jäger Burgmann Felix von Schmieden, Gefolgsmann des Saarbrücker Grafen. In der Nähe der Straße lag sein bevorzugtes Jagdgebiet, wo er seinen Sohn durch eine verirrte Kugel verlor.

Ⓢ *Scheidt* Ⓓ *Scheidt* 🖃 *66133* ↔ *230 Meter* 🚹 *40 Einwohner*
⊕ *verbindet Auf den Hütten und Kirchweg* Ⓠ *Näh*

Am Schönental – Die Namensgebung ist eine Anspielung auf die ehemalige Beschaulichkeit des Tales, welches 1788 in das Ensemble des fürstlichen Ludwigsparkes mit einbezogen wurde. Der Bereich wurde der zweiten Gemahlin des Fürsten Ludwig, Reichsgräfin Catharina von Ottweiler, verkauft und im Stil eines englischen Landschaftsgarten mit Hofgut hergerichtet.

Ⓢ *Malstatt* Ⓓ *Rußhütte* 🖃 *66113* ↔ *235 Meter* 🚹 *114 Einwohner*
⊕ *Seitenstraße von Am Torhaus mit Abzweigung* Ⓠ *LHS, Paul*

Am Schwarzenbergbad – Die Straße führt zum gleichnamigen Schwimmbad (im Volksmund aufgrund der damaligen Förderung durch Mittel der Saarland-Sport-Toto GmbH auch „Totobad" genannt). Das Schwimmbad wurde 1959 eröffnet. Vorher gab es hier ein „Luft-, Licht- und Sonnenbad".

Ⓢ *St. Johann* Ⓓ *Rotenbühl* 🖃 *66123* ↔ *554 Meter* 🚹 *< 30 Einwohner*
⊕ *Seitenstraße des Kobenhüttenweges bis zum Schwimmbadgelände* Ⓠ *Int, Phi*

Am Schweizersberg – Hier ist unklar, ob sich der Name auf einen Personennamen „Schweizer" bezieht oder hier eine Schweizerei, also eine Vieh- und Milchwirtschaft nach Schweizer Vorbild, war. Diese ist in einem Krughütter Flurnamen nachgewiesen.

Ⓢ *Klarenthal* Ⓓ *Klarenthal* 🖃 *66127* ↔ *212 Meter* 🚹 *60 Einwohner*
⊕ *verbindet Kreis- und Warndtstraße über Eck* Ⓠ *Büch, Phi*

Am Schwimmbad – Die Straße liegt unmittelbar nördlich des Alsbachbades (Kombibad Altenkessel).

Ⓢ *Altenkessel* Ⓓ *Altenkessel* 🖃 *66126* ↔ *244 Meter* 🚹 *< 30 Einwohner*
⊕ *Seitenstraße von Am kühlen Brünnchen* Ⓠ *Phi*

Am Schwimmbad – Die Straße liegt unmittelbar westlich des 1924 eröffneten Dudobades.

Ⓢ Dudweiler Ⓓ Pfaffenkopf 66125 ↔ 214 Meter 32 Einwohner
verbindet St. Ingberter und Pfaffenkopfstraße Ⓠ DuStr, Phi

Am Sportplatz – Die Straße liegt westlich des Bischmisheimer Sportplatzes „Rehbockarena" des FV 09 Bischmisheim. Der Rehbock, wie sich die Bischmisheimer auch nennen, steht in der christlichen Ikonographie für Hoch- und Übermütige.

Ⓢ Bischmisheim Ⓓ Bischmisheim 66132 ↔ ca. 412 Meter 96 Einwohner
Seitenstraße von Im Almet, erschließt mit mehreren kurzen Straßenzügen die Fläche zwischen Sportplatz und Am Buchenhain Ⓠ Int, Karg

Am Sportplatz – Die Straße liegt östlich des Sportplatzes (Waldstadion des Vereins SVG 1910 Gersweiler-Ottenhausen e.V.), auf der gegenüberliegenden Seite der Krughütter Straße. Die Namensgebung rührt jedoch daher, dass der frühere Sportplatz des SV Gersweiler an der Stelle der heutigen Straße war und Anfang der 60er Jahre zu Gunsten des damaligen Neubaugebietes verlegt wurde.

Ⓢ Gersweiler Ⓓ Gersweiler Mitte 66128 ↔ 329 Meter 53 Einwohner
Seitenstraße des Friedhofsweges mit vier parallelen Seitenwegen Ⓠ Int, Kug

Am Sportplatz – Die Straße liegt südwestlich des Sportplatzes des SV 1919 Güdingen.

Ⓢ Güdingen Ⓓ Schönbach 66130 ↔ 512 Meter 88 Einwohner
verbindet Großblittersdorfer- und Haydnstraße mit kammartigen Abzweigungen (Siedlung Unner) Ⓠ Int

Am Sprinkshaus – 1864 erbaute der damalige Gersweiler Bürgermeister Josef Sprink direkt an der Grenze ein Haus, das nach ihm benannt wurde. Es wurde später zur Gaststätte „Zur grünen Warte" und dann zum Restaurant „Valuta" (= Bargeld einer anderen Währung, welches hier lange Jahre eingetauscht wurde).

Ⓢ Gersweiler Ⓓ Gersweiler Mitte 66128 ↔ 738 Meter 57 Einwohner
verbindet Rue Victor Hugo (Landesgrenze) mit Am Aschbacherhof/Am Ziegelhof) mit Abzweigung Ⓠ Int

Am Staden – Leitet sich vom mittelhochdeutschen Wort „stade" = Ufer ab (vgl. Gestade) und bezieht sich auf die Lage zur Saar.
Ehemalige Namensergänzung nach Emil Gottfried Hermann von Eichhorn, preußischer Heerführer und General, fiel 1918 einem Attentat zum Opfer.

Ⓤ 1925 - 1945 Am Eichhornstaden Ⓢ St. Johann Ⓓ Am Staden & Kaninchenberg
66121 ↔ 721 Meter 154 Einwohner
verbindet Obere Lauerfahrt und Bismarck-/Heinrich-Böcking-Straße Ⓠ Lex, Phi

Am Stadtgraben – Das östliche Teilstück der Straße liegt im Bereich des ehemaligen Stadtgrabens, der als Teil der Befestigung der Stadt St. Johann im Mittelalter angelegt und zwischen 1792 und 1810 zugeschüttet wurde. Heute insbesondere bekannt als Sitz des Saarbrücker Finanzamtes.

Ⓢ St. Johann Ⓓ St. Johanner Markt 66111 ↔ 237 Meter 0 Einwohner
verbindet Kreuzung Wilhelm-Heinrich-Brücke/Betzenstraße mit Alter Brücke/Saarstraße/ Schillerplatz Ⓠ Köll, LHS, Phi, Witt

Am Stadtwald – Die Straße liegt zwar nicht direkt am Stadtwald, befindet sich aber nur wenige Meter von demselben entfernt.

Ⓤ 30erJahre - 1945 Tilsiter Weg
Ⓢ St. Johann Ⓓ Rotenbühl 66123 ↔ 127 Meter < 30 Einwohner
Seitenstraße des Kohlweges Ⓠ Adr, Phi, SU1

Am Stahlhammer – Bezieht sich auf das etwas nördlich gelegene, 1751 gegründete Stahlwerk von Pierre Joseph Gouvy, das bereits 1870 geschlossen wurde, aber bis ins 20. Jahrhundert den gleichlautenden Siedlungsnamen prägte: Stahlhammer - Goffontaine (nach dem belgischen Geburtsort von Gouvy), heute Schafbrücke. Ein weiteres Werk von Gouvy wurde in Jägersfreude betrieben (siehe Blechhammerstraße). Zwei weitere Hammerwerke gab es im Scheidter Tal (siehe Catharina-Loth-Straße und Hammerweg).

Ⓤ früherer Name: Am Bahnhof
Ⓢ Schafbrücke Ⓓ Schafbrücke 66121 ↔ 963 Meter 214 Einwohner
verbindet Bahnstraße und Kaiserstraße bogenförmig über Einmündung Hirschbergstraße hinweg Ⓠ Bal1, Bio, Bre1, Esch

Am Steg – Die kleine Straße wurde erst 1963 nach dem Rohbausteg der Berliner Promenade benannt - ein Beispiel, wie sich ein provisorischer Straßenname einbürgert und offiziell wird.

Ⓢ *St. Johann* Ⓓ *Hauptbahnhof* *66111* ↔ *62 Meter* *0 Einwohner*
verbindet Berliner Promenade mit Bahnhofstraße Ⓠ *LHS*

Am Steinbruch – Der Name weist auf den früheren Standort eines Steinbruchs in einem schmalen Streifen des oberen Buntsandsteins hin, dessen Gesteine häufig als Baustein verwendet wurden.

Ⓢ *Dudweiler* Ⓓ *Pfaffenkopf* *66125* ↔ *384 Meter* *73 Einwohner*
verbindet Am Hang und Pfaffenkopfstraße Ⓠ *DuStr, Phi*

Am Steinbruch – Flurbezeichnung „Oben am Steinbruch" - geologisch liegt der Bereich zwischen Terrassenablagerungen der Saar und anstehendem Karbon (Westfal), eher untypisch für Steinbrüche. Eventuell auf die Bodenbeschaffenheit zurückzuführen.

Ⓢ *Gersweiler* Ⓓ *Ottenhausen* *66128* ↔ *416 Meter* *133 Einwohner*
Seitenstraße vom Ottenhausener Berg mit T-förmiger Abzw. Ⓠ *Büch*

Am Stiefel – Benannt nach dem Wirtshaus des Schuhmachers Hans Nickel Kiefer Ende des 17. Jahrhunderts, in dessen Familie Johann Daniel Bruch einheiratete und dort 1702 die älteste Brauerei des Saarlandes gründete, die heute noch im Familienbesitz existierende Brauerei Bruch. Brauhaus und Restaurant tragen immer noch den historischen Namen.

Ⓢ *St. Johann* Ⓓ *St. Johanner Markt* *66111* ↔ *30 Meter* *< 30 Einwohner*
verbindet St. Johanner Markt und Fröschengasse Ⓠ *LHS, Phi*

Am Streb – Streb = Teil eines Flözes, in dem auf schmaler langer Strecke Kohle abgebaut wird. Da die Straße in der Nähe des stillgelegten Dellbrückschachtes liegt, wurden hier einige Straßennamen nach bergmännischen Begriffen gewählt.

Ⓢ *Klarenthal* Ⓓ *Klarenthal* *66127* ↔ *114 Meter* *< 30 Einwohner*
Seitenstraße des Mühlenfeldes Ⓠ *Lex*

Am Strummersbrunnen – Der Stromersbrunnen war ein Brunnen nordöstlich des Stromberges: Dieser Flurname bezieht sich auf den alten Namen des Kaninchenberges, der wahrscheinlich ursprünglich so hieß, weil schmale, langgestreckte Feldparzellen ihn „gestromt" = gestreift erscheinen ließen.

Ⓢ St. Johann Ⓓ Rotenbühl ✉ 66123 ↔ 157 Meter 🚶 33 Einwohner
⊕ verbindet Am Kieselhumes und Kieselpfad Ⓠ Bau, Rupp

Am tiefen Graben – Die Benennung bezieht sich auf den Einschnitt des Gehlenbaches westlich des Straßenverlaufs.

Ⓢ Klarenthal Ⓓ Klarenthal ✉ 66127 ↔ 193 Meter 🚶 38 Einwohner
⊕ Seitenstraße der Warndtstraße Ⓠ Phi

Am Torhaus – Benannt nach einem der Torhäuser des fürstlichen Ludwigsparks, der ab 1769 angelegt wurde: Das Rußhütter Tor überwachte den nordwestlichen Zugang zum Park und wurde nach dem Verwalter Friedrich Dietrich auch Dietrichs Torhaus genannt. Reste der Anlage sind in der Rückfront des Hauses Nr. 19 integriert.

Ⓢ Malstatt Ⓓ Rußhütte ✉ 66113 ↔ 697 Meter 🚶 225 Einwohner
⊕ verbindet Am Ludwigsberg und Fischbachstraße Ⓠ LHS, Spu1

Am Triller – Hier gibt es verschiedene Namenserklärungen: Die hier ehemals liegenden herrschaftlichen Gärten könnten durch ein Drehkreuz (= Triller) gegen das im Umland weidende Vieh abgetrennt worden sein. Eine andere Erklärung ist der Bezug zu einem nahe liegenden Driller = Drehhäuschen, Strafeinrichtung für leichte Vergehen, welches Straftäter käfigartig zur Schau stellte und gedreht werden konnte. Die dritte Erklärung bezieht sich auf die Person Daniel Wilhelm Triller (1695 - 1782), Mediziner und Schriftsteller, der ab 1729 für wenige Jahre auch Leibarzt des damaligen Erbprinzen Wilhelm Heinrich zu Nassau-Saarbrücken gewesen sein soll.

Ⓢ Alt-Saarbrücken Ⓓ Triller ✉ 66119 ↔ 273 Meter 🚶 31 Einwohner
⊕ verbindet Trillerweg und Lilienstraße mit Abzweigung Ⓠ Bau, Lex, SZ 11.8.15

Am Tummelplatz – Tummelplatz = Fläche zum Auslaufen und Reiten der Pferde, auch zum Bespringen (Paaren) des Viehs. An dieser Stelle sollen die Pferde der Saarbrücker Grafen ihren Auslauf gehabt haben.

Ⓢ *Alt-Saarbrücken* Ⓓ *Malstatter Straße* *66117* ↔ *325 Meter* *0 Einwohner*
verbindet Heuduckstraße und Sauerwiesweg Ⓠ *Bau, Spu1*

Am Turm – Nach dem 1930 erbauten Wasserturm benannt, der am östlichen Ende der Straße steht.

Ⓢ *Scheidt* Ⓓ *Scheidterberg* *66133* ↔ *193 Meter* *32 Einwohner*
verbindet Brunnenweg und Beerenfeldstraße/Höhenweg Ⓠ *Bal4, Phi*

Am Versorgungshaus – Das Versorgungshaus geht auf eine Stiftung des Tabakfabrikanten und Händlers Philipp Korn 1851 in der ehemaligen Saarbrücker Vorstadt zurück. Dieses Altenheim wurde 1944 zerstört und 1952 wieder eingerichtet. Die Nachfolgeinstitution ist seit 1998 das Wichernhaus der Kreuznacher Diakonie in der Deutschherrnstraße.

Ⓢ *Alt-Saarbrücken* Ⓓ *Bellevue* *66117* ↔ *30 Meter* *k.A.*
verbindet Metzer Straße und Forbacher Straße Ⓠ *Bio, Int, LHS*

Am Wäldchen – Bezieht sich vermutlich auf ein (ehemals) nah gelegenes kleines Waldstück.

Ⓢ *Schafbrücke* Ⓓ *Schafbrücke* *66121* ↔ *60 Meter* *< 30 Einwohner*
Seitenstraße der Bischmisheimer Straße Ⓠ *Phi*

Am Wäldchen – Bezieht sich vermutlich auf ein (ehemals) nah gelegenes kleines Waldstück.

Ⓢ *Gersweiler* Ⓓ *Neu-Aschbach* *66128* ↔ *119 Meter* *31 Einwohner*
verbindet Am Aschbacherhof und Lerchenweg Ⓠ *Phi*

Am Waldhügel – Der Name beschreibt die Lage und den Verlauf der Straße, am Waldrand und in Hanglage bzw. hügeligem Gelände.

Ⓤ *bis 1998 Teil des Koppsgraben*

Ⓢ *Dudweiler* Ⓓ *Pfaffenkopf* *66125* ↔ *451 Meter* *< 30 Einwohner*
Seitenstraße der St. Ingberter Straße, Siedlung Winterbachsroth Ⓠ *DuStr, LHS*

Am Wallenbaum – Dürfte ursprünglich „Wallenbornbaum" geheißen haben, was auf einen Brunnen („born") hindeutet, der tatsächlich in der Nähe nachgewiesen war. Eventuell stand beim Brunnen ein signifikanter, da namensgebender Baum. Die Bedeutung „wallender Baum" alleine bleibt als Flurname hingegen unklar.

Ⓢ *Malstatt* Ⓓ *Jenneweg* *66113* ↔ *307 Meter* *179 Einwohner*
verbindet Lebacher Straße und Bülowstraße/Meiersdell Ⓠ *Bau*

Am Wickersberg – Führt östlich der gleichnamigen Erhebung Wickersberg (361,4 m ü. NN) vorbei. Der Name leitet sich wahrscheinlich vom „Vicar" = geistlicher Betreuer der Kapelle, ab. Es soll in der Nähe auch Weinbau gegeben haben, allerdings erscheint eine Herleitung von Wingert = Weinberg eher unwahrscheinlich.

Ⓢ *Ensheim* Ⓓ *Ensheim* *66131* ↔ *765 Meter* *190 Einwohner*
verbindet Heuwiesstraße und Marktweg Ⓠ *ens, Wil*

Am Wilhelmsbrunnen – Bezieht sich auf den südlich gelegenen Brunnen, dessen Entwässerungsverlauf hier einen steilen Einschnitt in den Güdinger Berg verursacht. Entgegen Vermutungen, der Name beziehe sich auf eine Person namens Wilhelm, geht der Flurname wohl auf „Wilmes" zurück = „wildes, sumpfiges Moos" und wurde später falsch verstanden und übertragen.

Ⓢ *Güdingen* Ⓓ *Alt-Güdingen* *66130* ↔ *217 Meter* *41 Einwohner*
Seitenstraße des Rosseler Weges Ⓠ *Güd*

Am Wingertsberg – Auch in Dudweiler gibt es Flurnamen, die mit dem Wort Wingert = Weinberg auf die frühere Nutzung als Rebfläche hinweisen, wenn auch nur in geringem Ausmaß.

Ⓢ *Dudweiler* Ⓓ *Wilhelmshöhe-Fröhn* *66125*
↔ *113 Meter* *< 30 Einwohner*
Seitenstraße der Schlachthofstraße Ⓠ *Dud, Phi*

Am Winterberg – Die Namensgebung geht auf eine alte Flurbezeichnung zurück, deren Bedeutung sich im Rahmen der zu Grunde liegenden Recherchen nicht endgültig klären ließ.

Ⓢ *Klarenthal* Ⓓ *Krughütte* *66127* ↔ *97 Meter* *35 Einwohner*
Seitenstraße der Kreisstraße mit Abzweigung und Durchlass zur Heinrichstraße Ⓠ *Nest*

Am Zementwerk – Der Name bezieht sich auf die Lage am noch vorhandenen Zementwerk der Halberger Hütte und gibt auch dem umliegenden Gewerbegebiet seinen Namen.

Ⓢ *Brebach-Fechingen* Ⓓ *Brebach* *66130* ↔ *549 Meter* *0 Einwohner*
Seitenstraße der Bühler Straße Ⓠ *Phi*

Am Ziegelhof – Der Name bezieht sich auf einen ehemals nahe gelegenen Hof, dessen Name sich wiederum auf eine ebenfalls dort gelegene Ziegelei bezieht. Der Hof wurde 1666 von Graf Gustav Adolf zu Nassau-Saarbrücken angelegt. Zu ihm gehörte eine wohl seit dem 11. Jahrhundert existierende Kirche, deren Ruine heute noch als „Pestlazarett" bekannt ist.

Ⓢ *Gersweiler & Klarenthal* Ⓓ *Gersweiler Mitte & Neu-Aschbach & Krughütte*
66127, 66128 ↔ *398 Meter* *129 Einwohner*
verbindet Am Sprinkshaus/Am Aschbacherhof und Gersweilerstraße Ⓠ *Büch, Gers*

Am Zimmerplatz – Auf dem Zimmerplatz lagerten die Zimmerleute der Gersweiler Grube im 18. und 19. Jahrhundert ihr Holz. Im Bergbau war Holz u. a. zum Ausbau der Stollen ein wichtiges Baumaterial. Im Zweiten Weltkrieg befand sich hier ein Gefangenenlager.

Ⓢ *Gersweiler* Ⓓ *Gersweiler Mitte* *66128* ↔ *204 Meter* *96 Einwohner*
verbindet Krughütter Straße und Am Hasenbühl Ⓠ *Kug*

Am Zoo – Der an Pfingsten 1950 eröffnete Zoologische Garten der Landeshauptstadt Saarbrücken befindet sich wenige Meter nordöstlich des Straßenverlaufs am Hang des Eschberges. Sein 1932 gegründeter Vorgänger befand sich im Deutschmühlental und wurde im Krieg zerstört.

Ⓢ *Eschberg & St. Johann* Ⓓ *Eschberg & Kaninchenberg* *66121*
↔ *269 Meter* *42 Einwohner*
Seitenstraße der Breslauer Straße Ⓠ *Grt, LHS*

Amalie-Kablé-Weg – Amalie Kablé (6.4.1857 - 12.4.1934): Lehrerin sowie Gründerin und Direktorin der nach ihr benannten Mädchenschule, ab 1888 in der Futterstraße, ab 1890 in einem klassizistischen Neubau am heutigen Schillerplatz. 1920 Verkauf des Gebäudes, welches nach dem Zweiten Weltkrieg verschwand.

Teil eines Viertels mit Straßennamen nach lokalhistorisch bedeutsamen Frauen.

Ⓢ *Malstatt* Ⓓ *Rastpfuhl* *66113* ↔ *119 Meter* *49 Einwohner*
verbindet Martha-Traut-Weg und Agnes-Kaiser-Weg Ⓠ *Bio, Frau*

Amselstraße – Amsel: in Mitteleuropa weit verbreiteter Singvogel aus der Familie der Drosseln (der Farbe der Männchen nach auch Schwarzdrossel genannt), bekannt durch ihren vielfältigen und melodischen Gesang. Teil eines Viertels mit Straßennamen nach Vogelarten.

Ⓢ *Malstatt* Ⓓ *Rußhütte* *66113* ↔ *125 Meter* *66 Einwohner*
verbindet Rußhütter Straße und Drosselweg Ⓠ *Lex*

Amselweg – s. o.

Bildet mit dem nahe gelegenen Finkenweg ein sinnhaftes Namenspaar.

Ⓢ *Bischmisheim* Ⓓ *Bischmisheim* *66132* ↔ *173 Meter* *< 30 Einwohner*
Seitenstraße von Am Buchenhain Ⓠ *Lex*

Amselweg – s. o.

Teil eines Viertels mit Straßennamen nach Vogelarten.

Ⓢ *Brebach-Fechingen* Ⓓ *Fechingen* *66130* ↔ *144 Meter* *86 Einwohner*
verbindet Drossel- und Finkenweg (Siedlung Nachtweide) Ⓠ *Lex*

Amselweg – s. o.

Teil eines Viertels mit Straßennamen nach Vogelarten.

Ⓢ *Gersweiler* Ⓓ *Neu-Aschbach* *66127* ↔ *174 Meter* *< 30 Einwohner*
Seitenstraße des Meisenweges Ⓠ *Lex*

Amselweg – s. o.

Teil eines Viertels mit Straßennamen nach Vogelarten.

Ⓢ *Klarenthal* Ⓓ *Klarenthal* *66128* ↔ *26 Meter* *< 30 Einwohner*
Seitenstraße der Feldstraße Ⓠ *Lex*

Amselweg – s. o.

Teil eines Viertels mit drei Straßennamen nach Vogelarten.

Früher nach der westlich gelegenen, ehemaligen Schachtanlage Josefa der Grube Gerhard benannt, die von 1852 - 1931 betrieben wurde.

Ⓤ *bis 1960 Josefastraße*

Ⓢ *Altenkessel* Ⓓ *Altenkessel* 📮 *66126* ↔ *293 Meter* 🧍 *61 Einwohner*
⊕ *verbindet Hasenstraße und Drosselschlag* Ⓠ *Lex, Ruth*

An den Ziegelhütten – Im Umfeld der Straße gab es bis zu elf handwerkliche Ziegeleien bzw. Ziegel- oder Backsteinhütten. Dieses auch im Zusammenhang mit dem Ortsnamen Krughütte zu sehende Handwerk soll bereits im 14. Jahrhundert bestanden haben. Die letzte Ziegelei schloss 1961.

Ⓢ *Klarenthal* Ⓓ *Krughütte* 📮 *66127* ↔ *444 Meter* 🧍 *< 30 Einwohner*
⊕ *halbkreisförmige Seitenstraße der Kreisstraße* Ⓠ *Klar*

An der Christ-König-Kirche – Benannt nach der gleichnamigen Kirche, an der sie entlangläuft. Die Kirche wurde 1927 - 1929 nach Plänen des Architekten Karl Colombo erbaut. Sie ist im expressionistischen Stil mit neoromanischen Elementen gehalten und dominiert die Umgebung mit ihrem 58 m hohen Turm.

Ⓤ *bis 1947 Scharnhorststraße*

Ⓢ *St. Arnual* Ⓓ *Winterberg* 📮 *66119* ↔ *185 Meter* 🧍 *40 Einwohner*
⊕ *verbindet Präsident-Balz- und Hindenburgstraße* Ⓠ *Int*

An der Fels – Bezieht sich auf die hier anstehenden, steilen Felsen des oberen Buntsandsteins. Etwas weiter westlich ist der Flurname „an der Weißfels" überliefert, der darauf hinweist, dass die Färbung des Buntsandsteins hier auffällig hell (weiß-gelb) im Gegensatz zu den sonst üblichen Rottönen ist.

Ⓢ *Alt-Saarbrücken* Ⓓ *Bellevue* 📮 *66117* ↔ *ca. 35 Meter* 🧍 *< 30 Einwohner*
⊕ *Seitenweg des Deutschhausweges* Ⓠ *Bau, LHS*

An der Friedenskirche – Die Straße verläuft auf der Südseite der gleichnamigen Kirche, die von Friedrich Joachim Stengel im Auftrag des Fürsten Wilhelm Heinrich 1743-1746 für die damalige reformierte Gemeinde erbaut wurde. Der Turm stammt von 1760. Zwischenzeitlich u.a. Gymnasium, heutige Nutzung durch die altkatholische Gemeinde.

Ⓢ *Alt-Saarbrücken* Ⓓ *Schloßplatz* *66117* ↔ *25 Meter* *0 Einwohner*
kurzes Seitensträßchen der Löwengasse zur Eisenbahnstraße hin Ⓠ *LHS, Phi*

An der Gaschbach – Bezieht sich auf einen nicht mehr nachvollziehbaren da unterirdischen Gewässerlauf, den Gaschbach (siehe auch Gaschhübel). Flurname seit dem 15. Jahrhundert überliefert.

Ⓤ *bis 1934 Jahnstraße*

Ⓢ *Malstatt* Ⓓ *Unteres Malstatt* *66115* ↔ *129 Meter* *151 Einwohner*
verbindet Breitenbacher- und Steinstraße Ⓠ *Adr, Bau*

An der Grüneich – Bis ins 20. Jahrhundert hinein soll es hier einen Eichenbestand gegeben haben.

Ⓤ *bis 1947 Augustastraße*

Ⓢ *Burbach* Ⓓ *Ottstraße* *66115* ↔ *90 Meter* *< 30 Einwohner*
verbindet Flammstraße und Seebohmstraße Ⓠ *Bau, LHS*

An der Habsterkirch – Hier befand sich im Mittelalter die Siedlung Habschied, die vom 13. bis ins 15. oder 16. Jahrhundert bestand und dann wüst fiel. Es liegt die Vermutung nahe, dass sich der Name auf die Kirche oder Kapelle dieser Siedlung bezieht (siehe Habsterhöhe), von der man annahm, dass sie in Resten noch bis ins 18. Jahrhundert bestand.

Ⓢ *Alt-Saarbrücken* Ⓓ *Glockenwald* *66117* ↔ *181 Meter* *30 Einwohner*
verbindet Am Knieschinner und (über wegeartige Verlängerung) Folsterweg
Ⓠ *Bau, Joch, Stae*

An der Heringsmühle – Bezieht sich auf den ehemaligen Standort einer Mühle, deren Name vom einstigen Grundherren, dem Junker von Heringen stammen soll. Insofern hat die Namensgebung nichts mit dem Fisch Hering zu tun. Namensvarianten u. a. Hettrichsmühle, Herrismühle oder niedere/untere Mühle (obere Mühle = Kronenmühle, s. dort).

Ⓢ *Brebach-Fechingen* Ⓓ *Fechingen* ✉ *66130* ↔ *430 Meter* 🚹 *46 Einwohner*
⊕ *verbindet Saarbrücker Straße und Flughafenstraße* Ⓠ *BbFch*

An der Homburger Höh – Serpentinenartiger Weg auf die Anhöhe des Homburges (s. „Am Homburg").

Ⓢ *St. Johann* Ⓓ *Am Homburg* ✉ *66123* ↔ *379 Meter* 🚹 *k.A.*
⊕ *verbindet Dudweiler Landstraße und Kreuzung Daimler-/Philipp-Neufang-/Wallotstraße*
Ⓠ *Phi*

An der Johannisbrücke – Führt zur gleichnamigen Brücke, die vor dem Bau der Autobahnzubringerbrücke auf dem Niveau der heutigen Fußgängerbrücke die Verbindung zur Dudweiler Landstraße darstellte. Der Weg verlief früher in einem weiten Bogen um die Kleingartenanlage und mündete in Höhe der heutigen Kálmánstraße in die Grülingsstraße.

Ⓢ *Malstatt* Ⓓ *Rodenhof* ✉ *66113* ↔ *ca. 1400 Meter* 🚹 *< 30 Einwohner*
⊕ *Seitenstraße der Lehárstraße Richtung Güterbahnhof/Fußgängerbrücke mit mehreren Abzweigungen* Ⓠ *Bru2, Phi, Lang*

An der Kronenmühle – Die ehemalige Kronenmühle am Saarbach wurde nach der Müllerfamilie Cron benannt. Früherer Name „obere Mühle" (untere Mühle = Heringsmühle, s. dort). Das Gebäude ist noch erhalten.

Ⓢ *Brebach-Fechingen* Ⓓ *Fechingen* ✉ *66130* ↔ *105 Meter* 🚹 *< 30 Einwohner*
⊕ *verbindet Saarbrücker Straße und Bliesransbacher Straße* Ⓠ *BbFch*

An der Meierei – Eine Meierei bezeichnet einen durch einen Meier (Amtmann, Verwalter) verwalteten Grundbesitz eines adligen oder geistlichen Grundherren. Auch eine Molkerei wurde früher als „Meierei" bezeichnet.

Ⓢ Gersweiler Ⓓ Gersweiler Mitte 66128 ↔ 66 Meter < 30 Einwohner
Seitenstraße der Hauptstraße Ⓠ Fry, Lex

An der Mühle – An dieser Stelle stand die zum Stift St. Arnual gehörige „Obere Mühle", eine von drei Mühlen im Verlaufe des heute hier nicht mehr sichtbaren Tabaksmühlenbaches. In eine Mauer in der Quienstraße eingelassene Mühlsteine erinnern noch heute an diese Mühle.

Ⓢ St. Arnual Ⓓ Winterberg 66119 ↔ 62 Meter 36 Einwohner
verbindet Julius-Kiefer-Straße und Quienstraße Ⓠ Bau, Spu1

An der Mühlenschule – Der Straßenname erinnert an die ehemalige, hier ansässige Mühlenschule, deren alte Gebäude 1991 und 1994 in den Komplex der heutigen Gemeinschaftsschule Saarbrücken-Dudweiler integriert wurden.

Ⓤ 1961 - 1962 Querspange

Ⓢ Dudweiler Ⓓ Dudweiler Mitte 66125 ↔ 140 Meter < 30 Einwohner
verbindet Theodor-Storm-Straße und Saarbrücker Straße Ⓠ DuStr, Lex

An der Neuen Bremm – Der Name Bremm geht auf den Pfriemen- oder Binsenginster zurück, dessen volkstümliche Regionalbezeichnung Bremme oder Bremm ist. Nach diesem wurden hier Gaststätten benannt, eine auf französischer Seite „alte" oder nach der gelben Blüte, „goldene Bremm" (französisch Brême d'Or) und eine „neue Bremm" auf deutscher Seite.

Ⓢ Alt-Saarbrücken Ⓓ Glockenwald 66117 ↔ 338 Meter < 30 Einwohner
Seitenstraße der Metzer Straße mit Wegeverbindungen zu Kleingärten (Letztere in Längenberechnung nicht enthalten) Ⓠ Bau

An der Römerbrücke – Am östlichen Ende der Straße verlief über den ehemaligen Verlauf der Saar (heute Reste in Form eines hafenartigen Altarmes) eine römische Brücke. Eine Bauzeit ist nicht bekannt, allerdings geht man von einer früheren Holz- und späteren Steinkonstruktion aus. Fundamente dieser Brücke sind noch vorhanden, aber nicht mehr zu sehen. Sie war eventuell bis ins Mittelalter hinein nutzbar. Ihre letzten sichtbaren Reste wurden 1863 gesprengt.

Ⓢ *St. Johann* Ⓓ *Kaninchenberg* *66121* ↔ *569 Meter* *< 30 Einwohner*
führt vom Lyonerring über Zur Ostspange bis zum Römerkastell (Industriegebiet Ost) Ⓠ *Lex*

An der Rot Schanz – Eine Schanze ist ein wallartiges Festungsbauwerk (siehe Am Schanzenberg), die Farbe rot ist häufig dem rot gefärbten Sandstein der Region entlehnt. An dieser Stelle ist ein neueres Festungsbauwerk nicht bekannt. Es ist aber möglich, dass man vorgeschichtliche Funde z. B. im Zusammenhang mit dem nahe gelegenen römischen „vicus saravus" als Festungsreste deutete. Eine andere Erklärung sieht eine nahe gelegene Schlackenhalde der Halberger Hütte als namensgebend an, die frisch aufgeschüttet eine rötliche Farbe gehabt haben soll.

Ⓢ *Brebach-Fechingen* Ⓓ *Brebach* *66130* ↔ *220 Meter* *< 30 Einwohner*
verbindet Saarbrücker Straße und Stummstraße Ⓠ *Hahn, Hau, Lex, Phi*

An der Rotheck – Die volkstümliche Bezeichnung „an den roten Hecken" geht auf den früheren Bewuchs der Gegend mit Heckenrosen zurück. Diese haben als Früchte die namensgebenden roten Hagebutten.

Ⓢ *Gersweiler* Ⓓ *Ottenhausen* *66128* ↔ *108 Meter* *66 Einwohner*
Seitenstraße des Grubenweges mit Wegverlängerung zum Hirtenweg Ⓠ *Kug*

An der Saarlandhalle – Der Straßenverlauf führt direkt an der Saarlandhalle vorbei, die als z. Zt. größte Veranstaltungs- und Multifunktionshalle der Stadt 1967 erbaut wurde.

Ⓢ *Malstatt* Ⓓ *Rodenhof* *66113* ↔ *287 Meter* *< 30 Einwohner*
verbindet Camphauser- und Ottweilerstraße Ⓠ *Lex, Phi*

An der Salzleck – Häufiger Flurname, der den Standort einer ehemaligen Salzlecke (für das Vieh aufgestellter Leckstein für dessen Versorgung mit Salz) bezeichnen dürfte. Der gleiche Flurname taucht auch in St. Johann unweit der heutigen Universität im Stadtwald auf.

Ⓢ Klarenthal Ⓓ Klarenthal ✉ 66127 ↔ 153 Meter 🚶 < 30 Einwohner
⊕ Seitenstraße des Mühlenfeldes Ⓠ Lex, Phi

An der Saubürst – Flurname, der sich auf die Behaarung von Wildschweinen (Borste) bezieht, die hier aus dem nahe gelegenen Wald kommend, Nahrung suchten. An bestimmten Bäumen reiben sich Wildschweine gerne und hinterlassen so Haare. Auch soll hier ein Schweinepferch gestanden haben, was die gleiche Namenserklärung zur Folge hat.

Ⓢ Dudweiler Ⓓ Dudweiler Süd ✉ 66125 ↔ 185 Meter 🚶 < 30 Einwohner
⊕ Seitenstraße des Alten Stadtweges Ⓠ Dud, Lex, Phi, Schab

An der Sauerwies – Als „sauer“ wurden früher Böden bzw. Wiesen bezeichnet, die eine geringe Qualität hatten, also unfruchtbar oder karg waren. Häufig kommt der Flurname in sumpfigen Wiesen vor, da hier das Gras schlecht und der pH-Wert oft niedrig ist (saures Milieu).

Ⓢ Dudweiler Ⓓ Dudweiler Nord ✉ 66125 ↔ ca. 170 Meter 🚶 < 30 Einwohner
⊕ Seitenstraße der Pfählerstraße, erschließt mit Seitenwegen ein Industriegebiet Ⓠ Dud, Phi

An der Schleifmühle – Bezieht sich auf die 1763 am Fischbach errichtete Pulvermühle (Mühlenstandort „Ober-Mühle“ bereits 1683 als Lohmühle), die wenige Jahre später zu einer Schleifmühle (wassergetriebene Mühle zum Schleifen von Werkstoffen wie Stein, Glas oder Metall) umgebaut wurde und von Fürst Ludwig an dessen Frau Katharina Kest („Gänsegretel“) gegeben wurde, danach Privatbesitz. Die letzten Gebäude verschwanden im Zweiten Weltkrieg.

Ⓢ Malstatt Ⓓ Rußhütte ✉ 66113 ↔ 480 Meter 🚶 0 Einwohner
⊕ Seitenstraße der Lebacher Straße Ⓠ Bau, Köll, Lex

An der Schlucht – Nimmt Bezug auf die Topographie des Geländes: Der Verlauf der Jägersfreuder Straße war früher rund 5 m tiefer eingeschnitten als heute, sodass von der Ziegelstraße zum Edenplatz eine kleine „Schlucht" durchquert werden musste. Dies ist heute noch ansatzweise nachvollziehbar.

Ⓢ *Malstatt* Ⓓ *Rodenhof* *66113* ↔ *129 Meter* *0 Einwohner*
Wegeverbindung zwischen Ziegel- und Edenstraße Ⓠ *Lang, Phi*

An der Spielschul – Bezieht sich auf den Kindergarten (= Spielschule) des Eisenbahn-Ausbesserungswerkes (siehe Am Kindergarten).

Ⓢ *Burbach* Ⓓ *Füllengarten* *66115* ↔ *75 Meter* *< 30 Einwohner*
verbindet Im Füllengarten und Ahornstraße (Eisenbahnkolonie) Ⓠ *LHS*

An der Steig – Topographische Flurbezeichnung: Steig/Steige = Weg über Anhöhen/Berge und/oder reiner Fußweg, der nicht von Fahrzeugen benutzt werden kann. Hier befindet sich ein steiler Aufstieg zum Gehlenberg in der Nähe.

Ⓢ *Dudweiler* Ⓓ *Pfaffenkopf* *66125* ↔ *168 Meter* *< 30 Einwohner*
verbindet über Eck Gehlenberg- und Scheidter Straße Ⓠ *DuStr, Lex, Phi*

An der Steinkaul – Die Namensgebung bezieht sich auf die frühere Nutzung des Geländes als Kalksteinbruch (Kaul = Vertiefung, Einschnitt).

Ⓢ *Bübingen* Ⓓ *Bübingen* *66129* ↔ *137 Meter* *30 Einwohner*
Seitenstraße der Feldstraße Ⓠ *Lauf*

An der Trift – In der Umgebung dieser Straße führte der Weg der ehemaligen Viehtrift von St. Johann an den Stadtwald vorbei. Viehtrift = Weg, über den das Vieh getrieben wird.

Ⓢ *St. Johann* Ⓓ *Rotenbühl* *66123* ↔ *405 Meter* *187 Einwohner*
verbindet Scheidter Straße und Meerwiesertalweg Ⓠ *Bau, LHS, Phi*

André-Caplet-Straße – André Léon Caplet (23.11.1878 - 22.4.1925): französischer Komponist und Dirigent, wurde im 1. Weltkrieg verwundet.

Ⓢ *Alt-Saarbrücken* Ⓓ *Triller* *66117* ↔ *2018 in Bau Meter* *< 30 Einwohner*
Neubaugebiet Franzenbrunnen Ⓠ *Lex*

Andreas-Kremp-Straße – Andreas Kremp (5.1.1886 - 26.12.1969): Schulleiter der Eschringer Volksschule 1922 - 1949, Gründer und Dirigent des Eschringer Kirchenchores, beteiligt an der Errichtung der Pfarrkirche St. Laurentius 1928 - 1930, die an der Straße liegt. Ehrenbürger der Stadt Saarbrücken.

Ⓤ *bis Mai 1993 Bliesransbacher Straße*

Ⓢ *Eschringen* Ⓓ *Eschringen* ✉ *66130* ↔ *524 Meter* 🚶 *51 Einwohner*
⊕ *Seitenstraße der Hauptstraße in Eschringen bis zum Sportplatz* Ⓠ *Bio, LHS*

Angela-Braun-Straße – Angela Braun-Stratmann (22.8.1892 - 19.6.1966): Journalistin und Politikerin, Ehefrau von Max Braun (siehe Max-Braun-Straße), erste Frauenpolitikerin an der Saar, 1924 Mitbegründerin der Arbeiterwohlfahrt, SPS-Abgeordnete im Landtag 1947 - 53, Chefredakteurin einer Frauenzeitschrift. Engagierte sich ab 1933 teils im Exil gegen die NS-Diktatur.

Ⓢ *Malstatt* Ⓓ *Unteres Malstatt* ✉ *66115* ↔ *345 Meter* 🚶 *< 30 Einwohner*
⊕ *verbindet Wiesenstraße und Im Rotfeld, Teil des Gewerbegebietes Rotfeld*
Ⓠ *Bio, Frau, Int, LHS*

Annastraße – Ursprünglich „Annabergstraße" nach dem oberschlesischen Dorf „Chałupki": Die Nationalsozialisten wollten an das bis 1919 deutsche Gebiet erinnern und benannten 1935 die Straße um. Der Straßenname wurde 1945 einfach zu Annastraße gekürzt.

Ⓤ *bis 1935 östlicher Teil der Freiheitsstraße*

Ⓢ *Dudweiler* Ⓓ *Dudweiler Mitte* ✉ *66125* ↔ *60 Meter* 🚶 *< 30 Einwohner*
⊕ *Seitenstraße der St. Avolder Straße* Ⓠ *Frau*

Annastraße – Die Straße wurde nach der Ehefrau eines der frühen Grundbesitzer von Krughütte benannt, Anna Stötzer (geboren vermutlich 1908). Es gab aber bereits im 18. Jahrhundert mehrere Stötzer'sche Frauen mit Vornamen Anna.

Ⓢ *Klarenthal* Ⓓ *Krughütte* ✉ *66127* ↔ *74 Meter* 🚶 *< 30 Einwohner*
⊕ *verbindet Gersweiler- und Friedrichstraße* Ⓠ *Int, Phi*

A

Annenstraße – Wahrscheinlich ist die Benennung nach der heiligen Anna erfolgt, die die Mutter Marias und damit Großmutter Jesu Christi gewesen sein soll. Somit entsteht mit der Marienstraße ein sinnhaftes Namenspaar, was auch in Bezug zur ehemaligen Zuständigkeit des Nonnenklosters St-Pierre-aux-Nonnais (St. Peter zu den Nonnen auf der Zitadelle) in Metz für die alte Kirche in Malstatt stehen könnte.

Ⓢ *Malstatt* Ⓓ *Unteres Malstatt* *66115* ↔ *44 Meter* *34 Einwohner*
Seitenstraße der Marienstraße Ⓠ *Wesz, Zim2*

Anton-Bruckner-Straße – Joseph Anton Bruckner (4.9.1824 - 11.10. 1896): österreichischer Komponist der Romantik, Organist, Pädagoge, Autor zahlreicher Orchesterwerke und geistlicher Vokalmusik (z.B. „Te Deum").

Teil eines Viertels mit Straßennamen nach Komponisten.

Ⓢ *Dudweiler* Ⓓ *Dudweiler Süd* *66125* ↔ *128 Meter* *< 30 Einwohner*
Seitenstraße der Liesbet-Dill-Straße Ⓠ *Lex*

Armand-Peugeot-Straße – Armand Peugeot (26.3.1849 - 2.1.1915): Unternehmer und Gründer des gleichnamigen französischen Autoherstellers. Bis 2012 war hier die Zentrale von Peugeot Deutschland, seitdem nur noch eine Niederlassung. Die Automarke Peugeot hat im Saarland durch die Nähe zu Frankreich in der Bevölkerung eine hohe Beliebtheit.

Ⓢ *Güdingen* Ⓓ *Schönbach* *66119* ↔ *465 Meter* *0 Einwohner*
Seitenstraße der Großbittersdorfer Straße mit Abzweigung Ⓠ *Lex, Phi*

Arndtstraße – Aufgrund der unmittelbaren Nähe zu den Straßennamen Theodor Storm und (Joseph von) Eichendorff, beide Dichter des 19. Jahrunderts, ist davon auszugehen, dass auch diese Straße nach Ernst Moritz Arndt (siehe unten) benannt ist.

Ⓢ *Dudweiler* Ⓓ *Dudweiler Süd* *66125* ↔ *82 Meter* *50 Einwohner*
Seitenstraße der Eichendorffstraße Ⓠ *DuStr, Lex*

Arndtstraße – Ernst Moritz Arndt (16.12.1769 - 29.1.1860): deutscher Schriftsteller, Historiker (1818 Professor in Bonn) und Freiheitskämpfer, Mitglied des ersten deutschen Bundesparlaments (Frankfurter Nationalversammlung). Musste 1806 vor Napoleon I nach Schweden flüchten.

Ⓤ *bis Anf. 20. Jh. Eselspfad*

Ⓢ *St. Johann* Ⓓ *Am Staden* ✉ *66121* ↔ *209 Meter* 🚶 *304 Einwohner*
⊕ *verbindet Mainzer und Großherzog-Friedrich-Straße* Ⓠ *Adr, Lex, LHS, Stpl*

Arnulfstraße – Bischof Arnual von Metz, Amtszeit 801 - 809 war Stifter der Kirche von St. Arnual (Stiftskirche). Oft verwechselt wird er mit Arnuald bzw. Arnould, (582 - 640), Stammvater der Karolinger und 614 - 629 Bischof von Metz. Dieser hat aber mit der Gründung des Stiftes weniger zu tun, weshalb man davon ausgehen muss, dass die Straße korrekt „Arnualstraße" heißen müsste.

Ⓤ *alter Name Fröschgaß*

Ⓢ *St. Arnual* Ⓓ *Wackenberg* ✉ *66119* ↔ *259 Meter* 🚶 *53 Einwohner*
⊕ *verbindet St. Arnualer Markt und Brühlstraße* Ⓠ *Herr, Lex, LHS*

Aschbachring – Nach dem östlich verlaufenden Aschbach benannt, der die Stadtteile Gersweiler/Ottenhausen und Klarenthal/Krughütte trennt. Für die Herkunft des Namens fehlen eindeutige Erklärungen, evtl. weil er im Laufe der Zeit variiert und als Abenspach/Avensbach (um 1200) oder Aspach (1531) auftaucht. Es könnte die Esche (mittelhochdeutsch „asch") oder ein Personennamen „Abo/Abbio" namensgebend sein.

Ⓢ *Klarenthal* Ⓓ *Krughütte* ✉ *66127* ↔ *ca. 978 Meter* 🚶 *238 Einwohner*
⊕ *Seitenstraße von Am Aschbacherhof, erschließt als Ringstraße mit mehreren Verzweigungen flächig den Bereich östlich der Kreisstraße* Ⓠ *Büch, Spa*

Aschbachstraße – Die Straße verläuft östlich des Aschbaches und Aschbachweihers (Namensdeutung siehe Aschbachring). Standort der 1957 errichteten Aschbachschule.

Ⓢ *Gersweiler* Ⓓ *Ottenhausen* ✉ *66128* ↔ *429 Meter* 🚶 *85 Einwohner*
⊕ *verbindet über Eck Dürer- und Blumenstraße* Ⓠ *Büch, Phi*

Auf dem Acker – Der Name bezieht sich auf eine frühere landwirtschaftliche Nutzfläche (Acker), eventuell auch einen Garten und war Ende des 17. Jahrhunderts schon als Flurname gebräuchlich.

Ⓢ Burbach Ⓓ Hochstraße 66115 ↔ 268 Meter 166 Einwohner
verbindet Jakobstraße und Burbacher Markt Ⓠ Bau

Auf dem Kohlberg – Vermutlich Flurbezeichnung mit Bezug zur Köhlerei, z. B. Standort eines Holzkohlenmeilers, Sammelstelle für Holz oder Weg der Köhler (siehe Kohlweg).

Ⓢ Scheidt Ⓓ Scheidterberg 66133 ↔ 388 Meter 59 Einwohner
Seitenstraße des Höhenweges mit mehreren Abzweigungen Ⓠ Phi

Auf den Ellern – Eller = Erle (Baum, der Hinweis auf mindere Bodenqualität gibt). Der nahe gelegene Erlenweg muss nicht unbedingt hierzu in Bezug stehen, da er Teil eines ganzen Viertels mit Baumnamen ist.

Ⓢ Bübingen Ⓓ Bübingen 66129 ↔ ca. 500 Meter < 30 Einwohner
Seitenstraße der Bergstraße Richtung Sportanlagen Ⓠ Lauf

Auf den Felsen – Bezieht sich auf einen zu Tage tretenden Felsen des Buntsandsteins.

Ⓢ Brebach-Fechingen Ⓓ Fechingen 66130 ↔ 228 Meter 45 Einwohner
Seitenstraße von Zum Hasenberg Ⓠ BbFch

Auf den Hütten – Hier befanden sich ehemals sieben kleine Häuser, als Hütten bezeichnet, die seit Anfang des 19. Jahrhunderts von Arbeitern der Hammerwerke in Schafbrücke (Goffontaine) und Scheidt bewohnt wurden. Somit handelt es sich um eine frühe Arbeitersiedlung, was der ebenfalls gängigen Theorie widerspricht, es handele sich um Hütten von Köhlern, Holzfällern und einem Hirten.

Ⓢ Scheidt Ⓓ Scheidt 66133 ↔ 334 Meter 123 Einwohner
verbindet Dudweilerstraße und Am Schmittenberg Ⓠ Bal4, Näh

Auf den Kitten – Eine Erklärung geht auf das Wort Kitt = Klebstoff (Dichtungsmasse, ursprünglich aus Kreide und Leinöl hergestellt) zurück, was hier die mundartliche Bezeichnung für schweren, klebrigen Boden meint. Eine weitere Erklärung sieht das Wort „Kutten"/„Kut"/„Kaute" (verwandt mit „Kaule") = Vertiefung im Boden als namensgebend. Diese Vertiefungen entstanden in Folge der bergbaulichen Aktivitäten oder dem Auslaugen des Alaunschiefers (siehe Alaunbergstraße) in Erdgruben. Durch falsche Aussprache z. B. durch Franzosen kann aus Kutten schnell Kütten oder Kitten werden.

Ⓢ *Dudweiler* Ⓓ *Kitten* *66125* ↔ *251 Meter* *0 Einwohner*
verbindet Jakob-Welter-Straße und Bei der Humesgrub Ⓠ *DuStr, Lex, Schab*

Auf der Adt – Flurname (Ath, Adt, Aht oder Acht, siehe Achtstraße), welcher zur Herrschaft gehöriges Ackerland bezeichnet. Das Verschwinden des Buchstaben „h" aus diesen Flurnamen lässt sich in unserem Raum häufig feststellen.

Ⓢ *Brebach-Fechingen* Ⓓ *Fechingen* *66130* ↔ *418 Meter* *67 Einwohner*
verbindet Provinzialstraße und Bergweg mit Abzweigung Ⓠ *BbFch, Chri, Hau*

Auf der Höh – Topographische Flurbezeichnung, die sich auf den Anstieg im Gelände bezieht und im Zusammenhang mit dem benachbarten Straßennamen „auf dem Acker auf der Höh" vorkommt.

Ⓢ *Burbach* Ⓓ *Hochstraße* *66115* ↔ *54 Meter* *34 Einwohner*
verbindet Marktsteig und Auf dem Acker Ⓠ *Bau*

Auf der Hohlgass – Flurname, der einen von einem Weg durchzogenen Geländeeinschnitt bezeichnet.

Ⓢ *Bübingen* Ⓓ *Bübingen* *66129* ↔ *89 Meter* *< 30 Einwohner*
Seitenstraße des Mühlenweges Ⓠ *Lauf*

Auf der Lück – Mit „Lück" wird häufig ein Durchlass oder eine Öffnung in einer Umfriedung oder einem Zaun bezeichnet, z. B. ein Durchlass in der Umzäunung des Dorfes. Hier existierte ein solcher vom Alten Mühlenweg aus nach Süden.

Ⓢ *Bischmisheim* Ⓓ *Bischmisheim* *66132* ↔ *237 Meter* *52 Einwohner*
verbindet Brebacher Straße und Alter Mühlenweg mit Abzweigung Ⓠ *Hau, Karg*

Auf der Ochsenweide – Die Fläche war vermutlich ein Weideplatz für Ochsen (kastrierter Stier).

Ⓢ Scheidt Ⓓ Scheidt ✉ 66133 ↔ 260 Meter 🚹 72 Einwohner
⊕ Seitenstraße der Scheidterbergstraße Ⓠ Lex, Phi

Auf der Poweyh – Powei/Powey(h) = Pflaster (vgl. französisch „pavé"). Wahrscheinlich wurde auf hiesigen Feldern im unteren Muschelkalk der Kalkstein für Pflasterplatten gebrochen.

Ⓤ vor 1993 Blumen-, Rosen- und Nelkenstraße

Ⓢ Eschringen Ⓓ Eschringen ✉ 66130 ↔ 355 Meter 🚹 58 Einwohner
⊕ ringförmige Seitenstraße des Sittersweges Ⓠ Bau, Schm3, Spu1, SZ

Auf der Scheib – Flurname, der wahrscheinlich schon im 14. Jahrhundert gebräuchlich war und Ackerland auf einer gerundeten Hochfläche beschreiben soll - vergleichbar mit einer Scheibe (schyeben, schyben, schîbe).

Ⓢ Burbach Ⓓ Füllengarten ✉ 66115 ↔ 115 Meter 🚹 < 30 Einwohner
⊕ verbindet Neudorfer und Pfaffenkopfstraße Ⓠ Bau

Auf der Scheib – Auch für Dudweiler gilt die o.g. Erklärung analog - runde, freie Fläche/Platte. Eine ähnliche Erklärung sieht hier eine „Scheibe" als Wendestelle für Pflüge auf dem Acker.

Ⓢ Dudweiler Ⓓ Dudweiler Nord ✉ 66125 ↔ 158 Meter 🚹 < 30 Einwohner
⊕ verbindet Heinestraße und Neuhauser Weg (letzteren über Treppenverbindung)
Ⓠ Dud, DuStr

Auf der Schlecht – Das Gelände beschreibende Flurbezeichnung aus dem mittelhochdeutschen: „slihte"/„slehte" = glatte, ebene Fläche (vgl. neuhochdeutsch „schlicht").

Ⓤ bis 1949 Eupener Straße, bis 1954 nördlicher Teil der Willi-Graf-Straße

Ⓢ St. Johann Ⓓ Rotenbühl ✉ 66123 ↔ 226 Meter 🚹 82 Einwohner
⊕ verbindet St. Ingberter und Willi-Graf-Straße Ⓠ Adr, Bau, Stpl

Auf der Schönbach – Bezieht sich auf den Bachlauf, der am Römischen Kopf südlich des Sonnenberges entspringt und zur Saar fließt. Es könnte aber auch ein Bachlauf vom Felsborn aus gemeint sein (siehe Am Felsenbrunnen). Der Name kann sich auf klares, reines Wasser ebenso wie auf die beschauliche Umgebung (sonnig, fruchtbar...) beziehen. Mit dem gleichen Namen gab es eine kleine mittelalterliche Siedlung im Irgental, die später wüst fiel.

Ⓤ *vor 1984 Teil der Sittershöhe*

Ⓢ *Güdingen* Ⓓ *Schönbach* *66119* ↔ *113 Meter* *51 Einwohner*
Seitenstraße des Grenzweges Ⓠ *Güd*

Auf der Trift – Flurname, der sich vermutlich auf eine ehemalige Viehtrift bezieht (siehe An der Trift).

Ⓢ *Klarenthal* Ⓓ *Krughütte* *66127* ↔ *155 Meter* *< 30 Einwohner*
Seitenstraße der Kreisstraße Ⓠ *Phi*

Auf der Waldwiese – Vermutlich trafen auf diesem Flurstück Wald und Wiese zusammen (liegt heute noch am Waldrand).

Ⓢ *Klarenthal* Ⓓ *Klarenthal* *66127* ↔ *140 Meter* *< 30 Einwohner*
Seitenstraße der Fenner Straße Ⓠ *Phi*

Auf der Werth – Flurname, der sich auf mittelhochdeutsch „wert/werde/wehrt" bezieht = erhöhtes, wasserfreies Land zwischen Sümpfen.

Ⓤ *früher Hafenstraße, seit Anfang 20. Jh. Varziner Straße bis 1947 (Familiengut der Bismarcks in Pommern)*

Ⓢ *Malstatt* Ⓓ *Unteres Malstatt* *66115* ↔ *150 Meter* *250 Einwohner*
verbindet St. Johanner und Klausenerstraße Ⓠ *Adr, Bau, Stpl*

Auf der Witz – Flurname, der auf das mittelhochdeutsche Wort „wîz" bezieht = weiß, hell. Damit sind die dort vorkommenden Böden gemeint – in Bischmisheim der helle Kalkstein des unteren Muschelkalks.

Ⓢ *Bischmisheim* Ⓓ *Bischmisheim* *66132* ↔ *333 Meter* *102 Einwohner*
verbindet Blumenstraße mit der Kreuzung Feld-/Hochstraße Ⓠ *Bau*

Auf Gierspel – Vermutlich ist der alte Flurname „Gir/Geier" im Zusammenhang mit althochdeutschen Formen von „Bühl" bzw. „Hügel" zu sehen.

Ⓢ *Bischmisheim* Ⓓ *Bischmisheim* *66132* ↔ *635 Meter* *161 Einwohner*
Seitenstraße der Brebacher Straße mit mehreren Abzweigungen Ⓠ *Karg*

Auf Lehen – Wahrscheinlich handelt es sich um ein Flurstück/eine Besitzung, welches von einem Lehnsherren an einen Vasallen verliehen wurde. Das Lehnswesen als politisch-ökonomisches System war v.a. im Mittelalter weit verbreitet.

Ⓢ *Bübingen* Ⓓ *Bübingen* ✉ *66129* ↔ *369 Meter* *40 Einwohner*
Seitenstraße der Saargemünder Straße, nördlichste Straße Bübingens Ⓠ *Lauf, Lex*

Auf'm Ficheler – Der Flurname Ficheler oder Fichelter ist zwar überliefert, wird in einschlägigen Quellen aber nicht weiter erklärt.

Ⓢ *Ensheim* Ⓓ *Ensheim* ✉ *66131* ↔ *148 Meter* *53 Einwohner*
verbindet Bischof-Baltes-Straße und Ommersheimer Straße Ⓠ *ens, Wil*

Augustinerstraße – Nach dem Bruderorden des Chorherrenstiftes St. Arnual benannt, was nach den Regeln des hl. Augustinus lebte. Der frühere Name Quienstraße wurde der Name der nahe gelegenen Straße „Zur Mühle", bis heute.

Ⓤ *vor 1927 Quienstraße*

Ⓢ *St. Arnual* Ⓓ *Wackenberg* ✉ *66119* ↔ *235 Meter* *165 Einwohner*
verbindet St. Arnualer Markt/Odakerstraße und Kettenstraße Ⓠ *LHS, Stpl*

August-Klein-Pfad – August Klein (21.8.1847 - 13.4.1920): Bierbrauer und Kommunalpolitiker in St. Johann und Saarbrücken. Gründete mit seinem Bruder Julius 1876 die Bürgerbräu AG, die 1888 - 1920 im Meerwiesertal am heutigen Standort der Jugendherberge ansässig war. Ab 1899 Beigeordneter von St. Johann, später Saarbrücken, kommissarischer Bürgermeister von Saarbrücken März 1919 bis 9.4.1920.

Ⓢ *St. Johann* Ⓓ *Rotenbühl* ✉ *66123* ↔ *134 Meter* *61 Einwohner*
verbindet Scheidter und August-Klein-Straße Ⓠ *Bio, Phi*

August-Klein-Straße – s. o.

Ⓢ *St. Johann* Ⓓ *Rotenbühl* ✉ *66123* ↔ *269 Meter* *106 Einwohner*
verbindet Kaiserslauterer und St. Ingberter/Schwarzenbergstraße Ⓠ *Bio, Phi*

August-Macke-Straße – August Ludwig Robert Macke (3.1.1887 - 26.9.1914, gefallen): deutscher Maler des Expressionismus. Schloss sich der Künstlerbewegung „Blauer Reiter" an. Werke Mackes befinden sich im Besitz des Saarlandmuseums.

Teil eines Viertels mit drei Straßennamen nach berühmten Malern.

Ⓢ Alt-Saarbrücken Ⓓ Triller 66117 ↔ k.A. < 30 Einwohner
Seitenstraße der Hedwig-Dohm-Straße (Neubaugebiet Franzenbrunnen) Ⓠ Lex, SLM

August-Müller-Straße – Wilhelm August Müller (7.2.1868 - 5.2.1933): Jurist und 1899 - 1932 langjähriger Bürgermeister der damals selbstständigen Gemeinde Gersweiler.

Ⓢ Gersweiler Ⓓ Gersweiler Mitte & Ottenhausen 66128
↔ 321 Meter 108 Einwohner
verbindet Pfählerstraße und Kirchenstraße Ⓠ GA 18.10.2013

Ayler Weg – Ayl: Ort an der unteren Saar in Rheinland-Pfalz, ca. 1.500 Einwohner. Bekannt durch seinen Weinanbau (Ayler Kupp).

Teil eines Viertels mit Straßennamen nach rheinland-pfälzischen Orten im unteren Saartal und in der Gegend um Trier.

Ⓢ Malstatt Ⓓ Rastpfuhl 66113 ↔ 143 Meter 66 Einwohner
verbindet Hubert-Müller-Straße und Wiltinger Weg Ⓠ Lex, Phi

Backfeldstraße – Der Flurname weist vermutlich auf eine alte Thingstätte (Platz für Volks- und Gerichtsversammlungen, ursprünglich aus dem Germanischen) unterhalb der ehemaligen Volksschule hin.

Ⓢ Ensheim Ⓓ Ensheim 66131 ↔ 61 Meter < 30 Einwohner
Seitenstraße der Hauptstraße Ⓠ ens, Gla

Bahnhof Neuhaus – Nach dem inzwischen stillgelegten Bahnhof Neuhaus benannt, der v. a. die Funktion hatte, Bergarbeiter zu den nahe gelegenen Schächten zu bringen.

Ⓢ Malstatt Ⓓ Rußhütte 66115 ↔ 157 Meter < 30 Einwohner
im Stadtwald zwischen A623 und Fischbachbahn gelegen Ⓠ Phi

Der „rote Keks" im Hintergrund zeigt an, wohin die Straße führt.

Bahnhofstraße – Die Straße führt von der Altstadt zum 1852 eröffneten Bahnhof St. Johann, heute Hauptbahnhof bzw. Eurobahnhof Saarbrücken. Seit über einem Jahrhundert die wichtigste Einkaufsstraße der Region, auch als „die Rue" bezeichnet.

Ⓤ *im 18. Jh. Untere Vorstadt, bis 1864 Trier-Straßburgische Staatsstraße; 1935–1945 Adolf-Hitler-Straße*

Ⓢ *St. Johann* Ⓓ *St. Johanner Markt & Hauptbahnhof* ✉ *66111*
↔ *710 Meter* 🚶 *120 Einwohner*
⊕ *verbindet Trierer/Reichsstraße und St. Johanner Markt* Ⓠ *Herr2, SU1*

Bahnhofstraße – Die Straße verbindet das Scheidter Ortszentrum mit dem Bahnhaltepunkt Scheidt an der 1879 eröffneten Strecke St. Ingbert – Saarbrücken (heute Haltepunkt der Regionalbahnlinie der DB).

Ⓢ *Scheidt* Ⓓ *Scheidt* ✉ *66133* ↔ *141 Meter* 🚶 *60 Einwohner*
⊕ *verbindet Kaiserstraße und Hammerweg* Ⓠ *Lex, Phi*

Bahnhofstraße – Führt zum Bahnhof Dudweiler, 1852 eröffnet, heute Haltepunkt der Sulzbachtalbahn (Regionalbahnlinie der DB, ab 2019 vlexx).

Ⓢ *Dudweiler* Ⓓ *Dudweiler Mitte & Wilhelmshöhe/Fröhn* ✉ *66125*
↔ *633 Meter* 🚶 *420 Einwohner*
⊕ *verbindet Am Neuhauser Weg und Schlachthofstraße* Ⓠ *Phi*

Bahnhofstraße – Die Straße führt zum Bahnhof Bübingen an der 1869 eröffneten Bahnstrecke Saarbrücken - Sarreguemines, heute Haltepunkt der Stadtbahnlinie 1 der Saarbahn GmbH.

Ⓢ Bübingen Ⓓ Bübingen 66129 ↔ 154 Meter 43 Einwohner
führt von der Saargemünder Straße über die Querstraße zum Bahnhof Ⓠ Lex, Phi

Bahnstraße – Die Straße verläuft auf einer Länge von 486 m parallel zur Bahnstrecke Saarbrücken - Sarreguemines (s. o.).

Ⓢ Güdingen Ⓓ Alt-Güdingen 66130 ↔ 621 Meter 104 Einwohner
zweigt an zwei Stellen von der Bühler Straße ab Ⓠ Lex, Phi

Bahnstraße – Die Straße verläuft parallel zur 1879 eröffneten Bahnstrecke Saarbrücken - St. Ingbert (siehe Bahnhofstraße Scheidt).

Ⓢ Schafbrücke Ⓓ Schafbrücke 66121 ↔ 544 Meter 88 Einwohner
verbindet Breslauer Straße und Kaiserstraße/Am Lorenzberg Ⓠ Phi

Balthasar-Goldstein-Straße – Balthasar Goldstein (1898 - 1986) steht symbolisch für die saarländische Luftfahrt, da er in den 30er Jahren als Pionier des saarländischen Flugsports gefeiert wurde. Das Flughafengelände wurde bereits Ende der 30er Jahre erschlossen, aber erst 1955 richtig eröffnet.

Ⓢ Ensheim Ⓓ Ensheim 66131 ↔ 2008 Meter 0 Einwohner
Seitenstraße der L108, erschließt mit mehreren Abzweigungen das Flughafengelände
Ⓠ Lex, LHS

Barbarastraße – Die heilige Barbara von Nikomedien lebte im 3. Jahrhundert und wurde ihres christlichen Glaubens wegen verfolgt und enthauptet. Sie ist im Saarland insbesondere als Schutzpatronin der Berg- und Hüttenleute bekannt, hier aber steht sie für das Patronat der Artillerie. 1894 wurde westlich der Straße eine Artilleriekaserne erbaut, nach der heute das Wohngebiet und die nahe gelegene Straße benannt sind.

Ⓢ St. Arnual Ⓓ Winterberg 66119 ↔ 229 Meter 76 Einwohner
verbindet Saargemünder und Koßmannstraße Ⓠ Fry, Lex, LHS

Barbarastraße – s.o. Dieser Straßenname dürfte aufgrund der bergbaulichen Tradition Dudweilers allerdings Bezug auf das Patronat der Bergleute nehmen. Der Sage nach fand Barbara Zuflucht in einem Berg bzw. einer Felsspalte, da sich der Berg vor ihr öffnete, um Schutz zu bieten.

Ⓢ *Dudweiler* Ⓓ *Pfaffenkopf* *66125* ↔ *73 Meter* *< 30 Einwohner*
verläuft innerhalb der Ringstraße Ⓠ *Lex, LHS*

Barbaraweg – s.o.
Auch hier dürfte die bergbauliche Tradition namensgebend sein. In unmittelbarer Nähe befindet sich der Dellbrückschacht.
Teil eines Viertels mit Straßennamen mit bergbaulichem Bezug.

Ⓢ *Klarenthal* Ⓓ *Klarenthal* *66127* ↔ *53 Meter* *< 30 Einwohner*
Seitenstraße des Mühlenfeldes Ⓠ *Phi*

Bayernstraße – Nach dem Volksstamm der Bayern benannt, heutiges Bundesland Freistaat Bayern, ca. 13 Millionen Einwohner, Hauptstadt München.
Teil eines in den 50er Jahren als Neubaugebiet erschlossenen Viertels mit Straßennamen nach deutschen Ländern bzw. Volksstämmen.

Ⓢ *St. Johann* Ⓓ *Bruchwiese* *66111* ↔ *553 Meter* *586 Einwohner*
Seitenstraße der Halbergstraße mit Wegeverbindungen zur Preußenstraße Ⓠ *LHS, Phi*

Beerenfeldstraße – Flurname für eine Parzelle nördlich des historischen Ortskernes. Ob hier wirklich Beeren im Sinne von Früchten namensgebend waren, bleibt indes unklar.

Ⓢ *Scheidt* Ⓓ *Scheidterberg* *66133* ↔ *586 Meter* *< 30 Einwohner*
Verlängerung des Höhenweges ab dem Wasserturm Richtung Waldrand Ⓠ *Bal2, Phi*

Beethovenplatz – Ludwig van Beethoven (Geburtsdatum unklar, getauft 17.12.1770, gestorben 26.5.1827): deutscher Pianist und Komponist der Wiener Klassik und Romantik. Bekannt ist Beethoven durch sein Improvisationstalent und sein um 1800 einsetzendes Gehörleiden, was zur Taubheit führte, ihn aber am Komponieren nicht hinderte.
Teil eines Viertels mit Straßennamen nach berühmten Komponisten.

Ⓢ *St. Johann* Ⓓ *Hauptbahnhof* *66111* ↔ *ca. 50x115 Meter* *0 Einwohner*
Platz zwischen Lortzing-, Beethoven-, Dudweiler- und Sulzbachstraße Ⓠ *Lex, Phi*

Beethovenstraße – s. o.

Ⓢ *Ensheim* Ⓓ *Ensheim* 🖃 *66131* ↔ *136 Meter* *< 30 Einwohner*
verbindet Brüningstraße und Ludwigstraße Ⓠ *Lex, Phi*

Beethovenstraße – s. o.

Bildet mit Schubertstraße ein sinnhaftes Namenspaar.

Ⓢ *Altenkessel* Ⓓ *Rockershausen* 🖃 *66126* ↔ *230 Meter* *60 Einwohner*
verbindet Ringstraße und Alleestraße Ⓠ *Lex, Phi*

Beethovenstraße – s. o.

Teil eines Viertel mit Straßennamen nach Komponisten

Ⓢ *St. Johann* Ⓓ *Hauptbahnhof* 🖃 *66111* ↔ *348 Meter* *132 Einwohner*
verbindet Ursulinenstraße und Dudweilerstraße Ⓠ *Lex, Phi, Cen*

Beethovenstraße – s. o.

Am südlichen Ende der Straße Wohnviertel mit Straßennamen nach Komponisten (Dudweiler Süd).

Ⓤ *1935 - 1945 Hermann-Göring-Straße*

Ⓢ *Dudweiler* Ⓓ *Dudweiler Mitte, Süd & Geisenkopf* 🖃 *66125* ↔ *ca. 1725 Meter* *237 Einwohner*
verbindet den Dudweiler Marktplatz und Dudweilerstraße (Scheidt) Ⓠ *Lex, Phi*

Beethovenstraße – s. o.

Teil eines Viertel mit Straßennamen nach Komponisten und Dichtern

Ⓤ *ca. 1935 - 1945 Jakob-Johannes-Straße (1919 von frz. Besatzern hingerichtet, Märtyrerfunktion für NS-Diktatur)*

Ⓢ *Güdingen* Ⓓ *Schönbach* 🖃 *66130* ↔ *183 Meter* *68 Einwohner*
verbindet Unner- und Simbachstraße (Siedlung Unner) Ⓠ *HSe, Knf, Lex*

Beethovenstraße – s. o.

Ⓢ *Bischmisheim* Ⓓ *Bischmisheim* 🖃 *66132* ↔ *90 Meter* *66 Einwohner*
Seitenstraße der Franz-Schubert-Straße Ⓠ *Lex, Phi*

Behrener Straße – Behren-lès-Forbach: französische Gemeinde östlich von Forbach, Département Moselle (Région Grand-Est). Bekannt durch eine große Satellitenstadt (Cité), die für Bergarbeiter konzipiert, Ende der 50er Jahre die Einwohnerzahl um das 20fache hat steigen lassen (von rund 500 auf 10.000, heute noch knapp 7.500 Einwohner).
Teil eines Gewerbeviertels mit drei Straßennamen nach grenznahen Orten.

Ⓢ Alt-Saarbrücken Ⓓ Glockenwald 66117 ↔ 270 Meter < 30 Einwohner
verbindet Zinziger Straße und Alstinger Weg, endet als Sackgasse Ⓠ Lex, Phi

Behringstraße – Emil Adof von Behring (15.3.1854 - 31.3.1917): deutscher Immunologe, Serologe und Nobelpreisträger.
Teil eines Viertels mit Straßennamen nach berühmten Medizinern (Schenkelberg: Standort der ehemaligen Klinik Rotes Kreuz und des ehemaligen Heilig-Geist-Krankenhauses).

Ⓢ St. Arnual Ⓓ Winterberg 66119 ↔ 270 Meter 52 Einwohner
Seitenstraße der Robert-Koch-Straße Ⓠ Lex, LHS

Behringtreppe – s. o.

Ⓢ St. Arnual Ⓓ Winterberg 66119 ↔ 58 Meter 0 Einwohner
verbindet Robert-Koch-Straße und Behringstraße als Abkürzung für Fußgänger Ⓠ Lex, LHS

Bei der Goldenen Bremm – Der Name Bremm geht auf den Pfriemen- oder Binsenginster zurück, dessen volkstümliche Regionalbezeichnung Bremme oder Bremm ist. Nach diesem „gold"-gelb blühenden Gewächs wurde auf französischer Seite eine Gaststätte benannt (brême d'or).

Ⓢ Alt-Saarbrücken Ⓓ Glockenwald 66117 ↔ 147 Meter 67 Einwohner
Seitenstraße der Metzer Straße direkt an der Staatsgrenze Ⓠ Bau

Bei der Humesgrub – Diese alte Flurbezeichnung lässt zwei Rückschlüsse zu: Zum einen muss es sich dort um feuchtes, nasses Land gehandelt haben (Humes/Himes = Humus, feuchter Boden), zum anderen um eine Senke bzw. tiefere Stelle = Grub(e) oder eine kleine Schlucht z. B. entlang eines Gewässerlaufes. Hier war wahrscheinlich eine oberflächliche Bergbauaktivität namensgebend.

Ⓢ Dudweiler Ⓓ Kitten 66125 ↔ 251 Meter 73 Einwohner
verbindet Schachtstraße und Alaunbergstraße Ⓠ Dud, DuStr

Bei der Teufelsbrück – An der Stelle, wo das Brückchen den Sulzbach überquert, könnte es aus verschiedenen Gründen vor Zeiten nicht geheuer gewesen sein: Schon im 17. Jahrhundert benennt der Volksmund diesen Ort so, weil er verrufen oder unheimlich gewesen sein soll. Dies kann mit Bodenfunden früherer, evtl. sogar römischer Zeiten, zusammenhängen, die im Untergrund gefunden wurden und dem Unwissenden als „Teufelszeug" erschienen. Durch die nahen industriellen Aktivitäten kann es durch Kontaminationen, Geruchs- und Lärmbeeinflussung auch zu einem unwirtlichen Ort geworden sein, der dem Teufel zugeschrieben wurde.

Ⓢ *Dudweiler* Ⓓ *Flitsch* *66125* ↔ *126 Meter* *< 30 Einwohner*
verbindet Sulzbachtalstraße und Rehbachstraße Ⓠ *Dud, DuStr, Zim1*

Bei der weiß Eich – Da eine weiße Eiche oder der in Nordamerika heimische Baum der Weißeiche hier weniger namensgebend sein dürfte, ist der Name wahrscheinlich auf eine alte Flurbezeichnung zurückzuführen, das Weistum: Aus dem germanischen Recht stammend bezeichnet dies eine Stelle, an der Recht gesprochen wurde. Diese dürfte sich an einer Eiche befunden haben.

Ⓢ *Bübingen* Ⓓ *Bübingen* *66129* ↔ *177 Meter* *32 Einwohner*
verbindet Zum Meerwald und Auf den Ellern Ⓠ *Lauf*

Bei der Ziegelhütte – Im Jahr 1551 wurde erstmals in Bischmisheim eine Ziegelhütte erwähnt, die hier gestanden haben dürfte. Im Zuge der schrittweisen Industrialisierung (Stahlhammer von Gouvy, Eisenhütte von Böcking...) und Bevölkerungsentwicklung dürfte diese sich im 18. und 19. Jahrhundert etabliert haben (z.B. Erwähnung 1756), wurde aber Anfang des 20. Jahrhunderts aufgegeben.

Ⓢ *Bischmisheim* Ⓓ *Bischmisheim* *66132* ↔ *78 Meter* *< 30 Einwohner*
Seitenstraße der Kirchstraße Ⓠ *Bisch*

Bei Gerstnershaus – Flurbezeichnung, die auf Peter Gerstner zurückgeht. Das Haus seiner Familie stand an der Ecke Scheidter/Rentrischer Straße und war im 18. Jahrhundert ein Torhaus zum eingezäunten fürstlichen Wald. Gerstner war dort Torhüter.

Ⓢ *Dudweiler* Ⓓ *Pfaffenkopf* ✉ *66125* ↔ *318 Meter* 👤 *111 Einwohner*
⊕ *Zweigt an zwei Stellen von der Rentrischer Straße ab, mit fischgrätenartigen Seitenwegen*
Ⓠ *Dud*

Beilsteiner Weg – Beilstein: Ort an der Mosel im Landkreis Cochem-Zell (Rheinland-Pfalz), ca. 140 Einwohner. Historisches Ortsbild mit Burg Metternich als dominanter Sehenswürdigkeit.

Teil eines Viertels mit Straßennamen nach Orten des Mosellandes.

Ⓢ *Malstatt* Ⓓ *Rastpfuhl* ✉ *66113* ↔ *263 Meter* 👤 *55 Einwohner*
⊕ *Seitenstraße von Am Gilbenkopf mit T-förmigem Abschluss* Ⓠ *Lex, LHS*

Beim Ellernsteg – Eller = Erle (Baum, der Hinweis auf mindere, oft feuchte Bodenbeschaffenheit gibt). Alter Flurname, der bereits im 17. Jahrhundert auftaucht, auch im Zusammenhang mit Bruch = Sumpf/feuchte Wiese. Der Weg soll früher mit Bohlen befestigt durch das sumpfige Gelände rund um den Bruchwiesenbach geführt haben, daher Steg.

Ⓢ *Dudweiler* Ⓓ *Dudweiler Süd* ✉ *66125* ↔ *248 Meter* 👤 *47 Einwohner*
⊕ *verbindet Gartenstraße und Bruchwiesenstraße* Ⓠ *Dud, DuStr, Schab*

Beim Krugbäcker – In der Nähe haben sich im 18. Jahrhundert die Krug- und Kannenbäcker angesiedelt, die hier Tongefäße herstellten, in teils gemeinschaftlichen Öfen brannten und verkauften. Das Gewerbe dürfte nur bis gegen Ende des 18. Jahrhunderts bestanden haben.

Ⓢ *Klarenthal* Ⓓ *Krughütte* ✉ *66127* ↔ *112 Meter* 👤 *< 30 Einwohner*
⊕ *Seitenstraße der Parallelstraße mit Wegeverbindung zur Gersweilerstraße* Ⓠ *Klar*

Beim Schöpfchen – Bezieht sich wahrscheinlich auf die westlich gelegene, kleine Waldfläche, die einem Haarschopf ähneln soll.

Ⓢ *Eschringen* Ⓓ *Eschringen* ✉ *66130* ↔ *123 Meter* 👤 *< 30 Einwohner*
⊕ *Seitenstraße der Hauptstraße* Ⓠ *Int, Phi*

Beim Tilgesbrunnen – Flurname, der auf das Vorhandensein einer Vernässungsstelle oder eines Brunnens hinweist. Andere Bezeichnung „Dilljesfeld" - Erklärung des Wortes jedoch unklar.

Ⓢ Güdingen Ⓓ Alt-Güdingen 66130 ↔ 366 Meter 76 Einwohner
Seitenstraße von Im Königsfeld (Wohngebiet Güdinger Berg) Ⓠ Güd

Beim Weisenstein – Flurname, seit dem 17. Jahrhundert überliefert - ob es hier einen weißen bzw. hellen Stein oder Fels gab, bleibt unklar. Geologisch gesehen dürfte dies weniger der Fall sein, da der anstehende mittlere Buntsandstein eher Gelb- und Rottöne aufweist.

Ⓢ Dudweiler Ⓓ Geisenkopf 66125 ↔ 284 Meter 368 Einwohner
verbindet Beethovenstraße und Am Geisenberg Ⓠ Dud, Phi

Benzstraße – Carl (auch Karl) Friedrich Benz (25.11.1844 - 4.4.1929): deutscher Ingenieur und Automobilpionier. Entwickelte 1885 das erste praxistaugliche Automobil. 1926 Gründung der Daimler-Benz AG mit dem ehemaligen Konkurrenten Gottlieb Daimler (s. Daimlerstraße).
Teil eines Viertels mit Straßennamen nach deutschen Industriellen, Entdeckern und Erfindern.

Ⓢ St. Johann Ⓓ Am Homburg 66123 ↔ 90 Meter 48 Einwohner
Seitenstraße der Wallotstraße Ⓠ Lex, LHS

Bergrat-Stutz-Straße – Ernst Stutz (28.7.1868 - 22.8.1940): deutscher Bergingenieur. Anfang des 20. Jahrhunderts war er drei Mal im Saargebiet: als Referendar in Saarbrücken, königlicher Berginspektor in Sulzbach (1903/04) und Werksdirektor in Luisenthal (1911 - 1915). Später u. a. Reichkommissar für Kohlenverteilung und Vorsitzender des Reichskohlenverbandes.

Ⓢ Gersweiler Ⓓ Ottenhausen 66128 ↔ 520 Meter < 30 Einwohner
Seitenstraße der Kreisstraße zum Gelände des ehem. Calmelet-Schachtes hin Ⓠ Lex

Bergstraße – Die Straße führt steil bergauf zum Brunnenberg.
Bildet ein sinnhaftes Namenspaar mit der unterhalb und südlich gelegenen Talstraße.

Ⓢ Herrensohr Ⓓ Herrensohr 66125 ↔ 542 Meter 118 Einwohner
zweigt an zwei Stellen von der Eisenbahnstraße ab Ⓠ DuStr, Phi

Bergstraße – Die Straße erschließt weite Teile des Wohngebietes „Bübinger Berg" in etwa hangparallel.

Ⓢ *Bübingen* Ⓓ *Bübingen* *66129* ↔ *616 Meter* *123 Einwohner*
verbindet Mühlenweg/Am Kreuzberg und Bliesransbacher Straße Ⓠ *Phi*

Bergstraße – Die Straße verläuft auf einer spornartigen Höhe, dem Hasenbühl.

Bildet mit der Talstraße weiter nördlich und unterhalb ein sinnhaftes Namenspaar.

Ⓢ *Gersweiler* Ⓓ *Gersweiler Mitte* *66128* ↔ *532 Meter* *199 Einwohner*
Seitenstraße von Am Hasenbühl über Feldstraße hinaus Ⓠ *Gers, Phi*

Bergstraße – Die Straße führt bergauf.

Ⓢ *Schafbrücke* Ⓓ *Schafbrücke* *66121* ↔ *370 Meter* *68 Einwohner*
Seitenstraße vom Geisberg/Unteren Geisberg Ⓠ *Phi*

Bergstraße – Die Straße erschließt das Wohngebiet Güdinger Berg und führt steil bergauf.

Ⓢ *Güdingen* Ⓓ *Alt-Güdingen* *66130* ↔ *893 Meter* *107 Einwohner*
Seitenstraße der Bühler Straße mit Abzweigung (Wohngebiet Güdinger Berg) Ⓠ *Phi*

Bergstraße – Die Straße führt vom Ortskern Burbach aus gesehen bergauf.

Ⓤ *1951 - 1956 Heinrich-Barth-Straße*

Ⓢ *Burbach* Ⓓ *Hochstraße* *66115* ↔ *538 Meter* *600 Einwohner*
verbindet Helgenbrunnen und Luisenthaler Straße Ⓠ *LHS, Phi*

Bergweg – Die Straße führt einen spornartigen Bergvorsprung hinauf.

Ⓢ *Brebach-Fechingen* Ⓓ *Fechingen* *66130* ↔ *194 Meter* *41 Einwohner*
Seitenstraße von Auf der Adt Ⓠ *Phi*

Berliner Promenade – Nach der Bundeshauptstadt Berlin benannt. Wurde 1959/1960 erbaut und kurz darauf aufgrund der damaligen Teilung der Stadt durch die Berliner Mauer (errichtet 1961) nach ihr benannt.

Ⓢ *St. Johann* Ⓓ *Hauptbahnhof* *66111* ↔ *380 Meter* *66 Einwohner*
verbindet Rabbiner-Rülf-Platz und Viktoriastraße Ⓠ *Phi*

Bernkasteler Platz – Bernkastel: Stadtteil von Bernkastel-Kues im Landkreis Bernkastel-Wittlich (Rheinland-Pfalz), ca. 7.000 Einwohner. Liegt an der Mittelmosel, Kurort und Weinbaugemeinde.

Teil eines Viertels mit Straßennamen nach Orten des Mosellandes.

Ⓤ *bis 1945 Reichenberger Platz (nach der heute tschechischen Stadt Liberec)*

Ⓢ *Malstatt* Ⓓ *Rastpfuhl* *66113* ↔ *ca. 135 x 27 Meter* *69 Einwohner*

liegt zwischen Am Gilbenkopf, Cochemer und Lieserer Weg Ⓠ *Lex, LHS, SU1*

Bertha-von-Suttner-Straße – Bertha Freifrau von Suttner (9.6. 1843 - 21.6.1914): österreichische Schriftstellerin, Jounalistin und Friedenskämpferin (pazifistische Romane wie „Die Waffen nieder"), 1905 als erste Frau Friedensnobelpreisträgerin.

Bildet mit Hanna-Kirchner-Straße ein sinnhaftes Namenspaar.

Ⓢ *St. Johann* Ⓓ *Kaninchenberg* *66123* ↔ *260 Meter* *< 30 Einwohner*

verbindet Heidenkopferdell und Peter-Zimmer-Straße Ⓠ *Frau, LHS*

Betzenstraße – Flurname aus dem althochdeutsch bizûna/bizûni, später Bizem/Betzem = eingezäunte oder oft mit Hecken eingefriedete, ergiebige, siedlungsnahe Wiesen, oft mit Obstbäumen, Gras- und Krautgärten kombiniert.

Ⓢ *St. Johann* Ⓓ *St. Johanner Markt* *66111* ↔ *272 Meter* *< 30 Einwohner*

verbindet Wilhelm-Heinrich-Brücke und Rathausplatz Ⓠ *Lagis, LHS*

Birkenallee – Zwar sind Birken in der Straße anzutreffen (z. B. in Vorgärten), jedoch in geringer Anzahl und keineswegs in Form einer Allee. Dies war beim Bau der Straße in den 20er Jahren noch anders.

Ⓢ *Dudweiler* Ⓓ *Flitsch & Dudweiler Mitte* *66125*

↔ *212 Meter* *32 Einwohner*

Seitenstraße von Am Sandberg Richtung Am Neuhauser Weg Ⓠ *DuStr, Phi*

Birkenfelder Straße – Birkenfeld: Kreisstadt im Hunsrück (Rheinland-Pfalz), ca. 6.900 Einwohner, mit Burgruine und Schloss, staatlich anerkannter Erholungsort.

Teil eines Viertels mit Straßennamen nach Orten in den nördlich gelegenen Tälern von Sulzbach, Blies und Nahe.

Ⓢ Malstatt Ⓓ Rodenhof 66113 ↔ 300 Meter 156 Einwohner
verbindet Heinrich-Koehl-Straße und Neunkircher Straße Ⓠ Lex, LHS

Birkenpfad – Birke: schnellwachsender und sommergrüner Baum mit „Kätzchen" als Blütenstand, Familie der Birkengewächse. Es gibt bis zu 100 Birkenarten, die auf der gesamten Nordhalbkugel verbreitet sind.

Ⓢ St. Arnual Ⓓ Winterberg 66119 ↔ 60 Meter 0 Einwohner
Seitenweg der Feldmannstraße mit Treppenverbindung zur Petersbergstraße Ⓠ Lex

Birkenstraße – s. o.

Ⓢ Schafbrücke Ⓓ Schafbrücke 66121 ↔ 422 Meter 75 Einwohner
Seitenstraße des Unteren Geisberges Ⓠ Lex

Birkenstraße – s. o.

Ⓢ St. Arnual Ⓓ Winterberg 66119 ↔ 1058 Meter 381 Einwohner
verbindet Weinbergweg und Denkmalstraße Ⓠ Lex

Birkenstraße – s. o.

Teil eines Viertels mit Straßennamen nach Baumarten.

Ⓢ Bübingen Ⓓ Bübingen 66129 ↔ 364 Meter 53 Einwohner
Seitenstraße der Waldstraße mit Abzweigungen (Bübinger Berg) Ⓠ Lex

Birkenweg – s. o.

Teil eines Viertels mit Straßennamen nach Baumarten.

Ⓢ Güdingen Ⓓ Alt-Güdingen 66130 ↔ 78 Meter < 30 Einwohner
Seitenstraße des Eichenweges Ⓠ Lex

Birkenweg – s. o.

Teil eines Viertels mit Straßennamen nach Baumarten.

Ⓢ Scheidt Ⓓ Scheidterberg 66133 ↔ 244 Meter 42 Einwohner
zweigt an zwei Stellen vom Höhenweg ab (Siedlung Wacholderfeld) Ⓠ Lex

Birkenweg – s. o.

Ⓢ *Klarenthal* Ⓓ *Klarenthal* *66127* ↔ *680 Meter* *227 Einwohner*
Seitenstraße der Warndtstraße Ⓠ *Lex*

Birkenweg – s. o.
Teil eines Viertels mit Straßennamen nach Baumarten.

Ⓢ *Gersweiler* Ⓓ *Ottenhausen* *66128* ↔ *96 Meter* *48 Einwohner*
Seitenstraße des Buchenweges Ⓠ *Lex*

Birnengäßchen – Sehr alte Flurbezeichnung (erstmals um 1500), die sich auf eine ehemalige Obstbaumanlage mit Birnbäumen bezieht. Die Namensgebung passt zur Betzenstraße (siehe dort).

Ⓢ *St. Johann* Ⓓ *Hauptbahnhof* *66111* ↔ *165 Meter* *< 30 Einwohner*
verbindet Dudweiler- und Futterstraße Ⓠ *Bau*

Bischmisheimer Straße – Richtungsweisende Namensgebung: Ein alter Weg führt(e) hier über das Wogbachtal nach Bischmisheim.

Ⓢ *Ensheim* Ⓓ *Ensheim* *66131* ↔ *499 Meter* *115 Einwohner*
verbindet Flughafen- und Johann-/St. Ingberter Straße Ⓠ *ens, Phi*

Bischmisheimer Straße – Richtungsweisende Namensgebung: Die Straße führt in der Fortsetzung über den Geisberg nach Bischmisheim.

Ⓢ *Schafbrücke* Ⓓ *Schafbrücke* *66121* ↔ *127 Meter* *71 Einwohner*
verbindet Kaiserstraße und Kolbenholz/Unterer Geisberg Ⓠ *Phi*

Bischof-Baltes-Straße – Der Ensheimer Peter Josef Baltes (7.4.1827 - 15.2.1886) wanderte 1833 mit seiner Familie in die USA aus, wurde katholischer Geistlicher und 1869 - 1886 Bischof von Alton/Illinois. Heimatbesuch 1878.

Ⓢ *Ensheim* Ⓓ *Ensheim* *66131* ↔ *367 Meter* *83 Einwohner*
verbindet Ommersheimer Straße und Im Industriegebiet Ⓠ *Bio, ens, Lex*

Bischof-Eich-Straße – Jakob Eich (7.3.1888 - 4.2.1947): geboren in Ensheim, katholischer Priester, Studium in den USA, 1914 als Missionar nach Afrika. Dort u. a. in Namibia aktiv, wurde 1942 Titularbischof von Cynopolis (Ägypten).

Ⓢ *Ensheim* Ⓓ *Ensheim* *66131* ↔ *252 Meter* *50 Einwohner*
verbindet Flughafen- und Bischmisheimer Straße Ⓠ *Bio, ens, Lex*

Bismarckbrücke – Otto Eduard Leopold von Bismarck-Schönhausen (1.4.1815 - 30.7.1898), ab 1871 „Fürst von Bismarck": deutscher Politiker und Staatsmann. Zunächst Ministerpräsident Preußens, Bundeskanzler des Norddeutschen Bundes und 1871 - 1890 deutscher Reichskanzler. Maßgeblicher Gründer des deutschen Reiches. Logierte kurzzeitig in der nach ihm benannten Straße, die im 19. Jahrhundert Schillerstraße hieß.

Ⓤ *um 1950 kurzzeitig Saargemünder Brücke*
Ⓢ *Alt-Saarbrücken & St. Johann* Ⓓ *Am Staden & Winterberg* 🖃 *66111*
↔ *536 Meter* 🚹 *0 Einwohner*
⊕ *verbindet Paul-Marien-/Bismarckstraße und Präsident-Balz-Straße mit Verkehrskreisel über A620* Ⓠ *Lex, LHS*

Bismarckstraße – s. o.

Ⓤ *1947 - 1957 Schillerstraße, Abschnitt im Industriegebiet Ost zeitweise An der Römerbrücke*
Ⓢ *St. Johann* Ⓓ *St. Johanner Markt, Am Staden, Kaninchenberg* 🖃 *66111, 66121*
↔ *1663 Meter* 🚹 *645 Einwohner*
⊕ *verbindet Schillerplatz/Bleichstraße mit dem Industriegebiet Ost (Ende als Sackgasse)*
Ⓠ *Cen, LHS, Lex*

Blechhammerstraße – Benannt nach dem Eisenwerk (sog. Blechhammer) der Familie Gouvy im 18. und 19. Jahrhundert. (siehe Am Stahlhammer in Schafbrücke).

Ⓢ *Jägersfreude* Ⓓ *Jägersfreude* 🖃 *66125* ↔ *303 Meter* 🚹 *64 Einwohner*
⊕ *Seitenstraße der St. Johanner Straße mit Abzweigung* Ⓠ *Bal1, Phi*

Bleichstraße – Das Bleichen von Textilien (Abschwächen von unerwünschten Färbungen oder Vergilbungen) wurde früher oft durch Auslegen und Besprengen der Tücher auf Wiesen, sogenannte Rasenbleiche, erzielt. In St. Johann befanden sich Bleichwiesen unweit des Landwehrplatzes und später östlich der Alten Brücke, also beiderseits der Bleichstraße.

Ⓤ *Abschnitt südl. Mainzer Straße bis ca. 1932 Schillerallee*
Ⓢ *St. Johann* Ⓓ *St. Johanner Markt* 🖃 *66111* ↔ *317 Meter* 🚹 *135 Einwohner*
⊕ *verbindet Großherzog-Friedrich- mit Bismarckstraße/Schillerpl.* Ⓠ *Kloe, LHS, Phi*

Blieskasteler Straße – Blieskastel: Stadt im Saarpfalz-Kreis, ca. 24.400 Einwohner, Zentrum des Biosphärenreservates Bliesgau, durch barocken Städtebau (Gräfin Marianne Von der Leyen Ende des 18. Jahrhunderts) geprägt, mit zahlreichen ländlichen Ortsteilen im Blies-, Würzbach- und Bickenalbtal.

Teil eines Viertels mit Straßennamen nach Orten in der Pfalz und Saarpfalz (ehem. Königreich Bayern).

Ⓢ St. Johann Ⓓ Rotenbühl 66123 ↔ 156 Meter 52 Einwohner
Seitenstraße der St. Ingberter/Rentrischer Straße Ⓠ Lex, Phi

Bliesransbacher Straße – Die Straße ist der Beginn einer alten Wegeverbindung von Bübingen in die südöstlich gelegene Ortschaft Bliesransbach im Bliesgau.

Ⓢ Bübingen Ⓓ Bübingen 66129 ↔ 958 Meter 170 Einwohner
verbindet Saargemünder Straße und Espenweg Ⓠ Phi

Bliesransbacher Straße – Die Straße führt von Fechingen in Richtung Bliesransbach (Ortsteil von Kleinblittersdorf).

Ⓢ Brebach-Fechingen Ⓓ Fechingen 66130
↔ 920 m (bis Weg zum Schwimmbad) Meter 211 Einwohner
Seitenstraße der Provinzialstraße, am Ende übergehend in Landstraße L 105 Ⓠ Phi

Bliesweg – Blies: längster Fluss des Saarlandes, entspringt bei Selbach im St. Wendeler Land und fließt knapp 100 km über Neunkirchen und den Bliesgau bis Saargemünd mit Mündung in die Saar.

Teil eines Viertels mit Straßennamen nach saarländischen und südwestdeutschen Fließgewässern.

Ⓢ Malstatt Ⓓ Rastpfuhl 66113 ↔ 129 Meter 76 Einwohner
verbindet Rastbachweg und Rastpfuhl Ⓠ Lex, Phi

Blücherstraße – Gebhard Leberecht von Blücher, Fürst von Wahlstatt (16.12.1742 - 12.9.1819): entstammt mecklenburgischem Uradel und war Generalfeldmarschall („Marschall Vorwärts"), einer der populärsten Heerführer der Freiheitskriege gegen Napoléon I. 1813 Oberbefehlshaber der schlesischen Armee, schlug die napoléonischen Truppen an der Katzbach und bei Waterloo in Belgien, was zur Abdankung Napoléons I führte.
Teil eines Viertels mit Straßennamen nach deutschen Militärs des 19. Jahrhunderts (Befreiungskriege).

Ⓤ 1947 - 1957 Verdistraße (Giuseppe Verdi: Italienischer Komponist)

Ⓢ St. Arnual Ⓓ Winterberg ✉ 66119 ↔ 224 Meter 🚶 95 Einwohner
verbindet Hindenburg- und Saargemünder Straße Ⓠ Lex, LHS, Phi

Blumenstraße – Blume: bestäubungsbiologische Einheit einer Blütenpflanze. Im Volksmund Pflanze mit größerer, ins Auge fallenden Blüte.

Ⓢ Gersweiler Ⓓ Ottenhausen ✉ 66128 ↔ 220 Meter 🚶 84 Einwohner
verbindet Pfähler- und Hauptstraße Ⓠ Lex

Blumenstraße – s. o.

Ⓢ Bischmisheim Ⓓ Bischmisheim ✉ 66132 ↔ 299 Meter 🚶 71 Einwohner
verbindet Kirchstraße und Auf der Witz Ⓠ Lex

Blumenstraße – s. o.
Evtl. Anspielung auf die frühere Nutzung als Gartenland (siehe Grünstraße).

Ⓢ St. Johann Ⓓ Nauwieser Viertel ✉ 66111 ↔ 332 Meter 🚶 352 Einwohner
verbindet Dudweiler- und Rotenbergstraße Ⓠ Lex, Phi

Blumenstraße – s. o.
Teil eines Viertels mit Straßennamen nach Pflanzen.

Ⓢ Bübingen Ⓓ Bübingen ✉ 66129 ↔ 104 Meter 🚶 < 30 Einwohner
Seitenweg der Rebenstraße Ⓠ Lex

Blumenstraße – s. o.
Bildet mit Rosenstraße ein sinnhaftes Namenspaar.

Ⓢ Altenkessel Ⓓ Altenkessel ✉ 66126 ↔ 513 Meter 🚶 219 Einwohner
verbindet Allee- und Goethestraße Ⓠ Lex

Blumenstraße – s. o.

Ⓢ *Dudweiler* Ⓓ *Dudweiler Süd* *66125* ↔ *111 Meter* *35 Einwohner*
verbindet Alter Stadtweg und Hofweg Ⓠ *Lex*

Blumenstraße – s. o.

Ⓢ *Brebach-Fechingen* Ⓓ *Neufechingen* *66130*
↔ *92 Meter* *< 30 Einwohner*
verbindet Garten- und Saarbrücker Straße Ⓠ *Lex*

Bob-Strauch-Platz – Robert „Bob" Strauch (19.10.1913 - 7.3.1978): Saarbrücker Grafiker und Karikaturist, NS-kritische Auseinandersetzung 1935, KZ-Haft, Kriegsgefangener, in den 50er Jahren für das saarländische Satiremagazin „Der Tintenfisch" aktiv.

Ⓢ *Burbach* Ⓓ *Hochstraße* *66115* ↔ *k.A.* *0 Einwohner*
Vorplatz des Burbacher Bahnhofs Ⓠ *Bio, Int*

Bodelschwinghstraße – Bodelschwingh: rheinisch-westfälisches Adelsgeschlecht. Hier Friedrich von Bodelschwingh der Ältere (6.3.1831 - 2.4.1910) und F.v.B. der Jüngere (14.8.1877 - 4.1.1946): Deutsche evangelische Theologen. Der Vater gründete 1867 die Von-Bodelschwingh'schen Anstalten Bethel (heute Stiftung) für epilepsiekranke Menschen. 1910 wurde der Sohn Leiter der Einrichtung. Er war zudem kurzzeitig Reichsbischof. In den 30er und 40er Jahren ambivalente Haltung zum NS-Regime. Teil eines Viertels mit Straßennamen nach sozialgeschichtlich bedeutenden Persönlichkeiten.

Ⓢ *Dudweiler* Ⓓ *Dudweiler Süd* *66125* ↔ *316 Meter* *< 30 Einwohner*
Seitenstraße der Jahnstraße mit Abzweigungen Ⓠ *DuStr, Lex*

Bonhoefferstraße – Dietrich Bonhoeffer (4.2.1906 - 9.4.1945): deutscher Theologe und Widerstandskämpfer gegen den Nationalsozialismus. Wurde im KZ Flossenbürg hingerichtet.
Teil eines Viertels mit Straßennamen nach deutschen Widerstandskämpfern (Unterer Eschberg).

Ⓢ *Eschberg* Ⓓ *Eschberg* *66121* ↔ *157 Meter* *37 Einwohner*
Seitenstraße des Eschbergerweges Ⓠ *Lex, LHS*

Bormannspfad – Die unmittelbare Nähe des Bahngeländes ist hier namensgebend: Regierungs- und Baurat Friedrich Bormann (15.12.1828 - 19.2.1922), studierter Eisenbahnbauer (Bauakademie Berlin), war 1880 - 1888 Präsident der Eisenbahndirektion Saarbrücken. 1884 - 1889 Mitglied des deutschen Reichstages für den Kreis Ottweiler-St. Wendel-Meisenheim (Deutsche Reichspartei).

Ⓢ St. Johann Ⓓ Hauptbahnhof ✉ 66111 ↔ 616 Meter 🚶 0 Einwohner
⊕ verbindet das jenseits der Kaiserstraße gelegene Ende der Viktoriastraße über wegeartige Verlängerung mit der Dudweilerstraße Ⓠ Eis, Lex, LHS

Bornshübel – Born = historische Bezeichnung für Brunnen, Hübel = Anhöhe. Es ist zu vermuten, dass hier einer der Siedlungsursprünge Bischmisheims war (evtl. ein Gehöft aus der Zeit der fränkischen Landnahme um 700 n.Chr.), bei dessen Einrichtung das Vorhandensein von Wasser eine Rolle spielte. Die hier früher vorhandenen Hirtenhäuser wurden 1939 abgerissen.

Ⓤ frühere Bezeichnung Hirtenhübel, Hirteneck

Ⓢ Bischmisheim Ⓓ Bischmisheim ✉ 66132 ↔ 187 Meter 🚶 35 Einwohner
⊕ verbindet Philipp-Karl-Straße und Marieneck bzw. Hauptstraße um die Platzanlage herum
Ⓠ Karg, Phi

Borsigstraße – Johann Friedrich August Borsig (23.6.1804 - 6.7.1854): deutscher Zimmermann und Maschinenbauer, der 1836 die Borsigwerke in Berlin gründete, die v.a durch Lokomotivbau berühmt wurden.
Teil eines Viertels mit Straßennamen nach deutschen Industriellen, Entdeckern und Erfindern.

Ⓢ St. Johann Ⓓ Am Homburg ✉ 66123 ↔ 78 Meter 🚶 41 Einwohner
⊕ verbindet Röntgen- und Ohmstraße Ⓠ Lex, LHS

Bozener Straße – Bozen: Provinzhauptstadt in Südtirol, knapp 103.000 Einwohner. Bedeutend sind Obst- und Weinanbau sowie Tourismus. Stellt bis heute ein Zentrum der deutschen Kultur in Norditalien dar. Teil eines Viertels teils nicht zusammenhängender Straßen mit Namensbezug zu (Süd-)Tirol, auch „Tiroler Viertel".

Ⓤ *1945 - 1957 An der Haardt*

Ⓢ *Alt-Saarbrücken* Ⓓ *Reppersberg* *66119* ↔ *270 Meter* *143 Einwohner*
ringförmige Abzweigung der Spichererbergstraße Ⓠ *Lex, LHS, SU1*

Brandenburger Platz – Brandenburg: sehr ländlich geprägtes Bundesland im Nordosten Deutschlands rund um Berlin mit ca. 2,5 Mio. Einwohnern, Hauptstadt Potsdam. Ebenfalls Name einer rund 1000-jährigen Stadt an der Havel im gleichnamigen Bundesland.
Teil eines Viertels mit Namen nach mittel- und ehemaligen ostdeutschen Städten und Gebieten, die nach dem Zweiten Weltkrieg Teile Polens, der Sowjetunion oder der ehemaligen DDR wurden.

Ⓢ *Eschberg* Ⓓ *Eschberg* *66121* ↔ *ca. 30x170 Meter* *104 Einwohner*
Platzanlage innerhalb der Küstriner Straße Ⓠ *Lex, LHS, Phi*

Brauerstraße – Anrainer dieser Straße waren im 19. und 20. Jahrhundert zwei Brauereien (Grund: ausreichend Platz und Lager-/Kühlmöglichkeiten in darunter gelegenen Buntsandsteinkellern): 1872 wurde im unteren Teil der Straße die Brauerei Ludwig Eichacker gebaut, die 1884 an Friedrich Heise (Glückauf-Brauerei), 1900 an Georg Gutruf und 1908 an die nahe gelegene Bürgerbräu AG (geschlossen 1920) verkauft wurde. Am Ende der Straße im Neugrabenweg befand sich die Brauerei Union (Gebrüder Mügel), die ab ca. 1880 bis 1920 (Übernahme durch Neufang-Jaenisch als Mälzerei) eine der größten Brauereien der Stadt war. Das Gebäude wurde im Zweiten Weltkrieg zerstört (heute Standort Telekom).

Ⓢ *St. Johann* Ⓓ *Nauwieser Viertel* *66123* ↔ *363 Meter* *237 Einwohner*
verbindet Dudweilerstraße und Neugrabenweg/Fichtestraße Ⓠ *KlNf, LHS, Phi, Ste*

Brebacher Landstraße – Verbindungsstraße von St. Johann (damals noch „über Land") nach Brebach, mittelalterliches Dorf, ab dem 19. Jahrhundert Industriestandort und bis 1974 eigenständige Gemeinde.

Ⓢ *St. Johann* Ⓓ *Kaninchenberg* *66121* ↔ *628 Meter* *88 Einwohner*
verbindet Mainzer und Saarbrücker Straße (Brebach) Ⓠ *LHS, Phi*

Brebacher Straße – Diese Straße führte vor der Saarkanalisation (sog. Durchstich St. Arnual ab 1969) als Weg weiter zur Brebacher Fähre und damit nach Brebach.

Ⓢ *St. Arnual* Ⓓ *Wackenberg* *66119* ↔ *187 Meter* *49 Einwohner*
Seitenstraße der Saargemünder Straße Ⓠ *Phi, Stpl*

Brebacher Straße – Die Straße führt von Bischmisheim nach Brebach (s. o.).

Ⓢ *Bischmisheim* Ⓓ *Bischmisheim* *66132* ↔ *1888 Meter* *446 Einwohner*
verbindet Kirchstraße und Mühlenweg Ⓠ *Phi*

Brechkaul – Auf diesem gemeindeeigenen Land (siehe „Im Allment") wurden früher in einer Mulde (Kaule) Hanf und Flachs gebrochen und geröstet. In der Vertiefung befand sich die Feuerstelle. Darüber wurde das Pflanzenmaterial gelegt und - durch das Rösten spröde geworden - mit einer Breche, einem scherenartigen Instrument, zerkleinert. Die so gewonnenen Fasern wurden zur Herstellung z. B. von Textilien oder Seilen verwendet.

Ⓢ *Dudweiler* Ⓓ *Geisenkopf* *66125* ↔ *132 Meter* *< 30 Einwohner*
verbindet Solferinostraße und Im Allment Ⓠ *Lex, Schab*

Brefeldstraße – Nach dem ehemaligen Bergwerk und Sulzbacher Ortsteil Brefeld im Fischbachtal benannt bzw. nach dessen Namensgeber Ludwig von Brefeld (31.3.1837 - 13.2.1907), ab 1867 Leiter der Eisenbahndirektion Saarbrücken, später preußischer Handelsminister. Nach einem Besuch des Ministers 1898 wurde die Grube Kreuzgräben ihm zu Ehren umbenannt.

Teil eines Viertels von Straßennamen mit bergbaulichem Bezug.

Ⓢ *Jägersfreude* Ⓓ *Jägersfreude* *66123* ↔ *175 Meter* *< 30 Einwohner*
verbindet Haupt- und Sellostraße, wird in der Mitte vom Kirchweg unterbrochen
Ⓠ *Adr, Bio, DuStr, LHS, Phi*

Breite Straße – Die Namensgebung dürfte einfach eine Anspielung auf die große Breite der Straße sein.

Ⓤ *ca. 1935 - 1945 Jakob-Johannes-Straße (1919 von frz. Besatzern hingerichtet, Märtyrerfunktion für NS-Diktatur)*

Ⓢ *Malstatt* Ⓓ *Unteres Malstatt* *66115* ↔ *783 Meter* *803 Einwohner*
verbindet St. Johanner und Hochstraße (auf Höhe der Metzer Brücke)
Ⓠ *Adr, LHS, Stpl, SU1*

Breitenbacherplatz – Breitenbach: Bachlauf und gleichnamige Siedlung/Gehöft im gegenüberliegenden heutigen Deutschmühlental, wahrscheinlich im Gebiet des heutigen Deutsch-Französischen Gartens. Breitenbach wurde im 13. Jahrhundert erstmals erwähnt und dürfte Anfang des 15. Jahrhunderts in Folge von lokalen, kriegerischen Auseinandersetzungen („Vierherrenkrieg") wüst gefallen sein. Der Breitenbacher Weiher ist der heutige Deutschmühlenweiher (siehe Deutschmühlental).

Ⓢ *Malstatt* Ⓓ *Unteres Malstatt* *66115* ↔ *129x62 Meter* *0 Einwohner*
zwischen Breitenbacherstraße, Steinstraße und An der Gaschbach gelegen Ⓠ *Adr, Bau, LHS, Stae*

Breitenbacherstraße – s. o.

Ⓢ *Malstatt* Ⓓ *Unteres Malstatt* *66115* ↔ *285 Meter* *198 Einwohner*
verbindet Paul-Schmook-Straße und Wiesenstraße Ⓠ *Adr, Bau, LHS*

Breitenberger Weg – Führt von Bischmisheim zum Breitenberg (ca. 340 m. ü. NN), einem spornartigen Ausläufer des Triebenberges. Vermutlich nach der Breite des Spornrückens benannt (mit Dorndorfhütte und Hof In den Birken).

Ⓢ *Bischmisheim* Ⓓ *Bischmisheim* *66132* ↔ *2024 Meter* *< 30 Einwohner*
führt vom Am Niederweg über den Tiefeltsbach zum Hofgut Breitenberg Ⓠ *Phi, Stpl*

Breitenbergerhof – Dem Breitenberg (s. o.) vorgelagertes Hofgut.

Ⓢ *Bischmisheim* Ⓓ *Bischmisheim* *66132* ↔ *k.A.* *< 30 Einwohner*
am Ende des Breitenberger Weges gelegen Ⓠ *Phi*

Brennender-Berg-Straße – Die Straße führt in Richtung des Brennenden Berges, der nach dem immer noch unterirdisch glimmenden Kohlevorkommen (vermutlich im 17. oder 18. Jahrhundert entzündet, u. a. von Johann Wolfgang von Goethe bestaunt und beschrieben) benannt wurde und bis heute eine regionale Touristenattraktion ist (u. a. Erlebnispfad Industriekultur, regelmäßige Führungen, Publikationen etc.).

Ⓢ *Dudweiler* Ⓓ *Kitten* 🖃 *66125* ↔ *272 Meter* 🚹 *93 Einwohner*
⌖ *verbindet Schachtstraße und Alaunbergstraße* Ⓠ *Phi*

Brentanostraße – Clemens Wenzeslaus Brentano de la Roche (9.9.1778 - 28.7.1842): bedeutender Dichter der Heidelberger Romantik. Wird oft mit Clemens von Brentano (1886 - 1965), einem entfernten Verwandten und deutschen Diplomaten verwechselt.

Ⓢ *St. Johann* Ⓓ *Nauwieser Viertel* 🖃 *66111* ↔ *79 Meter* 🚹 *36 Einwohner*
⌖ *verbindet Rotenberg- und Schmollerstraße* Ⓠ *Lex, LHS*

Breslauer Straße – Breslau (poln. Wroclaw): viertgrößte Stadt Polens (ca. 634.000 Einwohner), Universitäts- und Messestadt an der Oder gelegen und Hauptstadt der ehem. Region Schlesien.
Teil eines Viertels mit Namen nach mittel- und ehemaligen ostdeutschen Städten und Gebieten, die nach dem Zweiten Weltkrieg Teile Polens, der Sowjetunion oder der ehemaligen DDR wurden.

Ⓢ *Eschberg, St. Johann & Schafbrücke* Ⓓ *Eschberg, Kaninchenberg & Schafbrücke*
🖃 *66121* ↔ *1823 Meter* 🚹 *970 Einwohner*
⌖ *verbindet Mecklenburgring/Tilsiter und Kaiser-/Mainzer Straße* Ⓠ *Lex, LHS*

Breslauer Straße – s. o.
Teil eines Viertels mit sechs Straßennamen nach mittel- und ehemaligen ostdeutschen Städten und Gebieten.

Ⓤ *1963 - 1968 Ostpreußenring: Teilstück Tilsiter Straße - Schlesienring*
Ⓢ *Gersweiler* Ⓓ *Neu-Aschbach* 🖃 *66128* ↔ *209 Meter* 🚹 *50 Einwohner*
⌖ *verbindet Görlitzer Weg und (über wegeartige Verlängerung) In den Ellern* Ⓠ *Lex*

Breslauer Weg – s. o.

Teil eines Viertels mit drei Straßennamen nach mittel- und ehemaligen ostdeutschen Städten und Gebieten.

Ⓢ Brebach-Fechingen Ⓓ Neufechingen 66130 ↔ 133 Meter 57 Einwohner
Seitenstraße von In der Wiedheck Ⓠ Lex

Briedeler Weg – Briedel: Wein- und Fremdenverkehrsort an der Mosel, Landkreis Cochem-Zell (Rheinland-Pfalz), ca. 930 Einwohner.
Teil eines Viertels mit Straßennamen nach Orten des Mosellandes.

Ⓢ Malstatt Ⓓ Rastpfuhl 66113 ↔ 118 Meter < 30 Einwohner
Seitenstraße von Am Gilbenkopf Ⓠ Lex

Bruchbrunnenstraße – Nach dem hier früher gelegenen Brunnen oberhalb der sumpfigen Wiesen (Bruch = Sumpf, feuchte Wiese) benannt. Standort eines Hofes (Bruchhof), der mind. vom 14. bis Ende des 17. Jahrhunderts existierte, aber nur lückenhaft nachgewiesen werden kann. Die Namensdoppelung mit der erst seit 1900 in der Nähe ansässigen Brauerei Bruch ist zufällig.

Ⓢ St. Johann Ⓓ Rotenbühl 66123 ↔ 208 Meter 42 Einwohner
verbindet Am Bruchhübel und Bruchbrunnenweg Ⓠ Bau, Phi

Bruchbrunnenweg – s. o.

Ⓢ St. Johann Ⓓ Rotenbühl 66123 ↔ 41 Meter 0 Einwohner
verbindet Bruchbrunnenstraße und Scheidter Straße Ⓠ Bau, Phi

Bruchschneidersdell – Als Bruchschneider bezeichnete man in früheren Jahrhunderten einen Wundarzt oder Chirurgen. Im 17. Jahrhundert soll der Besitzer dieses eingeschnittenen Flurstücks („Delle") ein anerkannter Barbier und Bruchschneider namens Jost Hoffmann gewesen sein.

Ⓢ Alt-Saarbrücken Ⓓ Bellevue 66117 ↔ 153 Meter 33 Einwohner
verbindet Pfählerstraße und Am Ordensgut Ⓠ Cen, Lex, LHS

Bruchstraße – Nach feuchtem Land/Sumpf = Bruch, benannt. Wie beim Bruchbrunnen und Bruchhübel war auch hier im 19. Jahrhundert eine Bruch'sche Brauerei (Seitenlinie der heutigen Brauereifamilie) ansässig, was ebenfalls Zufall ist. Die Flurbezeichnung ist deutlich älter (Erwähnung seit dem 17. Jahrhundert).

Ⓤ *bis 1897 (Eingemeindung St. Arnual in Saarbrücken) Hintergasse*

Ⓢ *St. Arnual* Ⓓ *Wackenberg* ✉ *66119* ↔ *195 Meter* 🚶 *48 Einwohner*

⊕ *zweigt an zwei Stellen von der Saargemünder Straße ab und verkürzt diese westlich des St. Arnualer Marktes* Ⓠ *Bau, DHb, LHS*

Bruchwiesenanlage – Flurbezeichnung seit dem 17. Jahrhundert, welche auch hier einen Sumpf oder eine nasse Stelle im Gartenland bzw. in einer Wiese beschreibt. Die Feuchtigkeit kam vom inzwischen kanalisierten und nicht mehr sichtbaren Bruchwiesenbach, der am Guckelsberg entspringt.

Ⓢ *Dudweiler* Ⓓ *Dudweiler Süd* ✉ *66125* ↔ *92 Meter* 🚶 *526 Einwohner*

⊕ *Seitenstraße der Gartenstraße, wegeartige Erschließung der Hochhaussiedlung*

Ⓠ *Dud, DuStr*

Der Zahn der Zeit nagt an manchem alten Straßenschild, hier im Nauwieser Viertel.

Bruchwiesenstraße – s. o.

Ⓤ *alte Bezeichnung Reitgass*

Ⓢ *Dudweiler* Ⓓ *Dudweiler Süd* 🖃 *66125* ↔ *271 Meter* 🚶 *67 Einwohner*

verbindet Beim Ellernsteg über Gartenstraße mit Hofweg Ⓠ *Dud*

Bruchwiesenstraße – Der Straßenverlauf führt zu den St. Johanner Bruchwiesen, einem ehemals ausgedehnten Sumpfgebiet. Eine Besiedlung fand erst in Form des Neubaugebietes in den 50er Jahren statt.

Ⓢ *St. Johann* Ⓓ *Nauwieser Viertel* 🖃 *66111* ↔ *287 Meter* 🚶 *365 Einwohner*

verbindet Landwehrplatz und Egon-Reinert-Straße (ohne Durchfahrtmöglichkeit)

Ⓠ *LHS, Phi*

Brückenstraße – Die Straße führt zur Malstatter Brücke (siehe dort, ehem. Kaiser-Wilhelm-Brücke), die (Alt-)Saarbrücken mit Malstatt verbindet.

Ⓤ *bis 1935 Saarbrücker Straße, 1935 - 1945 Johann-Palm-Straße (nach patriotischem Buchhändler, 1806 erschossen)*

Ⓢ *Malstatt* Ⓓ *Unteres Malstatt* 🖃 *66115* ↔ *210 Meter* 🚶 *394 Einwohner*

verbindet Breite Straße und Malstatter Brücke Ⓠ *Lex, LHS, Phi, SU1*

Brückenstraße – Die Straße führt zur Brücke, die Alt-Güdingen und Güdingen-Unner verbindet. Neben einer eventuellen römischen Brücke etwa 100 m flussaufwärts wurden hier bereits 1607 und 1913 Brücken errichtet (1939 gesprengt), bevor 1958 die aktuelle Brücke entstand.

Ⓤ *ca. 1935 - 1945 Otto-Schmelzer-Straße (NS-Märtyrer aus Güdingen)*

Ⓢ *Güdingen* Ⓓ *Alt-Güdingen* 🖃 *66130* ↔ *158 Meter* 🚶 *< 30 Einwohner*

verbindet Bühler Straße und Friedrich-Ebert-Straße Ⓠ *Güd, HSe, Phi*

Brückstraße – Die Straße führt zum Gelände der Firma Brück, die 1923 durch Karl Brück als Fertigungsbetrieb für Baubeschläge gegründet wurde und seit 1994 als Brück GmbH (Schmiede und Stahlhandelsgesellschaft) firmiert.

Ⓤ *bis 1973 Krämelstraße (Flurbezeichnung „Am Krämel")*

Ⓢ *Ensheim* Ⓓ *Ensheim* 🖃 *66131* ↔ *289 Meter* 🚶 *45 Einwohner*

Seitenstraße der Eschringer Straße Ⓠ *Bio, ens, Lex*

Brückwiesstraße – Wahrscheinlich leitet sich der Name von der alten Flurbezeichnung „Bruchwiese" = feuchte/Sumpfwiese, ab.

Ⓢ *Brebach-Fechingen* Ⓓ *Brebach & Neufechingen* ✉ *66130*
↔ *700 Meter* 🚹 *34 Einwohner*
⊕ *Seitenstraße der Saarbrücker Straße, endet als Sackgasse vor der Riesenstraße* Ⓠ *BbFch*

Brüderstraße – Benannt nach den Gebrüdern (Andreas, Theodor und Leonhard) Lüttgens, die 1860 die gleichnamige Eisenbahnwaggon-Fabrik am Ende der Straße gründeten (ab 1969 ARBED, dann Saarstahl AG, seit 2010 Saar-Stahlbau).

Ⓢ *Burbach* Ⓓ *Hochstraße* ✉ *66115* ↔ *268 Meter* 🚹 *112 Einwohner*
⊕ *verbindet Burbacher Straße und Hüttenstraße bzw. führt zum Hüttengelände* Ⓠ *Adr, LHS*

Brühlstraße – Brühl: Flurbezeichnung für eine (Feucht-, Sumpf-)Wiese im Besitz einer Herrschaft. Flurnamen mit dem Wort Brühl sind sehr häufig und beziehen sich ähnlich wie „Acht" oder „Fron" auf Landbesitz eines besitzenden oder herrschenden Herrn.

Ⓢ *St. Arnual* Ⓓ *Wackenberg* ✉ *66119* ↔ *168 Meter* 🚹 *112 Einwohner*
⊕ *verbindet Saargemünder und Arnulfstraße* Ⓠ *Bau, Gri, LHS*

Brüningstraße – Heinrich Brüning (26.11.1885 - 30.3.1970): deutscher Politiker der Zentrumspartei, Fraktionsvorsitzender 1929 - 1933 und Reichskanzler 1930 - 1932.

Ⓢ *Ensheim* Ⓓ *Ensheim* ✉ *66131* ↔ *220 Meter* 🚹 *54 Einwohner*
⊕ *verbindet Eschringer und Ludwigstraße* Ⓠ *ens, Lex*

Brunnenhof – Südlich des Gehöftes liegen Brunnen, u. a. der Gänsebrunnen und die Quelle des Tiefelsbaches.

Ⓢ *Bischmisheim* Ⓓ *Bischmisheim* ✉ *66132* ↔ *133 Meter* 🚹 *< 30 Einwohner*
⊕ *Gehöft nordöstlich von Bischmisheim, über Wege zu erreichen* Ⓠ *Phi*

Brunnenstraße – Das nördliche Ende der Straße liegt am ehemaligen Brunnen am Heckgarten (nach dem 1. Weltkrieg zugeschüttet), wo der Borrgraben (Borngraben/Born = Brunnen) beginnt und Richtung Saar abfließt.

Ⓤ *ehem. „Hinnergass"*

Ⓢ *Güdingen* Ⓓ *Alt-Güdingen* 66130 ↔ *119 Meter* *46 Einwohner*
verbindet Saargemünder Straße und In den Heckgärten Ⓠ *Güd*

Brunnenstraße – Im Bereich der Straße lag der ehemalige Dorfbrunnen Gersweilers (sog. „Brunnenhohl"). Der Laufbrunnen wurde um 1930 stillgelegt, hatte aber bereits seit Ende des 19. Jahrhunderts durch Bergbau und Abwässer keine zuverlässige Wasserversorgung mehr.

Ⓢ *Gersweiler* Ⓓ *Gersweiler Mitte* 66128 ↔ *368 Meter* *65 Einwohner*
verbindet Haupt- und Hüttenstraße mit Abzweigungen Ⓠ *Büch*

Brunnenstraße – Um die Wasserversorgung und -qualität in Herrensohr zu verbessern, legte die Grubenverwaltung Ende des 19. Jahrhunderts eine Wasserleitung vom sog. Brunnenberg in die Siedlung, die durch diese Straße verlief.

Ⓢ *Herrensohr* Ⓓ *Herrensohr* 66125 ↔ *352 Meter* *107 Einwohner*
Seitenstraße der Bergstraße mit Abzweigung Ⓠ *DuStr*

Brunnenstraße – Die Straße wurde nach dem früher in der Nähe gelegenen Helgenbrunnen (urspr. „heiliger Brunnen", gute Wasserqualität) benannt (siehe Helgenbrunnen).

Ⓢ *Burbach* Ⓓ *Hochstraße* 66115 ↔ *489 Meter* *244 Einwohner*
verbindet Hochstraße und Burbacher Markt über den Weyersberg Ⓠ *Bau, LHS*

Brunnenstubb – Flurbezeichnung, die hier sogar mundartlich (Stubb = Stube, Raum, Gaststätte) übernommen wurde.

Ⓢ *Klarenthal* Ⓓ *Klarenthal* 66127 ↔ *74 Meter* *32 Einwohner*
Seitenstraße vom Mühlenfeld Ⓠ *Phi*

Brunnenweg – Der Straßenname bezieht sich wahrscheinlich auf einen östlich, etwas höher am Hang gelegenen Brunnen.

Ⓢ *Bübingen* Ⓓ *Bübingen* 66129 ↔ *56 Meter* *< 30 Einwohner*
Seitenstraße der Feldstraße Ⓠ *Phi, Stpl*

Brunnenweg – Die Straße führt über eine wegeartige Verlängerung zu einem Brunnenstandort nahe der Talstraße.

Ⓢ *Klarenthal* Ⓓ *Klarenthal* ✉ *66127* ↔ *53 Meter* *< 30 Einwohner*
Seitenstraße der Warndtstraße Ⓠ *Phi, Stpl*

Brunnenweg – Der Name geht auf eine alte Flurbezeichnung „Brunnenwies" zurück, deren Namensgeber wohl Quellen bzw. Brunnen im etwas darunter gelegenen Buntsandstein sein drüften.

Ⓤ *bis 1965 Friedhofsweg*

Ⓢ *Scheidt* Ⓓ *Scheidterberg* ✉ *66133* ↔ *466 Meter* *82 Einwohner*
verbindet Am Turm und Scheidter Straße Ⓠ *Bal2, LHS, Stpl*

Bübinger Hof – Gehöft auf dem Bann des Dorfes bzw. dem Gebiet des heutigen Stadtteils Bübingen.

Ⓢ *Bübingen* Ⓓ *Bübingen* ✉ *66129* ↔ *k.A.* *< 30 Einwohner*
Gehöft am Ende des Hangweges unterhalb des Birzberges Ⓠ *Phi*

Bübinger Markt – Zentraler Platz des Dorfes bzw. Stadtteils Bübingen, Versorgungszentrum.

Ⓢ *Bübingen* Ⓓ *Bübingen* ✉ *66129* ↔ *k.A.* *k.A.*
zwischen Auf der Hohlgass, Mühlenweg und Saargemünder Straße gelegene Platzanlage
Ⓠ *Phi*

Büchelstraße – Geht auf einen alten Flurnamen zurück, der so viel wie Hügel, (kleine) Anhöhe (leicht schildförmige Geländeerhebung) bedeutet. Eine enge Abzweigung zum Alten Stadtweg wird im Volksmund „Vaterunsergässchen" genannt, weil es so lang ist, dass man beim Durchschreiten gerade mal ein Gebet aufsagen kann.

Ⓢ *Dudweiler* Ⓓ *Dudweiler Mitte & Süd* ✉ *66125* ↔ *249 Meter* *87 Einwohner*
Seitenstraße der Saarbrücker Straße mit 2 Abzweigungen zum Alten Stadtweg
Ⓠ *Dud, DuStr*

Buchenstraße – Buche: in Europa heimische Laubbaumgattung mit elf Arten. Heimisch ist insbesondere die Rotbuche, die einen großen Anteil an der Waldvegetation ausmacht.

Teil eines Viertels mit Strauch- und Baumnamen.

Ⓢ *Burbach* Ⓓ *Füllengarten* *66115* ↔ *27 Meter* *0 Einwohner*
verbindet Ahorn- und Holunderstraße (Eisenbahnkolonie) Ⓠ *Lex*

Buchenweg – s. o.

Teil eines Viertels mit Baumnamen.

Ⓢ *Gersweiler* Ⓓ *Ottenhausen* *66128* ↔ *421 Meter* *78 Einwohner*
verbindet Klarenthaler Straße und Am Steinbruch mit Abzweigung Ⓠ *Lex*

Bühler Straße – Sehr alte Flurbezeichnung „puhil, buhil, buhel" = Anhöhe, Buckel. Hier zwischen dem alten Dorf Güdingen und Neufechingen sind gleich mehrere Flurstücke nach dem gleichen Bedeutungswort benannt.

Ⓤ *ca. 1935 - 1945 Straße d. 13. Januar, der südliche Teil war bis in die 1960er Teil der Fechinger Straße*

Ⓢ *Güdingen* Ⓓ *Alt-Güdingen* *66130* ↔ *1344 Meter* *440 Einwohner*
verbindet Saargemünder Straße (Brebach) und Brückenstraße Ⓠ *Güd, HSe, Stpl*

Bülowstraße – Friedrich Wilhelm Freiherr von Bülow, Graf von Dennewitz (16.2.1755 - 25.2.1816): aus mecklenburgischem Adelsgeschlecht stammender preußischer Offizier und General, bekannt aufgrund seiner siegreichen Schlachen gegen Napoléon I („Retter Berlins" 1813).

Bildet mit Tauentzienstraße ein sinnhaftes Namenspaar.

Ⓤ *1947 - 1957 Hanna-Kirchner-Straße*

Ⓢ *Malstatt* Ⓓ *Jenneweg* *66113* ↔ *330 Meter* *382 Einwohner*
verbindet Meiersdell/Am Wallenbaum und Alte Lebacher Straße Ⓠ *Lex, LHS*

Bunsenstraße – Robert Eberhard Wilhelm Bunsen (30.3.1811 - 16.8.1899): deutscher Chemiker, Universitätsprofessor und Hobbygeologe. Nach ihm ist u.a. der von ihm perfektionierte Bunsenbrenner benannt. Teil eines Viertels mit Straßennamen nach deutschen Industriellen, Entdeckern und Erfindern.

Ⓤ *bis 1935 Walter-Rathenau-Straße*

Ⓢ *St. Johann* Ⓓ *Am Homburg* ✉ *66123* ↔ *315 Meter* 🚶 *414 Einwohner*
⊕ *verbindet Dieselstraße und Im Sauerbrod* Ⓠ *Lex, LHS*

Burbacher Markt – Zentraler Marktplatz des Stadtteils Burbach. Der Siedlungsname Burbach dürfte sich vom althochdeutschen Wort „bûr" = Kammer/Wohnung/Haus herleiten, welches die mittelalterliche Einzelsiedlung (Gehöft) am Unterlauf des gleichnamigen Baches meint, die als Keimzelle des heutigen Burbachs angesehen werden kann.

Ⓢ *Burbach* Ⓓ *Hochstraße* ✉ *66115* ↔ *278m östl. Flanke Meter* 🚶 *202 Einwohner*
⊕ *verbindet Brunnenstraße/Marktsteig und Helgenbrunnen/Hochstraße* Ⓠ *Bau*

Burbacher Straße – Die Straße führte als Weg weiter über den Alsbach nach Burbach (s.o.).

Ⓢ *Altenkessel* Ⓓ *Altenkessel* ✉ *66126* ↔ *549 Meter* 🚶 *152 Einwohner*
⊕ *Seitenstraße der Alleestraße Richtung Alsbachtal* Ⓠ *Phi*

Burbacher Straße – Die Straße führt von Gersweiler nach Burbach (s.o.).

Ⓢ *Burbach & Gersweiler* Ⓓ *Hochstraße & Gersweiler Mitte* ✉ *66115, 66126*
↔ *632 Meter* 🚶 *321 Einwohner*
⊕ *verbindet Hauptstraße und Helgenbrunnen (über Burbacher Brücke)* Ⓠ *Phi*

Camillo-Sitte-Straße – Camillo Sitte (17.4.1843 - 16.11.1903): österreichischer Architekt und Stadtplaner. An seinen Ideen eines „malerischen Städtebaus" im Historismus orientierte sich u.a. die Gestaltung und Planung des Umfeldes des damals neuen Rathauses St. Johann um 1900.

Ⓢ *St. Johann* Ⓓ *Am Homburg* *66123* ↔ *88 Meter* *60 Einwohner*
Seitenstraße der Philipp-Neufang-Straße (Altes Brauereigelände) Ⓠ *Lex, Phi*

Camphauser Straße – Die Straße führt zum Ort und zur Grube Camphausen im Fischbachtal (benannt nach dem preußischen Finanzminister Otto von Camphausen, der die von 1871 bis 1990 betriebene Grube im Jahre 1874 besuchte).

Ⓢ *Malstatt* Ⓓ *Rußhütte* *66113* ↔ *1646 Meter* *< 30 Einwohner*
verbindet Grülingsstraße (Ludwigsbergkreisel) und A623 AS Rodenhof Ⓠ *DuStr, Phi*

Camphauser Straße – Die Straße führt Richtung Camphausen (s.o.).

Ⓢ *Dudweiler* Ⓓ *Dudweiler Nord* *66125* ↔ *1250 Meter* *0 Einwohner*
verbindet Neuhauser Weg und Fischbachstraße Höhe AS Dudweiler der A623 Ⓠ *DuStr, Phi*

Campus A – Campus = (lateinisch) „Feld", im deutschen Sprachgebrauch Gesamtanlage einer Hochschule oder vergleichbaren Einrichtung mit mehreren zusammengehörenden Gebäuden. Die Gründung der Universität des Saarlandes fand auf dem Gelände der früheren Below-Kaserne (erbaut 1937/38, Kern des Campus) am 15.11.1948 statt.

Ⓢ *St. Johann* Ⓓ *Universität* *66123* ↔ *k.A.* *0 Einwohner*
teilräumliche Erschließung des Universitätsgeländes im zentralen Bereich der ehem. Kaserne
Ⓠ *Int, Lex, Phi*

Campus B – s.o.

Ⓤ *Teilerschließung früher Am Botanischen Garten*

Ⓢ *St. Johann* Ⓓ *Universität* *66123* ↔ *k.A.* *< 30 Einwohner*
teilräumliche Erschließung des Universitätsgeländes zwischen Landessportschule und ehem. Kaserne Ⓠ *Fry, Int, Lex, Phi*

Campus C – s.o.

Ⓢ *St. Johann* Ⓓ *Universität* *66123* ↔ *k.A.* *< 30 Einwohner*
teilräumliche Erschließung des Universitätsgeländes östlich der ehem. Kaserne
Ⓠ *Int, Lex, Phi*

Campus D – s. o.

Ⓢ *St. Johann* Ⓓ *Universität* *66123* ↔ *k.A.* *89 Einwohner*
teilräumliche Erschließung des Universitätsgeländes nördlich des Stuhlsatzenhausweges
Ⓠ *Int, Lex, Phi*

Campus E – s. o.

Ⓢ *St. Johann* Ⓓ *Universität* *66123* ↔ *k.A.* *< 30 Einwohner*
teilräumliche Erschließung des Universitätsgeländes entlang des östlichen Stuhlsatzenhausweges Ⓠ *Int, Lex, Phi*

Caroline-Lüttgens-Straße – Caroline Lüttgens (geb. Volz, 1843 - 1886): Hausfrau und Ehefrau des Eisenbahn- und Waggonbauers Theodor Lüttgens (siehe Brüderstraße). Nach der im jugendlichen Alter verstorbenen Tochter Therese (1883 - 1902) wurde das von Theodor Lüttgens gestiftete Theresienheim sowie die Theresienstraße benannt.

Ⓢ *Burbach* Ⓓ *Füllengarten* *66115* ↔ *k.A.* *k.A.*
Seitenstraße der Georg-Heckel-Straße Ⓠ *Bio, Frau*

Catharina-Loth-Straße – Catharina Loth, „die Lothin", (1699 - 1762): Ehefrau des Industriellen Loth, nach dessen Tod 1743 Übernahme der Eisenschmelze St. Ingbert als emanzipierte Unternehmerin. 1759 Gründung einer neuen eigenen Eisenschmelze in Rentrisch, dem aus dem Familiennamen abgeleiteten Lottenhammer.

Ⓢ *Scheidt* Ⓓ *Scheidt* *66133* ↔ *203 Meter* *< 30 Einwohner*
Seitenstraße der Kaiserstraße Ⓠ *Bio, Frau*

Cecilienstraße – Kronprinzessin Cecilie Auguste Marie Herzogin zu Mecklenburg-Schwerin (20.9.1886 - 6.5.1956): als Schwiegertocher von Wilhelm II die letzte Kronprinzessin des deutschen Kaiserreiches.

Ⓤ *bis ca. 1911 Kaiser-Wilhelm-Straße, 1947 - 1956 Commercystraße, Schreibweise früher teilw. „Cäcilienstraße"*

Ⓢ *St. Johann* Ⓓ *Nauwieser Viertel* *66111* ↔ *260 Meter* *210 Einwohner*
verbindet Dudweiler- und Nauwieser Straße Ⓠ *Adr, Frau, Lex*

Charlottenstraße – Fürstin Charlotte Amalie von Nassau-Usingen (13.6.1680 - 11.10.1738): Mutter von Fürst Wilhelm Heinrich und Regentin (vormundschaftliche Regierung) von 1728 - 1738, machte sich um Landvermessung und Steuerreformen verdient.
Teil eines Viertels mit Straßennamen nach Saarbrücker Regentinnen.

Ⓢ *Alt-Saarbrücken* Ⓓ *Reppersberg* *66119* ↔ *428 Meter* *133 Einwohner*
Seitenstraße der Reppersbergstraße Ⓠ *Bio, Frau, Fuß, LHS*

Christianenstraße – Nach der im 19. Jahrhundert gegründeten Christianen-Anstalt benannt, die zunächst als „Kleinkinder-Bewahr-Anstalt" (angebl. ältester Kindergarten Saarbrückens, Trägerschaft „Verein der Kleinkinderschulen") bis zu 200 Kinder täglich betreute. Heute evangelisches Kinderhaus mit Kindergarten und -tagesstätte (Gerberstraße 44, ca. 60 Plätze).

Ⓢ *St. Johann* Ⓓ *St. Johanner Markt* *66111* ↔ *69 Meter* *< 30 Einwohner*
verbindet Großherzog-Friedrich- und Gerberstraße Ⓠ *Adr, Witt*

Clarastraße – Eleonore Klara von Nassau-Saarbrücken (16.7.1632 - 4.5.1709): Gräfin von Nassau-Saarbrücken und Gattin des Grafen Gustav Adolf, der um 1660 die Genehmigung zum Bau einer Glashütte namens „Clarenthal" erteilte, die nach seiner Frau benannt wurde. Nach dem Tod des Grafen regierte sie die Grafschaft 20 Jahre lang bis 1697. Siehe auch Eleonorenstraße.

Ⓢ *Klarenthal* Ⓓ *Klarenthal* *66127* ↔ *177 Meter* *75 Einwohner*
Seitenstraße der Ludwigstraße Ⓠ *Bio, Frau*

Cochemer Weg – Cochem: Kreisstadt an der Mosel, Landkreis Cochem-Zell (Rheinland-Pfalz), ca. 5.300 Einwohner, Fremdenverkehrsort.
Teil eines Viertels mit Straßennamen nach Orten des Mosellandes.

Ⓤ *bis 1945 Reichenberger Weg (nach Stadt im ehem. Sudetenland)*

Ⓢ *Malstatt* Ⓓ *Rastpfuhl* *66113* ↔ *194 Meter* *70 Einwohner*
verbindet Enkircher Weg und Bernkasteler Platz Ⓠ *Adr, Lex, SU1*

Colmarer Straße – Colmar: drittgrößte Stadt der ehemaligen Region Elsass in Frankreich (heute Région Grand-Est), ca. 70.300 Einwohner, Hauptstadt des Départements Haut-Rhin. Historische Bausubstanz und Zentrum der elsässischen Weinwirtschaft.

C

Teil eines Viertels mit Straßennamen nach elsässischen Orten.

Ⓤ *bis 1945 Sedaner Straße (nach der Schlacht bei gleichnamiger Stadt in den Ardennen 1870)*

Ⓢ *Burbach* Ⓓ *Ottstraße* *66113* ↔ *88 Meter* *87 Einwohner*

verbindet Rappoltsweiler- und Weißenburger Straße Ⓠ *Adr, Lex, SU1*

Cora-Eppstein-Platz – Cora Eppstein (21.4.1900 – 1939): politisch engagierte Sängerin und Widerstandkämpferin jüdischen Glaubens aus dem Saargebiet (wohnte zeitweise in Saarbrücken und Neunkirchen), starb in Paris an Typhus. Der Platz zwischen Haus der Umwelt und alter evangelischer Kirche um die Brunnenplastik von Jolande Lischke-Pfister (1979) wurde erst 2015 so benannt.

Ⓢ *St. Johann* Ⓓ *St. Johanner Markt* *66111* ↔ *25x36 Meter* *0 Einwohner*

zwischen Ev.-Kirch- und Kronenstraße gelegen Ⓠ *Frau, SZ 23.5.2016 u. 24/25.1.2015*

Cottbuser Platz – Cottbus: zweitgrößte Stadt Brandenburgs, ca. 100.400 Einwohner, ehem. Bezirkshauptstadt in der DDR und seit 1987 eine der drei Partnerstädte Saarbrückens.

Ⓤ *kurzzeitig und inoffiziell vor 1988 Lebacher Platz*

Ⓢ *Malstatt* Ⓓ *Jenneweg* *66113* ↔ *ca. 50x165 Meter* *k.A.*

zwischen Lebacher und Alter Lebacher Straße gelegen Ⓠ *Lex, LHS*

Coucy Platz – Coucy-le-Château-Auffrique: Stadt in der Region Hauts-de-France an der Aisne gelegen mit imposanter Festung. Wurde 1966 Partnerstadt der bis 1974 selbstständigen Gemeinde Altenkessel. In Coucy gibt es entsprechend eine Avenue d'Altenkessel.

Ⓤ *ehem. Marktplatz*

Ⓢ *Altenkessel* Ⓓ *Altenkessel* *66126* ↔ *k.A.* *0 Einwohner*

zwischen Alleestraße und Krausegasse gelegen Ⓠ *Altk, Lex*

Daarler Brücke – Nach dem mundartlichen Namen von St. Arnual = Daarle benannt. Die Herkunft von „Daarle" ist umstritten und könnte von einer vereinfachten Aussprache Sang-darnual = daarle stammen.

Ⓤ *nach Bau 1936 - 1945 Schlageterbrücke (A.L. Schlageter, Soldat 1914 - 18, 1923 hingerichtet)*

Ⓢ *St. Johann & St. Arnual* Ⓓ *Kaninchenberg & Winterberg* *66121*
↔ *344 m inkl. Tunnel unter A 620 Meter* *0 Einwohner*
verbindet Bismarck- und Koßmannstraße über die Saar hinweg Ⓠ *Lex, LHS, Stpl, SU1*

Dachsbaustraße – Flurname seit dem 17. Jahrhundert, auch „Dachslöcher". Eventuell kam in dieser Gegend das beschriebene Tier (in Europa verbreitetes Raubtier der Marderfamilie) häufiger vor.

Ⓢ *Herrensohr* Ⓓ *Herrensohr* *66125* ↔ *192 Meter* *< 30 Einwohner*
Seitenstraße von In den Welkertswiesen Ⓠ *Dud, Lex*

Dachsweg – In der Nähe der Flur „Dachslöcher" im nahe gelegenen Wald gelegen, wo ebenfalls der Dachs (s. o.) vorgekommen sein soll.

Ⓢ *Gersweiler* Ⓓ *Gersweiler Mitte* *66128* ↔ *380 Meter* *< 30 Einwohner*
Seitenstraße der Pfählerstraße mit Abzweigung Ⓠ *Büch*

Daimlerstraße – Gottlieb Wilhelm Daimler (17.3.1834 - 6.3.1900, ursprünglich Däumler): deutscher Ingenieur, Konstrukteur und Industrieller. Hochverdient um die Entwicklung des Automobils u. a. durch Entwicklung des ersten schnelllaufenden Benzinmotors mit Wilhelm Maybach. 1890 Gründung der Daimler Motoren-Gesellschaft, die 1926 zur Daimler-Benz AG wurde.

Teil eines Viertels mit Straßennamen nach deutschen Industriellen, Entdeckern und Erfindern.

Ⓤ *Erstbenennung 20er Jahre Camillo-Sitte-Straße, dann ab ca. 1930 Hermann-Müller-Straße bis 1935*

Ⓢ *St. Johann* Ⓓ *Am Homburg* *66123* ↔ *329 Meter* *226 Einwohner*
verbindet Wallotstraße und Im Sauerbrod Ⓠ *Adr, Lex, LHS, Stpl*

Daimlerstraße – s. o.

Teil eines Viertels dreier Straßen mit Entdecker-/Erfindernamen (Industriegebiet Güdingen)

Ⓢ *Güdingen* Ⓓ *Alt-Güdingen* *66130* ↔ *178 Meter* *0 Einwohner*
verbindet Theodor-Heuss-Straße und Am Langfeld Ⓠ *Lex*

D

Danziger Straße – Danzig (poln. Gdansk): polnische Stadt an der Ostseeküste, (ca. 462.000 Einwohner), Universitäts- und Hafenstadt, zuletzt 1815 - 1945 Teil des deutschen Reiches.

Teil eines Viertels mit Namen nach mittel- und ehemaligen ostdeutschen Städten und Gebieten, die nach dem Zweiten Weltkrieg Teile Polens, der Sowjetunion oder der ehemaligen DDR wurden.

Ⓢ *Eschberg* Ⓓ *Eschberg* *66121* ↔ *521 Meter* *359 Einwohner*
verbindet Breslauer und Königsberger Straße, schließt dreieckige Platzanlage ein Ⓠ *Lex, LHS*

Danziger Straße – s. o.

Teil eines Viertels mit sechs Straßennamen nach mittel- und ehemaligen ostdeutschen Städten und Gebieten.

Ⓢ *Gersweiler* Ⓓ *Neu-Aschbach* *66128* ↔ *152 Meter* *41 Einwohner*
Verlängerung der Straße Zum Teich Richtung Aschbacher Weiher Ⓠ *Lex*

Danziger Weg – s. o.

Teil eines Viertels mit drei Straßennamen nach mittel- und ehemaligen ostdeutschen Städten und Gebieten.

Ⓢ *Brebach-Fechingen* Ⓓ *Neufechingen* *66130* ↔ *130 Meter* *60 Einwohner*
Seitenstraße von In der Wiedheck Ⓠ *Lex*

Dechenweg – Nach dem ehemaligen Bergwerk nahe des Neunkircher Ortsteils Heinitz benannt bzw. nach dessen Namensgeber Ernst Heinrich von Dechen, deutscher Oberberghauptmann, Professor für Bergbaukunde und Geologe (25.3.1800 - 15.2.1889). War um 1850 auch im und für das Saarrevier tätig.

Teil eines Viertels von Straßennamen mit bergbaulichem Bezug.

Ⓢ *Jägersfreude* Ⓓ *Jägersfreude* *66123* ↔ *129 Meter* *k.A.*
Weg- bzw. Treppenverbindung zwischen Haupt- und Sellostraße Ⓠ *Bio, Lex*

Dellbrückstraße – Nach dem nahe gelegenen Schacht des Bergwerks Luisenthal (ehem. Grube Gerhard). Der Name wird fälschlicherweise mit zwei „L" geschrieben. Namensgeber ist Clemens Gottlieb Ernst von Delbrück (19.1.1856-18.12.1921): deutscher Jurist und Politiker, 1896 Oberbürgermeister von Danzig, 1905 preußischer Minister für Handel und Gewerbe. Die ehemaligen Clarenthal-Schächte wurde zu Ehren des Ministers bei seinem Besuch im Juli 1907 umbenannt.

Ⓢ *Klarenthal* Ⓓ *Klarenthal* *66127* ↔ *276 Meter* *65 Einwohner*
Seitenstraße der Fenner Straße Ⓠ *Ruth, SBK 1998*

Dellengartenstraße – Flurbezeichnung, die sich auf früher hier vorhandene Gärten in einem Taleinschnitt (= Delle) bezieht.

Ⓤ *bis 1906 Hohlweg*

Ⓢ *Alt-Saarbrücken* Ⓓ *Bellevue* *66117* ↔ *501 Meter* *289 Einwohner*
verbindet Am Ordensgut und Forbacher Straße Ⓠ *Bau, Joch*

Dellengartentreppe – s. o.

Ⓢ *Alt-Saarbrücken* Ⓓ *Bellevue* *66117* ↔ *68 Meter* *k.A.*
verbindet Dellengarten- und Deutschherrenpfad. Ⓠ *Bau*

Denkmalstraße – Der Straßenverlauf geht am Ende in einen Weg über, der bergauf zum Winterbergdenkmal führt. Dieses Denkmal wurde 1872-74 zur Erinnerung an die siegreiche Schlacht bei Spichern im August 1870 errichtet und aus strategischen Gründen am 10.9.1939 gesprengt (möglicher Orientierungspunkt für feindliche Artillerie). Sockel und Trümmer sind heute noch zu besichtigen.

Ⓢ *St. Arnual* Ⓓ *Winterberg* *66119* ↔ *709 Meter* *71 Einwohner*
Seitenstraße der Petersbergstraße Ⓠ *Lex, Phi*

Deutschhausweg – Benannt nach dem Deutschen Orden (Kommende St. Elisabeth): 1227 schenkte Graf Simon III nach einem Kreuzzug dem Orden Ländereien im Westen Saarbrückens (siehe Am Ordensgut, Graf-Simon-Straße). Die Niederlassung des Ordens war das Deutschhaus samt der heute noch existierenden Deutschherrenkapelle (ältester Kirchenbau Saarbrückens, erbaut ab ca. 1236).

Ⓢ *Alt-Saarbrücken* Ⓓ *Bellevue* *66117* ↔ *100 Meter* *< 30 Einwohner*
verbindet Moltke- und Gersweilerstraße Ⓠ *Bau, Phi*

Deutschherrnpfad – Dieser Weg führte vom Tal (Deutschherrnstraße bzw. in der Fortsetzung als Gersweiler Straße) direkt zum Deutschhaus (s. o.) hinauf. Die heutige Moltkestraße existierte damals noch nicht.

Ⓢ *Alt-Saarbrücken* Ⓓ *Bellevue* *66117* ↔ *248 Meter* *167 Einwohner*
verbindet Friedhofsallee und Deutschherrnstraße Ⓠ *Bau, Phi*

Deutschherrnstraße – Es handelt sich um den Straßenverlauf von Saarbrücken in die Ländereien des Deutschen Ordens (s. o.).

Ⓢ *Alt-Saarbrücken* Ⓓ *Bellevue & Malstatter Straße* *66117*
↔ *558 Meter* *551 Einwohner*
verbindet Gersweiler- und Vorstadtstraße Ⓠ *Bau, Phi*

Deutschmühlental – Die Mühle, nach der das Tal und die Straße benannt sind, hieß ursprünglich Breitenbacher Mühle (im Besitz der Landesherrschaft, nach der Siedlung Breitenbach, siehe Breitenbacherplatz) und wurde nach einem Gebietstausch 1558 Teil des Ordensgutes des Deutschen Ordens.

Ⓤ *bis 1931 Am Deutschmühlenweiher*
Ⓢ *Alt-Saarbrücken* Ⓓ *Bellevue & Glockenwald* *66117*
↔ *1654 Meter* *< 30 Einwohner*
verbindet Autobahn A620 (AS Messegelände) und Dr.-Vogeler-Straße (Höhe Folsterweg)
Ⓠ *Bau, Phi*

Die Lach – Die alte Flurbezeichnung geht auf das mittelhochdeutsche Wort „lachen/lache" = Pfütze, Lache zurück - evtl. feuchtes Gebiet (z. B. durch Lage in der Nähe der Saar, Niederterrasse oder Schwemmland).

Ⓢ *St. Johann* Ⓓ *Kaninchenberg* *66121* ↔ *332 Meter* *< 30 Einwohner*
verbindet Straße des 13. Januar und Schroten (Industriegebiet Ost) Ⓠ *Bau, Phi*

D

Diedenhofer Straße – Nach der lothringischen Stadt Thionville (ca. 41.000 Einwohner) benannt, die zur deutschen Zeit Diedenhofen hieß. Ersterwähnung 753 als „theodonis villa", u.a. eine Königspfalz Karls des Großen, ständig wechselnde Herrschaften in strategisch wichtiger Grenzlage (massive Befestigungsanlagen), im 20. Jahrhundert v.a. durch Eisen- und Stahlindustrie im Umland geprägt.
Teil eines Viertels mehrerer Straßennamen nach Orten im lothringisch-luxemburgischen Grenzgebiet.

Ⓤ *bis 1945 Innsbrucker Straße*

Ⓢ *Alt-Saarbrücken* Ⓓ *Triller* ✉ *66117* ↔ *270 Meter* 🚹 *84 Einwohner*
⊕ *verbindet Lothringer Straße und Am Franzenbrunnen (Tiroler Viertel)* Ⓠ *Adr, Phi, Stpl, SU1*

Dieffelterstraße – Die Flurbezeichnung „Dieffelten" bedeutet „Tiefes Tal, tief gelegene Felder".

Ⓢ *Dudweiler* Ⓓ *Dudweiler Mitte & Kitten* ✉ *66125* ↔ *410 Meter* 🚹 *64 Einwohner*
⊕ *verbindet Neuweiler- und Jakob-Welter-Straße mit vorheriger Kreuzung der J.-Welter-Straße*
Ⓠ *Dud, DuStr*

Dieselstraße – Rudolf Christian Karl Diesel (18.3.1858–29.9.1913), deutscher Ingenieur und Erfinder des Dieselmotors.
Teil eines Viertels dreier Straßen mit Entdecker-/Erfindernamen (Industriegebiet Güdingen).

Ⓢ *Güdingen* Ⓓ *Alt-Güdingen* ✉ *66130* ↔ *286 Meter* 🚹 *< 30 Einwohner*
⊕ *verbindet Am Langfeld und Theodor-Heuss-Straße* Ⓠ *Lex, LHS*

Dieselstraße – s.o.
Teil eines Viertels mit Straßennamen nach deutschen Industriellen, Entdeckern und Erfindern.

Ⓤ *bis 1935 Erzbergerstraße*

Ⓢ *St. Johann* Ⓓ *Am Homburg* ✉ *66123* ↔ *192 Meter* 🚹 *57 Einwohner*
⊕ *verbindet Am Homburg und Gaußstraße* Ⓠ *Lex, LHS*

Dillinger Straße – Dillingen: Stadt an der Saar im Landkreis Saarlouis (20.300 Einwohner), römische Siedlung im Bereich des heutigen Stadtteils Pachten, heute v.a. bekannt durch Eisen- und Stahlindustrie (Dillinger Hütte als ältestes Unternehmen des Saarlandes).
Teil eines Viertels mit Straßennamen von Städten des Saar- und Moseltals.

Ⓢ Burbach Ⓓ Hochstraße 66115 ↔ 58 Meter 31 Einwohner
verbindet Aachener und Bergstraße Ⓠ Lex

Discontopassage – Eine Filiale der „Direction der Disconto-Gesellschaft", einer der größten deutschen Bankgesellschaften, hatte in der Bahnhofstraße Ecke Dudweilerstraße (Haus „Sans-Souci") einige Jahre ihren Sitz. Die Bank wurde 1851 gegründet und fusionierte 1929 mit der Deutschen Bank. Der volkstümliche Name der Straßenecke „Discontoeck" hat überlebt und sich 1972 bei der Namensgebung für die neue Passage verewigt.

Ⓢ St. Johann Ⓓ St. Johanner Markt 66111 ↔ 146 Meter 0 Einwohner
Fußgängerunterführung unter der Bahnhofstraße im Bereich Betzen-/Dudweilerstraße
Ⓠ Herr2, Lex, LHS

Distelfeld – Flurbezeichnung am Südhang des Eschberges, die auf einen deutlichen Distelbestand hinweist. Es ist überliefert, dass bis ins 20. Jahrhundert Tagelöhner aus Scheidt zum „Distelstechen" (Felder von Disteln befreien) im Dienste des Hofgutes Eschberg standen.

Ⓤ bis 1993 Bismarckstraße

Ⓢ Schafbrücke Ⓓ Schafbrücke 66121 ↔ 422 Meter 162 Einwohner
Seitenstraße der Breslauer Straße Ⓠ Eschb

Dolomitensteig – Dolomiten: eine Gebirgskette der südlichen Kalkalpen, überwiegend in Italien (Südtirol) gelegen. Höchste Erhebung Marmolata (3.342 m ü. NN), berühmt u.a. Drei Zinnen, Langkofel oder Sellastock. Die Dolomiten sind nach dem Mineral Dolomit (Calcium-Magnesium-Carbonat) benannt. Teil eines Viertels teils nicht zusammenhängender Straßen mit Namensbezug zu (Süd-)Tirol, auch „Tiroler Viertel".

Ⓤ 1945 – 1957 Sabelsdell nach alter Flurbezeichnung

Ⓢ Alt-Saarbrücken Ⓓ Triller 66117 ↔ 88 Meter k.A.
verbindet In der Galgendell und Tiroler Weg Ⓠ Lex, SU1

Dolomitenweg – s. o.

Ⓤ *bis ca. 1945 Auf der Harth*

Ⓢ *St. Arnual* Ⓓ *Winterberg* *66119* ↔ *161 Meter* *< 30 Einwohner*

verbindet Feldmann- und Petersbergstraße Ⓠ *Lex, Stpl*

Donaustraße – Donau: zweitgrößter Strom Europas mit 2857 km Länge, entspringt im mittleren Schwarzwald, fließt durch zehn Länder (so viel wie kein anderer Fluss der Erde!) und mündet in Form des ausgeprägten Donaudeltas ins Schwarze Meer.

Teil eines Viertels mit deutschen Flussnamen.

Ⓢ *Malstatt* Ⓓ *Leipziger Straße* *66113* ↔ *317 Meter* *106 Einwohner*

verbindet Schlettstadter und Leipziger Straße Ⓠ *Lex, LHS*

Don-Bosco-Straße – Don Giovanni Melchiorre Bosco (16.8.1815–31.1.1888): italienischer katholischer Priester und Ordensgründer. Machte sich um christliche Erziehung verwahrloster Kinder in der Zeit der industriellen Revolution verdient, wurde 1934 heiliggesprochen.

Ⓢ *St. Arnual* Ⓓ *Wackenberg* *66119* ↔ *64 Meter* *0 Einwohner*

verbindet Albert-Ruppersberg- und Albrecht-Dürer-Straße Ⓠ *Lex, LHS*

Donnersbergstraße – Donnersberg: mit 686,5 m ü. NN höchster Berg der Pfalz. Als Vulkanmassiv im Perm entstanden, Siedlungsplatz eines keltischen Stammes, Zentrum eines regionalen Erzbergbaus bis ins 20. Jahrhundert. Heute v. a. Ausflugsziel und Wandergebiet.

Teil eines Viertels mit Straßennamen nach rheinland-pfälzischen Orten bzw. Landschaften.

Ⓢ *Malstatt* Ⓓ *Jenneweg* *66113* ↔ *125 Meter* *117 Einwohner*

verbindet Westrichweg und Riegelsberger Straße Ⓠ *Lex, LHS*

Dononstraße – Donon: mit 1.008 m ü. NN zweithöchster Berg der Nordvogesen im französischen Département Bas-Rhin (Elsass) aus Buntsandstein auf Granitsockel, Quellgebiet der Saar, Kultstätte zu römisch-keltischer Zeit.

Teil eines Viertels mit Straßennamen nach elsässischen Orten. Ursprünglicher Straßenverlauf nach Norden hinter der Herz-Jesu-Kirche.

Ⓤ *bis 1947 Prinz-August-Straße*

Ⓢ *Burbach* Ⓓ *Ottstraße* *66115* ↔ *40 Meter* *k.A.*

Seitenstraße der Mühlhauser Straße Ⓠ *Lex, LHS*

Dornierstraße – Claude Honoré Désiré Dornier (14.5.1884 - 5.12.1969): französischer Staatsbürger und deutscher Flugzeugkonstrukteur. War Mitarbeiter von Graf Zeppelin und entwickelte aus dessen Unternehmen heraus ab 1922 die Dornier-Werke, die bis Anfang des 21. Jahrhunderts bestanden.

Teil eines Viertels mit Straßennamen nach Luftfahrtpionieren.

Ⓢ *Alt-Saarbrücken* Ⓓ *Bellevue* *66117* ↔ *165 Meter* *44 Einwohner*

Seitenstraße der Junkersstraße (Siedlung Hospitalfeld) Ⓠ *Lex, LHS*

Dr.-Eckener-Straße – Dr. Hugo Eckener (10.8.1868 - 14.8.1954): deutscher Lehrer und Journalist, Nachfolger von Graf Zeppelin als Luftschiffer, Blütezeit in den 20er und 30er Jahren.

Teil eines Viertels mit Straßennamen nach Luftfahrtpionieren.

Ⓤ *Westl. Teil vor ca. 1945 Teil des Kolonnenweges*

Ⓢ *Alt-Saarbrücken* Ⓓ *Bellevue* *66117* ↔ *641 Meter* *82 Einwohner*

verbindet Moltke- und Zeppelinstraße Ⓠ *Lex, LHS*

Dr.-Maurer-Straße – Dr. Max Maurer: erster und zunächst einziger Arzt und ärztlicher Direktor im Krankenhaus Rastpfuhl von dessen Inbetriebnahme 1901 bis zu seinem Tod 1927. Kommunalpolitisch aktiv als Stadtverordneter von Malstatt-Burbach und ab 1909 ehrenamtlicher Beigeordneter der Stadt Saarbrücken.

Ⓤ *bis 1947 Herbertstraße (nach Fürst Herbert v. Bismarck, Sohn v. Otto v.B.)*

Ⓢ *Malstatt* Ⓓ *Unteres Malstatt* *66115* ↔ *226 Meter* *k.A.*

verbindet Auf der Werth und Klausener Straße über innenhofartige Anlage Ⓠ *Car, LHS, Schl*

Dr.-Schoenemann-Straße – Dr. Carl Schoenemann (19.4.1854-9.3.1920): Augenarzt, Sanitätsrat, Vorstandsmitglied der Ärztekammer sowie Stadtverordneter der Stadt Saarbrücken.

Ⓢ St. Johann Ⓓ Rotenbühl 🖃 66123 ↔ 480 Meter 🚹 137 Einwohner
⊕ verbindet Zweibrücker und Schwarzenbergstraße Ⓠ Lex, LHS

Dr.-Tietz-Straße – Prof. Dr. Bruno Tietz (2.2.1933-22.7.1995/Flugzeugabsturz): Wirtschaftswissenschaftler, seit 1957 an der Universität des Saarlandes tätig. Beschäftigte sich mit Franchising und gilt als geistiger Vater des Fachmarkt-Konzeptes (passend zu den in der Straße ansässigen Fachmärkten).

Ⓢ Burbach Ⓓ Hochstraße 🖃 66115 ↔ 205 Meter 🚹 0 Einwohner
⊕ Seitenstraße der Käthe-Kollwitz-Straße (Saarterrassen) Ⓠ Lex, LHS

Dr.-Vogeler-Straße – Dr. Friedrich Georg Eduard Vogeler (4.10.1883-9.5.1945 hingerichtet): Rechtswissenschaftler, 1920-1937 Landrat des Kreises Saarbrücken und Präsident der Landesversicherungsanstalt des Saargebietes, zuletzt Regierungspräsident im Sudetenland.

Ⓢ Alt-Saarbrücken Ⓓ Glockenwald 🖃 66117 ↔ 1674 Meter 🚹 < 30 Einwohner
⊕ verbindet Metzer Straße und Deutschmühlental (entlang des Hauptfriedhofs)
Ⓠ Bio, LHS, RVS

Dragonerstraße – Dragoner: militärischer Begriff aus dem 17. Jahrhundert für berittene Infanterie oder Schlachtkavallerie. Erinnert an das hiesige ehemalige Kasernengelände des Westfälischen 7. Dragonerregimentes, das 1878 nach Saarbrücken kam.

Ⓤ bis ca. 1935 Kasernenstraße (führte früher bis zur Vorstadtstraße)

Ⓢ Alt-Saarbrücken Ⓓ Schloßplatz 🖃 66117 ↔ 103 Meter 🚹 < 30 Einwohner
⊕ verbindet Hohenzollern- und Stengelstraße Ⓠ Kloe, LHS, Stpl

Dresdener Straße – Dresden: Hauptstadt des Bundeslandes und Freistaates Sachsen (545.000 Einwohner), an der Elbe nahe der Sächsischen Schweiz. Universitäts- und Technologiestandort, historischer, in Teilen nach schwerer Zerstörung 1945 wiedererrichteter Stadtkern mit u. a. Frauenkirche, Zwinger, Semperoper.

Bildet ein sinnhaftes Namenspaar mit der Leipziger Straße.

Ⓢ *Malstatt* Ⓓ *Leipziger Straße* *66113* ↔ *343 Meter* *328 Einwohner*
verbindet Main- und Schillstraße Ⓠ *Lex, LHS*

Drosselschlag – Der Ruf der Vogelart Singdrossel wird aufgrund seiner bisweilen mehrsilbigen voneinander abgesetzten Elemente als „Schlag" (i.S.v. Rhythmus) bezeichnet. Der Straßenname soll hier auf einen entsprechenden Flurnamen zurückgehen.

Bildet mit zwei weiteren Straßen mit Vogelnamen einen Sinnzusammenhang.

Ⓤ *in Teilen bis 1960 Josefastraße*

Ⓢ *Altenkessel* Ⓓ *Altenkessel* *66126* ↔ *261 Meter* *140 Einwohner*
Verlängerung des Amselweges Richtung Waldrand Ⓠ *Altk, Lex, Phi*

Drosselweg – Drossel: Vogelfamilie aus der Ordnung der Sperlingsvögel. In Mitteleuropa ist v. a. die Singdrossel verbreitet.

Teil eines Viertels mit Straßennamen nach Vogelarten.

Ⓢ *Brebach-Fechingen* Ⓓ *Fechingen* *66130* ↔ *999 Meter* *104 Einwohner*
verbindet Waldstraße und Amsel-/Finkenweg mit Seitenwegen (Siedlung Nachtweide)
Ⓠ *Lex*

Drosselweg – s. o.

Teil eines Viertels nicht zusammenhängender Straßen mit Namen nach Vogelarten.

Ⓢ *Scheidt* Ⓓ *Scheidt* *66133* ↔ *59 Meter* *< 30 Einwohner*
Seitenstraße der Schulstraße Ⓠ *Lex*

Drosselweg – s. o.

Teil eines Viertels mit Straßennamen nach Vogelarten.

Ⓢ *Malstatt* Ⓓ *Rußhütte* *66113* ↔ *203 Meter* *0 Einwohner*
verbindet als Fußweg Am Hof und Amselstraße Ⓠ *Lex*

Dryandertreppe – Johann Friedrich Dryander (23.4.1756 - 12.3.1812): Hofmaler, von 1788 - 1793 für den Fürstenhof Nassau-Saarbrücken tätig.

Ⓢ *St. Arnual* Ⓓ *Wackenberg* *66119* ↔ *80 Meter* *0 Einwohner*
verbindet Julius-Kiefer-Straße und Kaspar-Pitz-/Schmitt-Fornaro-Weg Ⓠ *Bio, LHS*

Dudoplatz – Bezieht sich auf den Siedlungsnamen Dudweilers, der erstmals 977 erwähnt wird und wahrscheinlich auf die Siedlung bzw. das Gehöft eines gewissen „Dudo" zurückgeht. Hierbei bleibt unklar, ob dieser fränkische Siedler wirklich so hieß oder es sich um einen Rufnamen oder eine „Lallform" handelt. Fälschlicherweise wird Dudo auch als Abkürzung für Dudweiler Dorfplatz verwendet. Der eigentliche Dorfplatz ist jedoch der Marktplatz.

Ⓤ *bis 1988 Neuer Markt*

Ⓢ *Dudweiler* Ⓓ *Dudweiler Mitte* *66125* ↔ *ca. 64x36 Meter* *0 Einwohner*
zwischen Sulzbachtal-, Theodor-Storm- und Trierer Straße gelegen Ⓠ *Dud*

Dudweiler Landstraße – Stellt die Landstraßenverbindung (heute L 125) von St. Johann zur ehemaligen Gemeinde bzw. dem heutigen Stadtteil Dudweiler dar. Dieser ist als Ort 977 das erste Mal urkundlich belegt und bekam 1962 Stadtrechte, 1974 Eingemeindung in die Landeshauptstadt Saarbrücken.

Ⓢ *St. Johann* Ⓓ *Am Homburg* *66123* ↔ *1986 Meter* *301 Einwohner*
verbindet Dudweilerstraße (Höhe Eisenbahnbrücke) und Hauptstraße (Jägersfreude)
Ⓠ *LHS, Phi*

Dudweilerstraße – Die Straße führt von St. Johann Richtung Dudweiler, siehe Dudweiler Landstraße.

Ⓢ *St. Johann* Ⓓ *St. Johanner Markt, Nauwieser Viertel, Hauptbahnhof* *66111*
↔ *1182 Meter* *642 Einwohner*
verbindet Dudweiler Landstraße und Am Stadtgraben/Wilhelm-Heinrich-Brücke Ⓠ *LHS, Phi*

Dudweilerstraße – Die Straße führt von Scheidt Richtung Dudweiler, siehe Dudweiler Landstraße.

Ⓢ *Scheidt* Ⓓ *Scheidt* *66133* ↔ *2454 Meter* *124 Einwohner*
verbindet Auf den Hütten und Beethovenstraße (über Land als L 251) mit Abzweig zu Im Flürchen Ⓠ *Phi*

Dunantstraße – Henri Dunant (8.5.1828-30.10.1910): Schweizer Geschäftsmann, Schriftsteller und Humanist. Seine Erinnerungen an die Schlacht von Solferino 1859 führten zur Grundidee des Roten Kreuzes, als dessen Gründungsvater er gilt (Nähe zur ehemaligen Klinik des Roten Kreuzes).
Teil eines Viertels mit Straßennamen nach medizin- und sozialgeschichtlich bedeutsamen Persönlichkeiten.

Ⓢ *St. Arnual* Ⓓ *Winterberg* *66119* ↔ *122 Meter* *41 Einwohner*
Seitenstraße der Karl-Schleich-Straße mit Treppenverbindung zur Theodor-Heuss-Straße
Ⓠ *Lex, LHS*

Dürerstraße – Albrecht Dürer (21.5.1471-6.4.1528): deutscher Maler, Grafiker, Mathematiker und Kunsttheoretiker aus Nürnberg. Schuf weltberühmte Werke im Stil der Renaissance.

Ⓢ *Dudweiler* Ⓓ *Pfaffenkopf* *66125* ↔ *190 Meter* *115 Einwohner*
Seitenstraße der Löbelstraße Ⓠ *Lex*

Dürerstraße – s.o.
Teil eines Viertels mit Straßennamen nach berühmten Malern.

Ⓢ *Gersweiler* Ⓓ *Ottenhausen* *66128* ↔ *207 Meter* *32 Einwohner*
Seitenstraße der Aschbachstraße Ⓠ *Lex*

Dürkheimer Straße – Nach der rheinland-pfälzischen Stadt Bad Dürkheim, Kur- und Kreisstadt östlich des Pfälzer Waldes an der Weinstraße (ca. 18.600 Einwohner), bekannt durch Weinanbau und Weinfeste.
Teil eines Viertels mit Straßennamen nach Orten der bayerischen Pfalz (heute Saarpfalz und Pfalz)

Ⓢ *St. Johann* Ⓓ *Rotenbühl* *66123* ↔ *199 Meter* *57 Einwohner*
verbindet St. Ingberter Straße und Steinhübel Ⓠ *Lex, LHS*

Ebersteinstraße – Oberst Hermann Baron von Eberstein führte im Deutsch-Französischen Krieg 1870 das 40. Füsilier-Regiment (vgl. 40er Grab neben der Notkirche an der Spichererbergstraße) an und fiel bei Metz. Da weitere Militärs mit Namen Eberstein am Krieg beteiligt waren, ist nicht ganz klar, welcher Militär bei der Benennung Pate stand.
Teil eines Viertels mit Straßennamen nach militärischen Befehlshabern des Deutsch-Französischen Krieges.

Ⓤ *bis 1910 Dautertsche Privatstraße*

Ⓢ *Alt-Saarbrücken* Ⓓ *Malstatter Straße* 📮 *66117* ↔ *124 Meter* 🚹 *90 Einwohner*
⊕ *verbindet Heuduck- und Gersweiler Straße* Ⓠ *Int, Lex, LHS*

Echelmeyerpark – Alois Echelmeyer (6.12.1867 - 1.4.1929): Pfarrer von St. Johann ab 1912 und Dechant von Saarbrücken 1914 - 1929. Unter seiner Leitung wurde 1923 - 24 die Kirche St. Michael im später nach ihm benannten Park errichtet. Die Parkfläche war von 1846 bis 1883 St. Johanner Friedhof. Die Einsegnungshalle ist noch erhalten.

Ⓢ *St. Johann* Ⓓ *Nauwieser Viertel* 📮 *66111* ↔ *ca. 180 x 130 Meter* 🚹 *0 Einwohner*
⊕ *Grünfläche zwischen Am Mügelsberg, Schumann- und Kantstraße* Ⓠ *Bio, LHS, Phi*

Echternacher Straße – Echternach: Stadt (5.250 Einwohner) und Kanton im Osten Luxemburgs, in der Luxemburger Schweiz an der Sauer, historische Bauwerke, bekannt durch die jährliche Springprozession an Pfingsten.
Teil eines Viertels mit Straßennamen nach Orten des Großherzogtums Luxembourg.
Die Straße ist abgesehen von Wegen und Treppen die kürzeste Straße Saarbrückens (nur ein Haus), allerdings erfolgt seit Ende 2018 der Anschluss an das Neubaugebiet Franzenbrunnen, was diese Situation verändern dürfte.

Ⓢ *Alt-Saarbrücken* Ⓓ *Triller* 📮 *66119* ↔ *17 Meter* 🚹 *< 30 Einwohner*
⊕ *Seitenstraße der Mondorfer Straße* Ⓠ *Lex, Phi*

Edenstraße – Die hier in den 20er Jahren entstandene Siedlung orientiert sich am Vorbild einer Gartenstadtsiedlung (Vereinigung der Vorteile von Stadt und Land durch Schaffung durchgrünter Siedlungen). Der Straßenname nimmt Bezug zum Garten Eden, dem Paradies aus dem 1. Buch Moses. Die kleine Platzanlage am westlichen Ende wird inoffiziell „Edenplatz" genannt.

Ⓢ *Malstatt* Ⓓ *Rodenhof* *66113* ↔ *185 Meter* *97 Einwohner*
verbindet Heinrich-Koehl-Straße und Sittersweg Ⓠ *Lang, Lex, Phi*

Eduard-Mörike-Weg – Eduard Friedrich Mörike (8.9.1804 - 4.6.1875): deutscher Pfarrer, Lyriker, Erzähler und Übersetzer.
Bildet mit Hermann-Löns-Weg ein sinnhaftes Namenspaar.

Ⓢ *Scheidt* Ⓓ *Scheidt* *66133* ↔ *160 Meter* *< 30 Einwohner*
Fortsetzung des Hermann-Löns-Weges Richtung Waldrand Ⓠ *Lex*

Eduardstraße – Franz Eduard Adt (28.7.1850 - 23.7.1919): ortsansässiger Fabrikant und Bürgermeister. Wurde 1870 Teilhaber der Ensheimer Firma Gebr. Adt (Dosenfabrik). War 1880 bis 1905 mit Unterbrechung Bürgermeister von Ensheim und machte sich um die Entwicklung der Gemeinde verdient (u.a. Stromversorgung, Straßenbahnanschluss, Betriebskrankenhaus - siehe Alte Spitalstraße).

Ⓢ *Ensheim* Ⓓ *Ensheim* *66131* ↔ *155 Meter* *< 30 Einwohner*
verbindet Am Wickersberg und Johannstraße/Im Hofgarten Ⓠ *Bio, ens*

Egon-Reinert-Straße – Hans Egon Reinert (24.9.1908 - 23.4.1959): Jurist/Rechtsanwalt und saarländischer Ministerpräsident vom 4.6.1957 bis zu seinem Tod durch einen schweren Verkehrsunfall. War Parteimitglied der NSDAP und der CDU, Gegner des Saarstatuts und ab 1956 -1957 Justizminister.

Ⓢ *St. Johann* Ⓓ *Nauwieser Viertel, Am Staden, Bruchwiese* *66111*
↔ *630 Meter* *177 Einwohner*
verbindet Großherzog-Friedrich- und Martin-Luther-Straße Ⓠ *Bio, Lex*

Ehrentalweg – Der Weg führt ins Ehrental, nach dem dortigen Ehrenfriedhof für Gefallene des Deutsch-Französischen Krieges 1870/71 benannt. In unmittelbarer Nähe fand im August 1870 die Schlacht bei Spichern statt, bei der viele Soldaten fielen.

Ⓢ Alt-Saarbrücken Ⓓ Bellevue ✉ 66117 ↔ 470 Meter 🚶 < 30 Einwohner
⌖ Seitenstraße der Metzer Straße (Kreuzungsbereich Bellevue) zum Gelände des Deutsch-Französischen Gartens Ⓠ LHS, Phi

Eichendorffstraße – Joseph Karl Benedikt Freiherr von Eichendorff (10.3.1788 – 26.11.1857): berühmter Lyriker und Schriftsteller der deutschen Romantik. Rund 5000 seiner Werke wurden vertont, u. a. von Mendelssohn-Bartholdy und Schumann.
Teil eines Viertels mit Straßennamen nach deutschen Schriftstellern.

Ⓢ Gersweiler Ⓓ Gersweiler Mitte ✉ 66128 ↔ 131 Meter 🚶 33 Einwohner
⌖ Seitenstraße des Hermann-Löns-Weges Ⓠ Lex

Eichendorffstraße – s. o.

Ⓢ Scheidt Ⓓ Scheidt ✉ 66133 ↔ 341 Meter 🚶 127 Einwohner
⌖ verbindet Dudweiler Straße und Am Bartenberg Ⓠ Lex

Eichendorffstraße – s. o.
Teil eines Viertels mit Straßennamen nach deutschen Schriftstellern.

Ⓢ Dudweiler Ⓓ Dudweiler Süd ✉ 66125 ↔ 145 Meter 🚶 46 Einwohner
⌖ verbindet Theodor-Strom-Straße und Beim Ellernsteg Ⓠ Lex

Eichenweg – Eiche (bot./lat. Quercus): weltweit verbreitete und wichtigste Gattung von Laubbäumen auf der Nordhalbkugel in der Familie der Buchengewächse. Vielfältiger Symbolwert (z. B. Eichenlaub auf der Rückseite der letzten DM-Münzen oder Eichel auf Wappen, Kartenspielen etc.).
Teil eines Viertels mit Straßennamen nach Baumarten.

Ⓢ Güdingen Ⓓ Alt-Güdingen ✉ 66130 ↔ 172 Meter 🚶 < 30 Einwohner
⌖ Seitenstraße des Rosseler Weges Ⓠ Lex

Eichenweg – s. o.
Teil eines Viertels mit Straßennamen nach Baumarten.

Ⓢ Burbach Ⓓ Füllengarten ✉ 66115 ↔ 157 Meter 🚶 71 Einwohner
⌖ verbindet Erlenweg und Am Freibüsch (Lindenhof-Siedlung, Pfaffenkopf) Ⓠ Lex

Eichenweg – s. o.

Teil eines Viertels mit Straßennamen nach Baumarten.

Ⓢ *Gersweiler* Ⓓ *Ottenhausen* ✉ *66128* ↔ *60 Meter* 🚹 *41 Einwohner*
⊕ *Seitenstraße des Buchenweges* Ⓠ *Lex*

Eifelstraße – Eifel: deutsches Mittelgebirge zwischen Rhein, Maas und Mosel (Fortsetzung auf belgisch-luxemburgischer Seite: Ardennen), Bundesländer Rheinland-Pfalz und Nordrhein-Westfalen. Nordwestlicher Teil des rheinischen Schiefergebirges, durch Hebung und Vulkanismus geformt. Teile der Osteifel gelten als noch aktives Vulkangebiet (z. B., Mendig, Laacher See). Höchste Erhebung: Hohe Acht (746,9 m ü. NN).

Teil eines Viertels mit Straßennamen nach rheinland-pfälzischen Orten bzw. Landschaften und deutschen Mittelgebirgen.

Ⓢ *Malstatt* Ⓓ *Rastpfuhl* ✉ *66113* ↔ *549 Meter* 🚹 *294 Einwohner*
⊕ *verbindet Trifelsstraße über Im Knappenroth mit Rußhütter Straße* Ⓠ *Lex, Phi*

Eilertstraße – Karl Friedrich Eilert (17.5.1832 - 22.3.1913): Berghauptmann. Kam 1862 ins Saarrevier, 1866 Leiter der Dudweiler Grube, Direktor der königlich-preußischen Bergwerksdirektion Saarbrücken 1878 - 1888.

Teil eines Viertels mit Straßennamen mit bergbaulichem Bezug.

Der Regierungs- und Baurat Rudolf Eilert, der 1888 - 1893 die Eisenbahndirektion leitete, dürfte hier nicht namensgebend sein.

Ⓢ *Jägersfreude* Ⓓ *Jägersfreude* ✉ *66123* ↔ *231 Meter* 🚹 *< 30 Einwohner*
⊕ *verbindet Dudweiler Land- und Sellostraße* Ⓠ *Bio, DuStr, Eis, LHS, SBK 1998*

Einsteintreppe – Prof. Albert Einstein (14.3.1879 - 18.4.1955): deutscher Physiker, einer der berühmtesten Naturwissenschaftler aller Zeiten. Bekannt u. a. durch seine Relativitätstheorie und Forschungen im Bereich der Quantenphysik. 1921 Nobelpreisträger. Wechselte mehrfach die Staatsbürgerschaft, zuletzt war er US-Amerikaner.

Teil eines Viertels mit Namen deutscher Industrieller, Entdecker oder Erfinder. Benennung erst 1963, nachdem der Jude und Pazifist Einstein bei den Straßenbenennungen in den 30er Jahren keine Rolle spielen durfte.

Ⓢ *St. Johann* Ⓓ *Am Homburg* ✉ *66123* ↔ *93 Meter* 🚹 *0 Einwohner*
⊕ *verbindet Krämersweg und Siemensstraße* Ⓠ *Cen, Lex*

Eisenbahnseitenweg – Auf manchen Stadtplänen wird der offiziell nicht erfasste Straßennamen als Teilverlauf des Weges „Im Wiesental" östlich entlang der Eisenbahnlinie Saarbrücken - St. Ingbert nördlich der Brücke Im Flürchen dargestellt.

Ⓢ Scheidt Ⓓ Scheidt ✉ 66133 ↔ k.A. 🚹 0 Einwohner
⊕ liegt im Verlauf des Weges Im Wiesental Ⓠ Phi

Eisenbahnstraße – Die gesamte Straße verläuft nördlich parallel zur Eisenbahnstrecke Saarbrücken - Neunkirchen (Sulzbachtalbahn).

Ⓢ Herrensohr & Jägersfreude Ⓓ Herrensohr & Jägersfreude ✉ 66125
↔ 647 Meter 🚹 128 Einwohner
⊕ verbindet St. Johanner und Karl-/Bergstraße Ⓠ Phi

Eisenbahnstraße – Die Straße stellt die direkte Verbindung des Stadtteils Alt-Saarbrücken zur Eisenbahn (Hauptbahnhof) bzw. vor 1909 der Stadt Saarbrücken zum Bahnhof St. Johann dar.

Ⓤ bis 1871 Bahnhofstraße

Ⓢ Alt-Saarbrücken Ⓓ Schloßplatz ✉ 66117 ↔ 472 Meter 🚹 356 Einwohner
⊕ verbindet Vorstadtstraße und Luisenbrücke Ⓠ LHS, Phi

Eisenweg – Schlägel und Eisen sind die beiden Werkzeuge (Gezähe), die seit dem 16. Jahrhundert gekreuzt als Symbol für den Bergbau dienen. Das Eisen übernahm die Funktion eines Meißels und wurde durch die Schläge des Schlägels in den Fels getrieben.
Teil eines Viertels mit Straßennamen mit bergbaulichem Bezug (Namenspaar mit Schlägelweg).

Ⓢ Jägersfreude Ⓓ Jägersfreude ✉ 66123 ↔ 65 Meter 🚹 0 Einwohner
⊕ verbindet Hauptstraße und Kirchweg Ⓠ DuStr, Phi

Elbestraße – Elbe: europäischer Strom, entspringt in Tschechien (Riesengebirge) und mündet nach 1094 km zwischen Brunsbüttel und Cuxhaven in die Nordsee. An der Elbe liegen berühmte Städte und Landschaften wie die Sächsische Schweiz, Dresden oder Hamburg.
Teil eines Viertels mit Straßennamen nach deutschen Flüssen.

Ⓢ Burbach Ⓓ Füllengarten ✉ 66115 ↔ 198 Meter 🚹 86 Einwohner
⊕ verbindet Georg-Heckel-Straße und Im Füllengarten (Siedlung Füllengarten) Ⓠ Lex, LHS

Eleonorenstraße – Gräfin Eleonore Clara (auch „Klara") von Saarbrücken (16.7.1632 - 4.5.1709), Gräfin zu Hohenlohe und Gleichen, Fräulein zu Langenburg und Kranichfeld. Sie regierte 20 Jahre lang nach dem Tod ihres Mannes Graf Gustav Adolf 1677 die Grafschaft Nassau-Saarbrücken. Nach ihr wurde die von ihrem Mann gegründete Glashütte und Siedlung „Klarenthal" benannt (siehe Clarastraße). Als betende Skulptur ist sie am Grab ihres Mannes in der Schloßkirche verewigt.
Teil eines Viertels mit Straßennamen nach Saarbrücker Regentinnen.

Ⓢ *Alt-Saarbrücken* Ⓓ *Reppersberg* *66119* ↔ *120 Meter* *30 Einwohner*
verbindet Elisabethen- und Reppersbergstraße Ⓠ *Bio, Frau, LHS, Mel*

Elisabethenstraße – Elisabeth von Lothringen (1395 - 17.1.1456), Gräfin von Nassau-Saarbrücken: Regentin für ihre minderjährigen Söhne 1429 - 1442, machte sich durch Übersetzung französischer Ritterromane ins Frühneuhochdeutsche kulturell verdient. Ihr Grabmal befindet sich im Chor der St. Arnualer Stiftskirche.
Teil eines Viertels mit Straßennamen nach Saarbrücker Regentinnen.

Ⓢ *Alt-Saarbrücken* Ⓓ *Reppersberg* *66119* ↔ *154 Meter* *54 Einwohner*
verbindet Eleonoren- und Laurettenstraße Ⓠ *Frau, LHS*

Elisabethstraße – Die Straße könnte aufgrund ihrer Nähe zum Hüttenwerk Brebach, welches zeitweise der Familie Stumm-Halberg gehörte, nach Elisabeth Maria Braun von Stumm (1863 - 1911) benannt sein. Sie war die Tochter von Heinrich Rudolph Böcking und Ida Charlotte von Stumm-Halberg.

Ⓢ *Brebach-Fechingen* Ⓓ *Brebach* *66130* ↔ *168 Meter* *48 Einwohner*
verbindet über Eck An der Rot Schanz und Stummstraße Ⓠ *Bio, Fry*

Ellerkopf – Die Straße führt auf eine Anhöhe (Kopf), die mit Erlen (Ellern) bestanden war. Der Name der zuführenden Erlenhainstraße belegt diese Erklärung.

Ⓢ *Eschringen* Ⓓ *Eschringen* *66130* ↔ *291 Meter* *30 Einwohner*
Seitenstraße der Erlenhainstraße Ⓠ *Phi*

Elly-Beinhorn-Straße – Elly Maria Frieda Rosemeyer-Beinhorn (30.5.1907 - 28.11.2007): deutsche Pilotin und Kunstfliegerin. Machte u.a. in den 30er Jahren durch Alleinflüge nach Afrika und um die ganze Welt von sich reden, schrieb autobiografische Bücher.

Teil eines Viertels mit Straßennamen nach Luftfahrtpionieren.

Ⓢ Alt-Saarbrücken Ⓓ Bellevue 66117 ↔ 230 Meter 55 Einwohner
verbindet üner Eck Zeppelinstraße (Höhe Kreisel Parsevalstraße) und Fußweg zur Melli-Beese-Straße (Wohngebiet Bellevue 2.0) Ⓠ Lex

Elsa-Brandström-Straße – Elsa Brandström (26.3.1888 - 4.3.1948): schwedische Lehrerin und Krankenschwester, war als Philanthropin (= Menschenfreundin, „Engel von Sibirien") bei der russischen Armee für die Fürsorge deutscher Kriegsgefangener engagiert. Gründete in Deutschland Kinderheime und Sanatorien mittels Spendengeldern und hielt international Vorträge.

Bildet mit Schultze-Kathrin-Straße ein sinnhaftes Namenspaar.

Ⓢ Alt-Saarbrücken Ⓓ Triller 66119 ↔ 221 Meter 106 Einwohner
Seitenstraße der Papestraße mit Treppenverbindung zum Lerchesflurweg Ⓠ Frau, Lex

Elsässer Straße – Nach der Landschaft und ehemaligen ostfranzösischen Region Elsass (frz. Alsace, Teil der Région Grand-Est) und dem Volksstamm der Elsässer. Die Gegend liegt zwischen dem Höhenzug der Vogesen und dem Oberrhein und stand in der Geschichte mehrfach unter deutscher Verwaltung. Hauptstadt Strasbourg.

Ⓢ St. Arnual Ⓓ Winterberg 66119 ↔ 236 Meter < 30 Einwohner
verbindet im Dreieckswinkel Hindenburg- und Koßmannstraße Ⓠ Lex, LHS

Emsweg – Ems: Fluss in Nordwestdeutschland, 371 km lang, entspringt in Westfalen und mündet nahe Emden in die Nordsee.

Bildet mit Lippeweg ein sinnhaftes Namenspaar.

Ⓢ Burbach Ⓓ Füllengarten 66115 ↔ ca. 272 Meter 0 Einwohner
verbindet in Form von zwei Wegen Matzenberg mit Alsbachstraße und Lippeweg
Ⓠ Lex, LHS

Endchensbrunnen – Flurbezeichnung, die sich bereits im 15. Jahrhundert auf einen Brunnen namens „eimmchen bornne" (Emchens-/Entchesbrunnen) bezieht. Die Bedeutung des Wortes bleibt hingegen unklar.

Ⓢ *Malstatt* Ⓓ *Rußhütte* *66113* ↔ *170 Meter* *36 Einwohner*
verbindet Neuhauser und Alte Bergstraße Ⓠ *Bau*

Enkircher Weg – Enkirch an der Mosel: Ort im Landkreis Bernkastel-Wittlich (Rheinland-Pfalz), ca. 1.500 Einwohner. Historisches Ortsbild mit touristischer Bedeutung.
Teil eines Viertels mit Straßennamen nach Orten des Mosellandes.

Ⓤ *bis 1945 Sudetenlandweg*

Ⓢ *Malstatt* Ⓓ *Rastpfuhl* *66113* ↔ *533 Meter* *120 Einwohner*
verbindet Rußhütter Straße und Lieserer Weg Ⓠ *Lex, LHS, SU1*

Ensheimer Hof – Name des erschlossenen Hofgutes nordöstlich der Ortslage von Ensheim, früher auch „Göbersteiner Hof" genannt.

Ⓢ *Ensheim* Ⓓ *Ensheim* *66131* ↔ *487 Meter* *< 30 Einwohner*
bogenförmige Seitenstraße der L108 zwischen Abzw. Flughafen und Abzw. Heckendalheim
Ⓠ *Klau, Phi*

Ensheimer Straße – Nach dem Nachbarort Ensheim benannt. Die von dort kommende Eschringer Straße hieß ursprünglich auf Eschringer Bann Ensheimer Straße. Die Abzweigung ist ein Überbleibsel davon.

Ⓢ *Eschringen* Ⓓ *Eschringen* *66130* ↔ *45 Meter* *0 Einwohner*
Seitenstraße der Eschringer Straße Ⓠ *Schm3*

Ensheimer Weg – Die Fortsetzung der Straße führt als Weg durch das Wogbachtal Richtung Ensheim.

Ⓢ *Bischmisheim* Ⓓ *Bischmisheim* *66132* ↔ *373 Meter* *50 Einwohner*
Seitenstraße der Fechinger Straße Ⓠ *Phi*

Erbeskopfstraße – Erbeskopf: mit 816 m ü. NN höchste Erhebung des Hunsrücks im Naturpark Saar-Hunsrück. Regionales Ausflugsziel, u. a. Wintersportgebiet, Wanderwege z. B. Saar-Hunsrück-Rhein-Steig.
Teil eines Viertels mit Straßennamen nach rheinland-pfälzischen Orten bzw. Landschaften.

Ⓢ *Malstatt* Ⓓ *Jenneweg* ✉ *66113* ↔ *141 Meter* 🚹 *191 Einwohner*
⌖ *Seitenstraße der Hunsrückstraße* Ⓠ *Lex, LHS*

Erdener Weg – Erden an der Mosel: Wein- und Tourismusort im Landkreis Bernkastel-Wittlich (Rheinland-Pfalz), ca. 370 Einwohner. Unweit des Ortes entsteht der Hochmoselübergang mit einer 1,7 km langen und 160 m hohen Brücke, die 2019 fertiggestellt werden soll.
Teil eines Viertels mit Straßennamen nach Orten des Mosellandes.

Ⓤ *bis 1945 Gottscheeweg (dt. Name der südslow. Stadt Kocevje)*
Ⓢ *Malstatt* Ⓓ *Rastpfuhl* ✉ *66113* ↔ *180 Meter* 🚹 *< 30 Einwohner*
⌖ *verbindet Rußhütter Straße und Bernkasteler Platz* Ⓠ *Lex, LHS, SU1*

Erfurter Straße – Erfurt: Hauptstadt Thüringens, 210.000 Einwohner, historische Altstadt (Krämerbrücke, Dom), Messe- und Universitätsstadt.
Teil eines Viertels mit Namen nach mittel- und ehemaligen ostdeutschen Städten und Gebieten, die nach dem Zweiten Weltkrieg Teile Polens, der Sowjetunion oder der ehemaligen DDR wurden.

Ⓢ *Eschberg* Ⓓ *Eschberg* ✉ *66121* ↔ *412 Meter* 🚹 *240 Einwohner*
⌖ *Seitenstraße des Pommernrings mit Abzweigung zur Halleschen Straße* Ⓠ *Lex, LHS*

Erich-Buschle-Platz – Erich Buschle (16.7.1901 - 7.5.1991): Maler, Glasmaler und Grafiker. Lebte ab 1903 in Saarbrücken und wurde u. a. von Richard Wenzel unterrichtet. Mitbegründer des saarländischen Künstlerbundes, national und im Rahmen von Studienreisen auch international tätig.
Der Platz vor dem evangelischen Gemeindezentrum wurde 2016 zu Ehren des Künstlers benannt, da ein siebenteiliges Fensterensemble, das er 1954 schuf, den Altarraum der 1973 eingeweihten Kirche schmückt.

Ⓢ *Brebach-Fechingen* Ⓓ *Neufechingen* ✉ *66130* ↔ *k.A.* 🚹 *0 Einwohner*
⌖ *zwischen Jakob- und Scheidter Straße gelegen* Ⓠ *Bio, Fry, Schar*

Erich-Kästner-Platz – Emil Erich Kästner (23.2.1899 - 29.7.1974): deutscher Schriftsteller, Publizist und Drehbuchautor. Wurde vor allem durch Kinderbücher wie „Das doppelte Lottchen" oder „Emil und die Detektive" bekannt. Erich-Kästner-Museum in seiner Geburtsstadt Dresden (Kindheits-Autobiographie „Als ich ein kleiner Junge war").

Der noch recht junge Straßenname wurde in Bezug auf das hier ansässige Kinder- und Jugendtheater Überzwerg gewählt.

Ⓢ St. Arnual Ⓓ Winterberg ✉ 66119 ↔ k.A. 🚹 0 Einwohner
⊕ Platzanlage entlang der Scharnhorststraße Ⓠ Lex

Erlenbacher Hof – Benannt nach dem nödlich zum Wogbachtal hin fließenden Erlenbach (nach dem Laubbaum Erle, s.u.).

Ⓢ Ensheim Ⓓ Ensheim ✉ 66131 ↔ 253 Meter 🚹 < 30 Einwohner
⊕ Seitenstraße der Flughafenstraße Ⓠ Phi

Erlenhainstraße – Benannt nach einer waldartigen Ansammlung oder Gruppe (= Hain) von Erlenbäumen.

Ⓢ Brebach-Fechingen & Eschringen Ⓓ Eschringen & Fechingen ✉ 66130
↔ 473 Meter 🚹 96 Einwohner
⊕ Seitenstraße der Hauptstraße Ⓠ Lex, Phi

Erlenweg – Erle: Laubbaumart aus der Familie der Birkengewächse. Die Erle ist anspruchslos, daher oft Pionierpflanze und liebt feuchte Gebiete (Sümpfe, Wasserränder). Daher ist sie im Kontext eines Flurnamens (auch als Eller, Ellen, Else, Irle) Indikator für die Art des Gebietes (hier jedoch nicht).

Teil eines Viertels mit Straßennamen nach Baumarten.

Ⓢ Burbach Ⓓ Füllengarten ✉ 66115 ↔ 80 Meter 🚹 < 30 Einwohner
⊕ verbindet Eichenweg und Lindenhofstraße mit Wegeverbindung zur Pfaffenkopfstraße
Ⓠ Lex

Erlenweg – s. o.

Teil eines Viertels mit Straßennamen nach Baumarten.

Ⓢ Bübingen Ⓓ Bübingen ✉ 66129 ↔ 128 Meter 🚹 < 30 Einwohner
⊕ verbindet Waldstraße und Bliesransbacher Straße Ⓠ Lex

Ernst-Abbe-Straße – Ernst Karl Abbe (23.1.1840 - 14.1.1905): deutscher Physiker, Optiker, Unternehmer und Sozialreformer. Schuf gemeinsam mit Carl Zeiss und Otto Schott Grundlagen moderner Optik. 1899 Alleininhaber der Carl Zeiss-Werke und Gründer der Jenaer Glasfabrik Schott.

Ⓢ Burbach Ⓓ Hochstraße 66115 ↔ 325 Meter 0 Einwohner
verbindet Heinrich-Barth-Straße und Leibnizstraße (Saarterrassen) Ⓠ Lex, LHS

Ernst-Wagner-Weg – Ernst Wagner (12.10.1836 - 2.8.1902): Glasfabrikant mit Glashütten in Luisenthal und Schnappach. Seit 1877 Kommunalpolitiker in St. Johann, stellvertretender Präsident der Saarbrücker Handelskammer 1888 - 1893, 1893 Ehrenbürger der Stadt St. Johann.

Ⓢ St. Johann Ⓓ Rotenbühl 66123 ↔ 206 Meter 0 Einwohner
verbindet Neugrabenweg und Scheidter Straße Ⓠ Bio, Hel, LHS

Erzbergerstraße – Matthias Erzberger (20.9.1875 - 26.8.1921): deutscher Zentrumspolitiker und Publizist. 1919 - 1920 Reichsminister der Finanzen. Machte sich 1917 - 1918 für eine Friedensinitiative und anschließend den Versailler Vertrag stark und wurde daher später ermordet.

Ⓢ Brebach-Fechingen Ⓓ Neufechingen 66130 ↔ 297 Meter 91 Einwohner
verbindet Saarbrücker Straße und Mühlenweg Ⓠ Lex, Schl

Eschberger Hofplatz – Platz innerhalb des ehemaligen Gehöfts auf dem Eschberg. Der landwirtschaftliche Betrieb wurde erstmals im 13. Jahrhundert erwähnt und war bis in die 50er Jahre in Betrieb. Original erhalten sind nur das Gebäude der Kutscherremise (zeitweise Gastronomiebetrieb) und Teile des südlich angrenzenden Parks.

Ⓢ Eschberg Ⓓ Eschberg 66121 ↔ ca. 80x45 Meter < 30 Einwohner
Platzanlage zwischen Spreepfad und Magdeburger Straße Ⓠ Phi

Eschbergerweg – Der Straßenverlauf führt direkt auf den Eschberg (historische Zuwegung zum Hofgut), der seinen Namen höchstwahrscheinlich vom Baum Esche hat. Andere Erklärungen sehen den Baum Espe oder das französische Wort „eau" = Wasser (Aix oder Esch, z. B. Esch-sur-Alzette, Aix-en-Provence) als namensgebend an.

Ⓢ *Eschberg & St. Johann* Ⓓ *Kaninchenberg & Eschberg* ✉ *66121*
↔ *1277 Meter* 🚶 *325 Einwohner*
⊕ *verbindet Mainzer und Pater-Delp-Straße* Ⓠ *Phi*

Escher Weg – Nach der zweitgrößten luxemburgischen Stadt Esch-sur-Alzette, 34.000 Einwohner, Eisen- und Stahlindustrie, große Konversionsprojekte (Stadtviertel Belval, u. a. historische Hochofenanlage, Rockhal, Universitätsstandort, neuer Bahnhof).
Teil eines Viertels mit Straßennamen nach Orten im lothringisch-luxemburgischen Grenzgebiet.

Ⓢ *Alt-Saarbrücken* Ⓓ *Triller* ✉ *66119* ↔ *191 Meter* 🚶 *151 Einwohner*
⊕ *verbindet Sonnenweg und Hohe Wacht* Ⓠ *Lex, Phi*

Eschringer Straße – Der Straßenverlauf führt von Ensheim in Richtung Eschringen.

Ⓢ *Ensheim & Eschringen* Ⓓ *Ensheim & Eschringen* ✉ *66131*
↔ *1388 Meter* 🚶 *158 Einwohner*
⊕ *verbindet Hauptstraße (Ensheim) und Hauptstraße (Eschringen)* Ⓠ *Phi*

Espenweg – Espe: Baumart aus der Gattung der Pappeln (auch Aspe oder Zitterpappel genannt), in Mitteleuropa weit verbreitet. Aufgrund von Form und Länge des Blattstiels zeigt Espenlaub schon bei schwachem Wind eine charakteristische Zitterbewegung („Zittern wie Espenlaub").
Teil eines Viertels mit Straßennamen nach Baumarten.

Ⓢ *Bübingen* Ⓓ *Bübingen* ✉ *66129* ↔ *110 Meter* 🚶 *< 30 Einwohner*
⊕ *Seitenstraße der Bliesransbacher Straße* Ⓠ *Lex*

Eulenweg – Eule: weltweit verbreitete Ordnung von Vögeln mit rund 200 Arten, die meist nachtaktiv sind. In heimischen Wäldern sind z. B. Waldkauz, Steinkauz, Schleiereule oder Uhu bekannt. Die Straße liegt in der Nähe des Waldes.

Bildet mit Fasanenweg ein sinnhaftes Namenspaar.

Ⓢ *Dudweiler* Ⓓ *Pfaffenkopf* ✉ *66125* ↔ *104 Meter* 🚶 *< 30 Einwohner*
⌖ *Seitenstraße von Zum Bartenberg* Ⓠ *Int, Lex*

Europaallee – Benennung in Bezug zum „Eurobahnhof" Saarbrücken Hauptbahnhof, an dessen Nordausgang die Allee endet. Die Namensgebung nach Europa ist der Grenznähe und der Anbindung durch die internationale ICE/TGV-Linie Frankfurt-Paris geschuldet.

Ⓢ *St. Johann* Ⓓ *Hauptbahnhof* ✉ *66111, 66113* ↔ *k.A.* 🚶 *< 30 Einwohner*
⌖ *verbindet Rodenhof- und Lützelbachbrücke, Erschließungsstraße Neubaugebiet Quartier Eurobahnhof* Ⓠ *Phi*

Evangelische-Kirch-Straße – Die Straße führt zur „alten" evangelischen Kirche St. Johann, die im Stil des Barock 1725-27 von Jost Bager und Pierard de Corail erbaut wurde. In der Nachkriegszeit Umbau zu mehrgeschossigem Gemeindezentrum. Heute Nutzung durch die Hochschule für Musik.

Ⓢ *St. Johann* Ⓓ *St. Johanner Markt* ✉ *66111* ↔ *110 Meter* 🚶 *< 30 Einwohner*
⌖ *verbindet Saarstraße und Cora-Eppstein-Platz* Ⓠ *Phi*

Fabrikstraße – Nach der früher hier ansässigen Dosenfabrik Gebr. Adt AG benannt. Die Fabrik wurde 1839 gegründet, nachdem bereits ab 1739 Dosen handwerklich hergestellt wurden (siehe Gassenmühle). Neben Ensheim gab es Produktionsstätten u. a. in Pont-à-Mousson oder Forbach. Später hatte die Firma Beteiligungen an anderen Firmen sowie Gründungen anderer Produktionszweige - u. a. ist die heutige Fa. Hager Elektrotechnik daraus hervorgegangen (siehe Hermann-Hager-Straße).

Ⓢ *Ensheim* Ⓓ *Ensheim* ✉ *66131* ↔ *260 Meter* 🚶 *54 Einwohner*
⌖ *verbindet Marktweg/Franz- und Hauptstraße (Ensheim) über Im Hofgarten* Ⓠ *ens, Lex*

Faktoreistraße – Faktorei = Handelsniederlassung. Spezielle Bergfaktoreien waren bergbauliche Magazine oder Lagerplätze. An dieser Stelle wird die 1608 gegründete Kohlwaage als Umschlagplatz für Kohlen als Faktorei bezeichnet. Siehe „Kohlwaagstraße“.

Ⓢ *St. Johann* Ⓓ *Hauptbahnhof* ✉ *66111* ↔ *109 Meter* 🚹 *< 30 Einwohner*
⊕ *verbindet Hafen- und Trierer Straße* Ⓠ *Lex, LHS*

Falkenweg – Falke: Raubvogelgattung mit charakteristischem nach unten gebogenen Schnabel mit zackenartigem „Falkenzahn“, die tagsüber jagen und keine eigenen Nester bauen. Regional sind v. a. Turm-, Wander- und Baumfalke verbreitet.

Bildet mit Sperberweg ein sinnhaftes Namenspaar.

Ⓢ *St. Johann* Ⓓ *Rotenbühl* ✉ *66123* ↔ *156 Meter* 🚹 *35 Einwohner*
⊕ *verbindet Kieselpfad und Am Kieselhumes* Ⓠ *Lex, LHS*

Falkenweg – s. o.

Teil eines Viertels mit Vogelnamen.

Ⓢ *Bübingen* Ⓓ *Bübingen* ✉ *66129* ↔ *135 Meter* 🚹 *33 Einwohner*
⊕ *Seitenstraße von Zum Forstberg* Ⓠ *Lex*

Farrenwiesstraße – Wahrscheinlich war das Flurstück Eigentum der Pfarrei, also „Pfarrwiese“.

Als „Farren“ (althochdt. far/farro oder mittelhochdeutsch „var/varre“) wird allerdings auch der Zuchtstier bezeichnet. Somit könnte das Gelände auch als Weide oder Auslauf für den Zuchtstier gedient haben.

Ⓢ *Dudweiler* Ⓓ *Kitten* ✉ *66125* ↔ *86 Meter* 🚹 *< 30 Einwohner*
⊕ *verbindet Bei der Humesgrub und Brennender-Berg-Straße* Ⓠ *Dud, DuStr, Lagis*

Fasanenweg – Fasan: Vogelart aus der Ordnung der Hühnervögel mit farbigem Gefieder und langen Schwanzfedern. Heimisch in Asien, wurde in Europa v. a. zu Jagdzwecken angesiedelt.

Teil eines Viertels mit Straßennamen nach Vogelarten.

Ⓢ *Bübingen* Ⓓ *Bübingen* ✉ *66129* ↔ *146 Meter* 🚹 *39 Einwohner*
⊕ *Seitenstraße von Zum Forstberg* Ⓠ *Lex*

Fasanenweg – s. o.

Bildet mit Eulenweg ein sinnhaftes Namenspaar.

Ⓢ *Dudweiler* Ⓓ *Pfaffenkopf* ✉ *66125* ↔ *98 Meter* 🚹 *60 Einwohner*
⌖ *Seitenstraße von Zum Bartenberg* Ⓠ *Lex*

Fasanenweg – s. o.

Bildet mit Lerchenweg ein sinnhaftes Namenspaar.

Ⓢ *Schafbrücke* Ⓓ *Schafbrücke* ✉ *66121* ↔ *100 Meter* 🚹 *< 30 Einwohner*
⌖ *Seitenstraße von Zum Eschberg* Ⓠ *Lex*

Fasanenweg – s. o.

Teil eines Viertels nicht zusammenhängender Straßen mit Vogelnamen.

Ⓢ *Scheidt* Ⓓ *Scheidt* ✉ *66133* ↔ *117 Meter* 🚹 *89 Einwohner*
⌖ *hammerförmige Seitenstraße der Schulstraße* Ⓠ *Lex*

Fasanerieweg – Bezieht sich auf das ehemals am Halberg gelegene Fasanengehege, was vom Fürstenhaus um 1750 nahe des Lustschlosses „Mon Plaisir" (heute Standort des Schlosses Halberg) angelegt wurde.

Ⓢ *St. Johann* Ⓓ *Kaninchenberg* ✉ *66121* ↔ *447 Meter* 🚹 *< 30 Einwohner*
⌖ *Seitenstraße der Mainzer Straße mit Fortsetzung über Baumarkt-Parkplatz* Ⓠ *LHS*

Faßstraße – Im Eckhaus zum St. Johanner Markt (mit sehenswertem Fenster im Giebel!) war ab 1804 die Gaststätte „Zum Goldenen Faß" des Bierbrauers Friedrich Ludwig Eichacker untergebracht, der das Anwesen von Thomas Röchling erwarb. Da sein Bruder und Vater Küfer (= Fassmacher) waren, kann auch so ein Bezug zum Namen von Gaststätte und damit Straße hergestellt werden.

Ⓢ *St. Johann* Ⓓ *St. Johanner Markt* ✉ *66111* ↔ *106 Meter* 🚹 *< 30 Einwohner*
⌖ *verbindet Obertorstraße/St. Johanner Markt und Schillerplatz* Ⓠ *KlNf, Köll, LHS, Spu1*

Fechinger Straße – Historische Straßenführung vom Dorf Güdingen zum Nachbardorf Fechingen.

Ⓢ *Güdingen* Ⓓ *Alt-Güdingen* ✉ *66130* ↔ *482 Meter* 🚹 *200 Einwohner*
⌖ *verbindet Bühler und Theodor-Heuss-Straße* Ⓠ *Phi*

Fechinger Straße – Die südwestlich verlaufende Fortsetzung der Straße (hinter der Autobahnbrücke, geradeaus) verläuft durch das Wieschbachtal nach Fechingen. Der heutige Straßenverlauf geht am Reiterhof zurück in nördliche Richtung.

Ⓢ *Bischmisheim* Ⓓ *Bischmisheim* *66132* ↔ *567 Meter* *49 Einwohner*
verbindet Hauptstraße/Kirchstraße und Ensheimer Weg Ⓠ *Phi*

Feldmannstraße – Friedrich Wilhelm Ferdinand Feldmann (24.6. 1846 - 25.2.1911): Bauingenieur und 1884 - 1.1.1908 Bürgermeister von Saarbrücken (heute Stadtteil Alt-Saarbrücken), 1907 Ehrenbürger. Unter seiner Regie Schaffung zahlreicher Einrichtungen, Neubauten und Infrastruktur, u. a. Landgericht, Ortskrankenkasse, Gaswerk, Kaiser-Wilhelm-Brücke (heute Malstatter Brücke), Straßenbahnanschluss. 1894 legendäres Duell mit dem St. Johanner Bürgermeister Neff (siehe Neffstraße). 1897 Eingemeindung St. Arnuals. Urnengrab im Ehrental.

Ⓤ *bis 1908 Hinterthal/Hinterthalweg*
Ⓢ *Alt-Saarbrücken & St. Arnual* Ⓓ *Winterberg & Reppersberg* *66119*
↔ *1281 Meter* *576 Einwohner*
verbindet Talstraße/Saargemünder Straße und Hohe Wacht, Grenzstraße zwischen St. Arnual und (Alt-) Saarbrücken Ⓠ *Bio, Joch, LHS*

Feldstraße – Bei allen sieben Feldstraßen ist davon auszugehen, dass die Straßenführung ins „Feld" (= landwirtschaftliche Nutz- oder Grünfläche) führt.

Ⓢ *Gersweiler* Ⓓ *Gersweiler Mitte* *66128* ↔ *166 Meter* *< 30 Einwohner*
Seitenstraße der Krughütter Straße über Bergstraße hinaus Ⓠ *Phi*

Feldstraße – s. o.

Ⓤ *westl. Teil bis 1926 Alte Bliesransbacher Straße*
Ⓢ *Bübingen* Ⓓ *Bübingen* *66129* ↔ *460 Meter* *86 Einwohner*
Seitenstraße der Saargemünder Straße Ⓠ *Lauf, Phi*

Feldstraße – s. o., führte in die Felder entlang der Saar.

Ⓢ *Güdingen* Ⓓ *Alt-Güdingen* *66130* ↔ *153 Meter* *77 Einwohner*
Seitenstraße der Saargemünder Straße Ⓠ *HSe, Phi*

Feldstraße – s. o.

Ⓢ Bischmisheim Ⓓ Bischmisheim 66132 ↔ 426 Meter 143 Einwohner
verbindet Hochstraße und Bornshübel Ⓠ Phi

Feldstraße – s. o. (siehe auch Ackerstraße)

Teil eines Viertels mit Straßennamen nach Beschaffenheit des Untergrundes.

Ⓢ Dudweiler Ⓓ Dudweiler Nord 66125 ↔ 253 Meter 81 Einwohner
verbindet Fischbach- und Kieselstraße Ⓠ DuStr, Phi

Feldstraße – s. o.

Ⓢ Klarenthal Ⓓ Klarenthal 66127 ↔ 355 Meter 72 Einwohner
Seitenstraße der Hauptstraße Ⓠ Phi

Feldstraße – s. o.

Der Straßenverlauf soll Teil der historischen, ursprünglich römischen Straße vom Vicus Saravus nach Süden (Richtung Metz, Italien und Nordspanien) sein.

Ⓢ St. Arnual Ⓓ Wackenberg 66119 ↔ 105 Meter 32 Einwohner
verbindet Saargemünder und Julius-Kiefer-Straße diagonal Ⓠ LHS

Felsenstraße – Die Straße befindet sich am Beginn einer steilen Bergflanke, die den östlichen Beginn der Schichten und damit Gesteine des Karbons markiert. Wenig weiter südlich steht auch noch ein Rest des Buntsandsteins an. In dieser Topographie und Geologie ist eine Benennung nach einem Fels oder felsigem Untergrund sehr naheliegend. Der Untergrund besteht hier teilweise noch aus gewachsenem Sandsteinfels.

Teil eines Viertels mit Straßennamen nach Beschaffenheit des Untergrundes.

Ⓢ Dudweiler Ⓓ Dudweiler Nord 66125 ↔ 119 Meter < 30 Einwohner
verbindet Fischbach- und Kieselstraße Ⓠ DuStr, Phi

Fenner Straße – Fenne: Stadtteil von Völklingen, 1812 als Glashütte gegründet, zwischen Fürstenhausen und Klarenthal gelegen. Bekannt durch das Kraftwerk und den ehemals hier hergestellten Fenner Harz (Produktion 1972 geschlossen und bis heute ins Rheinland verlagert/Grafschafter Krautfabrik). Teil eines Viertels mit Straßennamen westlich gelegener Siedlungen. Straßenverlauf weist ungefähr in Richtung Fenne.

Ⓤ *bis 1931 Am Gußstahlwerk (nach Industrie auf Fläche des heutigen IT-Parks), um 1900 Johannastraße*

Ⓢ *Burbach* Ⓓ *Füllengarten* *66115* ↔ *794 Meter* *665 Einwohner*

Seitenstraße der Jakobstraße parallel zur Bahnlinie mit Wegeverbindung zur Georg-Heckel-Straße (Zum Bärental) Ⓠ *Fre, Lex, Phi, SZ 13.10.15*

Fenner Straße – Die Straße führt direkt nach Völklingen-Fenne (s. o.).

Ⓢ *Klarenthal* Ⓓ *Klarenthal* *66127* ↔ *1489 Meter* *383 Einwohner*

verbindet Warndtstraße und Am Sportplatz (Stadtgrenze) Ⓠ *Phi*

Ferbergasse – Die Straße wurde angeblich nach einer Familie Ferber benannt. Der Familienname lässt sich in der Ortschronik (1994) aber nur vereinzelt nachweisen. Es bleibt dabei unklar, ob es sich um Grundbesitzer oder eine oder mehrere andere Personen mit Ortsbezug handelt.

Ⓢ *Altenkessel* Ⓓ *Altenkessel* *66126* ↔ *58 Meter* *< 30 Einwohner*

verbindet Moritz-Wilhelm- und Mittelstraße Ⓠ *Altk*

Ferdinand-Dietzsch-Straße – Friedrich Alexander Ferdinand Dietzsch (20.10.1805 - 29.1.1878): Rechtsanwalt und Politiker. 1835 Jurist am Landgericht Saarbrücken, 1846 Stadtverordneter von St. Johann, 1848 Mitglied der Frankfurter Nationalversammlung, ab 1860 Vorsitzender des Turnvereins Saarbrücken-St. Johann.

Teil eines Viertels mit Namen freiheitlicher Politiker des 19. Jahrhunderts und der Revolution von 1848.

Anmerkung zu ehemaligem Namen: Stadtpläne und Straßenverzeichnisse um 1910 weisen eine „Klemingstraße" aus, was auf einen Übertragungsfehler hindeutet - richtig: Flemmingstraße.

Ⓤ *vor 1945 Flemmingstraße (Offizier Hans v. Flemming, 1809 standrechtlich erschossen), 1946/47 kurzzeitig Walter-Rathenau-Straße*

Ⓢ *Malstatt* Ⓓ *Leipziger Straße* *66113* ↔ *157 Meter* *191 Einwohner*

verbindet Lebacher- und Friedrich-Engels-Straße Ⓠ *Adr, Bio, Bung, LHS, SU1*

Fichtestraße – Johann Gottlieb Fichte (19.5.1762-29.1.1814): deutscher Philosoph, von Kant inspiriert und durch sein patriotisches Denken (u.a. „Reden an die deutsche Nation") bekannt.

Teil eines Viertels mit Straßennamen nach deutschen Philosophen.

Ⓤ *1947-1957 Cartesiusstraße (nach frz. Philosoph René Descartes)*

Ⓢ *St. Johann* Ⓓ *Nauwieser Viertel* ✉ *66111* ↔ *327 Meter* 🚹 *112 Einwohner*
⊕ *verbindet Brauerstraße/Neugrabenweg und Martin-Luther-Straße* Ⓠ *Bung, Lex, LHS*

Fingerhutstraße – Der Straßenverlauf in seiner rechteckigen Form soll der Form eines Fingerhutes (Nähwerkzeug zum Schutz der Fingerkuppe) gleichen.

Ⓢ *Dudweiler* Ⓓ *Flitsch* ✉ *66125* ↔ *303 Meter* 🚹 *72 Einwohner*
⊕ *verläuft im Rechteck zwischen Fischbach-, Neu- und Rehbachstraße* Ⓠ *DuStr*

Finkenstraße – Fink: artenreiche Vogelfamilie aus der Ordnung der Sperlingsvögel. In Mitteleuropa ist v.a. der Buchfink verbreitet.

Teil eines Viertels mit Straßennamen nach Vogelarten.

Ⓢ *Malstatt* Ⓓ *Rußhütte* ✉ *66113* ↔ *118 Meter* 🚹 *52 Einwohner*
⊕ *verbindet Rußhütter Straße und Drosselweg* Ⓠ *Lex*

Finkenstraße – s.o.

Bildet mit Im Lerchenfeld ein sinnhaftes Namenspaar. Sollte 1962 eigentlich „Finkenweg" benannt werden. Nachdem ein falsch gedrucktes Schild geliefert und montiert wurde, passte man den Namen praktischerweise an das Schild an.

Ⓢ *Dudweiler* Ⓓ *Dudweiler Süd* ✉ *66125* ↔ *219 Meter* 🚹 *55 Einwohner*
⊕ *Seitenstraße des Alten Stadtweges am Waldrand* Ⓠ *DuStr, Lex*

Finkenweg – s.o.

Teil eines Viertels nicht zusammenhängender Straßen mit Vogelnamen.

Ⓢ *Scheidt* Ⓓ *Scheidt* ✉ *66133* ↔ *65 Meter* 🚹 *32 Einwohner*
⊕ *teilt den ringförmigen Kettelerring in zwei Hälften* Ⓠ *Lex*

Finkenweg – s. o.

Teil eines Viertels mit Straßennamen nach Vogelarten.

Ⓢ *Gersweiler* Ⓓ *Neu-Aschbach* *66128* ↔ *33 Meter* *< 30 Einwohner*
Seitenweg des Amselweges Ⓠ *Lex*

Finkenweg – s. o.

Teil eines Viertels mit Straßennamen nach Vogelarten.

Ⓢ *Altenkessel* Ⓓ *Altenkessel* *66126* ↔ *272 Meter* *66 Einwohner*
Seitenstraße der Hasenstraße Ⓠ *Lex*

Finkenweg – s. o.

Teil eines Viertels mit Straßennamen nach Vogelarten.

Ⓢ *Klarenthal* Ⓓ *Klarenthal* *66127* ↔ *63 Meter* *< 30 Einwohner*
Seitenstraße der Feldstraße Ⓠ *Lex*

Finkenweg – s. o.

Bildet mit dem nahe gelegenen Amselweg ein sinnhaftes Namenspaar.

Ⓢ *Bischmisheim* Ⓓ *Bischmisheim* *66132* ↔ *80 Meter* *< 30 Einwohner*
verbindet Am Rebenberg und Im Allmet Ⓠ *Lex*

Finkenweg – s. o.

Teil eines Viertels mit Straßennamen nach Vogelarten.

Ⓢ *Brebach-Fechingen* Ⓓ *Fechingen* *66130* ↔ *578 Meter* *256 Einwohner*
verbindet Drossel- und Amselweg mit einigen Seitenwegen, Teil des Wohngebietes Nachtweide
Ⓠ *Lex*

Fischbachstraße – Verläuft in Richtung des Nachbarortes Fischbach-Camphausen im Fischbachtal. Fischbach war bis 1925 Teil der Bürgermeisterei Dudweiler.

Ⓢ *Dudweiler* Ⓓ *Dudweiler Nord & Flitsch* *66125*
↔ *1339 Meter* *313 Einwohner*
verbindet Sulzbachtal- und Camphauser Straße Ⓠ *DuStr, Phi*

Fischbachstraße – Die Straße verläuft parallel zum Fischbach, der südlich von Merchweiler entspringt und in Saarbrücken (Bürgerpark, ehem. Hafeninsel) in die Saar mündet (Länge 17,2 km).

Ⓢ *Malstatt* Ⓓ *Rußhütte* *66113* ↔ *756 Meter* *597 Einwohner*
verbindet Am Torhaus und Neuhauser Straße Ⓠ *Lex, Phi*

Flammstraße – Nikolaus Flamm war von 1860 bis 1879 Direktor der Burbacher Hütte. Die Straße liegt in einer ehemaligen Arbeiterkolonie mit mehreren Straßennamen nach Führungspersönlichkeiten der Burbacher Hütte (Nachfolger Flamms waren Seebohm und Ott).

Ⓢ Burbach Ⓓ Ottstraße 66115 ↔ 287 Meter 120 Einwohner
verbindet Langfuhr- und Von-der-Heydt-Straße Ⓠ Lex, LHS, Wittenbrock2

Fliederstraße – Flieder: in Asien und Europa heimische Gattung der Ölbaumgewächse. In unseren Kulturkreisen wird der Gemeine Flieder als Zierstrauch kultiviert. Bekannt durch seine schönen Blütenfarben (weiß bis violett) und den charakteristischen Duft.

Teil eines Viertels mit Straßennamen mit pflanzlichem Bezug.

Ⓢ Bübingen Ⓓ Bübingen 66129 ↔ 111 Meter 31 Einwohner
Seitenstraße der Rebenstraße Ⓠ Lex

Fliederstraße – s. o.

Teil eines Viertels mit Straßennamen nach Blumenarten.

Ⓤ Bis 1947 war die Straße in drei Straßen unterteilt: (von Süden nach Nordosten) Bredowstraße, Auerswaldstraße, Manteuffelstraße (nach preuß. Militärs). Ab 1947 hieß der nödliche Teil Tulpenstraße, erst viel später der komplette Straßenzug Fliederstraße

Ⓢ Alt-Saarbrücken Ⓓ Triller 66119 ↔ 438 Meter 79 Einwohner
verbindet Nelken-/ Narzissen- und Lilienstraße Ⓠ Lex, LHS

Flitschstraße – „Flitsch" bezeichnet hier wahrscheinlich nicht wie manchmal behauptet wird, den Flitzebogen, sondern geht auf das Wort „Flügel" zurück. Die Siedlung wurde im 19. Jahrhundert außerhalb der Ortslage Dudweiler auf einer Anhöhe gebaut (Siedlung für Bergarbeiter), war also ein „freies, hochgelegenes, luftiges Land".

Ⓢ Dudweiler Ⓓ Flitsch 66125 ↔ 810 Meter 184 Einwohner
zweigt an zwei Stellen von der Rehbachstraße ab und erschließt in mehreren Abschnitten ein Wohngebiet Ⓠ Zim1

Florastraße – Flora: die zusammenfassende Bezeichnung von Pflanzenarten in einer bestimmten Region. Der Name leitet sich von der römischen Göttin der Blumen und Jugend ab.
Bildet, was die Benennung angeht, eine Ausnahme im Umfeld, in dem die meisten Straßen nach Personen benannt sind.

Ⓢ St. Johann Ⓓ Am Homburg ✉ 66123 ↔ 82 Meter < 30 Einwohner
verbindet Am Homburg und Guerickestraße Ⓠ Lex, LHS

Flughafen – Der Flughafen Saarbrücken wurde 1928 auf den heutigen Daarler Wiesen bei St. Arnual in Betrieb genommen. Seit 1966 wird der Flugverkehr über den bereits 1935 vorbereiteten Flughafenneubau nördlich von Ensheim abgewickelt. Bei jährlich über 12.000 Starts und Landungen werden hier zwischen 400.000 und 500.000 Passagiere befördert.

Ⓢ Ensheim Ⓓ Ensheim ✉ 66131 ↔ k.A. 0 Einwohner
Flughafengelände mit Rollfeld Ⓠ Gla, Lex

Flughafenstraße – Führt von Saarbrücken (Autobahnanschluss A620) zum Flughafen.

Ⓢ Brebach-Fechingen & Ensheim Ⓓ Fechingen & Ensheim ✉ 66130, 66131
↔ 6004 Meter 34 Einwohner
verbindet An der Heringsmühle und Balthasar-Goldstein-Straße Ⓠ Phi

Folsterweg – Benannt nach dem Folsterweiher, dessen Name sich vom Familiennamen der Wolffesteiner ableitet. 1519 verkaufen die Privatleute Bernhard von Kerpen und Elisabeth von Wolffestein ein Flurstück mit dem Weiher an Graf Johann Ludwig von Nassau-Saarbrücken. Aus dem Namen Wolfsteiner Weiher entstand Folsterweiher und damit alle anderen Namensgebungen mit „Folster…".

Ⓢ Alt-Saarbrücken Ⓓ Glockenwald ✉ 66117 ↔ 1282 Meter 0 Einwohner
verbindet Deutschmühlental über Habsterhöhe mit Gelände des Tierheims, Zuweg zur Metzer Straße Ⓠ Bau

Forbacher Straße – Der Verlauf der Straße stellt einen Teil der historischen Straßenverbindung von Saarbrücken nach Metz dar, daher auch in Richtung der benachbarten Stadt Forbach in Lothringen.

Ⓤ *bis 1920 Alte Metzer Straße*

Ⓢ *Alt-Saarbrücken* Ⓓ *Bellevue* 📮 *66117* ↔ *686 Meter* 🚹 *365 Einwohner*

verbindet Deutschherrnstraße parallel zur Metzer Straße verlaufend und in diese kurz vor der Bellevue mündend Ⓠ *LHS, Phi*

Försterstraße – Die Namensgebung ist dem Berufsstand des Försters gewidmet. Dieser entstand im 18. Jahrhundert und beschäftigt sich mit der Hege (Pflege des Wildes u. a. zum Zwecke der Jagd) und Bewirtschaftung des Waldes. Ein Bezug zum hiesigen Straßenverlauf ist nicht zu erkennen.

Ⓤ *bis 1910 südl. Teil Gartenstraße, nördl. Teil Jägerstraße*

Ⓢ *St. Johann* Ⓓ *Nauwieser Viertel* 📮 *66111* ↔ *569 Meter* 🚹 *506 Einwohner*

verbindet Nassauerstraße über Richard-Wagner-Straße bis zum Gelände des TGBBZ I (Mügelsbergschule/Wendehammer) Ⓠ *Lex, LHS*

Försterstraße – s. o.
Hier könnte die Nähe des Waldes für die Benennung ausschlaggebend gewesen sein.

Ⓢ *Dudweiler* Ⓓ *Pfaffenkopf* 📮 *66125* ↔ *72 Meter* 🚹 *< 30 Einwohner*

verläuft innerhalb der Ringstraße Ⓠ *DuStr, LHS, Phi*

Forsthaus Neuhaus – Ursprünglich das von Graf Philipp III 1576 errichtete und von Fürst Wilhelm Heinrich 1756 erneuerte Jagdschloss Philippsborn, in dessen Nachbarschaft ein Hofgut mit Namen „Neues Haus" errichtet wurde. 1854 wurde es Sitz einer Forstverwaltung mit kurz zuvor errichteter Scheune und Stallungen. Seit 2000 „Zentrum für Waldkultur".

Ⓤ *vor dem 17. Jh. Jagdschloss Wanborn (siehe Wannbornstraße)*

Ⓢ *Malstatt* Ⓓ *Rußhütte* 📮 *66115* ↔ *k.A.* 🚹 *0 Einwohner*

Hofartiges Anwesen im Wald Ⓠ *Int, Klau*

Forsthaus Pfaffenkopf – Erbaut 1727 als Torhaus zum Jagdrevier und Unterkunft für Waldarbeiter, von Friedrich Joachim Stengel als barockes fürstliches Jagdhaus umgebaut, später Sitz des Revierförsters bis 1972. Der Name könnte auf eine Erhöhung in ehemals kirchlichem Besitz hinweisen (Pfaffe = Pastor/Pfarrer).

Ⓢ Burbach Ⓓ Von der Heydt ✉ 66115 ↔ k.A. 🚶 < 30 Einwohner
⌖ Inselartiges Anwesen im Wald am Zusammentreff von Pfaffenkopfstraße und Jakobshütter Weg Ⓠ Klau

F

Forsthaus Wolfsgarten – Das Forsthaus wurde 1829 als Forsthaus erbaut und nach dem nahe gelegenen, Anfang des 20. Jahrhunderts abgerissenen Bauerngut Wolfsgarten benannt. Hier fanden früher noch Wolfsjagden statt: Bereiche, in denen Fallgruben und Wolfsangeln (S-förmiges Eisen mit Fleischbrocken, an dem sich die Wölfe erhängten, als Wappensymbol bekannt) eingerichtet waren, wurden „Wolfsgärten" genannt.

Ⓢ Malstatt Ⓓ Rußhütte ✉ 66115 ↔ k.A. 🚶 0 Einwohner
⌖ Inselartiges Anwesen im Wald an der L 260 Ⓠ Klau

Forstweg – Der Straßenverlauf führt zum Staatsforst Saarbrücken. Forst = bewirtschaftete Waldfläche (vgl. englisch „forest" und Fanzösisch „forêt").

Ⓢ Bischmisheim Ⓓ Bischmisheim ✉ 66132 ↔ 286 Meter 🚶 60 Einwohner
⌖ Seitenstraße von In der Nachtweid/Am Rebenberg inkl. Brücke über BAB 6 Ⓠ Phi

Françoisstraße – Bruno von François (29.6.1818-6.8.1870): preußischer General und Kommandeur. Wurde bei der Schlacht an den Spicherer Höhen (Deutsch-Französischer Krieg) im Zuge der Erstürmung von mehreren Kugeln getötet. Gedenkstätte am Platz seines Falls sowie Grabstätte auf dem Ehrenfriedhof im Ehrental Saarbrücken.
Teil eines Viertels mit Straßennamen nach militärischen Befehlshabern des Deutsch-Französischen Krieges.

Ⓢ Alt-Saarbrücken Ⓓ Malstatter Straße ✉ 66117 ↔ 347 Meter 🚶 328 Einwohner
⌖ verbindet Gärtner- und Goebenstraße Ⓠ Bio, Lex, LHS

Nicht auf jeder Tastatur vorhanden: Die französische „Cedille" für einen preußischen General.

Frankenstraße – Nach dem germanischen Großstamm der Franken benannt, die ab dem 2./3. Jahrhundert n. Chr. die Römer aus Mitteleuropa verdrängten. Gründung des fränkischen Reiches, Kultur- und Sprachraumes, der bis heute eine Grundlage der regionalen Identität der Saarregion bildet.

Ⓢ Malstatt Ⓓ Unteres Malstatt 66115 ↔ 485 Meter 344 Einwohner
verbindet Breite und St.-Josef-/Pfarrer-Bungarten-Straße Ⓠ Lex, LHS

F

Franziskastraße – Wurde nach der in der Nähe liegenden Grube Franziska (Schächte 1 und 2, zeitweise zur Grube Camphausen gehörig) benannt, die wiederum nach Prinzessin Friederike Franziska Auguste Marie Hedwig von Preußen (15.10.1825 - 17.5.1889) benannt ist, die durch Heirat 1848 Königin von Bayern wurde.

Ⓢ Dudweiler Ⓓ Flitsch 66125 ↔ 300 Meter 60 Einwohner
verbindet Knappenweg und Flitschstraße mit Abzweigung Ⓠ DuStr, Lex

Franz-Josef-Röder-Straße – Dr. Franz Josef Röder (22.7.1909 - 26.6.1979): Gymnasiallehrer (Geographie und Französisch), Dolmetscher, NSDAP-Mitglied und CDU-Politiker. 1959 - 1979 Ministerpräsident des Saarlandes. Sein Wirken war geprägt von der Verwaltungs- und Gebietsreform 1974 und anhaltendem wirtschaftlichen Wandel, z. B. Kohle- und Stahlkrise. Ministerpräsident mit der zweitlängsten Amtszeit Deutschlands.

Ⓤ im 19. Jh. Herrenallee (nach dem ehem. Casino/der „Herrengesellschaft“, heute Landtagsgebäude), dann bis 1933 und 1947 - 1957 Alleestraße, 1935 - 1947 und 1957 - 1984 Hindenburgstraße. Der nordwestliche Teil hieß vor 1935 zeitweise Luisen- und Stresemannstraße

Ⓢ Alt-Saarbrücken Ⓓ Schloßplatz 66119 ↔ 1123 Meter < 30 Einwohner
verbindet Saaruferstraße/Wilhelm-Heinrich-Brücke und Präsident-Balz-/Yorckstraße (Regierungsviertel) Ⓠ Adr, Bio, Cen, Lex, Stpl

Franz-Mai-Straße – Franz Wilhelm Mai (31.12.1911 - 26.10.1999): Jurist, 1950 - 1957 Mitarbeiter der Bundesregierung, 1958 - 1977 Intendant des Saarländischen Rundfunks, u.a. Gründung der Europawelle, 1965 Einzug in neue Gebäude des SR auf dem Halberg, Schaffung der Auszeichnung „Goldene Europa".

Ⓢ Brebach-Fechingen Ⓓ Brebach 66121 ↔ 1431 Meter < 30 Einwohner
verbindet Schneidershof/Mainzer Straße mit Gelände des Saarländischen Rundfunks auf dem Halberg Ⓠ Bio, LHS

Franz-Marc-Straße – Franz Moritz Wilhelm Marc (8.2.1880 - 4.3.1916): deutscher Maler, Zeichner und Grafiker, einer der bedeutendsten Vertreter des deutschen Expressionismus, Gründer der Bewegung „Der blaue Reiter". Fiel im 1. Weltkrieg bei Verdun. Im Besitz des Saarlandmuseums sind Werke von ihm (Das blaue Pferdchen, Schafe, beide von 1912).
Teil eines Viertels mit drei Straßennamen nach berühmten Malern.

Ⓢ Alt-Saarbrücken Ⓓ Triller 66117 ↔ 2018 in Bau Meter < 30 Einwohner
Seitenstraße der Hedwig-Dohm-Straße (Wohngebiet Franzenbrunnen) Ⓠ Lex, SLM

Franz-Schubert-Straße – Franz Peter Schubert (31.1.1797 - 19.11.1828): österreichischer Komponist der frühen Romantik. Komponierte ca. 600 Lieder, Symphonien, Ouvertüren sowie Chor- und Kammermusik. Starb früh an einer Infektion, wahrscheinlich Typhus.
Bildet mit Beethovenstraße ein sinnhaftes Namenspaar.

Ⓢ Bischmisheim Ⓓ Bischmisheim 66132 ↔ 357 Meter 84 Einwohner
Seitenstraße des Geisberges Ⓠ Lex

Franz-Schubert-Straße – s. o.

Ⓢ Brebach-Fechingen Ⓓ Neufechingen 66130 ↔ 24 Meter < 30 Einwohner
verbindet Mühlenweg und Erzbergerstraße Ⓠ Lex

Franz-Schubert-Straße – s. o.
Teil eines Viertels mit Straßennamen nach berühmten Komponisten.

Ⓢ Dudweiler Ⓓ Dudweiler Süd 66125 ↔ 373 Meter 91 Einwohner
verbindet Joseph-Haydn- und Richard-Wagner-Straße Ⓠ Lex

Franzstraße – Nach dem Vornamen eines Mitglieds der Fabrikantenfamilie Adt benannt, die in Ensheim eine Dosenfabrik betrieben (siehe Fabrikstraße): Franz Adt (7.4.1822 - 21.7.1870), der ebenfalls bayerischer Landtagsabgeordneter für die Liberalen und Bürgermeister von Ensheim war. Die Straße wurde bereits drei Jahre nach seinem Tode nach ihm benannt.

Ⓤ *1935 - 1945 Straße des 13. Januar*

Ⓢ *Ensheim* Ⓓ *Ensheim* *66131* ↔ *339 Meter* *106 Einwohner*

verbindet Fabrikstraße/Marktweg und Eschringer Straße Ⓠ *Bio, Gla*

F

Freiheitstraße – Freiheit: Möglichkeit, ohne Zwang zwischen verschiedenen Möglichkeiten auswählen zu können, damit ein Ideal für menschliches Dasein. Da die Straße 1872 kurz nach Ende des Deutsch-Französischen Krieges gebaut wurde, könnte die „Freiheit vor Unterdrückung durch den Erbfeind Frankreich (Napoléon)" namensgebend sein.

Bildet mit Friedensstraße ein sinnhaftes Namenspaar.

Ⓢ *Dudweiler* Ⓓ *Wilhelmshöhe-Fröhn* *66125* ↔ *198 Meter* *85 Einwohner*

verbindet St. Avolder und Schlachthofstraße Ⓠ *DuStr, Lex*

Friedensstraße – Frieden: heilsamer Zustand der Stille oder Ruhe in Abwesenheit von Störungen, Auseinandersetzungen, Beunruhigung oder Krieg. Anstrebenswerter Zustand in sozialen Gefügen. Die Namensgebung fällt hier ins Jahr 1945, nachdem sechs Jahre Krieg vorbei waren und endlich wieder Frieden herrscht - bis heute ...

Bildet mit Freiheitstraße ein sinnhaftes Namenspaar.

Ⓤ *bis 1935 Wilhelmstraße (mit Annastraße zusammen), 1935 - 1945 Tannenbergstraße*

Ⓢ *Dudweiler* Ⓓ *Dudweiler Mitte* *66125* ↔ *231 Meter* *98 Einwohner*

verbindet St. Avolder und Werkstraße Ⓠ *DuStr, Lex, LHS*

Friedensstraße – Die Straße wurde nach dem ersten Weltkrieg durch Kriegsbeschädigte besiedelt, somit sollte die Namensgebung mahnenden Charakter haben (Begriffserklärung s. o.).

Ⓢ *St. Johann* Ⓓ *Am Homburg* *66123* ↔ *80 Meter* *32 Einwohner*

verbindet Bunsenstraße und Am Homburg Ⓠ *Lex, LHS*

Friedhofsallee – Führt zum alten Saarbrücker Friedhof (1917 zugunsten des neuen Hauptfriedhofs geschlossen), dessen Gelände heute eine Parkfläche mit teilweise erhaltenen Grabmälern in überwiegend schlechtem Zustand darstellt. Der ehemalige Alleecharakter (straßenbegleitender Baumbestand) der Straße ist kaum mehr ablesbar.

Ⓢ Alt-Saarbrücken Ⓓ Bellevue ✉ 66117 ↔ 134 Meter 🚹 < 30 Einwohner
⊕ verbindet Deutschherrnstraße und -pfad Ⓠ Frie, Phi

Friedhofstraße – Führt in Richtung des Jägersfreuder Friedhofs, der 1903 angelegt und 1920 erweitert wurde. Enthält einen Ehrenbereich für Kriegsgräber des Zweiten Weltkrieges.

Ⓢ Dudweiler Ⓓ Jägersfreude ✉ 66125 ↔ 260 Meter 🚹 81 Einwohner
⊕ Seitenstraße der Eisenbahnstraße Richtung Waldrand Ⓠ Frie

Friedhofstraße – Die Straße verläuft nördlich des Bübinger Friedhofes, der 1860 angelegt wurde und Nachfolger des alten Fried-/Kirchhofes um die alte Kirche im Ortszentrum war. Älteste Grabmäler aus den 20er Jahren. Drittkleinster Friedhof nach Scheidterberg und Krughütte.

Ⓢ Bübingen Ⓓ Bübingen ✉ 66129 ↔ 86 Meter 🚹 < 30 Einwohner
⊕ Seitenstraße der Rebenstraße Ⓠ Frie, Lauf

Friedhofsweg – Führt zum Waldfriedhof Gersweiler, der 1905 angelegt und mehrfach erweitert wurde. Mit Kriegsgräberfeld und Einsegnungshallen von 1908 und 1955 mit Fenstern von György Lehoczky.

Ⓢ Gersweiler Ⓓ Gersweiler Mitte ✉ 66128 ↔ 592 Meter 🚹 < 30 Einwohner
⊕ Seitenstraße von Am Zimmerplatz mit wegeartiger Fortsetzung Richtung Schönecker Graben Ⓠ Frie

Friedhofsweg – Eine Verlängerung der Straße führt zunächst als Unterführung unter der Eisenbahnlinie, dann wegeartig zum Friedhof Scheidt (Am Bartenberg), der in den 30er Jahren angelegt wurde. Kriegsgräberfeld mit Denkmal und Einsegnungshalle von 1951.

Ⓢ Scheidt Ⓓ Scheidt ✉ 66133 ↔ 178 Meter 🚹 36 Einwohner
⊕ verbindet Kaiserstraße und Im Wiesental Ⓠ Frie, Fry

Friedhofsweg – Führt zum St. Arnualer Friedhof und südlich an diesem entlang. Der Friedhof wurde 1858 angelegt und ab 1970 erweitert. Historische Grabmäler, Einsegnungshalle des Architekten Peter Paul Seeberger von 1964.

Ⓢ *St. Arnual* Ⓓ *Wackenberg* ✉ *66119* ↔ *375 Meter* 🚹 *93 Einwohner*
⊕ *Seitenstraße der Saargemünder Straße mit Abzweigung* Ⓠ *Frie*

Friedlandstraße – Da hier 1952 eine Siedlung für Heimkehrer aus Kriegsgefangenschaft und Vertriebene errichtet wurde, erinnert die Namensgebung an das bekannte 1945 in Betrieb genommene Lager Friedland in Niedersachsen, das auch „Tor zur Freiheit" genannt wurde und bis heute als Aufnahmestelle für Flüchtlinge existiert.

Ⓢ *Scheidt* Ⓓ *Scheidt* ✉ *66133* ↔ *101 Meter* 🚹 *< 30 Einwohner*
⊕ *Seitenstraße der Catharina-Loth-Straße* Ⓠ *Bal3, Fry*

Friedrich-Ebert-Straße – Friedrich Ebert (4.2.1871 - 28.2.1925): deutscher Sozialdemokrat und Politiker, gelernter Sattler. Wurde 1913 Vorsitzender der Sozialdemokratischen Partei Deutschlands, 1919 - 1925 Reichspräsident der Weimarer Republik, damit erstes demokratisch gewähltes Staatsoberhaupt Deutschlands in schwierigen und turbulenten Zeiten. Starb früh in Folge einer Bauchfellentzündung. Sein Nachfolger Paul von Hindenburg stellte die Weichen der deutschen Politik anders.

Ⓢ *Bischmisheim* Ⓓ *Bischmisheim* ✉ *66132* ↔ *156 Meter* 🚹 *< 30 Einwohner*
⊕ *verbindet Auf der Witz mit Gelände Grundschule/Festhalle* Ⓠ *Lex*

Friedrich-Ebert-Straße – s. o.

Ⓢ *Ensheim* Ⓓ *Ensheim* ✉ *66131* ↔ *157 Meter* 🚹 *< 30 Einwohner*
⊕ *verbindet Bischof-Baltes-Straße und In den Eichen* Ⓠ *Lex*

Friedrich-Ebert-Straße – s. o.

Ⓤ *ca. 1935 - 1945 Jakob-Lohmüller-Straße (Güdinger Meyer, im Zuge der frz. Revolution hingerichtet)*

Ⓢ *Güdingen* Ⓓ *Schönbach* ✉ *66130* ↔ *777 Meter* 🚹 *95 Einwohner*
⊕ *verbindet Brückenstraße und Grenzweg* Ⓠ *HSe, Lex*

Friedrich-Engels-Straße – Friedrich Engels (28.11.1820-5.8.1895): deutscher Philosoph, Gesellschaftstheoretiker, Historiker, Journalist, kommunistischer Revolutionär. 1847/48 Verfassung des Manifestes der kommunistischen Partei mit Karl Marx. Mitbegründer der als Marxismus bezeichneten Wirtschafts- und Gesellschaftstheorie.
Teil eines Viertels mit Namen freiheitlicher Politiker des 19. Jahrhunderts und der Revolution von 1848.

Ⓤ *bis 1945 Wedellstraße (dt. Offizier, 1809 standrechtl. erschossen), 1945-47 Goerdelerstraße*

Ⓢ *Malstatt* Ⓓ *Leipziger Straße* *66113* ↔ *191 Meter* *194 Einwohner*
verbindet Friedrich-Hecker-Straße und Parallelstraße Ⓠ *Lex, SU1*

Friedrich-Hecker-Straße – Friedrich Karl Franz Hecker (28.9.1811-24.3.1881): deutscher (badischer) Rechtsanwalt, Politiker und radikaldemokratischer Revolutionär. Emigrierte nach Niederlage in der 1848er Revolution in die USA, wurde Farmer und engagierte sich dort weiter politisch, u.a. für die Abschaffung der Sklaverei und in den Sezessionskriegen. Teil eines Viertels mit Namen freiheitlicher Politiker des 19. Jahrhunderts und der Revolution von 1848.

Ⓤ *bis 1945 Felgentreustraße (dt. Offizier, 1809 standrechtl. erschossen), 1945-47 Friedrich-Ebert-Straße (s.o.)*

Ⓢ *Malstatt* Ⓓ *Leipziger Straße* *66113* ↔ *222 Meter* *35 Einwohner*
verbindet Robert-Blum- und Lebacher Straße, mit Wegeverbindung zur Leipziger Straße
Ⓠ *Lex, LHS, SU1*

Friedrichsthaler Straße – Nach der Stadt Friedrichsthal im Sulzbachtal benannt, die wiederum ihren Namen von Graf Friedrich Ludwig zu Nassau-Saarbrücken hat, der hier in den 1720er Jahren eine Glashütte errichtete. Im 19./20. Jahrhundert Schwerpunkt im Steinkohlenbergbau, Werkssiedlungen. Heute ca. 10.000 Einwohner.
Teil eines Viertels mit Straßennamen nach Orten in den nördlich gelegenen Tälern von Sulzbach, Blies und Nahe.

Ⓢ *Malstatt* Ⓓ *Rodenhof* *66113* ↔ *98 Meter* *85 Einwohner*
Seitenstraße der Heinrich-Köhl-Straße Ⓠ *Lex, LHS, Phi*

Friedrichstraße – Die Namensgebung ist in jedem Fall in Zusammenhang mit der Industriellenfamilie Stumm zu sehen. Zwar gab es Stumm'sche Familienmitglieder mit Namen Friedrich: Friedrich Philipp Stumm (11.3.1751 - 8.11.1835), Gründervater der Stumms an diesem Standort und sein Sohn, der Unternehmer Carl Friedrich Stumm (10.1. 1798 - 24.2.1848). Aufgrund der Kaisertreue der Stumms ist hier allerdings von einer Benennung nach dem deutschen Kaiser Friedrich III, König von Preußen (13.10.1831 - 15.6.1888) auszugehen, der nur 99 Tage im Amt war (1888 - „Dreikaiserjahr").

Ⓢ *Brebach-Fechingen* Ⓓ *Brebach* ✉ *66130* ↔ *103 Meter* 🚶 *47 Einwohner*
⚲ *Seitenstraße der Saarbrücker Straße* Ⓠ *Bio, Phi, Wesz*

Friedrichstraße – Vermutlich war Friedrich Wilhelm IV, König von Preußen 1840 - 1858, namensgebend.

Ⓢ *Herrensohr* Ⓓ *Herrensohr* ✉ *66125* ↔ *428 Meter* 🚶 *149 Einwohner*
⚲ *verbindet Markt- und Römerstraße mit einer Querverbindung zur Jägerstraße* Ⓠ *DuStr*

Friedrichstraße – Die Straße ist angeblich nach einem Klarenthaler Bürger aus dem 19. Jahrhundert, dem Schweinehirt Friedrich, genannt „Fritz", benannt.

Ⓢ *Klarenthal* Ⓓ *Krughütte* ✉ *66127* ↔ *620 Meter* 🚶 *217 Einwohner*
⚲ *Seitenstraße von Am Ziegelhof Richtung Wald* Ⓠ *Nest*

Fritz-Dobisch-Straße – Fritz Dobisch (16.2.1890 - 7.7.1941): Gewerkschaftsfunktionär seit 1919, 1928 - 1935 Vorsitzender des Allgemeinen Deutschen Gewerkschaftsbundes Saar, dem Vorgänger des DGB. Widerstandskämpfer gegen den Anschluss des Saargebietes an das deutsche Reich, 1941 im KZ Buchenwald hingerichtet. Die nach ihm benannte Straße ist Sitz des DGB Landesbüro Saar, aber auch der Arbeitskammer und unweit des Arbeitsamtes gelegen. Mehr als zynisch, dass am Ort des Todes Dobischs „Arbeit macht frei" zu lesen war...

Ⓤ *bis 1986 Sophienstraße (Teilumbenennung)*

Ⓢ *St. Johann* Ⓓ *Hauptbahnhof* ✉ *66111* ↔ *175 Meter* 🚶 *59 Einwohner*
⚲ *verbindet Trierer und Hafenstraße* Ⓠ *Bio, Cen*

Fröbelweg – Friedrich Wilhelm August Fröbel (21.4.1782 - 21.6.1852): Pädagoge und Schüler J.H. Pestalozzis. Durch Einführung pädagogischer Instrumente (Lieder, Spielzeug, Beschäftigungen) entwickelte er aus Kinderbewahranstalten die heutigen Kindergärten und hat damit große Verdienste um die frühkindliche Erziehung und Bildung.
Der Bezug zur Örtlichkeit kann über die angrenzende Fläche mit Spielplatz, die früher Fröbelanlage hieß, hergestellt werden.

Ⓢ Burbach Ⓓ Füllengarten 66115 ↔ 43 Meter < 30 Einwohner
verbindet Pfaffenkopfstraße und Im Malhofen Ⓠ Lex, LHS, Stpl

Fröschengasse – Der Straßenname dürfte bereits aus dem 18. Jahrhundert oder davor stammen. Er könnte sich auf den unmittelbar südlich angrenzenden ehemaligen Stadtgraben hinter der Stadtmauer beziehen, in dem Wasser gestanden haben muss, was Frösche angezogen haben soll. Mit der Barockisierung des Altstadtareals durch F.J. Stengel wurde der Stadtgraben zugeschüttet.

Ⓢ St. Johann Ⓓ St. Johanner Markt 66111 ↔ 164 Meter < 30 Einwohner
verbindet Saarstraße und Bahnhofstraße Ⓠ Phi

Fuchstälchen – Bedingt durch die Lage im Stadtwald Saarbrücken benannt nach einem typischen, natürlichen Waldbewohner, dem Fuchs (Raubtier aus der Familie der Hunde, in Mitteleuropa als Rotfuchs vertreten).
Bildet mit Rehtälchen gegenüber ein sinnhaftes Namenspaar.

Ⓢ St. Johann Ⓓ Universität 66123 ↔ 189 Meter < 30 Einwohner
verbindet Meerwiesertalweg und das Gästehaus der Uni bzw. Starterzentrum II Ⓠ Phi

Füllengartenweg – Der alte Flurnamen Füllengarten (und Füllenweide/„Füllen Weydt") bezieht sich auf eine Fläche, die zur Gewinnung von Brennholz für die Glas- und Rußhütte in der Nähe gerodet und dann als Weidefläche für eine Pferdezucht genutzt wurde (Füllen = Fohlen = junges Pferd).

Ⓢ Burbach Ⓓ Füllengarten 66115 ↔ 299 Meter 74 Einwohner
verbindet Güchenbacher und Luisenthaler Straße mit einem Abzweig längs der Bahnlinie
Ⓠ Bau

Fürstenhausener Pfad – Führt in Richtung des Völklinger Stadtteils Fürstenhausen (bekannt v.a. durch die ehemalige Kokerei, deren Gelände sich etwas weiter westlich des Pfades erstreckt).

Ⓢ *Klarenthal* Ⓓ *Klarenthal* *66127* ↔ *123 Meter* *< 30 Einwohner*
Abzweigung der Warndtstraße Ⓠ *Phi*

Fürstenstraße – Benannt nach dem letzten Fürsten des Landes, Fürst Ludwig zu Nassau Saarbrücken (3.1.1745-2.3.1794), der hier gerne entlanggeschritten sein soll. Der Straßenzug lag ursprünglich außerhalb der Stadtmauer am Stadtgraben.

Ⓤ *früher Fürstenallee (18./19. Jh.)*

Ⓢ *St. Johann* Ⓓ *St. Johanner Markt* *66111* ↔ *195 Meter* *30 Einwohner*
verbindet Am Stadtgraben und Bahnhofstraße, verläuft im östlichen Teil direkt neben Am Stadtgraben in teilweise etwas tieferem Niveau Ⓠ *LHS*

Futterstraße – Die Namensgebung geht auf einen alten Flurnamen zurück (fauden, fuden...), von dem sich nicht das neuhochdeutsche Wort „Futter", ableitet, sondern das mittelhochdeutsche Wort „Vogt" (voget, voit, vougt; Vogt = mittelalterlicher staatlicher Beamter, der das Recht zu Regierung und Rechtsprechung hatte). Eventuell gehörte das Flurstück einem Vogt.

Ⓤ *früher auch Futtergasse*

Ⓢ *St. Johann* Ⓓ *Hauptbahnhof* *66111* ↔ *158 Meter* *57 Einwohner*
verbindet Kaiser- und Bahnhofstraße Ⓠ *Bau, Phi*

G

Gabelsbergerstraße – Franz Xaver Gabelsberger (9.2.1789-4.1.1849): Angestellter, Kanzlist des bayerischen Staates. Entwickelte ein grafisches Kurzschriftsystem und damit die deutsche Stenographie. Die Namensgebung könnte einen Zusammenhang mit (der) Gutenberg(straße) und dem nahe gelegenen Druckzentrum der Saarbrücker Zeitung darstellen.

Ⓢ *Alt-Saarbrücken* Ⓓ *Schloßplatz* *66117* ↔ *68 Meter* *72 Einwohner*
verbindet Gutenberg- und Hohenzollernstraße Ⓠ *Lex, LHS*

Gartenstraße – Garten: abgegrenztes, meist in Privatbesitz befindliches und künstlich angelegtes Stück Land, auf dem Pflanzen und Tiere gepflegt werden. Die Straßenbenennung weist auf die zumindest ehemalige Nutzung des Bereichs als Gartenland (zumeist Nutzgärten für die Produktion von Lebensmitteln in Randlage einer Siedlung) hin. Hier führt die Straße in Richtung der Heim- und Scheuergärten (siehe Im Heimgarten und Im Scheuergarten).

Ⓢ *Dudweiler* Ⓓ *Dudweiler Süd & Mitte* *66125* ↔ *705 Meter* *293 Einwohner*
verbindet Theodor-Storm- und Kantstraße Ⓠ *DuStr, Lex, Phi*

Gartenstraße – s. o.

Ⓢ *Bübingen* Ⓓ *Bübingen* *66129* ↔ *592 Meter* *229 Einwohner*
verbindet Saargemünder und Bliesransbacher-/ Hengstelbergstraße Ⓠ *Phi*

Gartenstraße – s. o.

Ⓢ *Bischmisheim* Ⓓ *Bischmisheim* *66132* ↔ *607 Meter* *165 Einwohner*
verbindet Fechinger Straße und In der Nachtweid Ⓠ *Phi*

Gartenstraße – s. o.

Ⓢ *Altenkessel* Ⓓ *Altenkessel* *66126* ↔ *208 Meter* *48 Einwohner*
verbindet Wald- und Großwaldstraße Ⓠ *Phi*

Gartenstraße – s. o.

Teil eines Viertels mit Straßennamen mit Pflanzenbezug.

Ⓢ *Gersweiler* Ⓓ *Neu-Aschbach* *66128* ↔ *248 Meter* *84 Einwohner*
verbindet Parallel- und Rosenstraße Ⓠ *Phi*

Gartenstraße – s. o.

Ⓢ *Brebach-Fechingen* Ⓓ *Neufechingen* *66130* ↔ *193 Meter* *113 Einwohner*
verbindet Kirch- und Neustraße Ⓠ *Phi*

Gartenweg – s. o.

Hier lässt sich ein Bezug herstellen zur alten Flurbezeichnung „In den Saugärten". Um 1900 auch Festplatz der Vereine.

Ⓢ *Güdingen* Ⓓ *Alt-Güdingen* *66130* ↔ *172 Meter* *< 30 Einwohner*
Seitenstraße der Brückenstraße Ⓠ *Güd*

Gärtnerstraße – Karl Franz von Gaertner (28.4.1817 – 20.9.1872): deutscher Jurist, seit 1855 kommissarisch und seit 1856 definitiver Landrat des Kreises Saarbrücken bis zu seinem Tod. 1858 Gründung der Saarbrücker Kreissparkasse unter seiner Regie.

Ⓢ *Alt-Saarbrücken* Ⓓ *Malstatter Straße* *66117* ↔ *480 Meter* *399 Einwohner*
verbindet Deutschherrn- und Hohenzollernstraße mit Fortsetzung Richtung A 620, der ehem. Kanalstraße Ⓠ *Bio, LHS, RVS*

Gärtnerstraße – In direkter Nachbarschaft zur Theodor-Körner- und Herderstraße ist zu vermuten, dass nicht der Beruf des Gärtners hier geehrt wurde, sondern der Schriftsteller und Hochschullehrer Karl Christian Gärtner (24.11.1712 – 14.2.1791) namensgebend sein kann. Beruf und Lebenszeit passen in etwa zu den beiden anderen genannten: Sie sind alle deutsche Schriftsteller des 18. und beginnenden 19. Jahrhunderts. Auch Storm und Eichendorff würden als Schriftsteller in das Straßenensemble passen. Eine andere Erklärung sieht den Landrat Gaertner (s. o.) als namensgebende Person an.

Ⓢ *Dudweiler* Ⓓ *Geisenkopf* *66125* ↔ *264 Meter* *83 Einwohner*
verbindet Beethoven- und Schwähnselstraße Ⓠ *DuStr, Lex, Phi*

Gaschhübel – Bezieht sich auf einen nicht mehr nachvollziehbaren Gewässerlauf des Gaschbaches (siehe An der Gaschbach), der am Hang dieses Hügels (Hübels) zur Saar hin floss. Flurname seit dem 15. Jahrhundert überliefert.

Ⓢ *Malstatt* Ⓓ *Leipziger Straße* *66113* ↔ *174 Meter* *0 Einwohner*
verbindet Schill- und Parallelstraße (Werksgelände) Ⓠ *Bau*

Gassenmühle – Nimmt Bezug zur ehemaligen Gassenmühle am Saarbach. Die Mühle bestand bereits im 17. Jahrhundert oder früher und war eine Gründung des Klosters Wadgassen. 1739 war hier der Ursprung der Adt'schen Dosenfabrikation durch den Mühlknappen Matthias Adt.

Ⓢ *Ensheim* Ⓓ *Ensheim* *66130* ↔ *k.A.* *< 30 Einwohner*
Einzelgebäude an der Ormesheimer Straße, direkt an der Grenze zur Gemeinde Mandelbachtal Ⓠ *ens, Will*

Gasweg – An dieser Stelle wurde 1874 das Gaswerk der Stadt Malstatt-Burbach in Betrieb genommen („Gasanstalt"). Noch heute ist ein Gasometer die weithin sichtbare Erklärung für den sehr funktionalen und wahrscheinlich unromantischsten Saarbrücker Straßennamen.

Ⓢ *Malstatt* Ⓓ *Unteres Malstatt* *66115* ↔ *170 Meter* *0 Einwohner*
Seitenstraße der Hochstraße Richtung Bahndamm Ⓠ *Cen, Gas*

Gaußstraße – Johann Carl-Friedrich Gauß (30.4.1777 - 23.4.1855): deutscher Mathematiker, Astronom, Geodät und Physiker. Universitätsprofessor und Sternwartendirektor in Göttingen, einer der bedeutendsten Mathematiker der Geschichte. Wichtige Beiträge zur Wahrscheinlichkeitsrechnung (z. B. „Gauß'sche Normalverteilung"), Zahlentheorie, Astronomie oder Landvermessung.
Teil eines Viertels mit Straßennamen nach deutschen Industriellen, Entdeckern und Erfindern.

Ⓢ *St. Johann* Ⓓ *Am Homburg* *66123* ↔ *500 Meter* *542 Einwohner*
verbindet Semper-/ Dieselstraße und Im Sauerbrod Ⓠ *Lex, LHS*

Gebweilerstraße – Gebweiler/Guebwiller: französische Stadt in den Vogesen im Elsass, Département Haut-Rhin, ca. 11.300 Einwohner, Weinbau und Textilindustrie.
Teil eines Viertels mit Straßennamen nach elsässischen Orten.

Ⓤ *bis 1947 Belforter Straße*

Ⓢ *Burbach* Ⓓ *Ottstraße* *66113* ↔ *267 Meter* *304 Einwohner*
verbindet Von-der Heydt-, Rappoltsweiler- und Waldstraße, Wegeverbindungen Ⓠ *Lex, LHS*

Gehlenbergstraße – Nach dem östlich liegenden Gehlenberg (359 m ü. NN, höchster Berg Dudweilers) benannt, Bedeutung entweder von althochdeutsch „geil" = fruchtbar oder „gehl" = gelb (gelber Sandstein).

Ⓢ *Dudweiler* Ⓓ *Pfaffenkopf* *66125* ↔ *616 Meter* *219 Einwohner*
verbindet Scheidter Straße und Pfaffenkopfstraße Ⓠ *Bau, Dud, Phi*

Geibelstraße – Franz Emanuel August Geibel (17.10.1815 - 6.4.1884): deutscher Lyriker und Dramatiker, inspirierte zahlreiche berühmte Komponisten mit seinen Liedern („Der Mai ist gekommen" als eines der bekanntesten), 1852 Ehrenprofessur in München für deutsche Literatur und Poetik, enge Bindung an den Bayernkönig Maximilian II.
Teil eines Viertels mit Straßennamen nach deutschen Dichtern und Schriftstellern.

Ⓢ St. Johann Ⓓ Am Staden ✉ 66121 ↔ 185 Meter 🚶 73 Einwohner
verbindet Am Staden und Bismarckstraße Ⓠ Lex, LHS

Geisberg – Anfang des 20. Jahrhunderts gab es am mittleren Hang des Berges eine Geißenzucht (= Ziegen, weibliche Hausziege). Eine weitere Deutung gleicher oder ähnlicher Flurnamen der Region trifft in diesem diesem Fall eher nicht zu: Geißberg leitet sich von „Gau(ch)sberg" ab: Gauch ist eine alte Benennung des Kuckucks.

Ⓢ Bischmisheim Ⓓ Bischmisheim ✉ 66132 ↔ 1097 Meter 🚶 412 Einwohner
verbindet Unter Geisberg und Kirchstraße Ⓠ Chri, Hau, Karg, Phi

Geisenkopf – Flurbezeichnung, die auf das Beweiden dieser höher gelegenen Fläche (Kopf) durch Ziegen („Bergmannskuh" = Geiß) hindeuten kann (siehe Am Geisenberg).

Ⓢ Dudweiler Ⓓ Geisenkopf ✉ 66125 ↔ 250 Meter 🚶 50 Einwohner
verbindet Am Geisenberg und Brechkaul Ⓠ Dud, DuStr

Geißlerstraße – Johann Heinrich Wilhelm Geißler (26.5.1814 - 24.1.1879): deutscher Glasbläser aus bescheidenen Verhältnissen, arbeitete sich nach Wanderjahren als Handwerker zum Fabrikant und Physiker hoch. Machte sich durch Herstellung von Präzisionsgeräten aus Glas (chemisch-technische Apparaturen) einen Namen.
Teil eines Viertels mit Straßennamen nach deutschen Industriellen, Entdeckern und Erfindern.

Ⓢ St. Johann Ⓓ Am Homburg ✉ 66123 ↔ 208 Meter 🚶 93 Einwohner
ringförmige Seitenstraße von Am Homburg Ⓠ Lex, LHS

Georg-Heckel-Straße – Georg Peter Heckel (1822 - 1904): Industrieller und Drahtseilfabrikant. Gründete die Drahtseilfabrik Heckel, die von seinen Söhnen Ernst Ferdinand und Georg Julius weitergeführt wurde. Das östlich der Straße gelegene Gelände war das Fabrikgelände. Einzelne Gebäude sind noch vorhanden und in den IT-Park Saarland integriert.

Die Benennung der Straße nach Georg Heckel (2.11.1839 - 9.3.1899), einem Kaufmann, der auf dem Malstatter Friedhof am Jenneweg bestattet ist, ist an dieser Stelle unwahrscheinlich.

Ⓤ *südlicher Teil bis 2001 Zum Bärental*

Ⓢ *Burbach* Ⓓ *Füllengarten* ✉ *66115* ↔ *k.A.* 🚶 *0 Einwohner*

⊕ *verbindet Matzenberg östlich der aw-Hallen mit Luisenthaler Straße* Ⓠ *Bio, Fry, LHS, Phi*

Gerberplatz – Nach dem Berufsstand der Gerber benannt, die Tierhäute zu Leder verarbeiten. Nahe der Gerberstraße waren die St. Johanner Gerber ansässig. Da die Ausführung des Berufs mit üblen Gerüchen und dem Umgang mit gesundheitsschädlichen Stoffen einhergeht, waren die Gerber i. d. R. in einer Randlage zu den mittelalterlichen Altstädten angesiedelt.

Der Gerberplatz war von ca. 1600 bis 1846 Friedhof der Stadt St. Johann.

Ⓤ *1938 - 1945 Holzweberplatz nach österreichischem Nationalsozialist (1934 nach Putschversuch zum Tode verurteilt, zur NS-Zeit als Justizopfer angesehen)*

Ⓢ *St. Johann* Ⓓ *St. Johanner Markt* ✉ *66111*

↔ *ca. 58 x 60 x 43 Meter* 🚶 *0 Einwohner*

⊕ *zwischen Gerber-, Bleich- und Großherzog-Friedrich-Straße gelegen (Parkplatz)*

Ⓠ *Adr, Lex, LHS, Phi, SU1*

Gerberstraße – s. o.

Die Straße zeichnet den Verlauf des ehemaligen Stadtgrabens nördlich/nordwestlich der Stadtmauer nach. Etwas weiter nördlich verlief der Gerbergraben mit den Gerbhäusern (heutiges Rathaus und Rathaus-Carrée), ein Gewässer, das die Gerber zur Produktion des Leders nutzten. Es umfloss die Stadt im Bogen westlich und mündete in Höhe des heutigen Finanzamtes in die Saar.

Ⓢ *St. Johann* Ⓓ *St. Johanner Markt* ✉ *66111* ↔ *304 Meter* 🚶 *94 Einwohner*

⊕ *verbindet Bahnhof- und Bleichstraße* Ⓠ *Phi, Witt*

Gerhardstraße – Nach der Grube Gerhard nördlich von Altenkessel, einem Vorgänger der Grube Luisenthal, benannt. Es werden zwei mögliche Namensgeber angeführt: der preußische Oberberghauptmann Johann Carl Ludewig Gerhard (23.1.1768 - 6.6.1835) und dessen Vater, der Mineraloge und Oberbergrat Karl Abraham Gerhard (1738 - 1821). Der Sohn erscheint jedoch als Namensgeber wahrscheinlicher, da er sich in seiner Karriere auch um die bergbauliche Entwicklung des Saarreviers verdient machte.

Ⓢ Burbach Ⓓ Füllengarten ✉ 66115 ↔ 468 Meter 🚶 < 30 Einwohner
⊕ verbindet Jakob- und Große Weyersbergstraße Ⓠ Fry, LHS, SBK 1955

Gerhardstraße – Die Straße führt südlich des ehemaligen Gerhardstollens vorbei. Benennung nach o.g. Personen bzw. der nach ihnen benannten Grube.

Seltener Fall einer Stadtgrenzen überschreitenden Namensgebung. Länge der Gesamtstraße bis in die Völklinger Stadtmitte: 4566 Meter!

Ⓢ Altenkessel Ⓓ Altenkessel ✉ 66126 ↔ 1037 Meter 🚶 425 Einwohner
⊕ verbindet Alleestraße (Altenkessel) und Karl-Janssen-Straße (Völklingen) über die Stadtgrenze (Am Josefaschacht) hinaus Ⓠ Altk, LHS

Gersweilerbrücke – Die Brücke verbindet Burbach und Gersweiler miteinander.

Ⓢ Burbach & Gersweiler Ⓓ Hochstraße & Gersweiler Mitte ✉ 66115
↔ k.A. 🚶 0 Einwohner
⊕ Teil der Burbacher Straße (kein offizieller Straßenname) Ⓠ Phi, Stpl

Gersweilerstraße – Die Straße führt in Richtung des Nachbarortes Gersweiler.

Ⓢ Klarenthal Ⓓ Krughütte ✉ 66127 ↔ 662 Meter 🚶 201 Einwohner
⊕ verbindet Am Ziegelhof und Haupt-/Kreisstraße Ⓠ Phi

Gersweilerstraße – Die Straße führt von (Alt-)Saarbrücken in Richtung Gersweiler.

Ⓢ Alt-Saarbrücken Ⓓ Bellevue & Malstatter Straße ✉ 66117
↔ 947 Meter 🚶 506 Einwohner
⊕ verbindet Deutschmühlental und Deutschherrnstraße Höhe Moltke-/Goebenstraße Ⓠ Phi

Geschwister-Scholl-Straße – Sophie (1921 - 1943) und Hans Scholl (1918 - 1943) waren Mitglieder der Widerstandsbewegung Weiße Rose. Am 18.2.1943 verteilten sie an der Universität München Flugblätter gegen Adolf Hitler, wurden verraten und vier Tage später enthauptet.
Teil eines Viertels mit Namen deutscher Widerstandskämpfer (Unterer Eschberg).

Ⓢ *Eschberg* Ⓓ *Eschberg* ✉ *66121* ↔ *k.A.* 🚶 *k.A.*
nicht realisierte Seitenstraße des Eschbergerweges Ⓠ *Cen, LHS, Stpl*

Gleisharfe – Die Straße verläuft auf dem Gelände, auf dem sich zu Zeiten des Eisenbahn-Ausbesserungswerkes Saarbrücken-Burbach (1906 - 1997) eine ausgedehnte Gleisanlage befand, die die Form des Musikinstrumentes Harfe hatte.

Ⓢ *Burbach* Ⓓ *Füllengarten* ✉ *66115* ↔ *370 Meter* 🚶 *0 Einwohner*
verbindet Saar-Lor-Lux-Straße und In den Hallen (aw-Hallen) Ⓠ *Phi*

Glogauer Straße – Glogau (poln. Głogów): polnische Stadt in Niederschlesien an der Oder, ca. 68.000 Einwohner, von 1741 - 1806 und 1814 - 1945 zu Schlesien/Preußen bzw. dem Deutschen Reich gehörig. Heute Verwaltungs- und Industriestadt (Kupferhütte).
Teil eines Viertels mit Namen nach mittel- und ehemaligen ostdeutschen Städten und Gebieten, die nach dem Zweiten Weltkrieg Teile Polens, der Sowjetunion oder der ehemaligen DDR wurden.

Ⓢ *Eschberg* Ⓓ *Eschberg* ✉ *66121* ↔ *180 Meter* 🚶 *45 Einwohner*
Seitenstraße des Schlesienringes mit Fußweg zur Leberstraße Ⓠ *Lex, LHS, Put*

Glückauf-Ring – Glückauf oder „Glück Auf!": Gruß des Bergmanns. In der Ursprungsbedeutung (mittelalterlicher Erzbergbau in Sachsen) wünschte man sich „Glück" beim „Auf"schlagen eines neuen Ganges. Weist darauf hin, dass mangels Wissen über Lagerstätten die Gefahr bestand, umsonst Arbeit und Geld zu investieren. Später, v. a. beim Übergang vom Stollen- zum Schachtbergbau im 19. Jahrhundert, wandelte sich die Bedeutung zu dem Wunsch, wieder gesund an die Erdoberfläche zurückzukehren.

Teil eines Viertels mit bergmännischen Begriffen als Straßennamen.

Ⓢ *Klarenthal* Ⓓ *Klarenthal* ✉ *66127* ↔ *381 Meter* *75 Einwohner*
Seitenstraße vom Mühlenfeld, unmittelbar östlich des ehem. Dellbrück-Schachtes
Ⓠ *Lex, Phi*

Gneisenaustraße – August Wilhelm Antonius Graf Neidhardt von Gneisenau (27.10.1760 - 23.8.1831): preußischer Generalfeldmarschall und Heeresreformer. Bei den Befreiungskriegen Stabschef von Blücher, Teilnahme an der Schlacht von Waterloo 1815.

Teil eines Viertels mit Straßennamen nach deutschen Militärs des 19. Jahrhunderts (Befreiungskriege).

Ⓤ *1947 - 1957 Bizetstraße (Georges Bizet: französischer Komponist)*
Ⓢ *St. Arnual* Ⓓ *Winterberg* ✉ *66119* ↔ *165 Meter* *106 Einwohner*
verbindet Saargemünder und Koßmannstraße Ⓠ *Bung, Lex, LHS*

Goebenstraße – August Karl Friedrich Christian von Goeben (10.12.1816 - 13.11.1880): preußischer General der Infanterie. Führte 1870 im Deutsch-Französischen Krieg das VIII. Armee-Korps bei Spichern und nahm an den Schlachten von Colombey, Gravelotte und Metz teil.

Teil eines Viertels mit Straßennamen nach militärischen Befehlshabern des Deutsch-Französischen Krieges.

Ⓢ *Alt-Saarbrücken* Ⓓ *Malstatter Straße* ✉ *66117* ↔ *372 Meter* *325 Einwohner*
verbindet Deutschherrn-/Moltke-/Gersweilerstraße und Hohenzollernstraße (Gelände der Hochschule HTW) Ⓠ *Lex, LHS*

Goerdelerstraße – Carl Friedrich Goerdeler (31.7.1884 - 2.2.1945): deutscher Jurist, Politiker und Widerstandskämpfer gegen den Nationalsozialismus. 1930 - 1936 Oberbürgermeister von Leipzig, war am Attentat auf Adolf Hitler am 20.7.1944 beteiligt und wurde Monate später erhängt.

Teil eines Viertels mit Straßennamen nach deutschen Widerstandskämpfern (Unterer Eschberg).

Ⓢ Eschberg Ⓓ Eschberg ✉ 66121 ↔ 568 Meter 🚶 237 Einwohner
verbindet Schlesienring und Breslauer Straße Ⓠ Lex, LHS

Goethestraße – Johann Wolfgang von Goethe (28.8.1749 - 22.3.1832): deutscher Dichter und Naturforscher, einer der berühmtesten Repräsentanten deutscher Literatur. Werke u. a. Faust, Götz von Berlichingen, Die Leiden des jungen Werthers, Aus meinem Leben/Dichtung und Wahrheit. Besuchte während seines Studiums in Strasbourg 1770 das Fürstentum Nassau-Saarbrücken, u. a. die Residenz Saarbrücken, den nahe gelegenen Brennenden Berg und Neunkirchen (Beschreibung in Dichtung und Wahrheit 10. Buch, 1811f).

Ⓤ bis 1945 Danziger Straße

Ⓢ Dudweiler Ⓓ Pfaffenkopf ✉ 66125 ↔ 108 Meter 🚶 < 30 Einwohner
verbindet Scheidter und Gehlenbergstraße Ⓠ Lex, LHS, Phi

Goethestraße – s. o.

Teil eines Viertels mit Straßennamen nach deutschen Schriftstellern (St. Johanner Staden).

Ⓢ St. Johann Ⓓ Am Staden ✉ 66121 ↔ 79 Meter 🚶 46 Einwohner
verbindet Bismarck- und Mainzer Straße Ⓠ Cen, Lex, LHS

Goethestraße – s. o.

Teil eines Viertels mit Straßennamen nach deutschen Schriftstellern.

Ⓤ ca. 1935 - 1945 Hans-Maikowski-Straße (1933 erschossener SA-Mann)

Ⓢ Güdingen Ⓓ Schönbach ✉ 66130 ↔ 145 Meter 🚶 44 Einwohner
verbindet Grenzweg und Uhlandstraße (Siedlung Unner) Ⓠ Lex, LHS

Goethestraße – s. o.

Teil eines Viertels mit Straßennamen nach deutschen Schriftstellern.

Ⓤ *Ludendorffstraße (nach General Erich Ludendorff)*

Ⓢ *Altenkessel* Ⓓ *Altenkessel* *66126* ↔ *330 Meter* *119 Einwohner*
verbindet Blumen- und Schulstraße Ⓠ *Altk, Lex, LHS*

Goldammerweg – Goldammer: Singvogel aus der Familie der Ammern mit gelb-braunem Federkleid, in fast ganz Europa natürlich verbreitet, in Neuseeland eingeführt.
Bildet mit Lerchenweg ein sinnhaftes Namenspaar.

Ⓢ *Bübingen* Ⓓ *Bübingen* *66129* ↔ *142 Meter* *35 Einwohner*
Seitenstraße der Bliesransbacher Straße (Bübinger Berg) Ⓠ *Lex*

Görlitzer Weg – Görlitz: östlichste Stadt Deutschlands in Sachsen an der Neiße (Lausitz), ca. 55.000 Einwohner. Mittelalterliches Handelszentrum, beliebter Drehort für Filme mit historischer Kulisse, heute u. a. Industriestandort (Anlagen-, Maschinen und Triebfahrzeugbau).
Teil eines Viertels mit sechs Straßennamen nach mittel- und ehemaligen ostdeutschen Städten und Gebieten.

Ⓢ *Gersweiler* Ⓓ *Neu-Aschbach* *66128* ↔ *55 Meter* *< 30 Einwohner*
Seitenstraße der Breslauer Straße Ⓠ *Lex*

Göttelborner Straße – Göttelborn: Ortsteil der Gemeinde Quierschied im Regionalverband Saarbrücken, ca. 2.300 Einwohner. Bergbaustandort 1884-2000 (Schacht IV: höchstes Fördergerüst der Welt - „Weißer Riese").
Teil eines Viertels mit Straßennamen nach Orten des Köllertals.

Ⓢ *Malstatt* Ⓓ *Jenneweg* *66113* ↔ *77 Meter* *64 Einwohner*
verbindet Heusweiler- und Riegelsberger Straße Ⓠ *Lex, Phi*

Götzweg – Ferdinand Hermann Wilhelm Götz (24.5.1826 - 13.10.1915): deutscher Arzt und Politiker, gilt neben Friedrich Ludwig Jahn als herausragende Persönlichkeit der Turnerbewegung des 19. Jahrhunderts. 1868 Gründung der Deutschen Turnerschaft und ab 1895 deren Vorsitzender. Die Straße verläuft auf dem Gelände, auf dem sich früher der Sportplatz befand. Bildet daher auch mit Jahnweg ein sinnhaftes Namenspaar.

Ⓢ Klarenthal Ⓓ Krughütte ✉ 66127 ↔ 104 Meter 🚹 < 30 Einwohner
verbindet Gersweiler- und Heinrichstraße Ⓠ Lex, Phi

Gouvy-Platz – Benannt nach dem aus der Industriellenfamilie Gouvy (siehe Am Stahlhammer) stammenden Komponisten und Dirigenten Louis Théodore Gouvy (1819 - 1898), aber keine offizielle Straßenbezeichnung.

Ⓢ Schafbrücke Ⓓ Schafbrücke ✉ 66121
↔ ca. 34 x 10 x 35 Meter 🚹 0 Einwohner
von Bahn- und Mittelstraße begrenzter dreieckiger Platz Ⓠ Bio

Graacher Weg – Graach an der Mosel: Ortsgemeinde im Landkreis Bernkastel-Wittlich (Rheinland-Pfalz), ca. 650 Einwohner. Bekannt durch Weinanbau.

Teil eines Viertels mit Straßennamen nach Orten des Mosellandes.

Ⓢ Malstatt Ⓓ Rastpfuhl ✉ 66113 ↔ 136 Meter 🚹 < 30 Einwohner
verbindet Beilsteiner Weg und Pasteurschacht Ⓠ Lex, LHS

Gräffstraße – Jakob Gräff (29.8.1842 - 26.10.1914): Zimmermeister, 1903 Beigeordneter der damals eigenständigen Stadt Malstatt-Burbach. Sein Sohn, der Architekt Oskar Gräff, ist nicht namensgebend. Wohnsitz war im unteren Malstatt nahe des Kirchberges, Grabstätte auf dem alten Malstatter Friedhof am Jenneweg.

Ⓢ Malstatt Ⓓ Rodenhof ✉ 66113 ↔ 213 Meter 🚹 282 Einwohner
verbindet Sittersweg/Edenplatz und Offenbergstraße (Treppe zur Grülingstraße)
Ⓠ Adr, Lang, LHS, Phi

Gräfinthaler Straße – Die Straße führt weiter als Weg durch den Überwald Richtung Gräfinthal (Gemeinde Mandelbachtal, Klosterruine aus dem 13. Jahrhundert).

Ⓢ *Eschringen* Ⓓ *Eschringen* ✉ *66130* ↔ *735 Meter* 🚶 *161 Einwohner*
⊕ *Seitenstraße der Hauptstraße (Eschringen) mit zwei rechten Winkeln* Ⓠ *Lex, LHS*

Graf-Johann-Straße – Graf Johann I von Saarbrücken (1260 – 23.1.1342): Graf zu Saarbrücken-Commercy, Sohn von Simon IV, 1308 bis 1342 Graf von Saarbrücken, verlieh Saarbrücken und St. Johann 1322 die Stadtrechte (nach damaliger Zeitrechnung 1321). Der entsprechende Freiheitsbrief wird bis heute im Stadtarchiv aufbewahrt. Ein Gemälde der Verleihung befindet sich im Festsaal des Rathauses St. Johann.

Ⓢ *St. Johann* Ⓓ *Am Staden* ✉ *66121* ↔ *295 Meter* 🚶 *224 Einwohner*
⊕ *verbindet Heine- und Heinrich-Böcking-Straße* Ⓠ *Lex, LHS, Phi*

Graf-Philipp-Straße – Graf Philipp III von Nassau-Saarbrücken (14.10.1542 – 12.3.1602): ab 1559 als Philipp IV Graf von Nassau-Weilburg, ab 1574 zusätzlich als Philipp III Graf von Nassau-Saarbrücken. Führte 1575 die Reformation in Saarbrücken ein, Grablege in der Stiftskirche St. Arnual.

Ⓤ *bis 1947 Prinz-Friedrich-Karl-Straße (Prinz von Preußen, 1870 Eroberer von Metz)*

Ⓢ *Alt-Saarbrücken* Ⓓ *Triller* ✉ *66119* ↔ *210 Meter* 🚶 *50 Einwohner*
⊕ *verbindet Lilien- und Spichererbergstraße* Ⓠ *Lex, LHS*

Graf-Simon-Straße – Graf Simon III: von 1207 – ca. 1240 Graf von Saarbrücken. Nahm 1217 – 1219 an Kreuzzügen teil, lernte dabei die Dienste des Deutschen Ordens kennen und schenkte dem Orden 1227 Land zur Gründung einer Niederlassung, das Ordensgut mit der kurz darauf erbauten Deutschherrenkapelle, aus dem sich zahlreiche Straßennamen ableiten (siehe Am Ordensgut, Deutschhausweg, Deutschherrnstraße, Deutschmühlental, Komturstraße).

Ⓢ *Alt-Saarbrücken* Ⓓ *Bellevue* ✉ *66117* ↔ *186 Meter* 🚶 *65 Einwohner*
⊕ *verbindet Pfähler- und Komturstraße* Ⓠ *LHS, Lex, Phi*

G

Graf-Stauffenberg-Straße – Claus Philipp Maria Schenk Graf von Stauffenberg (15.11.1907 - 21.7. 1944): Offizier der deutschen Wehrmacht. Zentrale Persönlichkeit des militärischen Widerstandes gegen Adolf Hitler. Hauptakteur des misslungenen Attentates auf Hitler am 20.7.1944, wurde kurz darauf erschossen.
Teil eines Viertels mit Namen deutscher Widerstandskämpfer (Unterer Eschberg).

Ⓢ Eschberg & St. Johann Ⓓ Eschberg & Kaninchenberg 66121
↔ 753 Meter 394 Einwohner
verbindet Eschbergerweg und Breslauer Straße Ⓠ LHS, Lex

Grenzweg – Unmittelbar westlich der Straße verläuft die Staatsgrenze zwischen Deutschland und Frankreich.

Ⓤ bis 1993 Waldstraße, ca. 1935 - 1945 Straße der SA (nationalsoz. Sturmabteilung)
Ⓢ Güdingen Ⓓ Schönbach 66130 ↔ 458 Meter 46 Einwohner
verbindet Auf der Schönbach und Simbachstraße (Siedlung Unner) Ⓠ HSe, LHS, Phi

Großblittersdorfer Straße – Die Straße führt Richtung Großblittersdorf, frz. Grosbliederstroff, Nachbargemeinde von Saarbrücken und Kleinblittersdorf an der Saar im Département Moselle und damit erste Gemeinde in der Fortsetzung der Straße auf französischer Seite.

Ⓤ bis 1993 Saargemünder Straße
Ⓢ Güdingen Ⓓ Schönbach 66119, 66130 ↔ 2420 Meter 201 Einwohner
verbindet Saargemünder Straße und Route Nationale N61 (Ende an der Staatsgrenze) als Teil der B 406 Ⓠ Lex, Phi

Große Schachtstraße – Im nahe gelegenen Sandsteinfelsen (Kirchberg) befanden sich große Felsenkeller. Obwohl diese stollenartig waren, könnte die Namensgebung hier ihren Ursprung haben. In den 40er Jahren wurde hier eine Zivilschutzanlage gebaut. Ein Eingang befindet sich an der Kleinen Schachtstraße. Ein Bezug zum Bergbau darf ausgeschlossen werden.

Ⓢ Malstatt Ⓓ Unteres Malstatt 66115 ↔ 78 Meter < 30 Einwohner
verbindet Metzdorf- und Ludwigstraße Ⓠ Bau, Bru1, LHS

Große Schulstraße – Die Straße führt in Richtung der Schulen auf dem Kirchberg (ehem. mehrere Gebäude der Friedrichsschule, heute Ganztagsgrundschule Saarbrücken-Kirchberg und Grundschule Wallenbaum).

Ⓤ *ehem. Schulstraße*

Ⓢ *Malstatt* Ⓓ *Unteres Malstatt* 🖃 *66115* ↔ *165 Meter* 🚹 *140 Einwohner*

⊕ *verbindet Alte-Kirchhof-Straße und St. Josef-Straße* Ⓠ *Int, LHS*

Große Weyersbergstraße – Nach einem Hügel nahe des Burbacher Weihers benannt, in dessen Richtung die Straße wahrscheinlich als ehemalige Wegeverbindung führte. Siehe auch Im Weyerbachtal.

Ⓢ *Burbach* Ⓓ *Hochstraße* 🖃 *66115* ↔ *160 Meter* 🚹 *69 Einwohner*

⊕ *mündet an zwei Stellen in die Brunnenstraße* Ⓠ *Bau, LHS*

Großherzog-Friedrich-Straße – Großherzog Friedrich Wilhelm Ludwig I von Baden (9.9.1826

– 28.9.1907): 1852 – 1856 Regent und ab 1856 Großherzog von Baden. 1852 zum Chef des rheinischen Ulanenregimentes Nr. 7 ernannt, das seit 1851 auch in Saarbrücken stationiert war und u.a. im Deutsch-Fanzösischen Krieg 1870/71 eine Rolle spielte. Die ehem. Ulanenkaserne war am Ende der Straße gelegen, parallel zur Mainzer Straße.

Ⓤ *1947 – 1956 Max-Braun-Straße*

Ⓢ *St. Johann* Ⓓ *St. Johanner Markt, Nauwieser Viertel, Am Staden* 🖃 *66111, 66121*

↔ *1258 Meter* 🚹 *1516 Einwohner*

⊕ *verbindet Rathausplatz und Hellwigstraße* Ⓠ *Cen, Lex*

Großwaldstraße – Ursprünglich Flurname (großer Wald), nach dem dann eine Siedlung benannt wurde, die eine der drei Siedlungsursprünge des heuten Altenkessel darstellt: Großwald, Neudorf und Rockershausen.

Ⓢ *Altenkessel* Ⓓ *Altenkessel* 🖃 *66126* ↔ *905 Meter* 🚹 *365 Einwohner*

⊕ *Seitenstraße der Alleestraße/Pfaffenkopfstraße In Richtung Wald/Tennisplätze* Ⓠ *Altk*

Kurz und knapp: Hier gab's Kohle!

Grube – Die Straße verläuft um das Gelände der ehemaligen Grube (= Bergwerk) Jägersfreude (1968 stillgelegt und 1988 Verfüllung der Schächte und Abriss der zwei Fördergerüste). Kürzester Saarbrücker Straßenname.

Ⓤ *Bezeichnung „An der Grube" wurde auf Stadtplänen fälschlicherweise verwendet.*

Ⓢ *Jägersfreude* Ⓓ *Jägersfreude* *66125* ↔ *674 Meter* *54 Einwohner*
verbindet Pfeifershofweg und Zechenweg/Schulstraße Ⓠ *DuStr, Lex, Phi*

Grubenweg – Führt von der Haupterschließungsstraße durch das Sulzbachtal über den Sulzbach direkt zum Grubengelände Jägersfreude.

Ⓢ *Jägersfreude* Ⓓ *Jägersfreude* *66123* ↔ *175 Meter* *79 Einwohner*
Seitenstraße der Hauptstraße (Wegeverbindung zur Blechhammerstraße) Ⓠ *Phi*

Grubenweg – Die Straße führt in Richtung der Grube Klarenthal/Dellbrückschacht.

Ⓢ *Klarenthal* Ⓓ *Klarenthal* *66127* ↔ *196 Meter* *40 Einwohner*
Seitenstraße von Am Sportplatz (Völklingen-Fenne) Ⓠ *Phi*

Grubenweg – Die Straße führt nach Osten zum ehemaligen Calmelet-Schacht, weiter westlich liegt der Dellbrück-Schacht, evtl. liegt hier ein Verbindungsweg zwischen unterschiedlichen Bergbaustandorten vor.

Ⓢ *Gersweiler* Ⓓ *Ottenhausen* *66128* ↔ *137 Meter* *k.A.*

verbindet An der Rotheck und Mathildenstraße (Wegeverbindung zur Kreisstraße) Ⓠ *Phi*

Grühlingshöhe – Die Benennung und Schreibweise „Grüling(s)" oder „Grühling(s)" ist nicht eindeutig geklärt. Ein Bergrat Grüling wird als namensgebend angeführt und soll den Bezug zum umgebenden Bergbaurevier darstellen. Diese Person ist nirgends nachzuweisen. Allerdings taucht der Flurname Grühling öfters auf und bezeichnet ein Waldgebiet (Grünling). Die wahrscheinlichste Erklärung bezieht sich auf einen Baum bei Friedrichsthal, an dem diese langgezogene Höhenstraße vorbeiging, eine dreistämmige Eiche, die in den 1730er Jahren erwähnte „Drielingseiche". Aus diesem Begriff ist im Laufe der Jahrhunderte über „Grielingsstraße" der heutige Name entstanden.

Der Verlauf der Straße ist uralt und stellte zur Römerzeit bereits eine Höhenstraßenverbindung dar.

Ⓤ *früher auch Rhein-, Renn-, Römer-, Hochstraße oder Hohe Straße*

Ⓢ *Dudweiler* Ⓓ *Dudweiler Nord* *66125* ↔ *136 Meter* *315 Einwohner*

Seitenstraße der Hirschbachstraße Ⓠ *Bau, DuStr, Lang, Köll, Schab, Slo*

Grühlingsstraße – s. o.

Ⓢ *Dudweiler* Ⓓ *Dudweiler Nord* *66125* ↔ *k.A.* *k.A.*

Verlauf der BAB A 623 Ⓠ *Bau, DuStr, Lang, Köll, Schab, Slo*

Grülingsstraße – s. o.

Ⓤ *Anfang des 20. Jhs.: Hinter dem Bahnhof, Rodenhofer Weg*

Ⓢ *Malstatt* Ⓓ *Rodenhof* *66113* ↔ *2347 Meter* *509 Einwohner*

verbindet Camphauser Straße (Ludwigsbergkreisel) mit BAB A 623 Ⓠ *Bau, Lang*

Grumbachhohlweg – Der Weg führt von Bischmisheim hinab ins Grumbachtal. Wahrscheinlich hatte er die Gestalt eines Hohlweges (siehe Hohlweg).

Ⓢ *Bischmisheim* Ⓓ *Bischmisheim* *66132* ↔ *560 Meter* *k.A.*

Seitenweg der Hochstraße Ⓠ *Karg, Phi*

G

Grumbachsteige – Der Weg führt vom Grumbachtal steil bergan Richtung Bischmisheim.

Ⓢ *Bischmisheim & Schafbrücke* Ⓓ *Bischmisheim & Schafbrücke* *66121, 66132*
↔ *540 Meter* *< 30 Einwohner*
verbindet Grumbachtalweg und Geisberg Ⓠ *Phi*

Grumbachtalweg – Die Straße verläuft parallel zum Grumbach, der südlich von Sengscheid am höchsten Berg Saarbrückens, dem Steinkopf (401 m ü. NN) entspringt und in Schafbrücke in den Rohrbach mündet. Sein Name ist wahrscheinlich einer seiner Eigenschaften entlehnt, also „krummer" Verlauf oder auf dem „Grund" fließend.

Ⓢ *Bischmisheim & Schafbrücke* Ⓓ *Bischmisheim & Schafbrücke* *66121*
↔ *2666 Meter* *522 Einwohner*
Seitenstraße der Kaiserstraße bis zum Grumbachhof Ⓠ *Lex, Phi, Spa*

Grünewaldstraße – Mathias Grünewald (1475/80-1528 oder 1531/32): deutscher Maler und Grafiker der Renaissance. Sein Lebenslauf und genauer Name sind nicht endgültig geklärt. Er wird auch Matthias von Aschaffenburg oder Mathis Gothart-Nithart genannt. Zeitgenosse und wahrscheinlich Schüler Albrecht Dürers.

Teil eines Viertels mit Straßennamen nach bekannten Malern.

Ⓤ *ca. 1938 bis 1945 Ernst-vom-Rath-Straße (nach 1938 durch einen Juden ermordeten dt. Diplomat)*

Ⓢ *St. Arnual* Ⓓ *Wackenberg* *66119* ↔ *138 Meter* *38 Einwohner*
zweigt an zwei Stellen von der Lucas-Cranach-Straße ab Ⓠ *Lex, LHS, SU1*

Grünstraße – Vor Besiedlung des Nauwieser Viertels Ende des 19. Jahrhunderts dürften hier Gärten und Wiesen gewesen sein (alte Flurbezeichnung Rothengärten, Gärten am Rothenberg). Weitere Hinweise auf eine Benennung nach der früheren Landnutzung sind die Namen Gartenstraße (heute Försterstraße) oder Blumenstraße.

Ⓢ *St. Johann* Ⓓ *Nauwieser Viertel* *66111* ↔ *127 Meter* *< 30 Einwohner*
verbindet Förster- und Nauwieserstraße Ⓠ *Bau, LHS, Phi*

Güchenbacher Straße – Güchenbach: Ortsteil von Riegelsberg, bis 1939 eigenständige Gemeinde im Köllertal.

Ⓢ *Burbach* Ⓓ *Füllengarten* ✉ *66115* ↔ *191 Meter* 🚶 *< 30 Einwohner*
✥ *verbindet Luisenthaler Straße und Füllengartenweg* Ⓠ *Lex, LHS, Phi*

Güdinger Brücke – Die 1958 erbaute Brücke verbindet die beiden Ortslagen von Güdingen (Alt-Güdingen und Unner/Schönbach) beiderseits der Saar.

Ⓢ *Güdingen* Ⓓ *Alt-Güdingen & Schönbach* ✉ *66130* ↔ *k.A.* 🚶 *0 Einwohner*
✥ *verbindet Friedrich-Ebert- und Brückenstraße* Ⓠ *HSe, Phi*

Guerickestraße – Otto von Guericke (30.11.1602 - 21.5.1686): deutscher Physiker, Erfinder, Politiker und Jurist. Zeitweise Bürgermeister von Magdeburg. Seine Untersuchungen zur Pneumatik begründeten die Vakuumtechnik.
Teil eines Viertels mit Straßennamen nach deutschen Industriellen, Entdeckern und Erfindern.

Ⓢ *St. Johann* Ⓓ *Am Homburg* ✉ *66123* ↔ *635 Meter* 🚶 *178 Einwohner*
✥ *verbindet Flora- und Ohmstraße/Ohmsteg mit Abzweigung* Ⓠ *Lex, LHS*

Gustav-Bruch-Straße – Gustav Samuel Daniel Bruch (12.1.1822 - 7.7.1899): Saarbrücker Brauereibesitzer und Politiker. Leitete die seit 1702 bestehende Brauerei G.A. Bruch in fünfter Generation und war u.a. für den vergrößernden Umzug vom Stiefel in die Fürstenstraße 1856 verantwortlich. Beteiligte sich an der bürgerlichen Revolution 1848 und nahm ab 1857 politische Ämter in der Stadt St. Johann bis hin zum Reichstag wahr. Seit 1897 Ehrenbürger. Die Straße verläuft unmittelbar nördlich der Brauerei Bruch an dem Standort, wo sie seit 1900 bis heute produziert. An der Straße sind noch Begrenzungspfeiler des damaligen Grundstücks zu sehen.

Ⓢ *St. Johann* Ⓓ *Rotenbühl* ✉ *66123* ↔ *610 Meter* 🚶 *263 Einwohner*
✥ *verbindet Ilseplatz/Riottestraße und An der Trift* Ⓠ *Bio, Cen, Phi*

Gustav-Moog-Straße – Gustav Moog (8.12.1898-8.11.1975): deutscher Zoologe, Gründer und Direktor des Saarbrücker Zoologischen Gartens. Eröffnete 1932 den ersten Zoo im Deutschmühlental sowie den heutigen am Eschberg 1950, dessen Direktor er bis 1963 war. Die Straße liegt am ehemaligen Nordeingang des Zoos, die Neubauten wurden teilweise auf früherem Zoogelände errichtet.

Ⓢ *Eschberg* Ⓓ *Eschberg* *66121* ↔ *156 Meter* *101 Einwohner*
Seitenstraße des Schlesienringes Ⓠ *Grt, Phi*

Gustav-Regler-Platz – Gustav Regler (25.5.1898-14.1.1963): deutscher Schriftsteller und Journalist aus Merzig, Widerstandskämpfer gegen den Nationalsozialismus und den Anschluss des Saargebietes an das deutsche Reich (1934). Hat an vielen Stellen weltweit gewohnt und gewirkt, hinterlässt ein umfangreiches Werk u. a. politischer und historischer Romane und Schriften.

Ⓢ *St. Johann* Ⓓ *St. Johanner Markt* *66111*
↔ *ca. 73x62 Meter* *0 Einwohner*
östlich der Betzenstraße gelegen (Vorplatz der Stadtbibliothek) Ⓠ *Bio, Lex*

Gutenbergstraße – Johannes Gensfleisch genannt Gutenberg (ca. 1400-3.2.1468): Erfinder des modernen Buchdrucks mit beweglichen Metalllettern und Druckerpresse, druckte u.a. die sogenannte Gutenberg-Bibel. Lebte und wirkte die meiste Zeit in Mainz. Grund für die Benennung ist das hier befindliche Stammhaus der Saarbrücker Zeitung.

Ⓤ *im 19. Jh. auch Brunnenstraße*

Ⓢ *Alt-Saarbrücken* Ⓓ *Schloßplatz* *66117* ↔ *344 Meter* *35 Einwohner*
verbindet Kepler- und Saaruferstraße Ⓠ *Cen, Lex*

Habichtsweg – Habicht: Greifvogel aus der Familie der Habichtartigen, kommt in weiten Bereichen der nördlichen Erdhalbkugel vor. Besiedelt in Europa seltener auch städtische Bereiche, z. B. auch in Saarbrücken.

Ⓢ St. Johann Ⓓ Rotenbühl ✉ 66123 ↔ 488 Meter 🚶 108 Einwohner
⊕ Seitenstraße des Kohlweges Ⓠ Lex, LHS

Habsterhöhe – Der Weg verläuft auf der Höhe nahe des bereits im 15. oder 16. Jahrhundert wüst gefallenen Ortes Habschied/Habscheid. Dessen Namensgebung könnte auf das alt-/mittelhochdeutsche Wort „hawi" oder „howe" = Hau, Schlag, also Rodung und „schied" = Grenze zurückzuführen sein (Rodung an der Grenze). Es wird aber auch ein Siedlernamen „Habo" o. ä. angenommen. Die Endung „schied/schei(d)t", die in der Region sehr häufig vorkommt, könnte eine Modeerscheinung in der Namensgebung sein. Insofern kann der Name Habschied nicht ganz endgültig gedeutet werden.

Ⓢ Alt-Saarbrücken Ⓓ Glockenwald ✉ 66117 ↔ 496 Meter 🚶 < 30 Einwohner
⊕ Seitenweg des Folsterweges, endet am Tierfriedhof Ⓠ Bau, Joch, Stae

Hafenstraße – Die Straße verläuft unmittelbar nördlich des ehemaligen Hafenbeckens. Der Saarbrücker Kohlenhafen war ein Altarm der Saar, der in den 1860er Jahren abgetrennt wurde und 1868 als Hafenbecken in Betrieb ging. 1959/60 wurde der Hafen zugeschüttet. Auf dem „Hafeninsel" genannten Gelände (ehemals zwischen Saar-Altarm/Hafen und begradigter Saar gelegen) befinden sich heute Kongresshalle, Arbeitsamt und Bürgerpark.

Ⓢ St. Johann Ⓓ Hauptbahnhof ✉ 66111 ↔ 630 Meter 🚶 190 Einwohner
⊕ verbindet Viktoriastraße und Westspange/St. Johanner Straße Ⓠ Bru2, LHS, Phi, Witt

Häfnergasse – Dem Berufsstand des Häfners oder Haefners, einer im süddeutschen Raum üblichen Bezeichnung für Töpfer gewidmet. Ein Bezug zum Ort konnte nicht festgestellt werden. Es darf aufgrund der Bezeichnung „Hafengasse" in Stadtplänen von 1903 und 1908 vermutet werden, dass nach der Städtevereinigung 1909 ein neuer Name gewählt wurde, der so ähnlich klang, um Verwechslungen mit der St. Johanner Hafenstraße auszuschließen.

Ⓤ *bis ca. 1909 Hafengasse*

Ⓢ *Malstatt* Ⓓ *Unteres Malstatt* ✉ *66115* ↔ *142 Meter* 🚶 *< 30 Einwohner*

⊕ *verbindet Franken- und Breite Straße* Ⓠ *Lex, LHS, Phi, Stpl*

Hagenbeckstraße – Emil Hagenbeck: Eisenbahnoberbaurat und Mitgründer der Eisenbahner-Wohnungs-Baugenossenschaft von 1893. Die Straße liegt in einem Viertel mit Wohnungen der EWBG (heute 102 Häuser mit knapp 1200 Mitgliedern). Siehe auch Usenerstraße.

Ⓤ *bis 1911 Emilstraße (nach Emil Hagenbeck)*

Ⓢ *Malstatt* Ⓓ *Rodenhof* ✉ *66113* ↔ *58 Meter* 🚶 *41 Einwohner*

⊕ *Seitenstraße des Sittersweges mit Fußweg zur Grülingsstraße* Ⓠ *Int, Lang, Leo, LHS*

Halbergstraße – Führt aus St. Johann in Richtung des Halberges. Die Namensgebung des Berges dürfte auf alte Flurnamen zurückgehen: althochdeutsch „halda" = (Berg-)Abhang, Halde; „hald" = geneigt, steil. Der Halberg hat historische Bedeutung als Ort einer heidnischen Verehrungsstätte aus römischer Zeit, des barocken Lustschlösschens „Monplaisir", des Schlosses des Industriellen Carl Ferdinand Stumm (19. Jahrhundert) und ist seit 1959 Sitz des Saarländischen Rundfunks.

Ⓤ *alter Name: Heuweg*

Ⓢ *St. Johann* Ⓓ *Bruchwiese, Am Staden & Kaninchenberg* ✉ *66121*

↔ *1391 Meter* 🚶 *672 Einwohner*

⊕ *verbindet Egon-Reinert- und Mainzer Straße* Ⓠ *Bau, Eschb, Phi*

Haldenweg – Halde: oftmals künstliche Anhäufung von Material. Hier ist ein Bezug zu den Abraum- bzw. Bergehalden der nahe gelegenen Grube Jägersfreude zu sehen, auf denen das taube, also nicht kohlenhaltige Gestein abgelagert wurde. Die Halden beiderseits der heutigen Autobahn 623 sind nach wie vor sichtbar und seit deren Entlassung aus der Bergaufsicht auch begehbar (Haldenrundweg).

Ⓤ *bis 1919 Grubenweg*

Ⓢ *Jägersfreude* Ⓓ *Jägersfreude* *66125* ↔ *180 Meter* *58 Einwohner*
Seitenstraße der St. Johanner Straße Richtung Blechhammerstraße Ⓠ *DuStr, Lex, Phi*

Haldystraße – Emil Haldy (31.5.1826-25.11.1901): Kaufmann, Geheimer Kommerzienrat und Stadtverordneter der Stadt St. Johann 1869-1887. Gründete 1878/79 das evangelische Versorgungsstift Paul-Marien-Stift, benannt nach seinen beiden früh verstorbenen Kindern Paul und Maria. 1897 Ehrenbüger der Stadt St. Johann.

Ⓢ *St. Johann* Ⓓ *Rotenbühl* *66123* ↔ *183 Meter* *69 Einwohner*
Seitenstraße des Rotenbühlerweges mit Fußweg zur Scheidter Straße Ⓠ *Bio, LHS*

Hallesche Straße – Halle an der Saale: kreisfreie Großstadt in Sachsen-Anhalt, 237.000 Einwohner. Ersterwähnung im Jahr 806, ehem. Salzgewinnung, Universitätsstadt, Zentrum für Handel und Dienstleistungen, Geburtsort des Komponisten Händel.
Teil eines Viertels mit Namen nach mittel- und ehemaligen ostdeutschen Städten und Gebieten, die nach dem Zweiten Weltkrieg Teile Polens, der Sowjetunion oder der ehemaligen DDR wurden.

Ⓢ *Eschberg* Ⓓ *Eschberg* *66121* ↔ *251 Meter* *140 Einwohner*
Seitenstraße der Erfurter Straße mit Fußweg zum Spreepfad Ⓠ *Lex*

Hambacher Platz – Hambacher Fest 27.5.1832: Höhepunkt der bürgerlichen Opposition beim Streben nach einer geeinten deutschen Republik, auf Schloss Hambach nahe Neustadt a.d. Weinstraße. Der Platzname steht im thematischen Bezug zu umliegenden Straßen mit Namen freiheitlicher Politiker des 19. Jahrhunderts und der Revolution von 1848.

Ⓢ *Malstatt* Ⓓ *Leipziger Straße* *66113* ↔ *ca. 95x92x70 Meter* *0 Einwohner*
wird eingeschlossen von Wirth-, Friedrich-Hecker- und Robert-Blum-Straße Ⓠ *Lex, LHS*

H

Hammerstraße – Bezieht sich auf das ehemals hier vorhandene Hammerwerk der Familie Gouvy (siehe Blechhammerstraße). Eine Paarbildung mit dem nahe gelegenen Eisenweg („Hammer und Eisen" werden oft als Symbol des Bergbaus genannt), kann insofern ausgeschlossen werden, da der Eisenweg bereits durch den Schlägelweg, die eigentlich korrekte Bezeichnung für den „Hammer" in diesem Zusammenhang, sein Gegenstück besitzt.

Ⓢ Jägersfreude Ⓓ Jägersfreude 66123 ↔ 75 Meter 30 Einwohner
verbindet St. Johanner und Hauptstraße Ⓠ LHS, Phi, Thä

Hammerweg – Die Namensgebung erinnert an das ehemalige Scheidter Hammerwerk bzw. die Hammerschmiede, welche seit mindestens Mitte 17. Jahrhundert betrieben wurde. Erster bekannter Besitzer war Peter König. 1767 wurde das Werk renoviert, kam später u. a. in den Besitz der Familie Gouvy, die weiter südlich ein weiteres Werk betrieb (siehe Am Stahlhammer) und wurde um 1870 endgültig geschlossen.

Ⓢ Scheidt Ⓓ Scheidt 66133 ↔ 92 Meter 0 Einwohner
Seitenweg der Kaiserstraße mit wegeartiger Fortsetzung Richtung Bahnhofstraße
Ⓠ Bal1, Bal3, Bio, Fry

Hangweg – Die Straße verläuft am Hang der Nachtweide.

Ⓢ Brebach-Fechingen Ⓓ Fechingen 66130 ↔ 150 Meter 51 Einwohner
Seitenstraße der Schulstraße mit Wegeverbindung zu Auf den Felsen Ⓠ Phi

Hangweg – Die Straße verläuft am Hang des Scheidterberges.

Ⓢ Scheidt Ⓓ Scheidt 66133 ↔ 162 Meter 39 Einwohner
Seitenstraße der Theodor-Heuss-Straße Ⓠ Phi

Hangweg – Die Straße verläuft hangparallel am unteren Eschberg.

Ⓢ Schafbrücke Ⓓ Schafbrücke 66121 ↔ 229 Meter 86 Einwohner
verbindet Schulstraße und In der Helmerswies Ⓠ Phi

Hangweg – Die Straße/der Weg verläuft den Hang zum Birzberg hinauf.

Ⓢ Bübingen Ⓓ Bübingen 66129 ↔ 739 Meter 75 Einwohner
verbindet Am Kreuzberg und Bübinger Hof Ⓠ Phi

Hanna-Kirchner-Straße – Johanna Kirchner (24.4.1889 - 9.6.1944): Sozialpolitikerin und Parteifunktionärin (SPD). Emigrierte 1933 vor dem NS-Regime ins Saargebiet und organisierte zunächst von dort, später aus Frankreich den Widerstand gegen den Nationalsozialismus. Wurde 1942 verhaftet und gut zwei Jahre später in Berlin-Plötzensee hingerichtet.
Bildet mit Bertha-von-Suttner-Straße ein sinnhaftes Namenspaar.

Ⓢ *St. Johann* Ⓓ *Kaninchenberg* *66123* ↔ *208 Meter* *337 Einwohner*
Seitenstraße vom Heidenkopferdell mit Wegeverbindung zur Peter-Zimmer-Straße
Ⓠ *Bio, Frau, LHS*

Hans-Dietlen-Weg – Prof. Dr. Hans Dietlen (13.2.1879 - 13.1.1955): deutscher Mediziner und Hochschullehrer. 1922 - 1936 Chefarzt im Landeskrankenhaus Homburg, ab 1936 -1945 Leiter des städtischen Krankenhauses Saarbrücken (Bürgerhospital Reppersberg), NSDAP-Mitglied, ab 1947 Honorarprofessor der Universität des Saarlandes.
Die Benennung der Straße nimmt Bezug zum nahe gelegenen Klinikum. Es erfolgte Anfang 2019 eine Umbenennung in Oscar-Gross-Weg, siehe dort.

Ⓤ *ab 2019 Oscar-Gross-Weg*
Ⓢ *St. Arnual* Ⓓ *Winterberg* *66119* ↔ *252 Meter* *< 30 Einwohner*
Seitenstraße der Theodor-Heuss-Straße mit wegeartiger Verlängerung Richtung Robert-Koch-Straße Ⓠ *Bio, LHS*

Hardenbergstraße – Karl August Fürst von Hardenberg (31.5.1750 - 26.11.1822): preußischer Außenminister und Staatskanzler. Nahm 1815 die Rückgliederung des Saargebietes an Preußen bzw. Bayern vor, liberaler Staatsreformer.
Reiht sich in ein Viertel mit Straßennamen nach deutschen Militärs des 19. Jahrhunderts ein.

Ⓤ *1947 - 1957 Genfer Straße*
Ⓢ *Alt-Saarbrücken* Ⓓ *Schloßplatz* *66119* ↔ *156 Meter* *0 Einwohner*
verbindet Tal- und Franz-Josef-Röder-Straße (Regierungsviertel) Ⓠ *Lex, LHS*

Harthweg – Flurbezeichnung seit dem 16. Jahrhundert: „horth/ Harth/harde/Haardt" = Trift, Weidetrift, Viehtrift (Weg des Viehs zur Weide, siehe An der Trift).

Ⓢ *St. Arnual* Ⓓ *Winterberg* *66119* ↔ *191 Meter* *35 Einwohner*
Seitenstraße der Hohen Wacht Ⓠ *Bau, LHS*

Hartmanns Au – Dieser Flurname ist seit 1624 überliefert. Au(e) = feuchte Wiesen und Schwemmland nahe eines Flusses (Saar). Hartmann ist hier auf einen Personennamen zurückzuführen. Über den Namensgeber („hartmans/Harthen Manns") ist nichts bekannt.

Ⓢ *Güdingen* Ⓓ *Schönbach* *66119* ↔ *289 Meter* *< 30 Einwohner*
Seitenstraße der Großblittersdorfer Straße (Erschließung Gewerbegebiet) Ⓠ *Bau, Güd*

Hasenfeld – Alter Flurname, der auf die hier natürlich vorkommenden Hasen verweist (siehe Hasenstraße).

Ⓢ *Bischmisheim* Ⓓ *Bischmisheim* *66132* ↔ *90 Meter* *31 Einwohner*
Seitenstraße der Franz-Schubert-Straße Ⓠ *LHS, Phi*

Hasenstraße – Hase: Säugetier der Familie der Hasenartigen, mit 55 Arten auf allen Kontinenten außer der Antarktis verbreitet.

Ⓤ *ehem. Viktoriastraße*

Ⓢ *Altenkessel* Ⓓ *Altenkessel* *66126* ↔ *304 Meter* *95 Einwohner*
verbindet Alleestraße und Amselweg Ⓠ *Altk, Lex*

Hasseler Weg – Hassel: Stadtteil von St. Ingbert, bis 1973 eigenständige Gemeinde, Ersterwähnung 1230, 3.500 Einwohner. „Hassel" nennen sich in Deutschland 14 Ortschaften, ein Fluss und eine Insel.
Teil eines Viertels mit Straßennamen nach Orten der bayerischen Pfalz (heute Saarpfalz und Pfalz).

Ⓢ *St. Johann* Ⓓ *Rotenbühl* *66123* ↔ *96 Meter* *64 Einwohner*
verbindet Kaiserslauterer und St. Ingberter Straße Ⓠ *Lex*

Hauberrisserstraße – Georg Joseph Ritter von Hauberrisser (19.3. 1841 - 17.5.1922): deutsch-österreichischer Architekt. Erbaute v. a. im neogotischen Stil die Rathäuser von München, Wiesbaden, Kaufbeuren und St. Johann (heute Saarbrücken, erbaut 1897 - 1900) sowie Kirchen u. a. in München und seiner Heimatstadt Graz.

Teil eines Viertels mit Straßennamen nach deutschen Architekten.

Ⓢ St. Johann Ⓓ Am Homburg 66123 ↔ 238 Meter 54 Einwohner
verbindet Im Sauerbrod und Herkommertreppe mit kammartigen Abzweigungen
Ⓠ Lex, LHS

Hauerweg – Hauer: Berufsbezeichnung im Bergbau, Arbeiter, der das Gestein löst. Hauer wurde nur, wer eine entsprechende Lehre und Prüfung abgelegt hat.

Teil eines Viertels mit Straßennamen nach bergmännischen Begriffen (Nähe zum Dellbrückschacht).

Ⓢ Klarenthal Ⓓ Klarenthal 66127 ↔ 244 Meter < 30 Einwohner
Seitenstraße des Mühlenfeldes mit Abzweigung Ⓠ Lex, Phi

Hauptstraße – Eine Hauptstraße erschließt in der Regel als verkehrswichtigste Achse eine Ortslage und führt durch das entsprechende Zentrum. Dies trifft in diesem Fall (Gersweiler) und in allen fünf folgenden Fällen zu.

Ⓤ westl. Teilstück bis 1993 Warndtstraße
Ⓢ Gersweiler Ⓓ Gersweiler Mitte, Ottenhausen & Neu-Aschbach 66128
↔ 3062 Meter 696 Einwohner
verbindet Burbacher und Kreisstraße Ⓠ LHS, Phi

Hauptstraße – s. o.

Ⓢ Eschringen Ⓓ Eschringen 66130 ↔ 1673 Meter 299 Einwohner
Name der L 107 in der Ortslage Eschringen (Kläranlage bis Abzw. nach Ensheim) Ⓠ Phi

Hauptstraße – s. o.

Ⓢ Bischmisheim Ⓓ Bischmisheim 66132 ↔ 596 Meter 173 Einwohner
verbindet Kirch-/Fechinger Straße und Am Niederweg Ⓠ Phi

Hauptstraße – s. o.

Ⓢ *Jägersfreude* Ⓓ *Jägersfreude* *66123* ↔ *953 Meter* *375 Einwohner*
verbindet Dudweiler Land- und Sulzbachtalstraße Ⓠ *Phi*

Hauptstraße – s. o.

Ⓤ *im 18. Jahrhundert teilweise Kirchenweg*

Ⓢ *Klarenthal* Ⓓ *Klarenthal* *66127* ↔ *921 Meter* *372 Einwohner*
verbindet Warndt- und Kreisstraße Ⓠ *Büch, Phi*

Hauptstraße – s. o.

Ⓤ *nördl. Teil ursprünglich Distriktstraße, 1935 - 1945 Adolf-Hitler-Straße*

Ⓢ *Ensheim* Ⓓ *Ensheim* *66131* ↔ *827 Meter* *352 Einwohner*
verbindet Johann-/St. Ingberter und Eschringer Straße Ⓠ *Gla, Phi*

Hauschildweg – Ernst Innozenz Hauschild (1.11.1808 - 6.8.1866): deutscher Reformpädagoge. Griff 1864 die Idee des Kollegen Moritz Schreber nach kindgerechten Spiel- und Turnplätzen auf. Er verwirklichte auf Vereinsbasis einen „Schreberplatz", aus dem sich durch Anlage von Beeten und Gärten später die Schrebergärten entwickelten. So mutierten die Erziehungsvereine zu Kleingärtnervereinen. Der Weg erschließt sowohl Sportanlagen als auch die dahinter liegenden Schrebergärten.

Ⓢ *Malstatt* Ⓓ *Rastpfuhl* *66113* ↔ *175 Meter* *0 Einwohner*
Seitenstraße der Rußhütter Straße Ⓠ *Lex, LHS*

Haydnstraße – Franz Joseph Haydn (1.4.1732 - 31.5.1809): österreichischer Komponist der Wiener Klassik. Komponierte u. a. über 100 Symphonien z. B. die Symphonie mit dem Paukenschlag, Opern, Messen, Kammermusik, u. a. auch die Melodie der deutschen Nationalhymne.

Teil eines Viertels mit Straßennamen nach berühmten Komponisten.

Ⓢ *Güdingen* Ⓓ *Schönbach* *66130* ↔ *238 Meter* *42 Einwohner*
Seitenstraße der Unnerstraße (Siedlung Unner) Ⓠ *Lex*

Heckenstraße – Hecke: linienförmiger Aufwuchs dichter, stark verzweigter Sträucher, häufig zur Abgrenzung genutzt.

Teil eines Viertels mit Straßennamen nach Strauch- und Baumarten.

Ⓢ *Burbach* Ⓓ *Füllengarten* *66115* ↔ *139 Meter* *< 30 Einwohner*
verbindet Am Kesselhaus und Im Füllengarten Ⓠ *Lex*

Hedwig-Dohm-Straße – Marianne Adelaide Hedwig Dohm (20.9.1831 - 1.6.1919): deutsche Schriftstellerin und Frauenrechtlerin, Pazifistin und Vordenkerin des Feminismus.

Ⓢ *Alt-Saarbrücken* Ⓓ *Triller* *66117* ↔ *205 Meter* *< 30 Einwohner*
verbindet Lothringer Straße und Albert-Weisgerber-Treppe (Wohngebiet Franzenbrunnen)
Ⓠ *Frau, Lex*

Hedwig-Stalter-Straße – Hedwig Stalter (1907 - 1986): engagierte Kinderärztin in Dudweiler. Ihr Vermögen floss 1988 in die Gründung einer Stiftung zur Förderung wissenschaftlichen Nachwuchses im Bereich der Humangenetik am Uniklinikum Homburg.

H

Ⓢ *Dudweiler* Ⓓ *Dudweiler Nord* *66125* ↔ *229 Meter* *0 Einwohner*
verbindet Camphauser und Schwester-Marie-Straße Ⓠ *Frau*

Heidenhübel – Heide: Landschaftstyp mit wenig bewegtem Relief und Bewuchs durch Sträucher und niedrige Gehölze, nicht bebaut und wenig kultiviert. Ein solcher Landschaftstyp lag hier früher vor (ehemals Land der Orte Breitenbach und Habschied, die bereits im Mittelalter aufgegeben wurden, heute durch Kleingärten überbaut). Zum Folsterweiher hin baut sich die Landschaft zu einer kleinen Erhebung auf (Standort der Grundschule), daher „Hübel" = Hügel, Anhöhe.

Ⓢ *Alt-Saarbrücken* Ⓓ *Glockenwald* *66117* ↔ *1140 Meter* *< 30 Einwohner*
zweigt an zwei Stellen von der Hirtenwies ab Ⓠ *Bau, Lex*

Heidenkopferdell – Der Name setzt sich aus drei Begriffen zusammen: Heide(landschaft) siehe Heidenhübel, „Kopf" = Erhebung, „Dell(e)" = Taleinschnitt, kleine Senke. Es könnte also eine Senke auf oder vor einer Erhebung mit Heidecharakter gemeint sein. Die Benennung geht zurück auf die römische (= heidnische) Besiedlung am Fuße des Berges, wo vom Kieselgrund aus eine Wasserleitung entlang des Heidenkopfes hinführte.

Ⓢ *St. Johann* Ⓓ *Rotenbühl & Kaninchenberg* *66123*
↔ *458 Meter* *374 Einwohner*
Seitenstraße von Am Kieselhumes mit Wegeverbindungen zum Kieselpfad Ⓠ *Bau, Phi*

Heimelstraße – Alte Straßenverbindung durch den Ensheimer Ortsteil Heimel. Die im Dialekt auch „Hämel" oder „Häämel" genannte, tiefer gelegene Gegend entlang des Albaches oder Aubaches dürfte ein Siedlungsursprung Ensheims sein. Wahrscheinlich liegt ein nicht näher erklärter Flurname zugrunde.

Ⓢ Ensheim Ⓓ Ensheim ✉ 66131 ↔ 767 Meter 188 Einwohner
Seitenstraße der Ormesheimer-/Schneckenstraße mit Abzweigung Ⓠ ens, Wil

Heimgartentreppe – Die Treppe führt in Richtung der Straßen „Im Heimgarten" und „Im Heimeck" (siehe dort).

Ⓢ St. Johann Ⓓ Rotenbühl ✉ 66123 ↔ 44 Meter 0 Einwohner
verbindet Im Heimgarten und Scheidter Straße/An der Trift Ⓠ LHS

Heinestraße – Christian Johann Heinrich Heine (13.12.1797-17.2.1856): einer der bedeutendsten deutschen Schriftsteller, Dichter und Journalisten des 19. Jahrhunderts. Vertreter der Romantik und Satiriker, politisch engagiert. Bekanntester Text über die Loreley: „Ich weiß nicht was soll es bedeuten..." (1824).

Teil eines Viertels mit Straßennamen nach deutschen Schriftstellern (St. Johanner Staden).

Ⓤ 1935-1945 Dietrich-Eckart-Straße (nationalsozialistischer Schriftsteller)

Ⓢ St. Johann Ⓓ Am Staden ✉ 66121 ↔ 378 Meter 163 Einwohner
verbindet Am Staden und Mainzer Straße Ⓠ Adr, Bung, Lex, LHS, SU1

Heinestraße – s. o.

Ergibt mit Schillerstraße ein sinnhaftes Namenspaar.

Ⓤ 1935-1945 Dietrich-Eckart-Straße (nationalsozialistischer Schriftsteller)

Ⓢ Dudweiler Ⓓ Dudweiler Nord ✉ 66125 ↔ 212 Meter 66 Einwohner
verbindet Schillerstraße und Auf der Scheib Ⓠ Bung, Lex, LHS

Heinestraße – s. o.

Teil eines Viertels mit Straßennamen nach deutschen Schriftstellern.

Ⓢ Gersweiler Ⓓ Gersweiler Mitte ✉ 66128 ↔ 149 Meter 62 Einwohner
Seitenstraße des Hermann-Löns-Weges mit Wegeverbindung zum Friedhofsweg Ⓠ Lex, LHS

Heinkelstraße – Ernst Heinrich Heinkel (24.1.1888 - 30.1.1958): deutscher Ingenieur und Flugzeug-Konstrukteur. 1922 Gründung eines eigenen Flugzeugwerkes in Rostock.

Teil eines Viertels mit Straßennamen nach Luftfahrtpionieren.

Ⓢ *Alt-Saarbrücken* Ⓓ *Bellevue* *66117* ↔ *366 Meter* *85 Einwohner*

verbindet Junkers- und Zeppelinstraße mit Abzweigung (Siedlung Hospitalfeld)

Ⓠ *Lex, LHS*

Heinrich-Barth-Straße – Heinrich Barth (5.11.1895 - 18.6.1949): Schlosser, Maschinist und Kranführer an der Burbacher Hütte. Seit 1923 politisch engagiert (SPD-Mitglied), u.a. als Stadtrat und Betriebsratsvorsitzender. 1935 - 1945 Emigration und Inhaftierung, 1946 Leiter des Saarbrücker Sozialamtes, 1947 Landtagsabgeordneter und 1949 wenige Wochen bis zum Tod Bürgermeister von Saarbrücken. Bezug zum Gelände der ehemaligen Burbacher Hütte (heute Saarterrassen).

Ⓢ *Burbach* Ⓓ *Hochstraße* *66115* ↔ *897 Meter* *< 30 Einwohner*

verbindet Käthe-Kollwitz- und Hochstraße/Helgenbrunnen (Saarterrassen) Ⓠ *Bio, LHS*

Heinrich-Böcking-Straße – Heinrich Böcking (1.6.1785 - 6.5.1862): Saarbrücker Kaufmann. Einheirat in Familie Stumm, Führer der nationalen Bewegung in Saarbrücken. 1832 - 1838 Bürgermeister von St. Johann, danach Bergrat und Oberbergrat im Saarrevier.

Ⓤ *1947 - 1956 Scheffelstraße*

Ⓢ *St. Johann* Ⓓ *Am Staden & Kaninchenberg* *66121*

↔ *357 Meter* *119 Einwohner*

verbindet Bismarck- und Mainzer Straße Ⓠ *Bio, LHS*

Heinrich-Koehl-Straße – Heinrich Koehl (10.10.1838 - 24.3.1917): Werksdirektor der Dampfziegelei Schanzenberg AG. 1876 - 1909 Stadtverordneter von Malstatt-Burbach, ab der Städtevereinigung am 1.4.1909 bis 1917 von Saarbrücken.

Ⓢ *Malstatt* Ⓓ *Rodenhof* *66113* ↔ *679 Meter* *559 Einwohner*

verbindet Grülings- und Ottweilerstraße Ⓠ *Lang, LHS*

Heinrichshaus – Benannt nach dem fürstlichen Waldhüter und Waldarbeiter Heinrich Raubuch (gestorben ebendort 1798), der an dieser Stelle eine Hütte errichtet hat. Er hatte einen Bruder namens Jakob, der den gleichen Beruf ausübte (siehe Jakobshütte).

Ⓢ *Malstatt* Ⓓ *Rußhütte* *66115* ↔ *214 Meter* *< 30 Einwohner*
Seitenstraße der Abfahrt Kirschheck/Von der Heydt zur Autobahn A1, parallel zu derselben
Ⓠ *Klau*

Heinrichshausweg – Die Straße führt in Richtung des Heinrichshauses. Es handelt sich um eine alte Wegeverbindung, die auch als Bergmannspfad zur Grube Von der Heydt genutzt wurde.

Ⓢ *Malstatt* Ⓓ *Rußhütte* *66113* ↔ *157 Meter* *66 Einwohner*
Seitenstraße der Neuhauser Straße mit Abzweigungen Ⓠ *Flä, LHS, Phi*

Heinrichstraße – Aufgrund der Nähe zur Burbacher Hütte ist eine Namensgebung nach dem Vornamen eines Funktionsträgers der Hütte zwar denkbar, konnte aber im Rahmen der Recherchen zu diesem Buch nicht geklärt werden.

Ⓢ *Burbach* Ⓓ *Hochstraße* *66115* ↔ *112 Meter* *129 Einwohner*
verbindet Burbacher und Serriger Straße Ⓠ

Heinrichstraße – Im Rahmen der Recherchen zu diesem Buch konnte die männliche Person, deren Vornamen hier verwendet wird, nicht identifiziert werden. Da im Umfeld mehrere Straßennamen mit männlichen Vornamen existieren, ist auch eine beabsichtigte Gruppierung derselben denkbar.

Ⓢ *Klarenthal* Ⓓ *Krughütte* *66127* ↔ *200 Meter* *47 Einwohner*
verbindet Am Winterberg und Gersweilerstraße Ⓠ

Helgenbrunnen – Flurname, der sich auf einen Brunnen bezieht, der hier bis Anfang des 20. Jahrhunderts floss. Älteste Erwähnung 1619 „bey dem Heilgenbronnen". Das Wasser soll eine gute Qualität gehabt haben, aber ein inhaltlicher Bezug zum Wort „heilig" kann nicht hergestellt werden.

Ⓢ *Burbach* Ⓓ *Hochstraße* *66115* ↔ *367 Meter* *< 30 Einwohner*
zweigt an zwei Stellen von der Hochstraße ab, zwischen Burbacher Markt und Burbacher Stern Ⓠ *Bau, LHS*

Hellenschlag – Flurname, der zwei Bedeutungen miteinander kombiniert: Hellen kommt wahrscheinlich von alt- und mittelhochdeutsch „helde“ = Halde, Abhang, Berghang. „Schlag“ bedeutet ein begrenztes Stück Land, welches zum Holzeinschlag bestimmt war. Sowohl Topographie (Abhang) als auch Bewuchs (Wald) passen hierzu.

Ⓢ *Malstatt* Ⓓ *Rußhütte* ✉ *66113* ↔ *146 Meter* 🚹 *< 30 Einwohner*
⊕ *Seitenstraße der Steinbachstraße (Siedlung Sonnenhügel)* Ⓠ *Bau, Lagis*

Hellwigstraße – Friedrich von Hellwig (18.1.1775 - 26.6.1845): deutscher Offizier, Generalleutnant, Oberst und Reiterführer. Wurde im Zusammenhang der Befreiungskriege gegen Napoléon I als Befehlshaber des Hellwigschen Freikorps und des 9. Husarenregimentes bekannt. Kam 1820 nach Saarbrücken, wo aus Teilen seines alten Freikorps das 7. Ulanenregiment wurde. Dessen Regimentschef wurde Großherzog Friedrich von Baden (siehe Großherzog-Friedrich-Straße, mit der hier ein sinnhaftes Namenspaar entsteht). Die Ulanenkaserne lag östlich am Rande der Straße (heute u. a. Polizeigelände).

Ⓤ *um 1950 kurzzeitig Scheffelstraße*
Ⓢ *St. Johann* Ⓓ *Am Staden, Kaninchenberg & Bruchwiese* ✉ *66121*
↔ *384 Meter* 🚹 *155 Einwohner*
⊕ *verbindet Preußen-/Thüringer Straße und Mainzer Straße* Ⓠ *Lex, LHS, Stpl*

Hengstelbergstraße – Alter Flurname (1665 „uffm hengstell berg“, später auch „Hengselberg oder „Henfelberg“), dessen Bedeutung nicht überliefert ist.

Ⓢ *Bübingen* Ⓓ *Bübingen* ✉ *66129* ↔ *174 Meter* 🚹 *43 Einwohner*
⊕ *verbindet Bliesransbacher Straße und Mühlenweg* Ⓠ *Lex, LHS*

Herbergsgasse – An dieser Stelle wird eine alte Herberge vermutet, die für durchreisende Handwerker gedacht war.

Ⓤ *früher zwischenzeitlich Herbergsstraße*
Ⓢ *St. Johann* Ⓓ *St. Johanner Markt* ✉ *66111* ↔ *53 Meter* 🚹 *< 30 Einwohner*
⊕ *Seitenstraße der Kaltenbachstraße mit Wegeverbindung zur Bahnhofstraße* Ⓠ *LHS*

Herderstraße – Johann Gottfried von Herder (25.8.1744 - 18.12.1803): deutscher Dichter, Übersetzer, Theologe und Philosoph. Vertreter des Zeitalters der Aufklärung, Mitglied der Freimaurer, stand im Austausch mit anderen berühmten Schriftstellern wie Goethe.
Teil eines Viertels mit Straßennamen nach deutschen Schriftstellern.

Ⓢ *Dudweiler* Ⓓ *Geisenkopf* ✉ *66125* ↔ *244 Meter* 👤 *77 Einwohner*
⊕ *Seitenstraße der Gärtnerstraße* Ⓠ *Lex*

Herkommertreppe – Hans Herkommer (24.5.1887 - 15.11.1956): deutscher Architekt. War insbesondere auf Kirchenbau spezialisiert, u.a. Bau der St. Michaels-Kirche in Saarbrücken 1923/24 im expressionistischen Stil. In der näheren Umgebung sind von ihm u.a. auch das 1970 abgerissene Gebäude der Saarbrücker Landeszeitung und der Beckerturm in St. Ingbert bekannt.
Teil eines Viertels mit Straßennamen nach deutschen Architekten.

Ⓢ *St. Johann* Ⓓ *Am Homburg* ✉ *66123* ↔ *40 Meter* 👤 *0 Einwohner*
⊕ *verbindet Hauerrisser- und Semperstraße* Ⓠ *Lex, LHS, Phi*

Hermann-Hager-Straße – Hermann Hager (2.7.1928 - 25.3.2014): Ingenieur und Unternehmer. Firmengründer der Firma Hager Elektrotechnik, die ihren Firmensitz von Ensheim nach Blieskastel verlegt hat. Auf dem damaligen Firmengelände westlich der Ensheimer Ortsmitte (vormals Firma Adt, siehe Fabrikstraße) entsteht ab 2018 ein Neubaugebiet.

Ⓢ *Ensheim* Ⓓ *Ensheim* ✉ *66131* ↔ *k.A.* 👤 *0 Einwohner*
⊕ *verbindet Im Hofgarten und Fabrikstraße* Ⓠ *Bio, Lex, SZ 27.8.2018*

Hermann-Löns-Straße – Hermann Löns (29.8.1866 - 26.9.1914): deutscher Journalist und Schriftsteller, Jäger und Naturschützer. War bekannt für seine Heimatdichtung, sein Ideal die Heidelandschaft. Seine Motive dürften weniger ökologische als patriotische gewesen sein. Meldete sich im Ersten Weltkrieg als Freiwilliger und fiel in Frankreich nahe Reims.
Teil eines Viertels mit einzelnen Straßennamen nach Philosophen und Schriftstellern.

Ⓤ *1950 - 1957 Am Wald*

Ⓢ *Dudweiler* Ⓓ *Dudweiler Süd* ✉ *66125* ↔ *662 Meter* 👤 *103 Einwohner*
⊕ *verbindet Hofweg und Beethovenstraße* Ⓠ *DuStr, Lex*

Hermann-Löns-Weg – s. o.

Teil eines Viertels mit Straßennamen nach deutschen Schriftstellern.

Ⓢ *Gersweiler* Ⓓ *Gersweiler Mitte* *66128* ↔ *131 Meter* *< 30 Einwohner*
verbindet Am Hasenbühl und Heinestraße Ⓠ *Lex*

Hermann-Löns-Weg – s. o.

Bildet mit Eduard-Mörike-Weg ein sinnhaftes Namenspaar.

Ⓢ *Scheidt* Ⓓ *Scheidt* *66133* ↔ *35 Meter* *0 Einwohner*
verbindet Am Schmittenberg und Eduard-Mörike-Weg Ⓠ *Lex*

Hermann-Neuberger-Sportschule – Hermann Neuberger (12.12.1919 - 27.9.1992): deutscher Journalist und Sportfunktionär. Engagierte sich ab 1945 für den saarländischen Sport, u. a. Mitbegründer und Präsident des saarländischen Fußballbundes, 1955 - 1984 Direktor der Saarland Sporttoto GmbH. 1975 - 1992 Präsident des Deutschen Fußballbundes DFB, 1985 Großes Bundesverdienstkreuz.

Ⓤ *bis 1994 Landessportschule*

Ⓢ *St. Johann* Ⓓ *Universität* *66123* ↔ *k.A.* *< 30 Einwohner*
Seitenstraße des Stuhlsatzenhausweges, flächige Erschließung des Geländes Ⓠ *Bio*

Herrensohrer Weg – Der Weg bzw. die Straße führt in Richtung der Ortslage Herrensohr.

Ⓢ *Dudweiler* Ⓓ *Wilhelmshöhe-Fröhn* *66125* ↔ *368 Meter* *36 Einwohner*
verbindet Alleestraße/ In den kurzen Rödern und Sulzbachtalstraße Ⓠ *Phi*

Herrensohrer Wiesen – Verläuft an einer Wiesenfläche entlang des Sulzbaches unweit der Ortslage Herrensohr.

Ⓢ *Dudweiler* Ⓓ *Wilhelmshöhe-Fröhn* *66125* ↔ *264 Meter* *< 30 Einwohner*
Seitenstraße des Herrensohrer Weges mit Abzweigung (Kleingärten) Ⓠ *Phi*

Hessenweg – Hessen: Bundesland und ehemaliges Fürstentum in der Mitte Deutschlands. Hauptstadt Wiesbaden, ca. 6,2 Mio. Einwohner.

Teil eines in den 50er Jahren als Neubaugebiet erschlossenen Viertels mit Straßennamen nach deutschen Ländern bzw. Volksstämmen.

Ⓢ *St. Johann* Ⓓ *Bruchwiese* *66111* ↔ *143 Meter* *45 Einwohner*
Seitenstraße der Egon-Reinert-Straße mit Wegeverbindung zur Preußenstraße Ⓠ *Lex*

Heuduckstraße – Wilhelm Konrad August von Heuduck (5.4.1821 - 20.11.1899): preußischer Offizier, General der Kavallerie. Führte im Deutsch-Französischen Krieg ein hessisches Regiment und wurde 1885 kommandierender General eines Armee-Korps in Straßburg.
Teil eines Viertels mit Straßennamen nach militärischen Befehlshabern des Deutsch-Französischen Krieges.

Ⓢ *Alt-Saarbrücken* Ⓓ *Malstatter Straße* ✉ *66117*
↔ *742 Meter* *693 Einwohner*
verbindet Stengel- und Malstatter Straße Ⓠ *Lex, LHS*

Heusweilerstraße – Heusweiler: Ort und Gemeinde im oberen Köllertal, Saarland. 18.000 Einwohner, Wohngemeinde und Verkehrsknoten.
Teil eines Viertels mit Straßennamen nach Orten des Köllertals.

Ⓢ *Malstatt* Ⓓ *Jenneweg* ✉ *66113* ↔ *365 Meter* *330 Einwohner*
verbindet Rhein- und Lebacher Straße Ⓠ *Lex*

Heuweg – Der Weg führte vom Dorf in die Wiese, wo eventuell früher Heu gemacht wurde.

Ⓢ *Bübingen* Ⓓ *Bübingen* ✉ *66129* ↔ *253 Meter* *54 Einwohner*
verbindet B 51 (Ortsumfahrung) und Saargemünder Straße Ⓠ *Lau, Phi*

Heuweg – Alte Straßenverbindung vom Ortskern Gersweiler an den Leinpfad vor Bau der Eisenbahnlinie. Geht auf eine volkstümliche Bezeichnung „Heiwech" zurück, die darauf hindeuten kann, dass hier früher auf den Wiesen Heu gemacht wurde.

Ⓢ *Gersweiler* Ⓓ *Gersweiler Mitte* ✉ *66128* ↔ *105 Meter* *34 Einwohner*
Seitenstraße der Hauptstraße Ⓠ *Büch, Phi*

Heuwiesstraße – Die Deutung dieses Straßennamens dürfte analog zu den Heuwegen in Gersweiler und Bübingen erfolgen.

Ⓢ *Ensheim* Ⓓ *Ensheim* ✉ *66131* ↔ *234 Meter* *37 Einwohner*
Seitenstraße der Bischmisheimer Straße Ⓠ *Phi*

Hildebrandtstraße – Paul Hildebrandt (19.7.1830 - 28.8.1870): preußischer Premierleutnant der Artillerie. Nahm an der Schlacht bei Spichern im Deutsch-Französischen Krieg 1870 teil, wo er verwundet wurde und in Folge dessen starb.
Teil eines Viertels mit Straßennamen nach militärischen Befehlshabern des Deutsch-Französischen Krieges.

Ⓢ *Alt-Saarbrücken* Ⓓ *Malstatter Straße* *66117* ↔ *59 Meter* *30 Einwohner*
verbindet Deutschherrn- und Françoisstraße Ⓠ *LHS, Rupp2*

Himmelsleiter – Langgezogene steile Treppenanlage mit 176 Stufen, die den Eindruck erweckt, zum Himmel aufzustreben. Volkstümliche Bezeichnung aufgrund des steilen Hanges zum Reppersberg.

Ⓢ *Alt-Saarbrücken* Ⓓ *Reppersberg* *66119* ↔ *83 Meter* *0 Einwohner*
Treppe zwischen Tal- und Philippinenstraße Ⓠ *Bau, Phi*

Hindenburgstraße – Paul Ludwig Hans Anton von Beneckendorff und von Hindenburg (2.10.1847 - 2.8.1934): deutscher Generalfeldmarschall und Politiker. 1916 - 1918 Chef der obersten Heeresleitung im Ersten Weltkrieg. 1925 bis zu seinem Tode Reichskanzler der Weimarer Republik bzw. des Deutschen Reiches. Ernannte Adolf Hitler 1933 zum Reichskanzler. 1934 Ehrenbürger Saarbrückens.

Ⓢ *Gersweiler* Ⓓ *Gersweiler Mitte* *66128* ↔ *504 Meter* *138 Einwohner*
verbindet Krughütter- und August-Müller-Straße Ⓠ *Lex, LHS*

Hindenburgstraße – s. o.

Ⓤ *bis 1933 und 1947 - 1957 Alleestraße; zeitweise Verlauf vom Schlossfelsen bis in die heutige Koßmannstraße (siehe Franz.-J.-Röder-Straße)*

Ⓢ *St. Arnual* Ⓓ *Winterberg* *66119* ↔ *334 Meter* *33 Einwohner*
Fortsetzung der Koßmannstraße Höhe Puccinistraße mit Fußweg zur Präsident-Balz-Straße
Ⓠ *Lex, LHS*

Hinter dem Deutschhaus – Nach der Lage zum Deutsch(ordens)haus benannt, der Niederlassung des Deutschen Ordens. (siehe Am Ordensgut, Deutschhausweg).

Ⓢ *Alt-Saarbrücken* Ⓓ *Bellevue* *66117* ↔ *400 Meter* *< 30 Einwohner*
verbindet Moltkestraße und Am Ordensgut mit Abzweigung Ⓠ *LHS, Phi*

Hintergassentreppe – Vor Änderung der Straßenführung und des Niveaus sowie der entsprechenden Straßennamen in den 1970er Jahren hieß die Vorstadtstraße in diesem Bereich Hintergasse. Insofern hat der nicht mehr existente Straßenname über die zuführende Treppe noch überlebt.

Ⓢ Alt-Saarbrücken Ⓓ Schloßplatz 66119 ↔ 47 Meter 0 Einwohner
verbindet Vorstadtstraße und Trillerweg Ⓠ Phi

Hintertaltreppe – Die nicht mehr öffentlich zugängliche Treppe führt zum früheren Hintertal (heute Feldmannstraße, erster Flurnamenbeleg 1440), welches das Saartal zwischen Winterberg und Reppersberg über die Hohe Wacht mit Spichern verband.

Ⓢ Alt-Saarbrücken Ⓓ Reppersberg 66119 ↔ 188 Meter 0 Einwohner
verbindet Lohmeyer- und Feldmannstraße Ⓠ Bau, Phi

Hirschbachstraße – Alte Flurbezeichnung nach dem nördlich verlaufenden Hirschbach, der teilweise durch Industrieflächen überbaut wurde. Der Hirsch ist ein in den angrenzenden Wäldern vorkommendes Wildtier und typischer Namensgeber, weil er z. B. den Hirschbach als Tränke nutzte. Des Weiteren wird ein gewisser Mathias von Hirschbach Anfang des 17. Jahrhunderts als Kanzler der Grafschaft Ottweiler genannt, ohne einen direkten Bezug zum Ort herzustellen.

Ⓢ Dudweiler Ⓓ Dudweiler Nord 66125 ↔ 1351 Meter 0 Einwohner
verbindet In den Rodhecken und Fischbachstraße Ⓠ Dud, Phi, SBK 1955

Hirschbergstraße – Der östliche Steilhang des Eschberges Richtung Schafbrücke nennt sich Hirschberg und nimmt Bezug auf ein ehemaliges, eingefriedetes Hirschgehege, welches hier in einem Akazienwald (siehe Akazienweg) untergebracht war. Die Straße verläuft am unteren Ende dieses Abhanges.

Ⓢ Schafbrücke Ⓓ Schafbrücke 66121 ↔ 1073 Meter 223 Einwohner
verbindet Am Stahlhammer und Akazienweg Ⓠ Bal4, Bru3

Hirschenbergstraße – Die Namensgebung hat nichts mit dem Hirsch (Tier) zu tun, sondern bezieht sich auf eine alte Flurbezeichnung, die den Anbau von Hirse auf dem kargen Boden beschreibt. Aus „Hirsen" wurde „Hirschen", wäre das Tier gemeint, müsste es „Hirschberg" heißen.

Ⓢ *Gersweiler* Ⓓ *Gersweiler Mitte* *66128* ↔ *336 Meter* *< 30 Einwohner*
Seitenstraße der Burbacher-/Hauptstraße Ⓠ *Büch*

Hirtengasse – Hirte: Person, die eine Herde von Nutztieren hütet und versorgt (i.d.R. Ziegen oder Schafe, aber auch Schweine oder Gänse). Dieser Beruf ist auch für den Gersweiler Raum nachgewiesen. Im weiter nördlich gelegenen Ottenhausen gibt es dazu mehrere Flurnamen (siehe Hirtenweg). An dieser Stelle könnte der Weg einen alten Verlauf der Wege der Hirten und/oder ihrer Herden aufzeigen.

Ⓢ *Klarenthal* Ⓓ *Krughütte* *66127* ↔ *56 Meter* *0 Einwohner*
verbindet Friedrich- und Gersweilerstraße Ⓠ *Büch, Phi*

Hirtenweg – Auch um die Ortslage Ottenhausen gab es Hirten (s.o.). Alte Flurnamen und die Existenz eines inzwischen abgerissenen Hirtenhauses im Bereich Haupt-/Blumenstraße bezeugen dies. Auch an dieser Stelle dürften alte Wegeverbindungen der Hirten bzw. ihrer Herden verlaufen sein.

Ⓢ *Gersweiler* Ⓓ *Ottenhausen* *66128* ↔ *158 Meter* *71 Einwohner*
verbindet An der Rodheck und Ostschachtstraße Ⓠ *Büch, Phi*

Hirtenwies – Geht zurück auf die Flurbezeichnung „die Volster Hirtenwies" („Folster" siehe Folsterweg). Es handelte sich um städtisches Land, das den jeweiligen Hirten zum Verrichten ihres Dienstes überlassen wurde.

Ⓢ *Alt-Saarbrücken* Ⓓ *Glockenwald* *66117* ↔ *709 Meter* *543 Einwohner*
verbindet Metzer Straße und Königsbruch mit Abzweigung (Siedlung Folsterhöhe) Ⓠ *Bau*

Hochstraße – „Hochstraßen" sind typische Vertreter topographisch einfach zu erklärender Straßennamen: Sie verlaufen entweder bergauf oder auf einem Höhenzug bzw. in Kammlage.

Ⓢ *Güdingen* Ⓓ *Alt-Güdingen* *66130* ↔ *597 Meter* *173 Einwohner*
Seitenstraße von Am Zementwerk Ⓠ *Phi*

Hochstraße – s.o., typischer Straßenverlauf in Kammlage der Ortschaft Bischmisheim. Es handelt sich um eine alte, wahrscheinlich bereits zu römischer Zeit genutzte Straßenverbindung vom Halberg in Richtung Heckendalheim.

Ⓢ *Bischmisheim* Ⓓ *Bischmisheim* *66132* ↔ *842 Meter* *218 Einwohner*
Seitenstraße des Geisberges bis zum Ortsrand Ⓠ *Karg, Phi*

Hochstraße – s.o.

Ⓢ *Dudweiler* Ⓓ *Pfaffenkopf* *66125* ↔ *220 Meter* *32 Einwohner*
Seitenstraße von Winterbachsroth Ⓠ *Phi*

Hochstraße – s.o. Das östliche Straßenende liegt deutlich über der Eisenbahnstrecke Saarbrücken - Metz/Paris (Namensgebung „Metzer Brücke"!), daher trägt die Straße dort den Charakter einer städtischen Hochstraße. Ursprünglich hieß auch nur dieser Teil Hochstraße, der westliche Teil hieß Wilhelmstraße.

Ⓤ *bis 1947 westlicher Teil bis vor Bahnhof Burbach: Wilhelmstraße nach Kaiser Wilhelm II*
Ⓢ *Burbach & Malstatt* Ⓓ *Unteres Malstatt & Hochstraße* *66115*
↔ *1425 Meter* *1064 Einwohner*
verbindet Breite Straße (auf der Metzer Brücke) und Bergstraße/Burbacher Markt (teilw. Verlauf der B51) Ⓠ *LHS, Phi*

Hochwaldstraße – Nach dem Schwarzwälder Hochwald, einem Teil des Hunsrücks mit der höchsten Erhebung, dem Erbeskopf (816 m ü. NN). Der Hochwald ragt zu einem Teil in das nördliche Saarland hinein und ist dort als Wanderparadies bekannt (Saar-Hunsrück-Steig).

Teil eines Viertels mit Straßennamen nach rheinland-pfälzischen Orten bzw. Landschaften.

Ⓢ *Malstatt* Ⓓ *Rastpfuhl* *66113* ↔ *311 Meter* *192 Einwohner*
verbindet Lebacher und Eifelstraße Ⓠ *Lex, LHS, Phi*

Hoederathstraße – Dr. Peter Hoederath (1.11.1849 - 22.6.1910): Augenarzt und Sanitätsrat. Seit 1874 im Saarland tätig, Gründer der ersten Augenklinik des Saargebietes (in der ehem. Luisenstraße), Stadtverordneter und 1898 Gründer der „Gesellschaft der Musikfreunde".
Teil eines Viertels mit Straßennamen nach berühmten Medizinern (Schenkelberg: Standort der ehemaligen Klinik Rotes Kreuz und des ehemaligen Heilig-Geist-Krankenhauses).

Ⓢ *St. Arnual* Ⓓ *Winterberg* *66119* ↔ *214 Meter* *79 Einwohner*
verbindet Robert-Koch- und Quienstraße Ⓠ *Int, LHS*

Hof in den Birken – Die Namensgebung deutet auf eine Ansammlung von Birken hin, z. B. in Form eines Birkenhains.

Ⓢ *Bischmisheim* Ⓓ *Bischmisheim* *66132*
↔ *ca. 108x152 m Grundfläche* *< 30 Einwohner*
Gehöft nordöstlich von Bischmisheim, über Wege zu erreichen Ⓠ *Phi*

Hofbrunnenstraße – Von 1538 bis 1793 war das Kloster Wadgassen alleiniger Eigentümer der Ortslage Ensheim. Im ehemaligen Propsteihof (Sitz des Verwalters) des Klosters stand ein Brunnen, nach dem die Straße benannt ist.

Ⓢ *Ensheim* Ⓓ *Ensheim* *66131* ↔ *76 Meter* *< 30 Einwohner*
verbindet Haupt- und Fabrikstraße Ⓠ *ens*

Hofstraße – Die Namensgebung bezieht sich auf den ehemaligen Aschbacher Hof (siehe Am Aschbacher Hof)

Ⓢ *Gersweiler* Ⓓ *Neu-Aschbach* *66128* ↔ *120 Meter* *< 30 Einwohner*
verbindet Am Wäldchen und Zum Teich Ⓠ *Büch, Phi*

Hofweg – Die Namensgebung besteht seit dem 16. Jahrhundert. Da auf historischen Karten die nach Süden fortgesetzte Wegeführung über den Schwarzenberg zum Eschberg verläuft, ist davon auszugehen, dass der Eschberger Hof namensgebend ist. In der näheren Umgebung von Dudweiler ist ein Hof nicht auszumachen.

Ⓢ *Dudweiler* Ⓓ *Dudweiler Süd* *66125* ↔ *1190 Meter* *601 Einwohner*
Seitenstraße vom Alten Stadtweg zum Waldrand Ⓠ *Dud, Phi, Stpl*

Hohe Wacht – Der Straßenverlauf liegt exponiert auf dem Höhenzug mit Blick Richtung Frankreich. Von hier aus konnte man gut „den Erbfeind" beobachten bzw. überwachen. Sowohl im Deutsch-Französischen Krieg als auch im Zweiten Weltkrieg spielt die Gegend um die Hohe Wacht eine strategisch wichtige Rolle (sichtbar z. B. an zahlreichen Kriegsgräbern oder Resten des Westwalls wie der Höckerlinie unterhalb des Harthweges).

Ⓤ *1940 - 1945 Westwallring*

Ⓢ *Alt-Saarbrücken & St. Arnual* Ⓓ *Winterberg, Triller & Reppersberg* ✉ *66119*
↔ *558 Meter* 🚶 *164 Einwohner*
⊕ *verbindet Am Franzenbrunnen und Weinbergweg/Petersberger Hof* Ⓠ *LHS, Phi, Stpl, SU1*

Höhenpfad – Die heutige Straßenführung dürfte Teil eines Weges über den Höhenzug im Saarbrücker Süden gewesen sein.

Ⓢ *Alt-Saarbrücken* Ⓓ *Triller* ✉ *66119* ↔ *82 Meter* 🚶 *< 30 Einwohner*
⊕ *verbindet Pape- und Lilienstraße* Ⓠ *Phi*

Höhenweg – Die Straße verläuft am Hang bzw. „auf der Höhe" des Güdinger Berges.

Ⓢ *Güdingen* Ⓓ *Alt-Güdingen* ✉ *66130* ↔ *886 Meter* 🚶 *117 Einwohner*
⊕ *verbindet Bergstraße und Im Königsfeld mit Abzweigungen (Wohngebiet Güdinger Berg)*
Ⓠ *Phi*

Höhenweg – Die Straße verläuft zunächst auf und dann über den Höhenzug des Scheidterberges (Kammlage).

Ⓢ *Scheidt* Ⓓ *Scheidterberg* ✉ *66133* ↔ *2914 Meter* 🚶 *330 Einwohner*
⊕ *verbindet Oberforstmeister-Buch-Weg und Beerenfeldstraße* Ⓠ *Phi*

Hohenzollernstraße – Hohenzollern: bedeutende Dynastie des deutschen Hochadels. Stammsitz des seit dem 11. Jahrhundert nachgewiesenen Geschlechts ist die Burg Hohenzollern in Baden-Württemberg. Viele berühmte Herrscher stammen von den Hohenzollern ab bis hin zu Kaiser Wilhelm I und II.

Ⓤ *alter Name 19. Jh.: Bleichstraße 1947 - 1956 Warndtstraße*

Ⓢ *Alt-Saarbrücken* Ⓓ *Schloßplatz & Malstatter Straße* ✉ *66117*
↔ *1466 Meter* 🚶 *1100 Einwohner*
⊕ *verbindet Neumarkt und Malstatter Straße/A620* Ⓠ *Lex, LHS*

Hohlweg – Hohlwege sind in die Erdoberfläche eingeschnittene Wege, die somit eine Hohlform im Gelände darstellen. Dies wurde durch starke Befahrung mit Fuhrwerken verstärkt und gab den Rädern der Kutschen und Fuhrwerke seitlichen Halt. Eventuell war auch hier eine alte Wegeführung so ausgestaltet.

Ⓢ *Brebach-Fechingen* Ⓓ *Fechingen* ✉ *66130* ↔ *1028 Meter* *175 Einwohner*
verbindet Provinzialstraße und Drosselweg Ⓠ *Lex, Phi*

Holbeinstraße – Holbein: Name von mehreren bedeutenden deutschen Malern. Bekannt und vermutlich hier namensgebend sind Hans Holbein der Ältere und einer seiner Söhne Hans Holbein der Jüngere (1497/98 - 29.11.1543), ein sehr bedeutender Maler der Renaissance. Er war v. a. für seine Personenbildnisse und Portraits bekannt.
Teil eines Viertels mit Straßennamen nach berühmten Malern.

Ⓢ *Gersweiler* Ⓓ *Ottenhausen* ✉ *66128* ↔ *188 Meter* *49 Einwohner*
Seitenstraße der Aschbachstraße Ⓠ *Lex*

Holunderstraße – Holunder: Pflanzengattung der Familie der Moschuskrautgewächse. V. a. der Schwarze Holunder ist bekannt und verbreitet. Seine Beeren werden als Nahrungs- und Färbemittel verwendet.
Teil eines Viertels mit Straßennamen nach Strauch- und Baumarten.

Ⓢ *Burbach* Ⓓ *Füllengarten* ✉ *66115* ↔ *107 Meter* *31 Einwohner*
verbindet An der Spielschul und Heckenstraße (Eisenbahnkolonie) Ⓠ *Lex*

Homburgtreppe – Die Treppe führt zum Wohngebiet „Am Homburg" bzw. auf den gleichnamigen Höhenrücken, dessen Name ursprünglich als „hoher Berg" zu deuten wäre.

Ⓢ *St. Johann* Ⓓ *Am Homburg* ✉ *66123* ↔ *143 Meter* *< 30 Einwohner*
verbindet Dudweiler Land- und Daimlerstraße Ⓠ *Bau*

H

Hubert-Müller-Platz – Hubert Müller-Tesch (24.7.1837 - 24.6.1917): deutscher Ingenieur. Wurde 1867 Führungskraft der Burbacher Hütte, später Präsident des Verwaltungsrates der Vereinigten Hüttenwerke Burbach-Eich-Düdelingen AG (ab 1911 „ARBED"). Am Platz steht ein Denkmal in Form eines Brunnens, welches noch zu seinen Lebzeiten 1909 eingerichtet wurde.

Ⓢ Burbach Ⓓ Ottstraße ✉ 66115 ↔ k.A. 🚹 0 Einwohner
Seitenweg der Molsheimer Straße Ⓠ Fry, Int, Spu2

Hubert-Müller-Straße – s. o.
Teil eines Viertels mit Straßennamen nach Führungspersönlichkeiten der Burbacher Hütte.

Ⓢ Burbach & Malstatt Ⓓ Rastpfuhl & Ottstraße ✉ 66113, 66115
↔ 1861 Meter 🚹 443 Einwohner
Beginn an der Autobahn A1/Lieserer Weg bis über die Von-der-Heydt-Straße hinaus (südl. Ende als Sackgasse). Ⓠ Fry, Int, Spu2

Hunsrückstraße – Hunsrück: deutsches Mittelgebirge in den Bundesländern Rheinland-Pfalz und Saarland; südwestlicher Teil des Rheinischen Schiefergebirges zwischen Mosel, Rhein, Saar und Nahe gelegen. Höchste Erhebung: Erbeskopf mit 816 m ü. NN.
Teil eines Viertels mit Straßennamen nach rheinland-pfälzischen Orten bzw. Landschaften und deutschen Mittelgebirgen.

Ⓢ Malstatt Ⓓ Jenneweg & Rastpfuhl ✉ 66113 ↔ 329 Meter 🚹 134 Einwohner
verbindet Hochwald-und Rheinstraße Ⓠ Phi

Hüttenstraße – Zufahrtsstraße zum Gelände der ehemaligen Burbacher Hütte und Erschließung derselben (heute Saarstahl).

Ⓢ Burbach Ⓓ Hochstraße ✉ 66115 ↔ 343 Meter 🚹 0 Einwohner
Seitenstraße der Burbacher Straße zum Gelände der Burbacher Hütte Ⓠ LHS, Phi

Hüttenstraße – Die Straße ist nach der ehemaligen Glashütte der Familie Herb benannt. Sie wurde im 18. Jahrhundert wahrscheinlich von Joseph Herb gegründet, von seinem Sohn Andreas (1804 „Glashütte Schaum, Herb & Consorten") weitergeführt und 1866 geschlossen.

Ⓢ *Gersweiler* Ⓓ *Gersweiler Mitte* 🖃 *66128* ↔ *223 Meter* 🚹 *124 Einwohner*
⊕ *Seitenstraße der Hauptstraße* Ⓠ *Bio, Kug*

Hyazinthenstraße – Hyazinthe: Pflanzengattung aus der Familie der Liliengewächse. Zwiebelpflanze mit traubigem meist violettem Blütenstand und charakteristischem Duft.

Teil eines Viertels mit Straßennamen nach Blumen. Bis Ende der 60er Jahre wurde ein nördlich gelegener Teil der heutigen Fliederstraße Hyazinthenstraße genannt. In dieser Zeit wurde das gesamte Viertel quasi „neu organisiert" (siehe Fliederstraße).

Ⓤ *"Alte" Hyazinthenstraße bis 1947 Manteuffelstraße (nach preuß. Generalfeldmarschall)*

Ⓢ *Alt-Saarbrücken* Ⓓ *Triller* 🖃 *66119* ↔ *169 Meter* 🚹 *33 Einwohner*
⊕ *Seitenstraße der Fliederstraße* Ⓠ *Lex, Stpl*

Idarweg – Idar: heute Stadtteil von Idar-Oberstein, bis 1933 eigenständige Stadtgemeinde am Idarbach (Landkreis Birkenfeld). Sitz der Diamant- und Edelsteinbörse (Börsenhochhaus).

Teil eines Viertels mit Straßennamen nach Orten in den nördlich gelegenen Tälern von Sulzbach, Blies und Nahe.

Ⓢ *Malstatt* Ⓓ *Rodenhof* 🖃 *66113* ↔ *272 Meter* 🚹 *0 Einwohner*
⊕ *verbindet Obersteiner und Neunkircher Straße* Ⓠ *Lex, LHS*

Illweg – Ill: Bach im mittleren Saarland. Entspringt bei Urexweiler und fließt 29,8 km bis Bubach-Calmesweiler mit Mündung in die Theel. Bekannt durch Renaturierung 1990 mit Wiederansiedlung von Bibern.

Teil eines Viertels mit Straßennamen nach saarländischen und südwestdeutschen Fließgewässern.

Ⓢ *Malstatt* Ⓓ *Rastpfuhl* 🖃 *66113* ↔ *70 Meter* 🚹 *32 Einwohner*
⊕ *Seitenstraße der Köllertalstraße* Ⓠ *Lex, Phi*

Ilmpfad – Ilm: linker Nebenfluss der Saale in Thüringen, ca. 135 km lang, entspringt im Thüringer Wald.
Teil eines Viertels mit Namen nach mittel- und ehemaligen ostdeutschen Städten und Gebieten, die nach dem Zweiten Weltkrieg Teile Polens, der Sowjetunion oder der ehemaligen DDR wurden. Bildet insbesondere mit Saale- und Spreepfad eine sinnhafte Gruppierung.

Ⓢ *Eschberg* Ⓓ *Eschberg* ✉ *66121* ↔ *256 Meter* *0 Einwohner*
verbindet als Fußweg Rostocker und Memeler Straße Ⓠ *Lex, LHS*

Ilseplatz – Gustav Leopold Ilse (16.11.1821 - 14.12.1906): Evangelischer Pfarrer und Religionslehrer der Gemeinde St. Johann 1854 - 1905, 1904 Ehrenbürger von St. Johann. Grabstätte auf dem nahe gelegenen Friedhof.

Ⓢ *St. Johann* Ⓓ *Rotenbühl* ✉ *66123* ↔ *40 x 105 Meter* *59 Einwohner*
zwischen Ilse-, Neff-, Riotte-, Gustav-Bruch-Straße und Neugrabenweg gelegen. Ⓠ *LHS, Phi*

Ilsestraße – s. o.

Ⓢ *St. Johann* Ⓓ *Rotenbühl* ✉ *66123* ↔ *137 Meter* *31 Einwohner*
verbindet Scheidter Straße und Ilseplatz Ⓠ *LHS, Phi*

Im Ährenfeld – Ähre: Blütenstand mit langer Hauptachse, an der Blütenstände direkt angewachsen sind. Der Begriff wird stellvertretend für Getreide genommen, was an dieser Stelle auf einen früheren Getreideanbau am Südhang des Eschberges hinweist.

Ⓢ *Schafbrücke* Ⓓ *Schafbrücke* ✉ *66121* ↔ *92 Meter* *< 30 Einwohner*
Seitenstraße der Nußbaumstraße Ⓠ *Eschb*

Im Allment – Allmende = Gemeindeflur, gemeinschaftlicher Besitz eines Dorfes abseits der parzellierten Flurstücke in Privatbesitz (von „allen gemein"). Alle Straßennamen mit dieser Bezeichnung in unterschiedlicher Schreibweise (s. u.) weisen auf einen dort ehemals vorhandenen gemeinsamen Grundbesitz hin.

Ⓢ *Dudweiler* Ⓓ *Geisenkopf* ✉ *66125* ↔ *212 Meter* *67 Einwohner*
Seitenstraße der Scheidter Straße Richtung Brechkaul Ⓠ *Dud, Lex, Phi*

Im Allmet – s. o.

Ⓢ Bischmisheim Ⓓ Bischmisheim 66132 ↔ 186 Meter < 30 Einwohner
verbindet Am Buchenhain und Forstweg Ⓠ Lex, Phi

Im Allmet – s. o.

Ⓢ Güdingen Ⓓ Alt-Güdingen 66130 ↔ 281 Meter 144 Einwohner
Seitenstraße der Saargemünder Straße Ⓠ Lex, Phi

Im Almet – s. o.
Die Wiesen waren Gemeinschaftseigentum von St. Arnual. 1764 gestattete Fürst Wilhelm Heinrich zu Nassau-Saarbrücken den St. Arnualer Bürgern nach deren Gesuch, die Allmende unter sich aufzuteilen.

Ⓢ St. Arnual Ⓓ Wackenberg 66119 ↔ ca. 2000–2500 Meter 51 Einwohner
führt von Julius-Kiefer-Straße/Am großen Hohlweg mit teils flächiger Erschließung in das weitläufige Wiesengelände rechts und links der Autobahn A6. Ⓠ Bau, Lex

Im Anger – Anger = In der Regel zentral gelegener Teil eines Dorfes, Gemeinschaftseigentum. Oft platzartige Anlage, die für gemeinsame Aktivitäten (Feiern, Rituale) diente.

Ⓤ bis 1993 Im Allmet

Ⓢ Brebach-Fechingen Ⓓ Neufechingen 66130 ↔ 118 Meter < 30 Einwohner
Seitenstraße der Saarbrücker Straße Ⓠ Lex, LHS

Im Bachwinkel – Der Straßenverlauf führt in Richtung eines spitzen Winkels bzw. einer Biegung, die der Fischbach etwas weiter nordwestlich macht.
Mitte bis Ende des 18. Jahrhunderts befand sich hier zeitweise eine Ziegelhütte, was den im Volksmund überlieferten Namen erklärt.

Ⓤ frühere Bezeichnung Ziegelhütt(e)

Ⓢ Malstatt Ⓓ Rußhütte 66113 ↔ 80 Meter < 30 Einwohner
Seitenstraße der Neuhauser Straße Ⓠ Eck, LHS

Im Birkenfeld – Die Gegend westlich eines früheren Weges von Scheidt zum Eschberger Hof war mit Birken bestanden, die eine Allee-artige Verbindung zum Eschberger Hof darstellten.

Ⓢ Schafbrücke Ⓓ Schafbrücke 66121 ↔ 60 Meter 39 Einwohner
verbindet Bahnstraße und Hangweg Ⓠ Bal4, Eschb

I

Im Birkenfeld – Die Flurbezeichnung aus dem 18. Jahrhundert lässt darauf schließen, dass hier landwirtschaftliche Fläche und Birkenbestände vorkamen.

Ⓢ *Dudweiler* Ⓓ *Geisenkopf* *66125* ↔ *297 Meter* *392 Einwohner*
verbindet Beethovenstraße und Am Geisenberg Ⓠ *Dud*

Im Brühl – Brühl = feuchte oder Sumpfwiese, hier am östlichen Ufer des Saarbaches. Brühlwiesen waren oft in herrschaftlichem Besitz (siehe Brühlstraße).

Ⓢ *Brebach-Fechingen* Ⓓ *Fechingen* *66130* ↔ *526 Meter* *90 Einwohner*
verbindet Provinzialstraße und An der Heringsmühle mit Abzweigung Ⓠ *Gri, Lex, Phi*

Im Bungert – Bungert = Baumgarten/Streuobstwiese, eine traditionelle Art des Obstanbaus, die bis heute auch im nahe gelegenen Bliesgau gepflegt wird.

Ⓢ *Brebach-Fechingen* Ⓓ *Fechingen* *66130* ↔ *101 Meter* *33 Einwohner*
Seitenstraße der Schulstraße Ⓠ *Lagis, Lex*

Im Eck – Mit „Eck" werden oft Straßen, Gassen oder Wege bezeichnet, die kurz und verwinkelt sind bzw. sich in den Zwischenraum einer übergeordneten Struktur (z.B. größere oder Hauptstraßen) einfügen. Dies ist auch hier der Fall. Hier handelt es sich um den Kern des Unterdorfes, welches durch die Hauptstraße mit dem Oberdorf (siehe Marieneck) verbunden wurde.

Ⓢ *Bischmisheim* Ⓓ *Bischmisheim* *66132* ↔ *131 Meter* *32 Einwohner*
Seitenstraße der Fechinger Straße Richtung Friedhof Ⓠ *Karg, Phi*

Im Ehrental – Das rechte Seitental des Deutschmühlentals Richtung Metzer Straße nennt sich bereits seit September 1870 Ehrental, da dort auf einem Ehrenfriedhof der Opfer der Schlacht von Spichern im Rahmen des Deutsch-Französichen Krieges gedacht wird. Das Friedhofsgelände und der gesamte Wegeverlauf entlang des Ehrentalbaches sind seit 1960 Teil des Deutsch-Französischen Gartens.

Ⓢ *Alt-Saarbrücken* Ⓓ *Glockenwald* *66117* ↔ *713 Meter* *< 30 Einwohner*
verbindet Ehrentalweg, Kolonnenweg und Deutschmühlenweiher, Gelände des Dt.-Frz. Gartens
Ⓠ *LHS, Phi*

Im Etzel – Etzel bezeichnet als Flurname ein eingezäuntes Grasstück (Gras zum Verfüttern an das Vieh: mittelhochdeutsch „atzen" = zu essen geben). Hierzu muss man wissen, dass sich auf diesem Gelände ein zum Dorf Burbach gehöriger Weiher (Mühlenweiher, siehe „In den Weihergärten") befand, der im 18. Jahrhundert trockengelegt wurde. Das so entstandene Wiesenland wurde 1779 durch den Geometer Knoerzer parzelliert und versteigert.

Ⓢ Burbach Ⓓ Hochstraße ✉ 66115 ↔ 93 Meter ♦ 31 Einwohner
⊕ verbindet über Eck Bergstraße, Burbacher Markt und In den Weihergärten Ⓠ Bau, PfWB

Im Flürchen – Verkleinerungsform des Wortes Flur. Die Flurbezeichnung „Flürchen" bezieht sich wahrscheinlich auf den hinteren zum Hang des Schwarzenberges gelegenen Teil der Straße, wo früher fruchtbares Land des Mühlenbesitzers Groß gelegen war. Im Volksmund weist dieser Bereich auch wieder eine Verkleinerungsform auf, da er „Müllers Tälchen" genannt wurde.

Ⓢ Scheidt Ⓓ Scheidt ✉ 66133 ↔ 1506 Meter ♦ 390 Einwohner
⊕ Seitenstraße der Kaiserstraße mit mehreren Abzweigungen Ⓠ Näh

Im Frohnfeld – Bezeichnung für ein ehemals sehr großes Flurstück östlich des Dorfes Güdingen. Die Namensgebung ist wahrscheinlich auf das alt- oder mittelhochdeutsche „Fro" = Herr, also einem Herren gehörend, zurückzuführen.

Ⓢ Güdingen Ⓓ Alt-Güdingen ✉ 66130 ↔ 119 Meter ♦ < 30 Einwohner
⊕ Seitenstraße der Bahnstraße mit Wegeverbindung zur Bühler Straße Ⓠ Güd

Im Füllengarten – Durch Abholzungsmaßnahmen für eine Glashütte im 18. Jahrhundert wurde die Fläche auch als Weidefläche genutzt, wahrscheinlich für junge Pferde bzw. Fohlen = „Füllen". Dies konnte an dieser Stelle zwar nicht nachgewiesen werden, aber es gibt auf dem Eschberg den gleichen Flurnamen, wo die Beweidung durch Pferde erwähnt wird.

Ⓢ Burbach Ⓓ Füllengarten ✉ 66115 ↔ 1133 Meter ♦ 430 Einwohner
⊕ verbindet Pfaffenkopfstraße/Jakobshütter Weg und Rockershauser Straße Ⓠ Bau

Im Gässelgarten – Flurname seit spätestens 17. Jahrhundert. „Gäß" bezeichnet oft etwas Schmales, Kleines, z. B. die Breite des Weges oder der Gärten.

Ⓢ Bübingen Ⓓ Bübingen 66129 ↔ 84 Meter < 30 Einwohner
verbindet Heuweg und Querstraße Ⓠ Lauf

Im Gebück – Der Flurname geht auf eine alte Grenz- und Stadtbefestigung („Grenzhag") zurück: Gebück kommt von „biegen". Es war üblich, Hecken und Büsche so zu verbiegen und wachsen zu lassen, dass sie undurchdringlich und damit zu einer Grenzsperre wurden.

Ⓤ Bis Ende der 60er Jahre hieß der nördliche Bogen der Nelkenstraße „Im Gebück".

Ⓢ Alt-Saarbrücken Ⓓ Triller 66119 ↔ 71 Meter 0 Einwohner
Wegeverbindung zwischen Flieder- und Nelkenstraße Ⓠ Bau, Lagis

Im Gehlenberger Feld – Einer Erwähnung aus dem 18. Jahrhundert zufolge war hier Ackerland am Fuße des Gehlenberges (siehe „Am Gehlenberg").

Ⓢ Dudweiler Ⓓ Pfaffenkopf 66125 ↔ 176 Meter 59 Einwohner
Seitenstraße von Zum Bartenberg mit Abzweigung Ⓠ Dud

Im Grund – Der Verlauf der Straße liegt sehr tief in Höhe des Fischbaches, weshalb die Namensgebung eine Anspielung auf die Nähe zum Talgrund sein dürfte.
Das inoffiziell aufgehängte Zusatzschild „Schiereschrei Anno 1721" nimmt Bezug auf das Gründungsjahr einer Glashütte als Vorgängerbetrieb der Rußhütte, die im Bereich der heutigen Straße stand. „Schiereschrei" ist eine mundartliche Verballhornung der Schürerei, dem Ort der Fabrik, wo in einem Schürkessel das Feuer geschürt wurde.

Ⓢ Malstatt Ⓓ Rußhütte 66113 ↔ 76 Meter < 30 Einwohner
Seitenstraße der Fischbachstraße Ⓠ Bau, Eck, Fry, Lex

Im Hartental – Die seit dem 17. Jahrhundert überlieferte Flurbezeichnung beschreibt die Topographie (Tal) und die Qualität des dort vorkommenden Bodens (hart, fest, undurchdringlich).

Ⓢ St. Arnual Ⓓ Wackenberg 66119 ↔ 415 Meter 47 Einwohner
Seitenstraße der Saargemünder Straße mit Wegeverbindung zum Lehmkaulweg Ⓠ Bau, LHS

Im Heimeck – Hierbei handelt es sich nicht um eine alte Flurbezeichnung. Es ist zu vermuten, dass der Begriff „Heim" neueren Datums ist und sich auf die um 1910 hier errichteten Eigenheime bezieht. Zur Begriffserklärung Eck, siehe „Im Eck".

Ⓢ *St. Johann* Ⓓ *Rotenbühl* *66123* ↔ *121 Meter* *77 Einwohner*
verbindet Neugrabenweg und Gustav-Bruch-Straße Ⓠ *LHS, Phi*

Im Heimgarten – Bezieht sich auf die Gärten an den (Eigen-)Heimen, s. o.

Ein Bezug zum Heimmeier (siehe Im Heimgarten Dudweiler) ist hier nicht nachweisbar, aber auch nicht auszuschließen.

Ⓤ *bis 1906 Genossenschaftsstraße*

Ⓢ *St. Johann* Ⓓ *Rotenbühl* *66123* ↔ *195 Meter* *81 Einwohner*
verbindet Neugrabenweg und Heimgartentreppe Ⓠ *Joch, LHS, Phi*

Im Heimgarten – Hier dürfte sich eine Gartenanlage befunden haben, die dem Heimmeier zugeordnet war. Dieser war zu Zeiten der Feudalherrschaft (hier vor 1793) als herrschaftlicher Beamter bzw. Vorsteher einer Landgemeinde für diverse Aufgaben in seiner Gemeinde zuständig, z. B. das Eintreiben von Abgaben („der Zehnte", siehe Im Scheuergarten), das Einteilen von Frondiensten oder die Einhaltung von Gesetzen.

Ⓢ *Dudweiler* Ⓓ *Dudweiler Süd* *66125* ↔ *120 Meter* *< 30 Einwohner*
verbindet Gartenstraße und Im Scheuergarten Ⓠ *DuStr, DRW*

Im Helmerswald – Als Flurname wird die Bezeichnung in Bezug zum nahe gelegenen Halberg gebracht, also „Halbergswald" und „Halbergswiese" = Helmerswiese (siehe „In der Helmerswiese"). Etwas weiter westlich lag im Mittelalter der Schwarzenberger Hof, der auch Helmershof genannt wurde. Dies wiederum wird auf dessen angeblichen Besitzer Wilhelm vom Schwarzenberg zurückgeführt. Insofern existieren zwei Erklärungen des Namens.

Ⓢ *St. Johann* Ⓓ *Kaninchenberg* *66121* ↔ *299 Meter* *58 Einwohner*
Seitenstraße des Eschbergerweges Ⓠ *Bau, Eschb, Köll*

Im Höfchen – Der Flurname „Im Höfgen" ist bereits 1762 überliefert und dürfte sich auf nicht mehr sichtbare Fundamente aus der Römerzeit beziehen, die noch im 19. Jahrhundert hier gesichtet wurden. Es wird ein Maierhof, ein römisches Hofgut vermutet, was einer „villa rustica", also einem römischen Landhaus gleicht.

Ⓤ *alte Bezeichnung Höfchesweg*

Ⓢ *Burbach* Ⓓ *Füllengarten* *66115* ↔ *98 Meter* *0 Einwohner*
verbindet Mettlacher und Luisenthaler Straße Ⓠ *Bau, Zim2*

Im Hofgarten – Im Verlauf dieser Straße befand sich ein großes, gartenartiges Grundstück, welches zur Propstei Ensheim des Kloster Wadgassens gehörte und heute mundartlich noch „Hobbgaade" genannt wird.

Ⓢ *Ensheim* Ⓓ *Ensheim* *66131* ↔ *171 Meter* *57 Einwohner*
verbindet Johann- und Fabrikstraße Ⓠ *ens, Gla*

Im Hofgarten – Der Straßenname geht auf einen Flurnamen nordwestlich der Straße zurück. Hier befanden sich die Gärten von Bübinger Hofgütern. Namensgebend dürfte in erster Linie das Haus Bübingen gewesen sein, ein mittelalterliches Hofgut der Herren von Ettendorf, das später an die Grafen zu Nassau-Saarbrücken fiel. Auch einen Rüdesheimer Hof gab es in diesem Bereich. Dieser kam zu seinem Namen, weil Graf Gustav Adolf zu Nassau-Saarbrücken ihn 1665 dem Hofmeister von Rüdesheim schenkte.

Ⓢ *Bübingen* Ⓓ *Bübingen* *66129* ↔ *236 Meter* *31 Einwohner*
verbindet Quer- und Kirchstraße mit Abzweigungen, umrundet ev. Kirchhof westlich Ⓠ *Lauf*

Im Hofgarten – Der Name bezieht sich auf hier ehemals wahrscheinlich vorhandene Gärten eines Hofgutes der Herren von Bettendorff, das später an Fürst Wilhelm-Heinrich zu Nassau-Saarbrücken verkauft wurde, der es 1756 wiederum weiterverkaufte.

Ⓢ *Brebach-Fechingen* Ⓓ *Fechingen* *66130* ↔ *64 Meter* *< 30 Einwohner*
Seitenstraße der Provinzialstraße, mit Wegeverbindung über Fußgängerbrücke Richtung Im Brühl Ⓠ *BbFch*

Im Industriegebiet – Die Straße bindet das Industriegebiet „In den Gerlen" nordöstlich der Ortslage Ensheims an die Landesstraße L108/ Flughafenstraße an.

Ⓢ Ensheim Ⓓ Ensheim 66131 ↔ 286 Meter < 30 Einwohner
verbindet Flughafen- und Ommerheimer/Bischof-Baltes-Straße Ⓠ Phi

Im Kasental – Flurbezeichnung, die sich von mittellateinisch casnus = Eiche/Eichenwald ableitet. Es ist davon auszugehen, dass sich früher am Südhang des Winterberges ein auffälliger Eichenbestand befand. Ableitungen wie „Kasen" oder „Koos" kommen in Ortsnamen z. B. auch in der Eifel und im Taunus vor.

Ⓢ St. Arnual Ⓓ Winterberg 66119 ↔ 758 Meter 196 Einwohner
Seitenstraße der Theodor-Heuss-Straße Ⓠ Bau, Int, Joch

Im Kirschgrund – Bezeichnung für das Flurstück am nördlichsten Ende von Scheidt Richtung Rentrisch östlich der Bahnlinie. Aufgrund des fruchtbaren Bodens wurden hier Kartoffeln angepflanzt, aber auch Kirschbäume sind überliefert.

Ⓢ Scheidt Ⓓ Scheidt 66133 ↔ k.A. < 30 Einwohner
Wegeverbindung aus Rentrisch kommend nach Süden in Saarbrücker Gemarkung reichend
Ⓠ Näh

Im Knappenroth – Der Flurname „hinter Knappenrott" oder „in Knappen Rott" aus dem 18. Jahrhundert bezeichnet die Rodungsfläche entweder eines Knappen (Bergmanns) oder noch wahrscheinlicher einer Person oder Familie namens Knapp.

Ⓢ Malstatt Ⓓ Rastpfuhl 66113 ↔ 668 Meter 108 Einwohner
verbindet Lebacher Straße und Jenneweg Ⓠ Bau, LHS

Im Königsfeld – Der Flurname „Königsfeld" oder „Königsbaum" ist hier seit dem 17. Jahrhundert überliefert, kann aber nicht erklärt bzw. mit einem König in Verbindung gebracht werden. Angeblich standen hier mächtige = „königliche" Bäume.

Ⓢ Güdingen Ⓓ Alt-Güdingen 66130 ↔ 972 Meter 202 Einwohner
verbindet Bergstraße und Höhenweg mit Abzweigungen (Wohngebiet Güdinger Berg)
Ⓠ Güd, Phi

Im Kuhnenborn – Der Flurname Cunenborn/Kuhnenborn geht auf die Kune = Kiefer zurück (vgl. Kienspan zum Anzünden eines Ofens) sowie auf Born = Quelle. Hier dürfte sich also ein Quellplatz unter Kieferbäumen befunden haben. Allerdings wird auch Kuhn als Personenname zur Erklärung herangezogen.

Ⓢ Dudweiler Ⓓ Wilhelmshöhe-Fröhn ✉ 66125 ↔ 232 Meter ⚲ < 30 Einwohner
Seitenstraße der St. Avolder Straße Ⓠ Dud, DuStr

Im Lerchenfeld – Da Lerche hier mit „e" geschrieben wird, darf man davon ausgehen, dass der Vogel namensgebend ist, weil er sich auf den angrenzenden Feldern niedergelassen hat. Aufgrund des nahen Waldes ist aber auch der Baum Lärche nicht ganz auszuschließen.

Ⓢ Dudweiler Ⓓ Dudweiler Süd ✉ 66125 ↔ 182 Meter ⚲ 30 Einwohner
Seitenstraße des Alten Stadtweges Ⓠ Dud, DuStr, Phi

Im Lobach – Der Lobach ist ein kleiner, in seinem Verlauf nicht mehr nachvollziehbarer Seitenbach der Saar. Sein Name leitet sich vom germanischen Wort „Lô" = Sumpf ab.

Ⓢ Güdingen Ⓓ Alt-Güdingen ✉ 66130 ↔ 488 Meter ⚲ 113 Einwohner
Seitenstraße von Im Allmet mit kammartigen Abzweigungen Ⓠ Güd

Im Lochfeld – Die Straße verläuft in einer Senke = einem „Loch" zwischen dem Kugel- und Hengstelberg. Bereits in der ursprünglichen Flurnamensgebung (seit dem 18. Jahrhundert überliefert) wurde die Gegend so bezeichnet.

Ⓢ Bübingen Ⓓ Bübingen ✉ 66129 ↔ 312 Meter ⚲ 95 Einwohner
Seitenstraße der Hengstelbergstraße mit Treppenverbindung zum Schulweg und Abzweigung
Ⓠ Lauf

Im Malhofen – Die alte Flurbezeichnung „Mallhof" soll zurückgehen auf einen so genannten Platz, der den Grundbesitzern Burbachs zum Schlichten von Streitigkeiten diente. Es soll sich um eine Art Markgeding gehandelt haben, einem Ort der Gerichtsbarkeit zur Regelung von Angelegenheiten zwischen Eigentümern (z. B. Nutzungsrechte). Burbach gehörte früher den Grafen von Saarbrücken, den Herren von Sötern und von Kerpen.

Ⓢ Burbach Ⓓ Füllengarten ✉ 66115 ↔ 264 Meter 🚶 135 Einwohner
⊕ Seitenstraße der Jakob-/Pfaffenkopfstraße mit Fußgängerbrücke zu Im Weyerbachtal
Ⓠ Bau, DRW

Im Mittleren Gottwill – siehe „Am Gottwill"
Da die Straße in der Mitte des Gottwill genannten Bereichs verläuft, erklärt sich der Namenszusatz.

Ⓢ Alt-Saarbrücken Ⓓ Bellevue ✉ 66117 ↔ 234 Meter 🚶 77 Einwohner
⊕ verläuft innerhalb des Ring am Gottwill Ⓠ Bau, LHS

Im Mühlenwäldchen – Parallel zum Mühlenweg verläuft der Bübinger Mühlenbach. Hier standen seit dem Mittelalter mindestens an zwei unterschiedlichen Standorten Mühlen. Die Straße dürfte nach einem der Mühle nahe gelegenen Wäldchen benannt sein.

Ⓢ Bübingen Ⓓ Bübingen ✉ 66129 ↔ 110 Meter 🚶 34 Einwohner
⊕ Seitenstraße des Mühlenweges Ⓠ Lauf, Phi

Im Rosenfeld – Der Flurname Rosenfeld ist seit dem 18. Jahrhundert überliefert und lässt sich nicht konkret erklären, jedoch ist wahrscheinlich, dass ein früherer Bewuchs des Geländes mit Wildrosen namensgebend war.

Ⓢ Dudweiler Ⓓ Dudweiler Süd ✉ 66125 ↔ 150 Meter 🚶 < 30 Einwohner
⊕ Seitenstraße der Gartenstraße mit Fußwegverbindung zur Bruchwiesen- und Parallelstraße
Ⓠ Dud, DuStr

Im Rosengarten – Die Rose als Blume wird als namensgebend nicht favorisiert. Entweder bezieht sich der alte Flurname (seit dem 17. Jahrhundert überliefert) auf Roß = Pferd oder auf das Wort „Rossel/Roßel", was so viel wie Stein- oder Wasserrauschen bedeutet und entsprechend auf Wasserabfluss oder abrutschendes Geröll am steilen nördlichen Hang hindeuten könnte. In anderen Regionen bezeichnet Rossel einen Steinhaufen oder -hang, womit das lautmalerische Wort „rasseln" verwandt ist.

Ⓤ *bis Mitte 50er Jahre Saargemünder Straße*

Ⓢ *Güdingen* Ⓓ *Alt-Güdingen* ✉ *66130* ↔ *870 Meter* 🚶 *95 Einwohner*
⌖ *verbindet Bühler und Saargemünder Straße (Bübingen)* Ⓠ *Güd, HSe, Lagis*

Im Rotfeld – Dieses Gelände weist die seit dem 16. Jahrhundert nachgewiesenen Flurnamen „in der Röth", „Röthfeld" und „Röthwiese" auf. Es dürfte sich um eine Rodungsfläche nahe des alten Dorfes Malstatt gehandelt haben.

Ⓢ *Malstatt* Ⓓ *Unteres Malstatt* ✉ *66115* ↔ *340 Meter* 🚶 *0 Einwohner*
⌖ *verbindet Paul-Schmook- und Wiesenstraße (Gewerbegebiet)* Ⓠ *Bau, LHS*

Im Röthschesfeld – Der Name dürfte eine Abwandlung des Flurnamens „Im Röttgesfeld" sein, der seit dem 18. Jahrhundert nachgewiesen ist und gerodetes Land meint.

Ⓢ *Bübingen* Ⓓ *Bübingen* ✉ *66129* ↔ *232 Meter* 🚶 *50 Einwohner*
⌖ *Seitenstraße von Auf den Ellern* Ⓠ *Lauf, Phi*

Im Sauerbrod – Hier ist die schlechte Bodenqualität namensgebend, vergleichbar mit „Sauerwiesweg" und „Am Gottwill". Umgangssprachlich war die Beschaffenheit des Bodens so schlecht, dass den Besitzern „das Brot sauer" wurde.

Ⓤ *Abschnitt Dudweiler Landstraße - Semperstraße bis 1947 Knobelsdorffstraße*

Ⓢ *St. Johann* Ⓓ *Am Homburg* ✉ *66123* ↔ *649 Meter* 🚶 *240 Einwohner*
⌖ *verbindet Dudweiler Landstraße und Am Homburg* Ⓠ *Bau, LHS*

Im Schacht – siehe Große Schachtstraße

Ⓢ *Malstatt* Ⓓ *Unteres Malstatt* ✉ *66115* ↔ *78 Meter* 🚶 *85 Einwohner*
⌖ *verbindet Kleine und Große Schachtstraße* Ⓠ *Bru1, LHS*

Im Scheidter Eck – Die Straße befindet sich in einem Zwischenraum („Eck“) übergeordneter Straßen, die in Richtung Scheidt führen.

Ⓢ *Dudweiler* Ⓓ *Geisenkopf* *66125* ↔ *249 Meter* *54 Einwohner*
verbindet Im Birkenfeld und Scheidter Straße Ⓠ *DuStr, Phi*

Im Scheuergarten – Die Straße verläuft im Bereich früherer Gärten unweit der Zehnt- oder Zinsscheune (Scheune = „Scheuer“). In dieser wurde der der Landesherrschaft zustehende zehnte Teil der Ernte abgegeben und gelagert (siehe auch „Im Heimgarten“ Dudweiler). Diese Abgabe ist sozusagen ein Vorläufer der heutigen Steuern.

Ⓢ *Dudweiler* Ⓓ *Dudweiler Mitte & Süd* *66125* ↔ *219 Meter* *34 Einwohner*
verbindet Alter Stadtweg und Gartenstraße Ⓠ *DuStr*

Im Schneiderfeld – Namensgebende Person ist Valentin Schneider, ein Hufschmied, der im 18. Jahrhundert auf dem Büchel wohnte. Er dürfte im Verlauf der Straße Grundbesitz gehabt haben.

Ⓢ *Dudweiler* Ⓓ *Dudweiler Süd* *66125* ↔ *131 Meter* *53 Einwohner*
verbindet Hofweg und Gartenstraße Ⓠ *DuStr, Phi*

Im Schultälchen – Vor 1736 konnte sich die Gemeinde Scheidt zwecks Unterricht der Schüler noch kein eigenes Schulgebäude leisten. Daher wurden die Schüler in den Sommermonaten im Freien unterrichtet - in dem hier gelegenen Wiesengrundstück östlich der Durchgangsstraße. Eine weitere Erklärung könnte sein, dass das Stück Land Teil der Besoldung des Schullehrers war. Seit dem 18. Jahrhundert sind mehrere Parzellen als „Schulgüter“ dokumentiert.

Ⓢ *Scheidt* Ⓓ *Scheidt* *66133* ↔ *153 Meter* *< 30 Einwohner*
Seitenstraße der Kaiserstraße mit Abzweigung Ⓠ *Bal4, Näh*

Im Steinling – Der seit dem 17. Jahrhundert überlieferte Flurname weist auf einen hier besonders steinigen Boden hin.

Ⓢ *Bübingen* Ⓓ *Bübingen* *66129* ↔ *91 Meter* *< 30 Einwohner*
Seitenstraße der Rebenstraße mit Wegeverbindung zur Saargemünder Straße Ⓠ *Lauf*

Im Tiefenbach – Die Straße verläuft parallel zum Fechinger Tiefenbach, dessen Name wohl von dessen tiefem Einschneiden herrührt. Er entspringt im unteren Muschelkalk und fließt in die Felszone des oberen Buntsandsteins ein, wo er in den Saarbach mündet.

Ⓢ *Brebach-Fechingen* Ⓓ *Fechingen* *66130* ↔ *405 Meter* *103 Einwohner*
Seitenstraße der Bliesransbacher Straße mit Abzweigungen Ⓠ *BbFch, Phi*

Im Tierbachtal – Die Straße verläuft entlang des Tierbachs, der inzwischen kanalisert ist und in den Sulzbach mündet. Er wurde nach Flurbezeichnungen, die bis ins 17. Jahrhundert nachweisbar sind, benannt („In der Thierbach", „Oben in Thierbach" etc.). Die Bedeutung des Gewässernamens lässt sich nicht klären.

Ⓤ *bis 1962 Teil der Tierbachstraße (Schließung des Tunnels unter der Eisenbahnlinie)*
Ⓢ *Dudweiler* Ⓓ *Dudweiler Nord* *66115* ↔ *785 Meter* *63 Einwohner*
verbindet Camphauser und Sandstraße Ⓠ *DuStr*

Im Weyerbachtal – Der Unterlauf des Burbachs, zu dem die Straße parallel verläuft, wurde früher „Weierbach" oder „Weyherbach" genannt, da er den ehemaligen Mühlenweiher, nahe des Dorfkerns von Burbach (siehe In den Weihergärten) speiste.

Ⓢ *Burbach* Ⓓ *Ottstraße* *66115* ↔ *867 Meter* *< 30 Einwohner*
Verlängerung der Von-der-Heydt-Straße Höhe Im Malhofen Richtung Burbacher Waldweiher
Ⓠ *Bau*

Im Wieschen – Der Name geht auf eine Flurbezeichnung zurück, die eine Grünlandfläche mit geringen Ausmaßen darstellt.

Ⓢ *Bischmisheim* Ⓓ *Bischmisheim* *66132* ↔ *55 Meter* *0 Einwohner*
Seitenstraße der Brebacher Straße Ⓠ *Karg, Phi*

Im Wiesental – Der Weg verläuft parallel zum Lauf des Rohrbachs (hier auch „Scheidter Bach" genannt). Dieser enspringt am Kahlenberg und fließt über knapp 18 km bis in die Saar nördlich von Güdingen. Er wurde 1936/37 begradigt. Vorher war das Tal, das heute durch Verkehr und Siedlung dominiert wird, ein Tal mit einem mäandrierenden Bachlauf, an den auf beiden Seiten feuchte Wiesen grenzten. Flurbezeichnungen wie Bruchwies oder Seegwies unterstreichen das.

Ⓢ *Scheidt* Ⓓ *Scheidt* ✉ *66133* ↔ *1211 Meter* *< 30 Einwohner*
verbindet Bahnhofstraße und Friedhofsweg Ⓠ *Bal4, Lex, Näh*

Im Wildfang – Um die Jagd zu erleichtern, wurden „Wildbahnen" oder gehegte Wildbezirke angelegt, wo das Wild quasi „gefangen" und zum Abschuss freigegeben wurde. Am Ortsrand erscheint eine solche Nutzung plausibel. Der alte Flurname „Unten am Wildfang" ist hier namensgebend.

Ⓢ *Ensheim* Ⓓ *Ensheim* ✉ *66131* ↔ *240 Meter* *59 Einwohner*
Seitenstraße der Eschringer Straße Ⓠ *Gla, Hau*

Im Winterfeld – An den nördlichen Bergflanken und -hängen bleibt im Winter der Schnee am längsten liegen. Fluren, die so gelegen sind, werden häufig mit dem Namen „Winter" versehen. Das Güdinger Winterfeld liegt nördlich des Güdinger Berges. Ein anderes Beispiel hierzu siehe „Winterberg".

Ⓢ *Güdingen* Ⓓ *Alt-Güdingen* ✉ *66130* ↔ *78 Meter* *69 Einwohner*
Seitenstraße der Bühler Straße Ⓠ *Güd*

Im Wittum – Der Begriff Wittum bezeichnet ursprünglich ein „gewidmetes Gut", ein der Pfarrei zugehöriges Grundstück. Der Saarbrücker Wittumhof dürfte aber in Höhe des späteren Kohlenhafens gelegen haben, wo noch bis in die Nachkriegszeit ein gleichnamiger Straßenverlauf die Hohenzollern- und Saaruferstraße verband. Ebenfalls als Wittum bezeichnet wird ein Grundstück oder Eigentum zur Versorgung von Witwen. In diesem Fall soll hier die Witwe des Grafen Gustav Adolf zu Nassau-Saarbrücken, Gräfin Eleonore Klara ein Grundstück von 1677 – 1709 besessen haben (siehe Eleonorenstraße).

Ⓢ *Alt-Saarbrücken* Ⓓ *Malstatter Straße* ✉ *66117* ↔ *49 Meter* *50 Einwohner*
Seitenstraße der Werderstraße Ⓠ *Bau, Lagis, LHS*

In Dellen – Delle = Vertiefung im Gelände, Talmulde. Früher soll in diesem Bereich Weinbau stattgefunden haben, woher der hier ebenfalls gebräuchliche Flurname „in den Reben" stammt.

Ⓢ *Brebach-Fechingen* Ⓓ *Fechingen* ✉ *66130* ↔ *121 Meter* *32 Einwohner*
Seitenstraße des Hohlweges Ⓠ *BbFch*

In den Birken – Der Flurname gibt einen Hinweis auf die frühere Landschaft: Ödland mit Birkenbestand. Anschließend waren hier Gärten, bevor der Bereich besiedelt wurde.

Ⓢ *Brebach-Fechingen* Ⓓ *Neufechingen* ✉ *66130* ↔ *113 Meter* *39 Einwohner*
Seitenstraße des Mühlenweges Ⓠ *BbFch*

In den Eichen – Flurname für den Bereich westlich des heutigen Sportplatzes, der auf den früheren Bestand der Gegend mit Eichenbäumen schließen lässt.

Ⓢ *Ensheim* Ⓓ *Ensheim* ✉ *66131* ↔ *106 Meter* *32 Einwohner*
verbindet Friedrich-Ebert- und Ommersheimer Straße Ⓠ *Wil, Phi*

In den Ellern – Eller = Erle (Baum, der Hinweis auf mindere, oft feuchte Bodenbeschaffenheit gibt). Hier als Flurname in der Nähe des Aschbaches durchaus denkbar, da dieser für die Feuchtigkeit sorgt, den Erlenbäume mögen.

Ⓢ *Gersweiler* Ⓓ *Neu-Aschbach* ✉ *66128* ↔ *200 Meter* *93 Einwohner*
Seitenstraße der Hauptstraße mit Abzweigung und Wegeverbindung zur Breslauer Straße
Ⓠ *Büch, Phi*

In den Grasgärten – Alte Flurbezeichnung, die Rückschluss auf die frühere Landnutzung als Grünland zulässt. Straßen- und damit Flurname sind auch für die anliegende Förderschule namensgebend.

Ⓢ *Altenkessel* Ⓓ *Rockershausen* ✉ *66126* ↔ *134 Meter* *< 30 Einwohner*
Seitenstraße des Ostschachtes mit Wegeverbindung zu Am Alschbach Ⓠ *Altk, Phi*

In den Hallen – Die Straße erschließt seit 2002 die so genannten aw-Hallen, heute das Handwerkerzentrum. Dieses befindet sich in der umgebauten Wagenrichthalle des 1906 bis 1997 bestehenden Eisenbahn-Ausbesserungswerkes Saarbrücken-Burbach (Grundfläche 42.000 m²). Da die dort angesiedelten Firmen in einem „Haus-in-Haus"-Konzept unterkommen, erschließt die Straße unter dem Dach die einzelnen Objekte. Daher kann eine Länge nicht ermittelt werden.

Ⓢ *Burbach* Ⓓ *Füllengarten* *66115* ↔ *k.A.* *0 Einwohner*
Seitenstraße der Saar-Lor-Lux-Straße mit Abzweigungen (aw-Hallen) Ⓠ *Int, Phi*

In den Hanfgärten – Gleich zwei Flurnamen weisen darauf hin, dass hier früher einmal Pflanzen angebaut wurden, aus denen Textilfasern gewonnen wurden: Hanf (krautige Pflanze aus der auch Öl und Rauschmittel hergestellt wurden) und Flachs (auch Gemeiner Lein oder Flachspflanze). Die Flurnamen „flachsfeld" und „in den/hinter den hanfgärten" sind seit dem 17. Jahrhundert überliefert.

Ⓢ *Burbach* Ⓓ *Hochstraße* *66115* ↔ *130 Meter* *125 Einwohner*
verbindet Helgenbrunnen und Brüderstraße Ⓠ *Bau, Lex, Phi*

In den Heckgärten – Alter Flurname, der auf die Nutzung als mit Hecken bestandenes Gartenland hinweist und von kleinen Gräben und Gewässern (Lobach, Schlammgraben) umgeben war, über die früher einige Brückchen zur Saargemünder Straße führten.

Ⓤ *früher Kirchstraße*

Ⓢ *Güdingen* Ⓓ *Alt-Güdingen* *66130* ↔ *240 Meter* *32 Einwohner*
Seitenstraße der Saargemünder Straße Ⓠ *Güd, Phi*

In den kurzen Rödern – Flurname seit spätestens dem 18. Jahrhundert, der auf gerodetes Land (urbar machen durch Holzeinschlag) hinweist. In Folge der Rodung des Waldes entstand hier früher Ackerland. Der Zusatz „kurz" könnte von dem Eindruck entstehen, dass nach Rodung zunächst nur noch kurze Gehölze, also Baumstümpfe und Büsche, übrig blieben. Die Stümpfe, auch Stubben genannt, wurden dann ausgegraben.

Ⓢ *Dudweiler & Herrensohr* Ⓓ *Dudweiler Nord & Herrensohr* *66125*
↔ *815 Meter* *199 Einwohner*
verbindet Am Neuhauser Weg und Alleestraße Ⓠ *DuStr, Fry*

In den Rodhecken – Das hier früher vorhandene Brachland war mit Heckenvegetation bestanden. Seitens der Fürsten war es der Bevölkerung erlaubt, zeitweise das Gelände zu roden, um Material für den Hausbrand (Heizen) zu gewinnen.

Ⓤ *zunächst Teil der Hirschbachstraße, dann bis Ende der 60er Jahre Grubenweg (Zufahrt zur Grube Hirschbach)*

Ⓢ *Dudweiler* Ⓓ *Flitsch* *66125* ↔ *610 Meter* *62 Einwohner*
verbindet Sulzbachtal- und Hirschbachstraße Ⓠ *DuStr*

In den Weihergärten – Im Bereich des heutigen Straßenverlaufes befand sich bis Ende des 18. Jahrhunderts ein nahe zum Dorfkern Burbachs gelegener, langgezogener Weiher, der Mühlenweiher, der mit Wasser des durchfließenden Burbachs gespeist wurde. Er wurde trockengelegt und das so gewonnene Land 1779 versteigert (siehe „Im Etzel").

Ⓤ *bis 1947 Königstraße*

Ⓢ *Burbach* Ⓓ *Hochstraße* *66115* ↔ *201 Meter* *185 Einwohner*
verbindet Bergstraße und Marktsteig Ⓠ *Bau, Stpl*

In den Welkertswiesen – Der Flurname, der seit dem 17. Jahrhundert überliefert ist, soll auf feuchte Wiesen hinweisen. Der Begriff aus dem althochdeutschen „welc/welh" bzw. mittelhochdeutschen „welk/welch/wilch" bedeutet feucht, milde oder weich.

Ⓢ *Herrensohr* Ⓓ *Herrensohr* *66125* ↔ *734 Meter* *195 Einwohner*
Seitenstraße von In den kurzen Rödern Ⓠ *DuStr, Lagis*

In der Brunnenwies – Die alte Flurbezeichnung bezieht sich ursprünglich auf einen schmalen Streifen zwischen Waldrand und Verlauf des heutigen Brunnenweges. Der namensgebende Brunnen stand an der Abzweigung Brunnenweg/In der Brunnenwiese am westlichen Ende des Straßenverlaufs.

Ⓤ *alter Name Brunnenweg*

Ⓢ *Scheidt* Ⓓ *Scheidterberg* *66133* ↔ *162 Meter* *< 30 Einwohner*
verbindet Höhen- und Brunnenweg mit Abzweigung Ⓠ *Bal2, Bal3*

In der Dumpf – Die Herkunft des Wortes „Dumpf" kann nicht abschließend geklärt werden, es könnte aber so viel bedeuten wie „Abhang" oder „Mulde".

Ⓢ Eschringen Ⓓ Eschringen 66130 ↔ 260 Meter < 30 Einwohner
Seitenstraße der Andreas-Kremp-Straße Ⓠ Schm3

In der Fröhn – Der Flurname Fröhn leitet sich von der Bezeichnung Frondienst ab: persönliche, unentgeltliche Dienste eines Untertanen gegenüber den Grundherren. In der Saarbrücker Grafen- und Fürstenzeit könnte der heute so genannte Bereich nahe Dudweiler ein Sammelplatz für Treiber gewesen sein, die die Herrschaft als Frondienstler bei der Jagd unterstützten.

Ⓢ Dudweiler Ⓓ Wilhelmshöhe-Fröhn 66125 ↔ 908 Meter 164 Einwohner
Seitenstraße der Sulzbachtalstraße Ⓠ DuStr, Lex

In der Galgendell – Bezeichnet eine Vertiefung bzw. ein Tal (= Dell/ Delle) nahe des Saarbrücker Galgenberges. Dieser ist heute noch südlich des Straßenverlaufes Höhe Dolomitensteig zu erkennen. Hier befand sich die Hinrichtungsstätte Saarbrückens, der Galgen. Die erste Erwähnung geht ins Jahr 1536 zurück. Die letzten Todesurteile sollen 1784 vollstreckt worden sein. Mehrere Flurnamen weisen darauf hin: Das heutige Ehrental hieß früher „Galgengrund", auch „hinter dem Galgen", „Galgenberg" und „Galgenplatz" sind überliefert.

Ⓢ Alt-Saarbrücken Ⓓ Triller 66117 ↔ 976 Meter 39 Einwohner
verbindet Metzer Straße und Hohe Wacht Ⓠ Bau, Cen, Spu1

In der Hahnenklamm – Die Straße verläuft parallel zum gleichnamigen Bachlauf (auch Hahnenbach oder Talbach genannt) und unmittelbar zur Gemeindegrenze Saarbrücken - Kleinblittersdorf. Der Begriff „Klamm" weist auf einen tiefen Einschnitt im Gelände hin (Schlucht, enges Tal), die Erklärung des Wortes „Hahn" geht zurück auf das Wort Hagen = gehegter, eingefriedeter Ort. Also dürfte das Tal durch Hecken oder Zäune vom Umland abgegrenzt worden sein.

Ⓢ Bübingen Ⓓ Bübingen 66129 ↔ 810 Meter 44 Einwohner
Seitenstraße der Gartenstraße Ⓠ Lauf

In der Hamm – Der Flurname „Hamm" bezeichnet oft ein gekrümmtes, am Abhang gelegenes Gelände, was hier zutreffen würde. Auch eine Einfriedung (vgl. Hagen) kommt in Erklärungsansätzen vor. Eine genaue Erklärung ist an dieser Stelle nicht ausfindig zu machen.

Ⓢ *Bischmisheim* Ⓓ *Bischmisheim* *66132* ↔ *243 Meter* *43 Einwohner*
Seitenstraße der Hauptstraße Ⓠ *Lagis, PfWB*

In der Helmerswies – Die Straße liegt direkt gegenüber des Halbergs, worauf auch der Flurname zurückgeführt wird: Halbergswiese (siehe auch „Im Helmerswald", nachgewiesen seit ca. 1500). Der Wechsel „Hel"/„Hal" wird auf mundartliche Variationen zurückgeführt.

Ⓢ *Schafbrücke* Ⓓ *Schafbrücke* *66121* ↔ *140 Meter* *67 Einwohner*
Seitenstraße der Bahnstraße mit Fußweg zum Distelfeld Ⓠ *Bau, Eschb*

In der Hembach – Hier gibt es mehrere Flurnamen nach dem kleinen Fließgewässer Hembach. Da dieser Bach ausschließlich auf Eschringer Gebiet verläuft, ist er ein „heimischer Bach", genannt „Heimbach", woraus Hembach entstand.

Ⓢ *Eschringen* Ⓓ *Eschringen* *66130* ↔ *193 Meter* *52 Einwohner*
Seitenstraße der Karl-Leidinger-Straße Ⓠ *Schm 1*

In der Humes – Mit Humes werden Bereiche mit feuchtem Boden (abzuleiten von „Humus", lateinisch humidus = nass) benannt, die oft Niederungen oder Vernässungsbereiche bilden. Es handelt sich oft um gutes Gartenland.

Ⓢ *Bischmisheim* Ⓓ *Bischmisheim* *66132*
↔ *53 bzw. 105 Meter* *< 30 Einwohner*
zwei nicht mehr verbundene Seitenstraßen der Hauptstraße und des Talweges
Ⓠ *Karg, Phi*

In der Itsch – Mehrere Flurnamen (Hinter der Itsch, Itscherberg, Itschwies...) haben dasselbe Bedeutungswort. Dieses ist höchstwahrscheinlich mundartlich verändert worden von „Rütsch" oder „Ritsch", was so viel wie abgerutschtes oder rutschiges Bodenstück bedeutet. Die Tatsache, dass Mensch oder Vieh hier abrutschten, könnte als typisch erachtet und durchaus namensgebend sein. Bei den Gebrüdern Grimm wird eine Kröte als „Itsch(e)" bezeichnet. Hierzu ist aber kein Bezug festzustellen.

Ⓢ *Brebach-Fechingen* Ⓓ *Neufechingen* ✉ *66130* ↔ *138 Meter* 🚹 *< 30 Einwohner*
⊕ *Seitenstraße von In der Wiedheck mit Abzweigungen* Ⓠ *BbFch, Lex*

In der Kimmbach – Benannt nach dem von Nordwesten kommenden Bachlauf Kimmbach, der bereits seit dem 15. Jahrhundert Erwähnung findet – mit unterschiedlichen Namen: Kün-, Kinn- oder Kienbach. Eine seiner Quellen ist der Kienborn. Zugrunde dürfte die alte Bezeichnung „Kün" oder „Kien" für den Nadelbaum Kiefer liegen. Um sein Quellgebiet herum darf man sich also Kiefernbestände vorstellen. Eine andere Namenserklärung sieht in „Kimm" (lat. caminus, französisch chemin) einen Begriff, der eine (römische) Wegeverbindung beschreibt, obgleich es in dieser Gegend wohl nachweislich keine gab.

Ⓢ *Eschringen* Ⓓ *Eschringen* ✉ *66130* ↔ *117 Meter* 🚹 *< 30 Einwohner*
⊕ *Seitenstraße der Hauptstraße* Ⓠ *Schm1*

In der Mückendell – Die Namensgebung geht auf einen Flurnamen aus dem 18. Jahrhundert zurück, der eine nahe gelegene Niederung (Dell(e) = Vertiefung, Kerbe, Einschnitt – in Höhe der Straße Im Birkenfeld) mit einem für Mücken und Fliegen (wahrscheinlich aufgrund der Feuchtigkeit) beliebten Brutgebiet, bezeichnet.

Ⓢ *Dudweiler* Ⓓ *Geisenkopf* ✉ *66125* ↔ *124 Meter* 🚹 *50 Einwohner*
⊕ *Seitenstraße von Am Geisenberg mit Wegeverbindung zur Beethovenstraße* Ⓠ *Dud, DuStr*

In der Nachtweid – Als Nachtweide wird ein Stück Weideland bzw. Wiese bezeichnet, welches zum Übernachten des Viehs oder der Pferde diente und in der Regel bewacht war. In diesen teils bewaldeten Bereich wurde das Vieh nachts getrieben, weil es dort nicht nur Schutz, sondern auch Nahrung bekam.

Ⓢ *Bischmisheim* Ⓓ *Bischmisheim* ✉ *66132* ↔ *421 Meter* 🚹 *69 Einwohner*
⊕ *verbindet Am Rebenberg/Forstweg und Gartenstraße* Ⓠ *Karg, Lagis, Phi*

In der Nachtweide – s. o.

Ⓢ *Gersweiler* Ⓓ *Ottenhausen* ✉ *66128* ↔ *347 Meter* *116 Einwohner*
verbindet Ostschachtstraße und Grubenweg Ⓠ *Büch, Lagis*

In der Röth – Der seit dem 16. Jahrhundert überlieferte Flurname dürfte auf das Wort „Rodung" zurückzuführen sein. Die Wiesen entlang der Saar wurden überwiegend durch Fällen von Bäumen und Sträuchern gewonnen. Aber auch ein Bezug zur Farbe rot (rote Färbung des hier vorkommenden Buntsandsteins durch Eisenoxide) darf nicht gänzlich ausgeschlossen werden.

Ⓢ *Malstatt* Ⓓ *Unteres Malstatt* ✉ *66115* ↔ *287 Meter* *76 Einwohner*
verbindet Malstatter Markt und Steinstraße Ⓠ *Bau, Phi*

In der Sandkaul – Im Bereich der Straße und weiter östlich am Hang zum Scheidterberg wurde Sand gewonnen. 1909 fanden sogar Sprengungen statt, um Sand zum Aufschütten der Straßenbrücke zu gewinnen. Der Bereich befindet sich im Übergang vom mittleren zum oberen Buntsandstein, der an vielen Stellen in Saarbrücken als Baustein abgebaut wurde. „Kaul(e)" = Vertiefung, Grube.

Ⓤ *früherer Name: Steiler Weg*

Ⓢ *Scheidt* Ⓓ *Scheidt* ✉ *66133* ↔ *184 Meter* *38 Einwohner*
Seitenstraße der Scheidterbergstraße Ⓠ *Näh, Phi*

In der Sitters – Die Deutung des Flurnamens Sitters oder Seiters ist umstritten. Die meistgenannte und auch hier plausible Erklärung ist „seitwärtiges Land", also ein Stück Land, was „an der Seite" liegt - nicht nur geographisch, sondern bezüglich seiner untergeordneten Bedeutung. Meistens handelt es sich um unfruchtbares oder Waldland.

Ⓢ *Gersweiler* Ⓓ *Ottenhausen & Gersweiler Mitte* ✉ *66128*
↔ *571 Meter* *197 Einwohner*
ringförmige Seitenstraße der Pfählerstraße mit Abzweigung Ⓠ *Bau, Büch, Lagis*

In der Wagenlück – Um eine Wegeverbindung durchgängig befahrbar zu machen, wurde wahrscheinlich im 18. Jahrhundert ein Felsriegel zwischen Löbel und Pfaffenkopf durchbrochen, und zwar so breit, dass genau ein Fuhrwerk hindurchpasste - eine Lücke für einen Wagen. Erst 1931 entstand die Straße in der heutigen Dimension.

Ⓢ Dudweiler Ⓓ Pfaffenkopf 66125 ↔ 327 Meter 108 Einwohner
verbindet Am Schwimmbad und Scheidter Straße Ⓠ DuStr

Druckfehler: Eingentlich sollte dieses Schild in Brebach-Fechingen aufgehängt werden.

In der Wiedheck – Der Flurname leitet sich aus dem althochdeutschen „witu" = Holz, Gehölz ab und weist auf den früheren Bewuchs der Gegend hin. Der Zusatz „Heck" lässt vermuten, dass es sich um Niederholz bzw. Buschwerk handelte, also keinen ausgewachsenen (Hoch-)Wald.

Ⓢ Brebach-Fechingen Ⓓ Neufechingen 66130 ↔ 605 Meter 73 Einwohner
verbindet Saarbrücker und Erzbergerstraße Ⓠ BbFch, Phi

In Klein Mayen – Der Flurname „Mayen" oder „Meye(n)" ist seit dem 17. Jahrhundert bekannt und wurde später in „Groß-" und „Klein-Mayen" unterteilt. Die Bedeutung des Namens ist unklar. Erklärungsversuche sehen einen hier praktizierten Maibrauch oder beziehen sich auf den sumpfigen Untergrund.

Ⓢ Güdingen Ⓓ Alt-Güdingen 66130 ↔ 169 Meter < 30 Einwohner
verbindet Theodor-Heuss- und Bühlerstraße Ⓠ Güd

Industriestraße – Die Straße erschließt das westlich der gesamten Ortslage Bübingen gelegene Industrie- und Gewerbegebiet mit vielen namhaften Betrieben wie Ursapharm, Eppers, MTD Motorgartengeräte oder die Bübinger Werkstätten der Lebenshilfe.

Ⓢ Bübingen Ⓓ Bübingen ✉ 66129 ↔ 2159 Meter 🚶 < 30 Einwohner
Seitenstraße der B51, Erschließung Industriegebiet Bübingen mit Abzweigungen Ⓠ Int, Phi

Innovationsring – Der 2001 vergebene Name soll an die Innovationskraft der sich hier ansiedelnden Unternehmen der IT-Branche rund um die IDS Scheer AG erinnern. Der erste Name des neuen Entwicklungsgebietes auf dem Gelände der ehemaligen Drahtseilfabrik und des früheren Alsbach-Schachtes der Grube Luisenthal (Fördergerüst immer noch als Landmarke) war „SITZ" = Saarbrücker Innovations- und Technologiezentrum, später dann „IT-Park Saarland" und heute „InnovationsCampus Saar".

Ⓢ Burbach Ⓓ Füllengarten ✉ 66115 ↔ 691 Meter 🚶 0 Einwohner
verbindet Werner-von-Siemens-Allee und Altenkesseler Straße mit Abzweigung Ⓠ Int, LHS, Phi

Irgenhöhe – Anhöhe nördlich des Irgentals, Namenserklärung siehe Irgentalweg.

Ⓢ Güdingen Ⓓ Schönbach ✉ 66119 ↔ 602 Meter 🚶 505 Einwohner
Zweigt an zwei Stellen vom Irgentalweg ab, mit Abzweigungen Ⓠ Bau

Irgentalweg – Der Flurname „ircken thal" ist bereits seit dem 16. Jahrhundert belegt und könnte sich auf den Bewuchs des Tals mit Birken beziehen. Durch so genannte Assimilation ist das „b" im Wort im Laufe der Zeit verschwunden. Umgekehrt ist es möglich, dass der 1731 und 1737 verwendete Name Birkenthal eine künstliche Umdeutung des alten Namens ist - eine abschließende Deutung ist also nicht möglich.

Ⓢ Güdingen Ⓓ Schönbach ✉ 66119 ↔ 541 Meter 🚶 169 Einwohner
Seitenstraße der Großblittersdorfer Straße Ⓠ Bau, Güd

Irscher Weg – Irsch: Ortsgemeinde in der Verbandsgemeinde Saarburg, Landkreis Trier-Saarburg, ca. 1.500 Einwohner. Der Ort ist für seinen Weinbau und Tourismus bekannt. Es gibt zwei weitere Orte namens Irsch, einer bei Trier, einer bei Bitburg. Da in diesem Wohngebiet Straßennamen nach Orten im unteren Saartal dominieren, ist davon auszugehen, dass Irsch bei Saarburg gemeint ist.

Die auf manchen Stadtplänen erscheinende Straße existiert nicht in der Realität. Geplant war hier eine Nachverdichtung der Wohnbebauung, für die auch Parzellen freigehalten wurden. Im westlichsten Teil ist ein nicht zugänglicher Fußweg im geplanten Verlauf der Straße zu erkennen.

Ⓢ Malstatt Ⓓ Rastpfuhl ✉ 66113 ↔ k.A. 🚶 0 Einwohner
⊕ verbindet als nicht real existierende Planungsstraße Wiltinger Weg und Hubert-Müller-Straße Ⓠ Lex, LHS, Oem

J

Isenheimer Straße – Isenheim (französisch Issenheim): französische Gemeinde im Département Haut-Rhin (Région Grand-Est, Elsass), ca. 3.400 Einwohner. Der in Colmar ausgestellte Isenheimer Altar stammt aus einem Isenheimer Kloster. Die Gemälde des Altars stammen von Mathias Grünewald (siehe Grünewaldstraße).

Teil eines Viertels mit Straßennamen nach elsässischen Orten.

Ⓢ Burbach Ⓓ Ottstraße ✉ 66113 ↔ 245 Meter 🚶 157 Einwohner
⊕ verbindet Weißenburger- und Rappoltsweilerstraße mit Abzweigung Ⓠ Lex, LHS

Jägerheim – Der Weg führt zum ehemaligen Jägerheim, das bis 2006 durch die Vereinigung der Jäger im Saarland genutzt wurde, bevor diese nach Saarwellingen umzogen. Das Gebäude wird heute als „C 9.3" (Graduate Center, siehe Campus C) von der Universität genutzt.

Ⓢ St. Johann Ⓓ Universität ✉ 66123 ↔ 228 Meter 🚶 0 Einwohner
⊕ Seitenweg einer Erschließungsstraße des Universitäts-Campus Ⓠ Int

Jägerpfad – Die Straße verläuft in unmittelbarer Nähe zum Stiftswald des Stifts St. Arnual. Hier wurden Jagdbereiche festgelegt, die so genannten Jagden. Bei der Benennung der Straße war somit der Berufsstand des Jägers im Wortsinne „naheliegend". Bildet mit „Am Forst" ein sinnhaftes Namenspaar.

Ⓢ *Klarenthal* Ⓓ *Klarenthal* *66127* ↔ *304 Meter* *44 Einwohner*
verbindet Am Forst und Karlstraße Ⓠ *Klar*

Jägersfreuder Straße – Nach dem Saarbrücker Ortsteil Jägersfreude im Sulzbachtal benannt. Der Ort wiederum hat seinen Namen erhalten, weil dort noch zu Zeiten der Saarbrücker Grafen und Fürsten die Jäger „mit Freude" ihrer Jagd im Wald nachgingen. Der letzte Fürst, Ludwig zu Nassau Saarbrücken, war ein passionierter Jäger. Die Straßenbenennung kann richtungsweisend sein (die Straße führt in ihrer nordöstlichen Fortsetzung in Richtung Jägersfreude), gruppiert sich aber auch in die Benennung vieler Rodenhofer Straßen nach Orten im Sulzbach-, Blies- und Nahetal ein.

Ⓢ *Malstatt* Ⓓ *Rodenhof* *66113* ↔ *565 Meter* *137 Einwohner*
verbindet Sittersweg und Heinrich-Köhl-Straße Ⓠ *Phi*

Jägerstraße – Wie bei den beiden vorgenannten Straßen dürfte hier der Bezug zu den nahe liegenden, ehemals fürstlichen Jagdgründen ausschlaggebend für die Benennung gewesen sein.

Ⓢ *Herrensohr* Ⓓ *Herrensohr* *66125* ↔ *365 Meter* *147 Einwohner*
verbindet Markt- und Römerstraße Ⓠ *DuStr*

Jahnplatz – Johann Friedrich Ludwig Christoph Jahn (11.8.1778-15.10.1852): deutscher Pädagoge, der im Kampf gegen den durch Napoléon I verkörperten französischen „Erbfeind" das Turnen als wichtige Methode der Leibesertüchtigung sah. Er verknüpfte seine politisch nationale Gesinnung (für ein vereintes Deutschland und gegen die damalige Kleinstaaterei) mit Leibeserziehung. 1811 richtete er in Berlin einen ersten öffentlichen Turnplatz ein, 1820 wurde er durch den Richter E.T.A. Hoffmann wegen seiner nationalen Gesinnung zu sechs Jahren Haft verurteilt. Später Mitglied der Frankfurter Nationalversammlung. Als „Turnvater Jahn" schrieb er deutsche Sportgeschichte, u.a. mit der im Turnerkreuz sichtbaren Losung „Frisch-Fromm-Fröhlich-Frei".

Ⓢ *Malstatt* Ⓓ *Unteres Malstatt* *66115* ↔ *ca. 55x65 Meter* *0 Einwohner*
Sportplatz zwischen Metzdorf-, Pfarrer-Bungarten-Straße und Bahndamm Ⓠ *Lex, Phi, Spu1*

Jahnstraße – Dem „Turnvater Jahn" (s.o.) aufgrund der Nähe zum Ensheimer Sportplatz gewidmet.

Ⓢ *Ensheim* Ⓓ *Ensheim* *66131* ↔ *126 Meter* *54 Einwohner*
verbindet Bischof-Baltes- und Ommersheimer Straße Ⓠ *Phi*

Jahnstraße – Auch hier ist der unmittelbar nördlich gelegene Bereich des Jahnsportplatzes namensgebender Anlass. Inzwischen (Stadtratsbeschluss Februar 2016) wird der östliche Bereich des Sportplatzes mit einem Altenheim bebaut. Auf der Restfläche soll weiterhin der 1882 gegründete Turnverein Dudweiler aktiv sein.
Teil eines Viertels mit Straßennamen nach sozialgeschichtlich bedeutenden Persönlichkeiten.

Ⓢ *Dudweiler* Ⓓ *Dudweiler Süd* *66125* ↔ *1087 Meter* *142 Einwohner*
zweigt an zwei Stellen ringförmig vom Hofweg ab, mit kammartigen Abzweigungen
Ⓠ *Int, Phi*

J

Jahnstraße – Den Bezug zum „Turnvater Jahn" (s. o.) stellt hier die an der Straße gelegene, 1955 eröffnete Turnhalle des 1879 gegründeten TV Altenkessel dar.

Ⓢ Altenkessel Ⓓ Altenkessel 66126 ↔ 554 Meter 78 Einwohner
verbindet Luisenthaler und Alleestraße Ⓠ Int

Jahnweg – Der Weg verläuft auf dem Gelände, auf dem sich in der ersten Hälfte des 20. Jahrhunderts der Krughütter Sportplatz (nördlich an die Heinrichstraße angrenzend) befand. Also ist auch hier der Bezug zu Johann Friedrich Jahn (s. o.) zu sehen.
Bildet mit Götzweg ein sinnhaftes Namenspaar.

Ⓢ Klarenthal Ⓓ Krughütte 66127 ↔ 72 Meter 31 Einwohner
Seitenstraße der Heinrichstraße Ⓠ Fry, Stpl

Jakobshütte – Die Jakobshütte war ein ehemaliges Torhaus der umzäunten herrschaftlichen bzw. fürstlichen Wälder. Namensgebender Hüter des Torhauses im späten 18. Jahrhundert war ein gewisser Jakob Raubuch. Sein Bruder war Heinrich Raubuch (siehe Heinrichshaus).

Ⓢ Burbach Ⓓ Füllengarten 66115 ↔ 227 Meter 33 Einwohner
Seitenstraße des Matzenberges Ⓠ Bau, Klau, LHS

Jakobshütter Weg – Der Weg führt in Richtung Jakobshütte bzw. daran vorbei, s. o.

Ⓢ Burbach Ⓓ Füllengarten 66115 ↔ 2998 Meter 30 Einwohner
verbindet Pfaffenkopfstraße (Burbach) und Pfaffenkopfstraße (Altenkesssel) Höhe Forsthaus Pfaffenkopf als L 272 Ⓠ Phi

Jakobstraße – An der Straße liegt das Gemeindezentrum der evangelischen Kirchengemeinde Brebach-Fechingen-Bliesransbach, welches nach dem heiligen Jakobus, einem erstberufenen Apostel Jesu, benannt ist.

Ⓢ Brebach-Fechingen Ⓓ Neufechingen 66130 ↔ 133 Meter 69 Einwohner
verbindet Saarbrücker und Ziehrerstraße Ⓠ Lex, Phi

Jakobstraße – Dem Apostel Jakobus gewidmet, s. o.
Bildet mit den in der Nähe gelegenen nach Petrus und Johannes benannten Straßen eine sinnhafte Namensgruppe.

Ⓢ Herrensohr Ⓓ Herrensohr 66125 ↔ 154 Meter 60 Einwohner
Seitenstraße der Bergstraße Ⓠ DuStr

Jakobstraße – Vermutlich ist auch hier der gleiche Jakob Raubuch namensgebend wie bei der Jakobshütte. Ein anderer Zusammenhang kann nicht hergestellt werden.

Ⓢ Burbach Ⓓ Hochstraße & Füllengarten 66115
↔ 424 Meter 236 Einwohner
verbindet Pfaffenkopf- und Bergstraße Ⓠ LHS, Phi

Jakob-Welter-Straße – Jakob Welter (31.8.1907 - 19.4.1944): deutscher Handwerker, geboren und aufgewachsen in Dudweiler. Kommunistischer Parteifunktionär seit 1927, Widerstandskämpfer im Saargebiet, Emigration 1935, Rückkehr ins Saargebiet und weiterhin Organisation von Widerstand gegen den Nationalsozialismus 1942. Nach Verrat Hinrichtung in Stuttgart.

Ⓤ bis 1946 Teil der Schützenstraße
Ⓢ Dudweiler Ⓓ Kitten & Dudweiler Mitte 66125
↔ 620 Meter 113 Einwohner
verbindet Neuweiler- und Schachtstraße Ⓠ Bio, DuStr

Jenneweg – Die Namensgebung leitet sich vom mittelhochdeutschen „jenent, enent, genent" = drüben, jenseits ab. Der Weg lag also im Verhältnis zur Haupterschließung der Gegend etwas abgelegen = „jenseitig". Erste Erwähnung im 15. Jahrhundert als „jhennen weg". Die namensgebende Situation ist bis heute unverändert.

Ⓢ Malstatt Ⓓ Jenneweg & Rastpfuhl 66113 ↔ 1655 Meter 775 Einwohner
Seitenstraße der Alten Lebacher Straße bis zum Gelände der Saarbrücker Eisenhandelsgesellschaft mit mehreren Abzweigungen Ⓠ Bau, LHS

J

Ein inoffizielles Schild am inoffiziellen Platz hängt immer noch, obwohl die Abschiedsparty lange vorbei ist.

Jens-Düwel-Platz – Jens Düwel (Jahrgang 1965): Geograph und Stadtplaner, Geschäftsführer der Viersener Grundstücks-Marketing-Gesellschaft. War bis 2018 maßgeblich an der Entwicklung des Quartiers Eurobahnhof beteiligt. Das inoffizielle Straßenschild wurde anlässlich seiner Verabschiedung von Kollegen der Gesellschaft für Innovation und Unternehmensförderung (GIU) installiert und kann temporär sein.

Ⓢ *St. Johann* Ⓓ *Hauptbahnhof* *66113* ↔ *k.A.* *0 Einwohner*
zwischen Europaallee und alter Buswerkstatt gelegen (Neubaugebiet Quartier Eurobahnhof)
Ⓠ *Phi*

Johanna-Hofer-Weg – Johanna Hofer geb. Jacob (6.7.1847–14.10.1918): deutsche Verlegerin. Nach dem Tod ihres Mannes Carl von 1887–1898 Herausgeberin der Saarbrücker Zeitung. Sie leistete Widerstand gegen Einflussnahme durch den Industriellen Carl Ferdinand von Stumm-Halberg auf die Presse.

Teil eines Viertels mit Straßennamen nach lokalhistorisch bedeutsamen Frauen.

Ⓢ *Malstatt* Ⓓ *Rastpfuhl* *66113* ↔ *127 Meter* *44 Einwohner*
Seitenstraße des Agnes -Kaiser-Weges Ⓠ *Bio, Frau*

Johanna-Wendel-Straße – Johanna Wendel (16.5.1897 - 19.1.1975): Krankenpflegerin und Gemeindeschwester der Kreuznacher Diakonie. War von 1936 - 1960 in Güdingen tätig und hat aufgrund ihres Engagements 1969 die Ehrenbürgerwürde Güdingens erhalten.

Ⓢ *St. Arnual* Ⓓ *Wackenberg* ✉ *66119* ↔ *438 Meter* 🚶 *96 Einwohner*
Seitenstraße des Lehmkaulweges mit paralleler Wegeverbindung Ⓠ *Bio, Frau*

Johannes-Hoffmann-Platz – Johannes Viktor Hoffmann (23.12. 1890 - 21.9.1967): Geisteswissenschaftler und Journalist, Ministerpräsident. 1935 Anhänger des Status quo gegen Anschluss des Saargebietes an das Deutsche Reich, anschließend Emigration, Internierung und Flucht. 1947 - 1955 saarländischer Ministerpräsident und Verfechter des Saarstatuts, für das selbstständige Saarland. Unterlag damit in der Saarabstimmung 1955 und zog sich aus der Politik zurück.

Ⓢ *St. Johann* Ⓓ *Hauptbahnhof* ✉ *66111* ↔ *ca. 140x53 Meter* 🚶 *0 Einwohner*
zwischen Hafenstraße und Congresshalle gelegen Ⓠ *Bio*

Johannesstraße – Aufgrund der in unmittelbarer Nähe gelegenen 1902 erbauten katholischen Kirche „St. Johannes Baptista" nach Johannes dem Täufer, einem enthaltsamen Prediger, von dem sich auch Jesus am Jordan taufen ließ.

Ⓢ *Altenkessel* Ⓓ *Altenkessel* ✉ *66126* ↔ *164 Meter* 🚶 *66 Einwohner*
verbindet Blumen- und Moritz-Wilhelm-Straße Ⓠ *Altk, Int, Lex*

Johannesstraße – Hier ist die in der Straße gelegene evangelische Kreuzkirche ausschlaggebend, die 1910 erbaut wurde. Insofern kann auch hier der Bezug zu Johannes dem Täufer (s. o.) gesehen werden.
Bildet mit Petrusstraße und der in der Nähe liegenden Jakobstraße eine sinnhafte Namensgruppe.

Ⓢ *Herrensohr* Ⓓ *Herrensohr* ✉ *66125* ↔ *321 Meter* 🚶 *132 Einwohner*
verbindet Markt- und Römerstraße Ⓠ *DuStr, Int*

Johannisbrücke – Die Brücke führt vom Verlauf der Grülingstraße, heute Autobahn in Richtung St. Johann. Die Stadt und der heutige Stadtteil St. Johann ist nach Johannes dem Täufer (s. o.) benannt.

Ⓢ *St. Johann, Malstatt & Jägersfreude* Ⓓ *Am Homburg, Rodenhof & Jägersfreude* *66123* ↔ *1245 Meter* *0 Einwohner*
verbindet Dudweiler Landstraße und Beginn A623 Höhe Anschlussstelle Rodenhof Ⓠ *Phi*

Johannisbüschweg – Als Flurname geht die Bezeichnung „Johannesbösch" oder „St. Johans Buschs" zurück bis ins 16. Jahrhundert. Namensgebend ist wahrscheinlich die Stadt St. Johann, also sinngemäß Buschland der Stadt St. Johann zugehörig oder nahe liegend.

Ⓢ *Jägersfreude* Ⓓ *Jägersfreude* *66123* ↔ *k.A.* *0 Einwohner*
Seitenweg des Pfeifershofweges Richtung Norden (Waldweg) Ⓠ *Bau, Phi*

Johannisstraße – Die Benennung der Straße geht auf den Johannistag 1898 zurück (Geburt Johannes des Täufers am 24.6.), an dem die Johanneskirche, die an der Straße liegt, geweiht werden sollte. Die Weihe fand aber erst am 6.7.1898 statt, aufgrund von Stichwahlen zum deutschen Reichstag. Die Weihe des neogotischen Kirchenbaus von Architekt Heinrich Güth wurde von Oberpfarrer Ilse (siehe Ilseplatz) vorgenommen.

Ⓢ *St. Johann* Ⓓ *Nauwieser Viertel* *66111* ↔ *292 Meter* *251 Einwohner*
verbindet Richard-Wagner-Straße und Rathausplatz Ⓠ *LHS, Phi*

Johannisstraße – Im Rahmen der Recherchen zu diesem Buch konnte die Person, deren Vornamen hier verwendet wird, nicht identifiziert werden. Denkbar ist der heilige Johannes als Namensgeber bzw. in der Genitiv-Form der ihm zugeschriebene Johannistag (s. o.).

Ⓢ *Brebach-Fechingen* Ⓓ *Neufechingen* *66130* ↔ *91 Meter* *41 Einwohner*
verbindet Mühlenweg und Saarbrücker Straße Ⓠ

Johannstraße – An dieser Stelle darf ein Zusammenhang mit der Industriellenfamilie Adt vermutet werden, die unweit der Straße ansässig war. Die Adt'sche Dynastie bringt mehrere Mitglieder mit Vornamen Johann hervor: Johann Peter Adt (1751 - 1808) war der erfolgreiche Sohn des Firmengründers Matthias. Er hatte wiederum einen 1776 geborenen Sohn namens Johann. Zwei Generationen später war Johann Baptist Adt (1825 - 1916) Fabrikleiter der Adt'schen Dosenfabrik in Forbach.
Bildet mit Eduardstraße, Fabrikstraße, Franzstraße und Peter-Franz-Adt-Ring eine sinnhafte Namensgruppe.

Ⓢ *Ensheim* Ⓓ *Ensheim* ✉ *66131* ↔ *415 Meter* 🚶 *132 Einwohner*
✧ *verbindet Im Hofgarten und St. Ingberter Straße* Ⓠ *Lex, Phi, Wil*

Josefaschacht – Der Josefaschacht der Grube Gerhard (früher Josepha-Schacht) wurde 1852 angehauen, 1931 stillgelegt, 1933 abgebrochen und verfüllt und 1976 nochmals nachverfüllt. 2014 fand eine Sanierung des Schachtausgangs statt. Die namensgebende Persönlichkeit konnte nicht ermittelt werden, ist jedoch typischerweise im Umfeld von führenden Personen aus dem Bergbau oder mit herausgehobenen staatlichen Ämtern zu vermuten (Adel, Minister etc.).

Ⓢ *Altenkessel* Ⓓ *Altenkessel* ✉ *66126* ↔ *812 Meter* 🚶 *< 30 Einwohner*
✧ *verbindet Gerhardstraße und Leopoldtagesstrecke* Ⓠ *Ruth, Phi, Slo*

Josef-Wagner-Weg – Josef Wagner (6.5.1897 - 1.9.1943): Soldat, Arbeiter und Parteifunktionär aus Wadern-Lockweiler. Wurde 1924 Mitglied der Kommunisitschen Partei, Widerstand gegen den Nationalsozialismus, nach mehrfacher Flucht und Internierung Ermordung in Berlin-Plötzensee.

Ⓤ *bis 1947 Hagelbergweg (zur Erinnerung an Sieg bei Hagelberg in Brandenburg im Rahmen der Befreiungskriege 1813)*

Ⓢ *Malstatt* Ⓓ *Jenneweg* ✉ *66113* ↔ *55 Meter* 🚶 *< 30 Einwohner*
✧ *verbindet Jenneweg und Bülowstraße* Ⓠ *Adr, Bio, Lex, LHS*

Joseph-Haydn-Straße – siehe Haydnstraße

Teil eines Viertels mit Straßennamen nach berühmten Komponisten.

Ⓢ *Dudweiler* Ⓓ *Dudweiler Süd* *66125* ↔ *383 Meter* *98 Einwohner*

verbindet Richard-Wagner- und Franz-Schubert-Straße mit drei kammartigen Abzweigungen

Ⓠ *Lex*

Joseph-Haydn-Weg – siehe Haydnstraße

Bildet mit Richard-Wagner-Weg ein sinnhaftes Namenspaar.

Ⓢ *Brebach-Fechingen* Ⓓ *Neufechingen* *66130* ↔ *139 Meter* *59 Einwohner*

Seitenstraße von In der Wiedheck mit Wegeverbindung zur Peter-und-Paul-Straße Ⓠ *Lex*

Julius-Arnoth-Straße – Julius Arnoth: gründete 1889 in Burbach eine Schlosserei, aus der die Stahlbau-Firma Arnoth und Bäcker hervorging (zunächst in der Brunnenstraße, dann im Weyerbachtal). 1966 meldete die Firma Konkurs an.

Ⓢ *Burbach* Ⓓ *Füllengarten* *66115* ↔ *274 Meter* *57 Einwohner*

verbindet über Eck Im Füllengarten und Pfaffenkopfstraße Ⓠ *Adr, LHS*

Julius-Kiefer-Straße – Julius Kiefer (15.10.1820 - 26.12.1899): Kaufmann und Ornithologe aus Saarbrücken. War international tätig, bevor er 1871 - 1884 Bürgermeister von Saarbrücken (heute Stadtteil Alt-Saarbrücken) wurde, anschließend Beigeordneter und Mitbegründer u. a. des 1881 erneut gegründeten „Historischen Vereins für die Saargegend". 1890 Ehrenbürger Saarbrückens.

Ⓤ *bis ca. 1914 Feldstraße*

Ⓢ *St. Arnual* Ⓓ *Winterberg & Wackenberg* *66119*

↔ *957 Meter* *488 Einwohner*

verbindet Koßmannstraße/Autobahnkreisel Ostspange und Im Almet/Am Großen Hohlweg Ⓠ *Bio, Int, LHS*

Jungfleischhütte – Die Waldhütte, die zum Jagdschloss Philippsborn gehörte, ist nach dem Bewohner Johann Conrad Jungfleisch benannt.

Ⓢ *Malstatt* Ⓓ *Rußhütte* *66115* ↔ *24 Meter* *< 30 Einwohner*

Einzelsiedlung südwestlich der Abzw. L259 zum Forsthaus Neuhaus gelegen Ⓠ *Klau*

Jüngststraße – Robert Johannes Jüngst (1862 - 1937): evangelischer Pfarrer von Malstatt, hat um 1900 bis 1924 gewirkt und dürfte sehr beliebt gewesen sein.
Die Straße hat mit Errichtung des Neubaus 1994 nur noch die Funktion einer Zufahrt.

Ⓤ bis 1947 Lauenburgstraße (Titel Bismarcks als „Herzog von Lauenburg" durch Wilhelm II)

Ⓢ Malstatt Ⓓ Unteres Malstatt 66115 ↔ 84 Meter 0 Einwohner

Seitenstraße der Ludwigstraße Richtung St. Johanner Straße Ⓠ KiMa, LHS, Mor

Junkersstraße – Hugo Junkers (3.2.1859 - 3.2.1935): deutscher Ingenieur und Unternehmer. Gründete ab 1895 die Fa. Junkers und Co., später Junkers Motorenbau und Flugzeugwerk AG. Entwickelte grundlegende Erkenntnisse im Flugzeugbau. Aufgrund seiner pazifistischen Gesinnung wurde er 1933 von den Nationalsozialisten enteignet, kurz nachdem die legendäre „Ju 52" entwickelt wurde.
Teil eines Viertels mit Straßennamen nach Luftfahrtpionieren.

Ⓢ Alt-Saarbrücken Ⓓ Bellevue 66117 ↔ 401 Meter 112 Einwohner

Seitenstraße der Dr.-Eckener-Straße Ⓠ Lex, LHS

Kaiserslauterer Straße – Kaiserslautern: Universitäts- und Kreisstadt in der Westpfalz (Rheinland-Pfalz), ca. 98.500 Einwohner. Ab dem 7. Jahrhundert fränkischer Königshof, ab dem 12. Jahrhundert durch Kaiser Friedrich I Barbarossa gegründete Kaiserpfalz. Seit dem 19. Jahrhundert Industrie- und Verwaltungsstadt (Opel, Pfaff...) und nach dem Zweiten Weltkrieg u. a. wichtigster US-amerikanischer Militärstützpunkt außerhalb der USA mit über 50.000 Angehörigen.
Teil eines Viertels mit Straßennamen nach Orten der bayerischen Pfalz (heute Saarpfalz und Pfalz).

Ⓤ bis 1945 Danziger Straße

Ⓢ St. Johann Ⓓ Rotenbühl 66123 ↔ 943 Meter 618 Einwohner

verbindet Scheidter Straße und Am Kieselhumes Ⓠ Lex, Phi, SU1

K

Kaiserstraße – Der Name geht auf das Jahr 1806 zurück, als der französische Kaiser Napoléon I Bonaparte eine Straßenverbindung von Paris nach Mainz (Verwaltungssitz des neuen Départements du Mont-Tonnerre) ausbauen ließ. Diese „Straße des Kaisers" ist bis heute eine bedeutende Verkehrsachse (Bundesstraße 40 Saarbrücken - Fulda) und wird in ihrem Verlauf sehr häufig Kaiserstraße benannt (siehe auch Mainzer Straße).
Die Landeshauptstadt Saarbrücken betrachtet die Kaiserstraße in Schafbrücke und Scheidt statistisch jeweils getrennt. Da der Straßenzug samt Benennung aber durchlaufend ist, wird er hier als eine Straße behandelt.

Ⓢ *Schafbrücke & Scheidt* Ⓓ *Schafbrücke & Scheidt* *66121, 66133*
↔ *4897 Meter* *1604 Einwohner*
verbindet Schneidershof/Breslauer Straße und Untere Kaiserstraße (St. Ingbert) Ⓠ *Lex, Phi*

Kaiserstraße – Nach Kaiser Wilhelm I (22.3.1797 - 9.3.1888) benannt, als Ausdruck des Stolzes über den ersten Kaiser des vereinten deutschen Kaiserreiches ab 1871.

Ⓤ *ca. 1919 - 1926 und um 1950 Rathausstraße*
Ⓢ *St. Johann* Ⓓ *Hauptbahnhof* *66111* ↔ *425 Meter* *197 Einwohner*
verbindet Viktoria-/ Ursulinenstraße und Dudweilerstraße Ⓠ *Lex, LHS*

Kalkofenstraße – Ab 1756 ließ Fürst Wilhelm-Heinrich hier mehrere Kalköfen einrichten, um den Bauern durch Düngen der Felder mit gebranntem Kalk (Calciumoxid) höhere Ernten zu ermöglichen.

Ⓢ *Dudweiler* Ⓓ *Wilhelmshöhe-Fröhn* *66125* ↔ *568 Meter* *204 Einwohner*
Seitenstraße der Saarbrücker Straße Ⓠ *DuStr, Lex*

Kalkoffenstraße – Jakob Kalkoffen: Kaufmann aus Malstatt-Burbach, Stadtverordneter, ab 1894 bis nach 1900 ehrenamtlicher Beigeordneter und Ehrenbürger von Malstatt-Burbach.

Ⓢ *Malstatt* Ⓓ *Rodenhof* *66113* ↔ *184 Meter* *107 Einwohner*
verbindet Heinrich-Köhl- und Gräffstraße Ⓠ *Adr, Lang, LHS*

Kálmánstraße – Emmerich Kálmán (bürgerlicher Name Imre Koppstein, 24.10.1882-30.10.1953): ungarischer Komponist, wurde v.a. durch seine Operetten (z.B. Die Csárdásfürstin, Gräfin Mariza) bekannt. Teil eines Viertels mit Straßennamen nach Operettenkomponisten des frühen 20. Jahrhunderts.

Ⓢ Malstatt Ⓓ Rodenhof ✉ 66113 ↔ 890 Meter 🚶 602 Einwohner
⊕ zweigt an zwei Stellen von der Grülingstraße ab, bogenförmiger Verlauf Ⓠ Lex, LHS

Ebenso unscheinbar wie zentral gelegen: In das Rathaus St. Johann „integriertes" Straßenschild.

Kaltenbachstraße – Nach dem hier verlaufenden Kaltenbach benannt, einem kleinen nicht mehr sichtbaren Gewässerlauf, der weiter unterhalb in die Saar mündet.

Ⓢ St. Johann Ⓓ St. Johanner Markt ✉ 66111 ↔ 210 Meter 🚶 < 30 Einwohner
⊕ verbindet Großherzog-Friedrich-Straße und Bahnhofstraße/St. Johanner Markt Ⓠ LHS

Kamekestraße – Georg von Kameke (14.4.1817 - 12.10.1893): preußischer General der Infanterie und 1873 - 1883 deutscher Kriegsminister. Leitete im Deutsch-Französischen Krieg als Kommandeur der 14. Division die Schlacht bei Spichern. 1874 Einweihung des Winterbergdenkmals. Teil eines Viertels mit Straßennamen nach militärischen Befehlshabern des Deutsch-Französischen Krieges.

Ⓢ Alt-Saarbrücken Ⓓ Malstatter Straße 66117 ↔ 98 Meter 60 Einwohner
verbindet Hohenzollern- und Heuduckstraße Ⓠ Lex, LHS

Kanalstraße – Die Saar bei Güdingen wurde 1862 bis 1866 vom natürlichen Fließgewässer mit einer Furt und einer Fähre zu einem kanalisierten Gewässer ausgebaut. Da die Straße in der Nähe und parallel zur dann kanalisierten Saar verläuft, könnte hier die Erklärung des Namens liegen.

Ⓢ Güdingen Ⓓ Alt-Güdingen 66130 ↔ 163 Meter 67 Einwohner
verbindet Saargemünder und Brückenstraße Ⓠ Güd, Phi

Kaninchenbergpfad – Es handelt sich um eine Wegeverbindung zum Kaninchenberg. Namenserklärung siehe „Am Kaninchenberg".

Ⓢ St. Johann Ⓓ Rotenbühl 66123 ↔ 47 Meter 0 Einwohner
verbindet als Fußweg Am Kaninchenberg und Kieselpfad Ⓠ Phi

Kantstraße – Immanuel Kant (22.4.1724 - 12.2.1804): deutscher Philosoph. Vertreter der Aufklärung, mit seinem Werk „Kritik der reinen Vernunft" begründete er die moderne Philosophie. Beschäftigte sich auch mit Ethik, Ästhetik, Religion, Recht, Astronomie und Geographie. Teil eines Viertels mit Straßennamen nach deutschen Philosophen.

Ⓢ St. Johann Ⓓ Nauwieser Viertel 66111 ↔ 340 Meter 145 Einwohner
verbindet Brauer- und Fichte-/Martin-Luther-Straße Ⓠ Lex, LHS

Ein Einschussloch zeugt von einer bewegten Vergangenheit dieses etwa 100jährigen Schildes.

K

Kantstraße – s. o.

Teil eines Viertels mit einzelnen Straßennamen nach Philosophen und Schriftstellern.

Ⓤ *bis 1945 Memelstraße*

Ⓢ *Dudweiler* Ⓓ *Dudweiler Süd* *66125* ↔ *524 Meter* *169 Einwohner*

verbindet Hofweg und Beethovenstraße Ⓠ *DuStr, Lex*

Kanzemer Weg – Kanzem: Weinort an der Saar, Landkreis Trier-Saarburg (Rheinland-Pfalz), ca. 620 Einwohner, Anbaugebiet zahlreicher bekannter Weine der unteren Saar.

Teil eines Viertels mit Straßennamen nach rheinland-pfälzischen Orten im unteren Saartal und in der Gegend um Trier.

Ⓤ *bis 1945 Batschkaweg (nach ehem. durch Deutsche besiedeltem Gebiet in Kroatien)*

Ⓢ *Malstatt* Ⓓ *Rastpfuhl* *66113* ↔ *225 Meter* *58 Einwohner*

verbindet Trarbacher Platz und Hubert-Müller-Straße Ⓠ *Lex, LHS, SU1*

Kapellengasse – Die Straße verläuft in unmittelbarer Nähe zur 1716 wiedererrichteten Dorfkirche (seit den 1930er Jahren „Laurentiuskapelle").

Ⓤ *früher Ensheimer Weg*

Ⓢ *Eschringen* Ⓓ *Eschringen* ✉ *66130* ↔ *142 Meter* 🚶 *< 30 Einwohner*
⊕ *verbindet Eschringer Straße und Schneidersberg* Ⓠ *Schm3*

Kappenstraße – Kapp(e) = Kopfbedeckung, aber auch Mantel. Der Straßenname erinnert an das auch in St. Johann ansässige Gewerbe der Tuch- und Hutmacher, also des textilverarbeitenden Gewerbes, was durch viele ältere Namen der Straße unterstrichen wird.

Ⓤ *im 18. Jh. Tuchschergasse, dann Kappengasse, 1893 - 1906 Brunnenstraße*

Ⓢ *St. Johann* Ⓓ *St. Johanner Markt* ✉ *66111* ↔ *75 Meter* 🚶 *37 Einwohner*
⊕ *verbindet Katholisch-Kirch-Straße und St. Johanner Markt* Ⓠ *Joch, LHS, Phi*

Karcherhof – Das Gehöft wurde nach dem Ersten Weltkrieg erbaut und nach dem Besitzer benannt. Heute wird er gemeinsam mit der Thalmühle von einem Verein bewirtschaftet.

Ⓢ *Brebach-Fechingen* Ⓓ *Fechingen* ✉ *66132* ↔ *784 Meter* 🚶 *0 Einwohner*
⊕ *Zufahrt: Seitenweg der Flughafenstraße* Ⓠ *BbFch, Int*

Karcherstraße – Nach einem Familienmitglied der Familie Karcher benannt: Friedrich Karl Ludwig Karcher (20.8.1818 - 24.9.1868): St. Johanner Kaufmann. 1862 - 1868 Bürgermeister von St. Johann und stellvertretendes Kreistagsmitglied. Sein Sohn Carl Ludwig Karcher (15.7.1850 - 19.12.1902) war mit Georg Julius Dingler Gründer der Gießerei und Stahl- und Eisenwerke Dingler & Karcher im Jahre 1877.

Ⓢ *St. Johann* Ⓓ *Hauptbahnhof* ✉ *66111* ↔ *177 Meter* 🚶 *231 Einwohner*
⊕ *verbindet Kaiser- und Richard-Wagner-Straße* Ⓠ *Bio, LHS*

Karl-Leidinger-Straße – Karl Leidinger (18.5.1901 - 14.7.1961): in dieser Straße in Eschringen geborener Missionar, Lehrer und Komponist. War ab 1930 in Chile tätig.

Ⓤ *bis Ende 60er Jahre Überdorfstraße*

Ⓢ *Eschringen* Ⓓ *Eschringen* ✉ *66130* ↔ *286 Meter* 🚶 *104 Einwohner*
⊕ *verbindet Gräfinthaler und Andreas-Kremp-Straße* Ⓠ *Bio, Schm3*

Karl-Marx-Straße – Karl Marx (5.5.1818 - 14.3.1883): deutscher, in Trier geborener Philosoph, Ökonom, Journalist und Anhänger der Arbeiterbewegung. Wurde mit Friedrich Engels zum einflussreichsten Theoretiker des Sozialismus und Kommunismus. Verfasste 1847/48 das Kommunistische Manifest und ab 1867 „Das Kapital".

Ⓤ *bis 1953 Friedrich-Wilhelm-Straße (nach König Friedrich Wilhelm IV)*

Ⓢ *St. Johann* Ⓓ *Hauptbahnhof* ✉ *66111* ↔ *75 Meter* 🚹 *< 30 Einwohner*

⊕ *verbindet Reichs- und Viktoriastraße* Ⓠ *Adr, Cen, Lex, LHS*

Karl-Schleich-Straße – Carl Ludwig Schleich (19.7.1859 - 7.3.1922): deutscher Chirurg und Schriftsteller, Professor in Berlin. Entwickelte die Infiltrationsanästhesie.

Teil eines Viertels mit Straßennamen nach berühmten Medizinern (Schenkelberg: Standort der ehemaligen Klinik Rotes Kreuz und des ehemaligen Heilig-Geist-Krankenhauses).

Ⓢ *St. Arnual* Ⓓ *Winterberg* ✉ *66119* ↔ *269 Meter* 🚹 *128 Einwohner*

⊕ *Seitenstraße der Hoederathstraße* Ⓠ *Lex, LHS*

Karl-Schurz-Straße – Carl Schurz (2.3.1829 - 14.5.1906): deutscher Revolutionär und nach Auswanderung 1852 in die USA dort Politiker (erster Deutscher im amerikanischen Senat unter Präsident Lincoln, Mitbegründer der Republikanischen Partei, Innenminister).

Ⓢ *Alt-Saarbrücken* Ⓓ *Triller* ✉ *66119* ↔ *95 Meter* 🚹 *42 Einwohner*

⊕ *Seitenstraße der Steubenstraße Richtung JVA-Gelände* Ⓠ *Lex, LHS*

Karlstraße – Benannt nach dem Klarenthaler Bürger Karl Jakobs, der in der Straße gegen Ende des 19. Jahrhunderts die Gastwirtschaft „Zu den Linden" betrieben hat (heute Haus Nr. 32).

Teil eines Viertels mit Straßennamen nach männlichen Vornamen.

Ⓤ *frühere Bezeichnung Ochsenweide*

Ⓢ *Klarenthal* Ⓓ *Klarenthal* ✉ *66127* ↔ *1544 Meter* 🚹 *423 Einwohner*

⊕ *verbindet Hauptstraße und Jägerpfad* Ⓠ *Nest*

Karlstraße – Vermutlich nach Prinz Carl von Preußen (29.6.1801 - 21.1.1883) benannt, „schönstes Kind von Königin Luise" (siehe Luisenbrücke), Bruder von Friedrich Wilhelm IV (siehe Friedrichstraße).

Ⓢ *Herrensohr* Ⓓ *Herrensohr* 🖃 *66125* ↔ *681 Meter* 🚶 *148 Einwohner*
Seitenstraße der Berg-/Eisenbahnstraße über Marktstraße hinaus bis zum Schießstand
Ⓠ *DuStr, Lex*

Karlstraße – Benannt nach dem Bauunternehmer Karl Ficker, zu dem im Rahmen der Recherchen zu diesem Buch keine weiteren Informationen bekannt sind.

Ⓢ *Altenkessel* Ⓓ *Altenkessel* 🖃 *66126* ↔ *193 Meter* 🚶 *95 Einwohner*
verbindet Moritz-Wilhelm- und Blumenstraße Ⓠ *Altk*

Karlstraße – Die Benennung geht vermutlich auf die Flurnamen Karlsgarten und Karlswies zurück, die auf einen Familienbesitz hindeuten sollen.

Weitere mögliche Namensgeber aus der Gersweiler Geschichte könnten Karl Schmidt, Steingutfabrikant und Presbyter Ende des 19. Jahrhunderts, sowie Karl Lichtenthäler, Bürgermeister 1893 - 1898 und Gründer der Gersweiler Spar- und Darlehenskasse, sein.

Ⓢ *Gersweiler* Ⓓ *Gersweiler Mitte* 🖃 *66128* ↔ *109 Meter* 🚶 *37 Einwohner*
Seitenstraße der Feldstraße Ⓠ *Büch, Gers, ?*

Karlstraße – Hier ist zu vermuten, dass der Vorname eines St. Johanner Bürgermeisters Anlass zur Namensgebung war: Friedrich Karl Ludwig Karcher (1818 - 1868), Kaufmann, war von 1862 - 1868 Bürgermeister. Da bereits die Karcherstraße nach ihm benannt sein dürfte, ist als Namensgeber eher Carl Heinrich Rumschöttel (7.5.1818 - 7.11.1871), Jurist aus Trier, zu sehen. Er war ab Ende 1868 bis zu seinem Tode erster hauptamtlicher Bürgermeister von St. Johann.

Ⓢ *St. Johann* Ⓓ *St. Johanner Markt* 🖃 *66111* ↔ *94 Meter* 🚶 *38 Einwohner*
verbindet Mainzer und Bismarckstraße Ⓠ *Bio, Fry, LHS, Witt*

Kaseler Weg – Kasel: Ortsgemeinde im Landkreis Trier-Saarburg (Rheinland-Pfalz), im Tal der Ruwer gelegen, ca. 1.300 Einwohner. Bekannt für Weinanbau (v. a. Rieslinglagen), Tourismusort.
Teil eines Viertels mit Straßennamen nach rheinland-pfälzischen Orten im unteren Saartal und in der Gegend um Trier.

Ⓢ Malstatt Ⓓ Rastpfuhl 66113 ↔ 96 Meter 34 Einwohner
verbindet Hubert-Müller-Straße und Wiltinger Weg Ⓠ Lex, LHS

Kaspar-Pitz-Weg – Johann Caspar Pitz (27.9.1756 - 28.9.1795): in Saarbrücken geborener Maler. Ab 1774 in Zweibrücken tätig (u. a. Schüler von Christian von Mannlich), dort später herzoglicher Hofmaler von Herzog Karl II August. Früher Tod vermutlich durch Vergiftung.
Teil eines Viertels mit Straßennamen nach bekannten Malern.

Ⓢ St. Arnual Ⓓ Wackenberg 66119 ↔ 189 Meter 0 Einwohner
verbindet Schmitt-Fornaro-Weg/Dryandertreppe und Don-Bosco-Straße Ⓠ Bio, LHS

K

Katholisch-Kirch-Straße – Am östlichen Ende der Straße befindet sich der Platz der katholischen Kirche zu St. Johann: zunächst eine mittelalterliche Johanneskapelle, an deren Stelle 1754 - 1758 die barocke, katholische Pfarrkirche St. Johann des Architekten Friedrich Joachim Stengel kam, die 1975 zur „Basilika St. Johann" erhoben wurde.

Ⓤ ehem. Namen Katholisch-Kirchen-Straße, Katholische Kirchsgasse
Ⓢ St. Johann Ⓓ St. Johanner Markt 66111 ↔ 127 Meter 81 Einwohner
verbindet Türken- und Kaltenbachstraße Ⓠ LHS, Phi

Katharinenstraße – Katharina: Name von Gräfinnen des Geschlechtes Nassau-Saarbrücken. Katharina Kest (1757 - 1829, „Gänsegretel von Fechingen"), zweite Gemahlin des Fürsten Ludwig ab 1787. Gräfinnen namens „Gräfin Katharina von Nassau-Saarbrücken" lebten auch von 1491 - 1547 sowie vor 1585.

Ⓢ Malstatt Ⓓ Unteres Malstatt 66115 ↔ 129 Meter 135 Einwohner
verbindet Breite und Große Schulstraße Ⓠ Bio, LHS

Katharinenweg – Fortsetzung der Katharinenstraße, s. o.

Ⓢ Malstatt Ⓓ Unteres Malstatt 66115 ↔ 41 Meter 39 Einwohner
verbindet als Fußweg Große Schul- und Neustraße Ⓠ Bio, LHS

Käthe-Kollwitz-Straße – Käthe Kollwitz (8.7.1867 - 22.4.1945): deutsche Malerin, Grafikerin und Bildhauerin. Überzeugte Pazifistin, Sozialistin (ohne Parteimitgliedschaft) und Kämpferin gegen den Nationalsozialismus und für mehr Menschlichkeit.

Ⓢ *Burbach* Ⓓ *Hochstraße* *66115* ↔ *717 Meter* *0 Einwohner*
Seitenstraße der Hochstraße Richtung Saarterrassen/Westpark Ⓠ *Frau, Lex, LHS*

Keltenweg – Kelten: zusammenfassende Bezeichnung für antike Volksstämme in weiten Teilen Europas. Die Benennung trägt dem Umstand Rechnung, dass keltische Funde auch im Bereich von Dudweiler gemacht wurden.

Ⓢ *Dudweiler* Ⓓ *Dudweiler Nord* *66125* ↔ *223 Meter* *55 Einwohner*
Seitenstraße der Nahestraße mit Fußweg zur Fischbachstraße Ⓠ *DuStr, Lex*

Keplerstraße – Johannes Kepler (27.12.1571 - 15.11.1630): deutscher Naturphilosoph, evangelischer Theologe, Mathematiker und Astronom. Durch seine Entdeckungen und Erkenntnisse (z.B. zu Planeten und Sonnensystem/„Keplersche Gesetze") war er ein Begründer der modernen Naturwissenschaften.

Ⓤ *bis 1947 Kronprinzenstraße (nach König Friedrich Wilhelm IV, der 1833 als Kronprinz Saarbrücken besuchte)*

Ⓢ *Alt-Saarbrücken* Ⓓ *Schloßplatz* *66117* ↔ *452 Meter* *100 Einwohner*
Seitenstraße der Vorstadtstraße, endet vor der A620 bzw. Saaruferstraße Ⓠ *Adr, Lex, LHS, Schl*

Kettelerring – Kettelersiedlungen sind gemeinschaftlich bzw. genossenschaftlich erbaute Siedlungen für einkommensschwächere Familien, die nach Wilhelm Emmanuel von Ketteler (25.12.1811 - 13.7.1877), einem deutschen Bischof, benannt wurden. Dieser setzte sich für Arbeitnehmer ein und gilt als Mitgründer der katholischen Soziallehre. Blütezeit der Siedlungen im Saarland war in der Zeit der Wohnungsnot nach dem Zweiten Weltkrieg, so auch in Scheidt.

Ⓢ *Scheidt* Ⓓ *Scheidt* *66133* ↔ *420 Meter* *105 Einwohner*
ringförmige Seitenstraße der Eichendorffstraße Ⓠ *Int, Lex*

Kettelerstraße – s. o.

In Ensheim sind nach oben geschildertem Vorbild 1948 - 1952 52 neue Häuser entstanden. Ein Teil der Häuser steht in der Straße.

Ⓢ *Ensheim* Ⓓ *Ensheim* *66131* ↔ *293 Meter* *72 Einwohner*
verbindet über Eck Ludwig- und Fabrikstraße Ⓠ *ens*

Kettenschmied – Im Eckgebäude Kaiserstraße 8 am unteren Ende des Weges befand sich die „Becker'sche Kettenschmiede", die Ende des 19. Jahrhunderts produzierte. Ein Hinweisschild erinnert an die alte Nutzung des Gebäudes.

Ⓢ *Schafbrücke* Ⓓ *Schafbrücke* *66121* ↔ *79 Meter* *0 Einwohner*
verbindet als Fußweg/Treppe Unterer Geisberg und Bischmisheimer Straße/Kaiserstraße
Ⓠ *Bru3, Phi*

Kettenstraße – Die Straße führt zur ehemaligen Kettenfabrik. Die „Saarbrücker Nieten- und Kettenfabrik A. Pfau & Erben Kuss" produzierte seit dem 19. Jahrhundert Eisenwaren wie Kessel-, Brücken- oder Blechnieten sowie Ketten für Handel und Industrie. Sie schloss 1972.

Ⓢ *St. Arnual* Ⓓ *Wackenberg* *66119* ↔ *129 Meter* *< 30 Einwohner*
verbindet Augustiner- und Saargemünder Straße Ⓠ *Adr, Fuß, LHS, SZ 14.7.2016*

Kiefernstraße – Kiefer (auch Föhre oder Forle genannt): Pflanzengattung von Nadelholzgewächsen mit 113 Arten, die auf der gesamten Nordhalbkugel verbreitet sind. Die Waldkiefer (Gemeine Kiefer) ist eine der am häufigsten angebauten Baumarten in Deutschland.

Teil eines Viertels mit Straßennamen nach Baumarten.

Ⓢ *Bübingen* Ⓓ *Bübingen* *66129* ↔ *476 Meter* *89 Einwohner*
Seitenstraße der Waldstraße mit Abzweigungen in zwei Richtungen Ⓠ *Lex*

Kiefernweg – s. o.

Liegt in der Nähe eines Viertels mit Straßennamen nach Strauch- und Baumarten (Eisenbahnkolonie).

Ⓢ *Burbach* Ⓓ *Füllengarten* *66115* ↔ *50 Meter* *< 30 Einwohner*
Seitenstraße der Julius-Arnoth-Straße Richtung Kleingartenanlage Ⓠ *Lex, LHS*

Kieselpfad – Nach dem in der Nähe verlaufenden Kieselbach bzw. Kieselgrund benannt - wie auch mehrere Flurbezeichnungen in der Umgebung. Dessen Wasserlauf, der seit römischer Zeit genutzt wird, dürfte Kiesel aus dem Buntsandstein ausgewaschen und im Bachbett mitgeführt haben. Kieselhorizonte sind in Buntsandsteinvorkommen typisch und im Saarland häufig.

Ⓢ St. Johann Ⓓ Rotenbühl 66123 ↔ 484 Meter 56 Einwohner
verbindet Am Kieselhumes und Am Strummersbrunnen mit Fußweg zum Heidenkopferdell
Ⓠ Bau, LHS, Phi

Kieselstraße – Der selbsterklärende Flurname „Kiesel"/„Auf dem Kiesel", der dieser Namensgebung zugrunde liegt, weist auf die Beschaffenheit des Untergrundes hin, der stark kieselführend war bzw. ist. Etwas nördlich befand sich bis in die 60er Jahre eine Kiesgrube (heutiges Supermarktgelände).

Teil eines Viertels mit Straßennamen nach Beschaffenheit des Untergrundes.

Ⓢ Dudweiler Ⓓ Dudweiler Nord 66125 ↔ 809 Meter 175 Einwohner
Seitenstraße der Sandstraße bis kurz vor Camphauser Straße Ⓠ Dud, DuStr

Kirchbergstraße – Die Straße führt auf den nach Süden reichenden Bergsporn, auf dem die 1869 erbaute und 1954 wieder aufgebaute evangelische Kirche Malstatt steht.

Ⓤ Am westlichen Ende der Straße bis ca. 1945 Friedrichsplatz (Kaiser Friedrich III), danach wieder Kirchberg.
Ⓢ Malstatt Ⓓ Unteres Malstatt 66115 ↔ 80 Meter 61 Einwohner
Seitenstraße der Turner-/ Pfarrer-Bungarten-Straße Ⓠ Int, LHS

Kirchenpfad – Der Weg führt in Richtung der Malstatter Kirche auf dem Kirchberg (s. o.).

Ⓢ Malstatt Ⓓ Unteres Malstatt 66115 ↔ 128 Meter 0 Einwohner
verbindet als Fußweg Stromstraße und Leinpfad (Saarufer) Ⓠ LHS

Kirchenstraße – Die Straße beginnt an der 1889 erbauten katholischen Kirche St. Michael Gersweiler.

Ⓢ Gersweiler Ⓓ Gersweiler Mitte & Ottenhausen 66128
↔ 573 Meter 262 Einwohner
verbindet August-Müller- und Krughütter Straße Ⓠ Int

Kirchenstraße – Die Straße führt zur katholischen Kirche St. Marien (Maria Himmelfahrt), die 1866 erbaut wurde und die dominante Landmarke des Dudweiler Zentrums darstellt.

Ⓤ *bis 1910 Große Kirchenstraße*

Ⓢ *Dudweiler* Ⓓ *Dudweiler Mitte & Pfaffenkopf* *66125*

↔ *386 Meter* *193 Einwohner*

verbindet Löbelstraße und Kleine Kirchenstraße Ⓠ *DuStr, Int*

Kirchenstraße – Die Straße führt an der katholischen Kirche St. Peter vorbei, die 1755 erbaut und mehrfach erweitert wurde.

Ⓤ *bis Anfang 20. Jh. Ortsstraße (gemeinsam mit heutiger Schulstraße)*

Ⓢ *Ensheim* Ⓓ *Ensheim* *66131* ↔ *230 Meter* *43 Einwohner*

verbindet Haupt- und Heimelstraße Ⓠ *Gla, Lex, Wil*

Kirchgasse – Die Straße führt direkt auf die Saarbrücker Schlosskirche zu. Diese wurde im gotischen Stil um 1470 erbaut, trat 1651 als Grablege der Saarbrücker Grafen und Fürsten die Nachfolge der Stiftskirche St. Arnual an und bekam 1743 eine barocke Turmhaube, die im Zweiten Weltkrieg zerstört und 2006 rekonstruiert wurde. Seit 2004 Museum für Sakralgeschichte der Stiftung saarländischer Kulturbesitz.

Ⓢ *Alt-Saarbrücken* Ⓓ *Schloßplatz* *66117* ↔ *56 Meter* *< 30 Einwohner*

verbindet Am Schloßberg und Altneugasse Ⓠ *Lex, Mel, Phi*

Kirchstraße – Die Straße führt auf die 1902 - 1907 erbaute katholische Kirche St. Johannes Baptista zu (siehe auch Johannesstraße).

Ⓢ *Altenkessel* Ⓓ *Altenkessel* *66126* ↔ *147 Meter* *34 Einwohner*

Seitenstraße der Mittelstraße bis zur kath. Kirche Ⓠ *Int, Phi*

Kirchstraße – Die Straße beginnt an der 1892 erbauten katholischen Pfarrkirche Maria Hilf. Direkt dahinter befindet sich der 2005 eingeweihte von den Architekten Diez & Torres gestaltete Kirchplatz.

Ⓢ *Brebach-Fechingen* Ⓓ *Neufechingen* *66130* ↔ *210 Meter* *98 Einwohner*

verbindet Saarbrücker und Brückwiesstraße Ⓠ *Int*

K

Kirchstraße – Die Straße führt zur 1669 erbauten evangelischen Kirche Bübingen. Mit dem Kirchhof, der bis 1860 als Begräbnisplatz genutzt wurde und dem anschließenden Platz mit Brunnen und Linde, stellt der Bereich das historische Zentrum Bübingens dar.

Ⓢ *Bübingen* Ⓓ *Bübingen* *66129* ↔ *206 Meter* *74 Einwohner*
Seitenstraße der Saargemünder Straße am Kirchhof vorbei Ⓠ *Lauf*

Kirchstraße – Die Straße führt zur evangelischen Schinkelkirche, die von Baumeister Johann Adam Knipper dem Jüngeren nach Plänen des Architekten Karl Friedrich Schinkel 1822-1824 erbaut wurde. Sie ist mit ihrem symmetrischen, oktogonalen Grundriss ein klassizistisches Bauwerk und Denkmal von überregionaler Bedeutung. Bereits vorher stand hier ein Kirchenbau aus dem 12./13. Jahrhundert, der zugunsten der Schinkelkirche abgerissen wurde.

Ⓢ *Bischmisheim* Ⓓ *Bischmisheim* *66132* ↔ *395 Meter* *135 Einwohner*
verbindet Geisberg und Fechinger Straße Ⓠ *Karg, Lex*

Kirchweg – Die Straße führt an der 1935 erbauten katholischen Kirche St. Ursula Scheidt vorbei. Der schlichte Bau ist eine der wenigen noch kurz vor dem Zweiten Weltkrieg fertiggestellten Kirchen der Saarregion.

Ⓢ *Scheidt* Ⓓ *Scheidt* *66133* ↔ *162 Meter* *114 Einwohner*
verbindet Im Flürchen und Am Schmittenberg Ⓠ *Int*

Kirchweg – Der Straßenverlauf verbindet den Standort der evangelischen Kirche (siehe Am Kirchberg) und der ehemaligen katholischen Kirche St. Martin. Diese wurde 2010 aufgrund der zu hohen Kosten profaniert (entwidmet) und beherbergt heute eine Kunstgalerie.

Ⓢ *Brebach-Fechingen* Ⓓ *Fechingen* *66130* ↔ *106 Meter* *< 30 Einwohner*
verbindet Bliesransbacher und Provinzialstraße Ⓠ *Int*

Kirchweg – Die Straße führt an der 1937 erbauten evangelischen Segenskirche vorbei.

Ⓢ *Jägersfreude* Ⓓ *Jägersfreude* *66123* ↔ *244 Meter* *64 Einwohner*
verbindet Brefeld- und Maybachstraße Ⓠ *Int*

Kirchwies – Flurname seit dem 18. Jahrhundert („groß Kirchwies", „Kyrchwieß"), über dessen Bedeutung in dem ursprünglich sumpfigen Land nur spekuliert werden kann, z. B. der Kirchengemeinde gehörendes Grünland.

Ⓢ *Güdingen* Ⓓ *Schönbach* ✉ *66119* ↔ *407 Meter* ⍿ *34 Einwohner*
⊕ *Seitenstraße der Großblittersdorfer Straße* Ⓠ *Güd, Phi*

Kirscheck – An der Ecke der Straße befanden sich noch nach dem Zweiten Weltkrieg zwei große Kirschbäume, die fotografisch dokumentiert sind und nach denen die Straße benannt wurde.

Ⓢ *Dudweiler* Ⓓ *Pfaffenkopf* ✉ *66125* ↔ *73 Meter* ⍿ *< 30 Einwohner*
⊕ *verbindet Bei Gerstnershaus und Rentrischer Straße* Ⓠ *DuStr*

Kirschheck – 1857 - 1934 waren hier die drei Kirschheckschächte in Betrieb, deren Namen wiederum auf eine alte Flurbezeichnung des Waldes zurückgeht. Man vermutet hier Niederwald aus (Wild-)Kirschbäumen.

Ⓢ *Malstatt* Ⓓ *Rußhütte* ✉ *66115* ↔ *315 Meter* ⍿ *54 Einwohner*
⊕ *Straße liegt isoliert im Saarkohlenwald direkt östlich der A1* Ⓠ *SBK 1955, SBK 1983, Slo*

Kittenbergstraße – siehe „Auf den Kitten"

Ⓢ *Dudweiler* Ⓓ *Kitten* ✉ *66125* ↔ *90 Meter* ⍿ *< 30 Einwohner*
⊕ *verbindet Bei der Humesgrub und Brennender-Berg-Straße* Ⓠ *DuStr, Lex, Schab*

Klara-Marie-Fassbinder-Straße – Klara Maria Faßbinder (15.2.1890 - 3.7.1974): deutsche Lehrerin, Professorin für Geschichtspädagogik, Friedenspolitikerin und Frauenrechtlerin. 1921 bis 1935 in Saarbrücken-St. Johann als Lehrerin tätig, engagiert im Bereich Kultur und Politik mit Bezug zu Frankreich. Erhielt mehrfach Auszeichnungen, aber auch Berufsverbote.

Ⓢ *St. Arnual* Ⓓ *Wackenberg* ✉ *66119* ↔ *261 Meter* ⍿ *107 Einwohner*
⊕ *verbindet Koßmannstraße und Alte Artilleriekaserne mit Fußwegeverbindungen*
Ⓠ *Bio, Frau, Lex, LHS*

K

Klarenthaler Straße – Würde man den Straßenverlauf über den Aschbach verlängern, käme man nach Klarenthal. Die nahe gelegene Flurbezeichnung „Am Klarenthaler Pfad" unterstreicht das. Zur Namenserklärung von Klarenthal siehe „Clarastraße".

Ⓢ *Gersweiler* Ⓓ *Ottenhausen* ✉ *66128* ↔ *262 Meter* 🚶 *77 Einwohner*
⊕ *Seitenstraße von Am Ottenhausener Berg* Ⓠ *Büch, Phi*

Klausenerstraße – Dr. Erich Josef Gustav Klausener (25.1.1885-30.6.1934): deutscher Jurist, Regierungsangestellter und Politiker. War christlich und sozial engagiert und wandte sich gegen den Nationalsozialismus und zum Teil gegen Hitlers Politik. Wurde deshalb 1934 ermordet.

Ⓤ *bis 1947 Ottostraße (nach Otto von Bismarck)*

Ⓢ *Malstatt* Ⓓ *Unteres Malstatt* ✉ *66115* ↔ *288 Meter* 🚶 *262 Einwohner*
⊕ *verbindet St. Johanner und Ludwigstraße* Ⓠ *Lex, LHS*

Kleine Kirchenstraße – Sie ist die kleinere (kürzere) der beiden Kirchenstraßen, die zur Kirche St. Marien führt.

Ⓢ *Dudweiler* Ⓓ *Dudweiler Mitte* ✉ *66125* ↔ *141 Meter* 🚶 *< 30 Einwohner*
⊕ *verbindet Kloster- und Kirchenstraße* Ⓠ *DuStr*

Kleine Schachtstraße – siehe „Große Schachtstraße"

Ⓢ *Malstatt* Ⓓ *Unteres Malstatt* ✉ *66115* ↔ *92 Meter* 🚶 *< 30 Einwohner*
⊕ *verbindet Metzdorf- und Ludwigstraße* Ⓠ *Bau, Bru1, LHS*

Kleine Schulstraße – In Anlehnung an die Große Schulstraße benannt (siehe dort).

Ⓢ *Malstatt* Ⓓ *Unteres Malstatt* ✉ *66115* ↔ *105 Meter* 🚶 *33 Einwohner*
⊕ *verbindet Untere Hohlgasse und Große Schulstraße* Ⓠ *LHS, Phi*

Kleine Weyersbergstraße – In Anlehnung an die Große Weyersbergstraße benannt (siehe dort).

Ⓢ *Burbach* Ⓓ *Hochstraße* ✉ *66115* ↔ *87 Meter* 🚶 *52 Einwohner*
⊕ *verbindet Brunnen- und Große Weyersbergstraße* Ⓠ *Bau, LHS*

Kleiststraße – Bernd Heinrich Wilhelm von Kleist (10.10.1777 - 21.11.1811): deutscher Dramatiker, Lyriker, Erzähler und Publizist, Vertreter der Weimarer Klassik und Romantik. Blieb zu Lebzeiten weitgehend erfolglos und beging Selbstmord.

Ⓤ *1947 - 1957 Hagenauer Straße*

Ⓢ *Malstatt* Ⓓ *Leipziger Straße* *66113* ↔ *25 Meter* *57 Einwohner*

Seitenstraße der Parallelstraße mit Wegeverbindung zur Waldstraße Ⓠ *Lex, LHS*

Klosterstraße – Hier stand ab 1886 das bereits im Alten Stadtweg 1866 gegründete Kloster der Schwestern zum Heiligen Geist. 1898 entwickelte sich daraus ein Kranken- und Waisenhaus, das Vorgänger der heutigen, in der Straße befindlichen Caritas-Klinik St. Josef ist. Bis heute sind hier noch Nonnen tätig. Im Volksmund heißt das Krankenhaus „Kloschda".

Ⓤ *bis 1910 Kirchenstraße*

Ⓢ *Dudweiler* Ⓓ *Dudweiler Mitte & Pfaffenkopf* *66125*

↔ *354 Meter* *132 Einwohner*

verbindet Scheidter und St. Ingberter Straße Ⓠ *DuStr*

K

Knappenweg – Knappe: veraltete Bezeichnung für einen Bergmann nach absolvierter Lehre.

Teil eines Viertels mit Straßennamen mit bergbaulichem Bezug.

Ⓢ *Klarenthal* Ⓓ *Klarenthal* *66127* ↔ *48 Meter* *< 30 Einwohner*

Seitenweg des Mühlenfeldes Ⓠ *Lex*

Knappenweg – Knappe: s. o.

Der Straßenverlauf entspricht teilweise einem früheren Bergmannspfad, den die „Knappen" auf dem Weg zur Grube Hirschbach nahmen.

Ⓢ *Dudweiler* Ⓓ *Flitsch* *66125* ↔ *357 Meter* *118 Einwohner*

verbindet Rehbach- und Moselstraße, mit Abzweigung Ⓠ *DuStr*

Knappschaftsplatz – Die Namensgebung bezieht sich auf die hier ansässige Versicherung der Bergleute, die Knappschaft, die 2005 zur Kranken- und Rentenversicherung Knappschaft Bahn-See wurde. Der ältere Name Knappenstraße taucht nach wie vor in Listen oder auf Stadtplänen auf.

Ⓤ *bis 1947 Helmutstraße (nach General H.v.Moltke), danach bis 2010 Knappenstraße*

Ⓢ *St. Johann* Ⓓ *Hauptbahnhof* *66111* ↔ *62 Meter* *0 Einwohner*

verbindet Trierer und St. Johanner Straße Ⓠ *Fry, Lex, Phi*

Knobelsdorffstraße – Georg Wenzeslaus von Knobelsdorff (17.2.1699 - 16.9.1753): deutscher Maler, Landschaftsgestalter und Architekt. Seine Werke im Dienste Friedrichs II von Preußen beeinflussten stark die Gestaltung der Residenzen Berlin und Potsdam.

Teil eines Viertels mit Straßennamen nach deutschen Architekten.

Ⓢ *St. Johann* Ⓓ *Am Homburg* *66123* ↔ *265 Meter* *71 Einwohner*

Seitenstraße von Im Sauerbrod Ⓠ *Lex, LHS*

Kobenhüttenweg – Einerseits steht die aus dem indogermanischen abgeleitete Bezeichnung Koben für „Hütte" (kleine Behausung, Schweinestall etc.), andererseits bedeutet mundartlich „Koob" = Rabe, Krähe. Eine überlieferte Erklärung führt beide Begriffe zusammen und berichtet von einer Hütte in der Nähe, aus welcher Krähen geschossen wurden. Ein Beweis hierfür fehlt.

Ⓢ *St. Johann* Ⓓ *Rotenbühl* *66123* ↔ *957 Meter* *216 Einwohner*

verbindet Sprebenwäldchen und Am Kieselhumes Ⓠ *Eschb, Int, SLWB*

Koblenzer Straße – Koblenz: kreisfreie Stadt in Rheinland-Pfalz am Rhein (Mündung der Mosel), regionales Oberzentrum mit ca. 113.000 Einwohnern. Universitätsstadt, Sitz des Bundesarchivs, zahlreiche Kultur- und Baudenkmäler (u. a. „Deutsches Eck"), über 2000-jährige Geschichte. 2011 Bundesgartenschau.

Teil eines Viertels mit Straßennamen nach Städten Westdeutschlands.

Ⓤ *alte Schreibweise Coblenzer Straße*

Ⓢ *Burbach* Ⓓ *Hochstraße* *66115* ↔ *546 Meter* *501 Einwohner*

verbindet Merziger Straße und In den Hanfgärten Ⓠ *Lex*

Köhlerweg – Der Weg der Köhler von der Siedlung in den Großwald könnte hier entlanggelaufen sein. Die Köhlerei, das Herstellen von Holzkohle als Energieträger, zählt zu den ältesten Handwerkstechniken der Menschheit.

Ⓤ *ehem. Am kühlen Brünnchen*

Ⓢ *Altenkessel* Ⓓ *Altenkessel* 66126 ↔ *238 Meter* *47 Einwohner*
Seitenstraße der Großwaldstraße Ⓠ *Altk, Lex*

Kohlwaagstraße – An dieser Stelle befand sich ein Platz, an dem Kohlen angeliefert, gewogen und gelagert wurden, um sie dann weiter zu transportieren, v.a. per Schiff. Ein „Kohl-Rech" ist bereits um 1500 überliefert. Eine „Niederlage" oder auch „Faktorei" ist seit 1608 bekannt, gehörte damals der Kirchengemeinde St. Johann und nahm v.a. Kohlen von Bauern und Arbeitern aus dem Dudweiler Raum auf. Siehe auch „Faktoreistraße".

Ⓢ *St. Johann* Ⓓ *Hauptbahnhof* *66111* ↔ *95 Meter* *< 30 Einwohner*
verbindet über Eck Faktorei- und Hafenstraße Ⓠ *Bau, Köll, LHS*

Kohlweg – Die Straße verläuft in etwa auf einer alten Wegeverbindung vom Stadtwald Richtung Kaninchenberg, den in früheren Zeiten Köhler zum Transport ihrer Holzkohle Richtung Saar und Stadt benutzt haben sollen. Die Namensgebung ist seit 1689 überliefert. Im Stadtwald taucht passend dazu am Osthang des Schwarzenberges der Name „Kohlplatz" auf.

Ⓢ *St. Johann* Ⓓ *Rotenbühl* *66123* ↔ *798 Meter* *276 Einwohner*
verbindet Scheidter Straße und Oberer Kohlweg Ⓠ *Bau, LHS*

Kokereistraße – Die Straße führt zum Gelände der ehemaligen Kokerei Völklingen-Fürstenhausen. Diese wurde 1957 erbaut und 1999 stillgelegt. Sie war einer der größten industriellen Abnehmer der Saarkohle. Heute ist der Bereich Konversionsfläche (Gewerbegebiet, Solarpark) und das Gerippe eines Kühlturms erinnert noch an die Schwerindustrie.

Ⓢ *Klarenthal* Ⓓ *Klarenthal* *66127* ↔ *1529 Meter* *< 30 Einwohner*
verbindet Saarufer-/Saarbrücker Straße (Völklingen) und geht am westlichen Ende (Völklingen) in die L163 über Ⓠ *Lex, Phi*

Kolbenhofstraße – Der Flurname bezieht sich auf ein Gehöft nördlich von Malstatt, welches 1372 erstmals erwähnt wurde. Der Hof gehörte zum Saarbrücker Grafenhaus. Elisabeth von Lothringen belehnte 1436 einen gewissen Dietsche von Geispizheim, der sich auch „Kolbe" nannte, mit dem Kolbenhof. 1635 wird noch ein Schultheiß namens Johann Gottfried Kolbe als möglicher Namensgeber genannt. Insofern ist die Benennung umstritten und auch das Ende des Hofes ungeklärt. Es wird ein Untergang im Zuge des 30-jährigen Krieges vermutet.

Ⓢ Malstatt Ⓓ Rußhütte 66113 ↔ 173 Meter 49 Einwohner
Seitenstraße der Steinbachstraße (Siedlung Sonnenhügel) Ⓠ Bau, Lex

Kolbenholz – Name des Waldstücks zwischen Brebach (Altes Werk) und Schafbrücke, durch das die Straße verläuft. Der Begriff „Holz" meint Wald und „Kolben" steht für Rohrkolben bzw. Schilfrohr. Am hier vorbeifließenden Rohrbach (im Mittellauf auch Scheidter Bach genannt) gab und gibt es auf dem feuchten Land Weiher mit Schilfbeständen.

Ⓢ Schafbrücke Ⓓ Schafbrücke 66121 ↔ 1124 Meter < 30 Einwohner
verbindet Y-förmig Kaiserstraße und Unterer Geisberg mit Scheidter Straße (Brebach)
Ⓠ Bru3, Hau, Int

Köllertalstraße – Köllertal: Tal entlang des Köllerbachs mit den Gemeinden Heusweiler, Püttlingen und Völklingen. Der Köllerbach entspringt bei Eiweiler und mündet in Völklingen in die Saar. Vorwiegend landwirtschaftliche Nutzung, früher auch Steinkohlenbergbau.

Die Benennung der Straße ist im Zusammenhang mit den umliegenden Straßennamen nach saarländischen und rheinland-pfälzischen Flüssen zu sehen, aber dazu nicht ganz passend. Um einer entsprechenden sinnhaften Gruppe anzugehören, müsste es „Köllerbachstraße" heißen.

Ⓢ Malstatt Ⓓ Rastpfuhl 66113 ↔ 632 Meter 87 Einwohner
verbindet Mosel- und Hubert-Müller-Straße Ⓠ Lex, Phi

Köllnerstraße – Johann Friedrich Köllner (8.6.1764 - 19.8.1853): Pfarrer, Politiker und Historiker aus Saarbrücken. 1795 - 1837 Pfarrer in Malstatt und Gersweiler, ab 1815 kommunalpolitisch aktiv und 1816 - 1823 Oberbürgermeister von Saarbrücken. Gedenktafel an der nahe gelegenen evangelischen Kirche Malstatt. Sein Sohn Adolf (1798 - 1869) publizierte die zwei Bände „Geschichte der Städte Saarbrücken und St. Johann", die auch für die vorliegende Publikation nach über 150 Jahren eine wertvolle Hilfe waren.

Ⓢ Malstatt Ⓓ Unteres Malstatt ✉ 66115 ↔ 168 Meter 🚶 < 30 Einwohner
⊕ verbindet über Eck Marienstraße und In der Röth Ⓠ Bio, LHS, Witt

Kolonnenweg – Die Soldaten des Infanterie-Regimentes 70, deren Kaserne in der Moltkestraße lag, gingen über diesen Weg in Kolonnen zum damaligen Großen Exerzierplatz (Truppenübungsplatz, heute Industriegebiet Süd).

Ⓢ Alt-Saarbrücken Ⓓ Bellevue ✉ 66117 ↔ 633 Meter 🚶 0 Einwohner
⊕ verbindet als Fußweg Dr.-Eckener-Straße und Im Ehrental, Gelände des Dt.-Frz. Gartens
Ⓠ Adr, Lex, LHS, Stpl

Kolpingstraße – Adolph Kolping (8.12.1813 - 4.12.1865): katholischer Priester, sozial engagiert. Gründete nach Vorbild des Kölner Gesellenvereins (1846) zahlreiche weitere Gesellenvereine, die schnell zu einem Verband wurden, aus dem 1935 das internationale Kolpingwerk als einer der größten katholischen Sozialverbände insbesondere für Familien entstand.

Ⓢ Dudweiler Ⓓ Dudweiler Süd ✉ 66125 ↔ 34 Meter 🚶 < 30 Einwohner
⊕ Seitenstraße der Robert-Koch-Straße Ⓠ DuStr, Lex

Komtursteig – Komtur = Verwalter und Leiter einer Ordensniederlassung (Kommende), hier die des Ritterordens der Deutschherren St. Elisabeth. Siehe Deutschhausweg.

Ⓢ Alt-Saarbrücken Ⓓ Bellevue ✉ 66117 ↔ 76 Meter 🚶 0 Einwohner
⊕ verbindet als Fußweg Moltke- und Komturstraße Ⓠ Lex

Komturstraße – s. o.

Ⓢ *Alt-Saarbrücken* Ⓓ *Bellevue* *66117* ↔ *287 Meter* *< 30 Einwohner*
verbindet Friedhofsallee und Pfählerstraße Ⓠ *Lex*

Königsberger Straße – Königsberg: Stadt in Ostpreußen (seit 1946 Kaliningrad, russische Enklave zwischen Polen und Litauen), ca. 432.000 Einwohner, Wirtschaftszentrum, Industrie-, Hafen und Universitätsstadt. Teil eines Viertels mit Namen nach mittel- und ehemaligen ostdeutschen Städten und Gebieten, die nach dem Zweiten Weltkrieg Teile Polens, der Sowjetunion oder der ehemaligen DDR wurden.

Ⓢ *Eschberg* Ⓓ *Eschberg* *66121* ↔ *343 Meter* *327 Einwohner*
verbindet Danziger und Tilsiter Straße Ⓠ *Cen, Lex, LHS*

Königsberger Straße – s. o.
Teil eines Viertels mit sechs Straßennamen nach mittel- und ehemaligen ostdeutschen Städten und Gebieten.

Ⓢ *Gersweiler* Ⓓ *Neu-Aschbach* *66128* ↔ *180 Meter* *< 30 Einwohner*
verbindet Danziger und Breslauer Straße Ⓠ *Lex*

Königsberger Weg – s. o.
Teil eines Viertels mit drei Straßennamen nach mittel- und ehemaligen ostdeutschen Städten und Gebieten.

Ⓢ *Brebach-Fechingen* Ⓓ *Neufechingen* *66130* ↔ *112 Meter* *49 Einwohner*
Seitenstraße von In der Wiedheck Ⓠ *Lex*

Königsbruch – Flurname, der eine feuchte Senke bzw. Niederung (Bruch) bezeichnet, die nach einem nicht näher zu bestimmenden Familiennamen „König" benannt sein könnte.

Ⓢ *Alt-Saarbrücken* Ⓓ *Glockenwald* *66117* ↔ *242 Meter* *943 Einwohner*
verbindet Hirtenwies und Mockenhübel (Siedlung Folsterhöhe) Ⓠ *Bau, LHS*

Konrad-Zuse-Straße – Konrad Ernst Otto Zuse (22.6.1910–18.12. 1995): deutscher Bauingenieur, Erfinder und Unternehmer. Mit der Rechenmaschine „Z3" entwickelte er 1941 den ersten funktionsfähigen Computer der Welt. Gründete 1949 die Zuse KG zum Bau weiterer Computer, die dann 1967 von Siemens übernommen wurde. Mit der Benennung sollen die Saarterrassen als Wirtschaftsstandort für neue Technologien und Dienstleistungen charakterisiert werden.

Ⓢ Burbach Ⓓ Hochstraße ✉ 66115 ↔ 772 Meter ♦ 0 Einwohner
verbindet Hoch- und Heinrich-Barth-Straße mit ringförmiger Abzweigung (Saarterrassen)
Ⓠ Lex, Phi

Koppsgraben – Der Koppsgraben ist ein wasserführender Geländeeinschnitt von Neuweiler in südwestlicher Richtung bis Dudweiler. Er wurde nach dem fürstlichen Torhaus „Koppshaus" benannt, welches von Johann Heinrich Kopp (1704–1774) bewohnt wurde. Kopp ist Vorfahre der jetzigen Eigentümer der Gaststätte „Kopps Haus" auf dem Büchel.

Ⓤ bis 1997 Teil von Winterbachsroth
Ⓢ Dudweiler Ⓓ Pfaffenkopf ✉ 66125 ↔ 107 Meter ♦ 32 Einwohner
Seitenstraße der St. Ingberter Straße, Siedlung Winterbachsroth Ⓠ DuStr

Koßmannstraße – Bartholomäus Koßmann (2.10.1883–9.8.1953): Bergmann aus Eppelborn, Gewerkschaftssekretär, Politiker. War u.a. Reichstagsmitglied, Mitglied der Völkerbundsverwaltung, ab 1943 Widerstandskämpfer (Inhaftierung im Gestapo-Lager Neue Bremm) und saarländischer Landtagsabgeordneter.

Ⓤ bis 1953 Teil der Hindenburg- und später Alleestraße
Ⓢ St. Arnual Ⓓ Winterberg ✉ 66119 ↔ 1023 Meter ♦ 383 Einwohner
verbindet Julius-Kiefer- und Hindenburgstraße mit Abzweigung Ⓠ Bio, LHS

Krämersweg – Nach Kremers Haus (Flurname „Krämershäuschen") benannt, ein Anwesen am Großen Homburg, nahe des ehemaligen Rindhofes, wahrscheinlich nach einem St. Johanner Bürger namens Kremer oder Krämer benannt.

Ⓢ St. Johann Ⓓ Am Homburg ✉ 66123 ↔ 548 Meter ♦ 166 Einwohner
verbindet Dudweiler Landstraße und Einsteintreppe Ⓠ Bau, Köll

K

Krausegasse – August Wilhelm Krause (22.8.1817 - 14.1.1861): Bergreferendar, Bergamtsdirektor. Wurde 1857 Direktor des königlichen Bergamtes Saarbrücken. Starb bei einer Grubeneinfahrt in der nahe gelegenen Grube Gerhard (Hohbergschacht).

Die in der Ortschronik Altenkessel vertretene Version der Benennung nach einer Familie Krause kann nicht bestätigt werden.

Ⓢ *Altenkessel* Ⓓ *Altenkessel* ✉ *66126* ↔ *253 Meter* 🚶 *45 Einwohner*
verbindet über Eck Mittel- und Gerhardstraße Ⓠ *Altk, Bio, Fry*

Kreisstraße – Im Abschnitt zwischen Abzweigung zur Siedlung Stangenmühle und Abzweigung „Am Aschbacher Hof" ist der Straßenverlauf Teil der Landesstraße 2. Ordnung L274, die in anderen Bundesländern als Kreisstraßen bezeichnet werden. Früher könnte sie die Funktion einer Kreisstraße im Landkreis Saarbrücken gehabt haben. Der Abschnitt der L274 bis zur Kokereistraße kam später hinzu, der Verlauf über die Stangenmühle stellt den historischen Straßenverlauf dar.

Ⓤ *frühere Bezeichnung Holzschleife (Schleifen des Holzes vom Wald zu den Saarschiffen)*
Ⓢ *Gersweiler & Klarenthal* Ⓓ *Klarenthal, Krughütte, Neu-Aschbach & Ottenhausen*
✉ *66127, 66128* ↔ *3079 Meter* 🚶 *712 Einwohner*
verbindet Saaruferstraße und Am Bruch/Waldrand Ⓠ *Int, Nest, Phi*

Kreuzfeldstraße – Die Flurbezeichnung könnte auf ein Feld an einem Wegekreuz oder Bildstock hinweisen, die im Bliesgau bis heute sehr häufig vorkommen. An anderer Stelle steht heute wieder ein Kreuz.

Ⓢ *Ensheim* Ⓓ *Ensheim* ✉ *66131* ↔ *272 Meter* 🚶 *45 Einwohner*
verbindet Am Wickersberg und Hauptstraße Ⓠ *Fry, Hau*

Kreuzgasse – Auch hier könnte ein Wegekreuz oder Bildstock namensgebend sein.

Ⓢ *Ensheim* Ⓓ *Ensheim* ✉ *66131* ↔ *285 Meter* 🚶 *< 30 Einwohner*
Seitenstraße der Ormesheimer Straße Ⓠ *Hau*

Kreuzstraße – Wahrscheinlich kann der Name als „kreuzende Straße" interpretiert werden, da die Hauptstraße die ursprüngliche Besiedlungsachse war und dann später (Mitte des 19. Jahrhunderts) Seitenwege wie die Kreuzstraße bebaut wurden.

Ⓢ *Bischmisheim* Ⓓ *Bischmisheim* *66132* ↔ *377 Meter* *98 Einwohner*
verbindet Kirchstraße/Geisberg und Hauptstraße Ⓠ *Bisch, Phi*

Kreuzstraße – Der Name bezieht sich auf die Flurbezeichnung „In den Kreuzäckern" (u.a. Standort des Brebacher Krankenhauses), die wiederum Bezug auf ein dort ehemals vorhandenes Kruzifix (Darstellung des gekreuzigten Jesus, z.B. in Form eines Wegekreuzes oder Bildstocks) nimmt. Allerdings kann man auch eine scherzhafte Benennung im Zusammenhang mit der unmittelbar nördlich verlaufenden Querstraße im Sinne von „kreuz und quer" sehen, ähnlich wie Riesen- und Zwergstraße.

Ⓢ *Brebach-Fechingen* Ⓓ *Neufechingen* *66130* ↔ *69 Meter* *< 30 Einwohner*
Seitenstraße der Riesenstraße Ⓠ *BbFch, Lex, Phi*

Kronenstraße – Die Benennung bezieht sich auf ein hier früher vorhandenes Gasthaus „Die Krone". Das Gasthaus ist 1735 im heutigen Anwesen St. Johanner Markt 27-29 dokumentiert und 1798 wird der „Kronenwirt" Jakob Binger erwähnt.

Ⓤ *18. Jh.: Kirchgasse, später Kronengasse*

Ⓢ *St. Johann* Ⓓ *St. Johanner Markt* *66111* ↔ *89 Meter* *53 Einwohner*
verbindet Saarstraße/St. Johanner Markt und Faßstraße Ⓠ *Köll, LHS*

Krughütter Straße – Die Straße führt von Gersweiler in Richtung Krughütte, wo früher die Krug- und Kannenbäcker ihrem Handwerk nachgingen.

Ⓢ *Gersweiler* Ⓓ *Gersweiler Mitte* *66128* ↔ *1682 Meter* *300 Einwohner*
verbindet Hauptstraße und Am Sprinkshaus Ⓠ *Phi*

Krugweg – Otto Ludwig Krug von Nidda (16.12.1810-18.2.1885): Oberberghauptmann, Reichstagsabgeordneter, ab 1856 mehrfach auch im Saargebiet tätig.

Teil eines Viertels von Straßennamen mit bergbaulichem Bezug

Ⓢ *Jägersfreude* Ⓓ *Jägersfreude* *66123* ↔ *148 Meter* *0 Einwohner*
verbindet als Fußweg Haupt-, Achenbach- und Eilertstraße Ⓠ *LHS, SBK 1955*

K

Krumme Gasse – Der Verlauf der kleinen Straße ist gebogen, also krumm zwischen übergeordneten geraderen Straßen.

Ⓤ *frühere Bezeichnung Hintergasse*

Ⓢ *Burbach* Ⓓ *Hochstraße* *66115* ↔ *152 Meter* *39 Einwohner*
verbindet Serriger Straße und Bergstraße mit zwei Abzweigungen Ⓠ *LHS*

Küfergasse – Küfer = Handwerker, der Gefäße und Behälter aus Holz herstellt, Fassmacher. Alten Listen zufolge wohnten im ausgehenden Mittelalter in dieser Gasse Saarbrücker Küfer.

Ⓢ *Alt-Saarbrücken* Ⓓ *Schloßplatz* *66117* ↔ *103 Meter* *35 Einwohner*
verbindet über Eck Am Schloßberg und Schloßstraße Ⓠ *Lex, LHS*

Kupfergasse – Der Name erinnert an die letzte Kupferschmiede in der Betzenstraße 6 am östlichen Ende der Gasse. Noch bis in die 50er Jahre war hier die Kupferschmiede, Apparate- und Behälterbau, Verzinnerei Josef Kranz ansässig.

Ⓢ *St. Johann* Ⓓ *St. Johanner Markt* *66111* ↔ *60 Meter* *0 Einwohner*
verbindet Betzen- und Dudweilerstraße Ⓠ *Adr, LHS*

Kurt-Schumacher-Straße – Kurt (Curt) Ernst Carl Schumacher (13.10.1895 – 20.8.1952): deutscher Politiker und Parteivorsitzender der SPD von 1946 bis 1952. Ab 1918 SPD-Mitglied, ab 1933 über neun Jahre in Konzentrationslager inhaftiert. Nach dem Zweiten Weltkrieg im ersten deutschen Bundestag Widersacher von Kanzler Konrad Adenauer und Gegner des Kommunismus und realen Sozialismus der DDR.

Ⓢ *Brebach-Fechingen* Ⓓ *Neufechingen* *66130*
↔ *1278 Meter* *< 30 Einwohner*
verbindet Saarbrücker und Theodor-Heuss-Straße (Höhe Autobahnbrücke) mit Erschließung Gewerbegebiet Ⓠ *Lex, LHS*

Kurze Straße – Obwohl die Straße im Vergleich zu anderen Straßen im Umfeld nicht gerade als besonders kurz auffällt, gehört sie doch zu den kürzeren Straßen der Stadt. Es ist davon auszugehen, dass diese Eigenschaft als namensgebend angesehen werden darf.

Ⓢ *St. Johann* Ⓓ *Nauwieser Viertel* *66111* ↔ *108 Meter* *70 Einwohner*
verbindet Nauwieser- und Seilerstraße Ⓠ *LHS, Phi*

Küstriner Straße – Küstrin (poln. Kostrzyn nad Odra): polnische Festungs- und Kleinstadt an der Warthe und Oder (Mündungsbereich), 18.000 Einwohner. Der ehemalige Stadtteil Küstrin-Kietz liegt westlich der Oder in Brandenburg.
Teil eines Viertels mit Namen nach mittel- und ehemaligen ostdeutschen Städten und Gebieten, die nach dem Zweiten Weltkrieg Teile Polens, der Sowjetunion oder der ehemaligen DDR wurden.

Ⓢ *Eschberg* Ⓓ *Eschberg* ✉ *66121* ↔ *563 Meter* 🚹 *62 Einwohner*
⌖ *verbindet Stettiner Straße und Brandenburger Platz ringförmig um Einkaufszentrum*
Ⓠ *Lex, LHS*

Lahnstraße – Lahn: rechter Nebenfluss des Rheins, entspringt im Rothaargebirge und durchquert den Westerwald, 245,6 km lang. Städte an der Lahn: u. a. Marburg, Gießen, Wetzlar, Limburg, Bad Ems, Lahnstein.
Teil eines Viertels mit Straßennamen nach südwestdeutschen Flüssen.

Ⓢ *Malstatt* Ⓓ *Rastpfuhl* ✉ *66113* ↔ *253 Meter* 🚹 *242 Einwohner*
⌖ *Seitenstraße der Lebacher Straße mit Fußweg zur Ahrstraße* Ⓠ *Lex*

Lampertstraße – Heinrich Lampert: Saarbrücker Großkaufmann und Kolonialwarenhändler des frühen 20. Jahrhunderts, 1932 bis zu seinem Tod 1933 Handelskammer-Präsident. Auf ihn gehen die nach seinen Initialen benannten Hela-Märkte zurück. Seine Villa steht am Rotenbühl im Kohlweg. Im Bereich der Lampertstraße (mit Parkhaus Lampertshof) hatte er Grundbesitz, so war sein erstes Geschäft in der Sulzbachstraße 4. Später befand es sich in der Brauerstraße, woraus bis in jüngere Zeit der Standort des inzwischen nicht mehr existierenden Hela-Marktes entstand (zwischen Dudweiler- und Ursulinenstraße).

Ⓢ *St. Johann* Ⓓ *Hauptbahnhof* ✉ *66111* ↔ *81 Meter* 🚹 *0 Einwohner*
⌖ *verbindet Sulzbach- und Passagestraße* Ⓠ *Adr, Lex, Phi*

L

Landauer Straße – Landau: Stadt in der Südpfalz, Verwaltungssitz des Landkreises Südliche Weinstraße, Rheinland-Pfalz, 54.400 Einwohner. Die Umgebung ist stark vom Weinanbau geprägt.

Teil eines Viertels mit Straßennamen nach Orten der bayerischen Pfalz (heute Saarpfalz und Pfalz).

Ⓤ *bis 1945 Tonderner Straße (nach ehem. deutscher Stadt in Dänemark)*

Ⓢ *St. Johann* Ⓓ *Rotenbühl* ✉ *66123* ↔ *43 Meter* 🚹 *< 30 Einwohner*

⚲ *Seitenstraße von Auf der Schlecht mit Fußweg zur Willi-Graf-Straße* Ⓠ *Lex, LHS, SU1*

Landwehrplatz – Landwehr: Sicherung eines Siedlungs- oder Grenzverlaufs, speziell Soldaten der Landwehr (auch Landmiliz oder Landsturm) in den Befreiungskriegen gegen Napoléon I ab 1813. Damit nimmt der Name Bezug auf den früheren Sitz der Bezirkskommandantur am Platz (heute Theater im Viertel).

Ⓤ *bis ca. 1905 Schlachthofplatz, 1935–1945 Horst-Wessel-Platz (NS-"Vorkämpfer" und Märtyrer)*

Ⓢ *St. Johann* Ⓓ *Nauwieser Viertel* ✉ *66111* ↔ *101 x 107 Meter* 🚹 *45 Einwohner*

⚲ *zwischen Großherzog-Friedrich-, Bruchwiesen-, Rotenberg- und Seilerstraße gelegen*

Ⓠ *Fry, Lex, LHS, Stpl, SU1*

Langfuhrstraße – Die alte Flurbezeichnung „an der Langen furen" von 1448 bedeutet, dass hier ein langer Weg entlang der „Fuhre" verlief. Die Fuhre ist mit dem Anwand gleichzusetzen, der Randstelle, an dem ein Pflug auf dem Feld wendet und eine Erdanhäufung verursacht (Stirnseite des Feldes). So entstanden Grenzen zwischen den Feldern, die oft als Wege genutzt wurden.

Ⓢ *Burbach* Ⓓ *Ottstraße* ✉ *66115* ↔ *469 Meter* 🚹 *231 Einwohner*

⚲ *verbindet Mühlhauser und Obere Grüneichstraße* Ⓠ *Bau, Lex*

Langheck – Der Flurname „Lange Hecke" taucht 1756 im Rahmen eines Gebietstausches durch Fürst Wilhelm Heinrich auf. Im Zuge des Baus der Halberger Hütte auf Grund und Boden des Stifts St. Arnual bekam dieser die „Lange Hecke". Das minderwertige und feuchte Flurstück zwischen Gehlenbach und Kreisstraße war mit Niederwald (Buschwerk, Hecken) bewachsen und evtl. langgezogen, daher die Bezeichnung.

Ⓢ *Gersweiler* Ⓓ *Ottenhausen* ✉ *66128* ↔ *103 Meter* 🚶 *< 30 Einwohner*
⊕ *Seitenstraße des Grubenweges* Ⓠ *Büch, Köll, Phi*

Langweiler Weg – Der Name geht auf die Benennung mehrerer Flurstücke nördlich der Fechinger Ortslage zurück. Diese wiederum beziehen sich auf ein wohl bereits im 14. Jahrhundert wüst gefallenes Dorf Langweiler am Wieschbach. Auch römische Funde aus dem 3. Jahrhundert n. Chr. weisen eine Siedlung in der Nähe nach. Im 19. Jahrhundert bis 1901 wurde hier noch eine Mühle betrieben (Langweiler Mühle, Monzingers Mühle nach Name des Erstbesitzers).

Ⓢ *Brebach-Fechingen* Ⓓ *Fechingen* ✉ *66130* ↔ *461 Meter* 🚶 *77 Einwohner*
⊕ *Seitenstraße von An der Heringsmühle mit wegeartiger Fortsetzung entlang des Wieschbachtales Richtung Bischmisheim* Ⓠ *BbFch, Klau, Stae*

Laufertstraße – Der seit dem 18. Jahrhundert überlieferte Flurname „lauffert" wird auf die ursprüngliche Bezeichnung „Laubhart" zurückgeführt, die dann missverstanden und falsch übertragen wurde. „Laub" (mittelhochdeutsch „loup") = Blattwerk, Laubgehölz und „hart" = Viehtrift, Bergwald, Weidewald. Es könnte sich also um einen Laubbestand gehandelt haben, durch den das Vieh getrieben wurde.

Ⓢ *Burbach* Ⓓ *Ottstraße* ✉ *66115* ↔ *101 Meter* 🚶 *59 Einwohner*
⊕ *Seitenstraße der Weisdorffstraße mit Fußweg zur Viktor-Tesch-Allee*
Ⓠ *Bau, Lagis, LHS, PfWB*

Hinter Zweigen am Ende der Laurettenstraße verbirgt sich ein Schild in Frakturschrift.

Laurettenstraße – Gräfin Laurette von Saarbrücken (1200–1271), Tochter von Graf Simon III, dem letzten Grafen des alten Adelsgeschlechtes. Sie übernahm nach dessen Tod um 1235 die Regentschaft bis zu ihrem Tod. Ihre Schwester Mathilde (siehe Mathildenstraße) übernahm anschließend die Herrschaft und begründete durch Heirat die Linie der Grafen von Saarbrücken-Commercy.
Teil eines Viertels mit Straßennamen nach Saarbrücker Regentinnen.

Ⓢ *Alt-Saarbrücken* Ⓓ *Reppersberg* *66119* ↔ *131 Meter* *< 30 Einwohner*
verbindet Mathildenstraße und Reppersbergtreppe Ⓠ *Frau, Fuß Lex*

Laurettentreppe – s. o.

Ⓢ *Alt-Saarbrücken* Ⓓ *Schloßplatz* *66119* ↔ *27 Meter* *0 Einwohner*
verbindet Lauretten- und Reppersbergstraße Ⓠ *Frau, Fuß Lex*

Lebacher Landstraße – Die Straße stellt die Verbindung „über Land" Richtung Lebach (saarländische Stadt an der Theel im Landkreis Saarlouis, knapp 19.000 Einwohner, Verkehrsknotenpunkt und Marktort) dar. Entspricht in ihrem Verlauf einem Teil der Bundesstraße B 268.

Ⓤ *bis ca. 1955 Teil der Lebacher Straße*

Ⓢ *Malstatt* Ⓓ *Rastpfuhl* ✉ *66113* ↔ *797 Meter* 🚶 *< 30 Einwohner*
⊕ *verbindet Rastpfuhl und Autobahn A1* Ⓠ *Lex, LHS*

Lebacher Straße – s. o.

Ⓢ *Malstatt* Ⓓ *Rußhütte, Jenneweg, Leipziger Straße & Rastpfuhl* ✉ *66113*
↔ *1712 Meter* 🚶 *1097 Einwohner*
⊕ *verbindet Trierer Straße (Ludwigsbergkreisel) und Rastpfuhl* Ⓠ *Lex, LHS*

Leberstraße – Julius Leber (16.11.1891 - 5.1.1945): deutscher SPD-Politiker, Reichstagsabgeordneter und Widerstandskämpfer gegen den Nationalsozialismus. Gehörte zum Kreis um Stauffenberg und Goerdeler und wurde im Staatsgefängnis Berlin-Plötzensee hingerichtet.

Teil eines Viertels mit Namen deutscher Widerstandskämpfer (Unterer Eschberg).

Ⓢ *Eschberg* Ⓓ *Eschberg* ✉ *66121* ↔ *177 Meter* 🚶 *45 Einwohner*
⊕ *Seitenstraße der Goerdeler Straße mit Fußweg zur Glogauer Straße* Ⓠ *Lex, LHS*

Leharstraße – Franz Lehár (30.4.1870 - 24.10.1948): österreichischer Komponist. Vertreter der silbernen Operettenära, Werke u. a. Die lustige Witwe, Der Zarewitsch.

Teil eines Viertels mit Straßennamen nach Operettenkomponisten des frühen 20. Jahrhunderts.

Ⓢ *Malstatt* Ⓓ *Rodenhof* ✉ *66113* ↔ *294 Meter* 🚶 *356 Einwohner*
⊕ *zweigt an zwei Stellen von der Grülingsstraße ab.* Ⓠ *Lex, LHS*

Lehberggarten – Das Wohngebiet dürfte auf dem Lehberg vorgelagertem Gartenland entstanden sein.

Ⓢ *Ensheim* Ⓓ *Ensheim* ✉ *66131* ↔ *796 Meter* 🚶 *158 Einwohner*
⊕ *ringförmige Seitenstraße von Am Lehberg mit Abzweigung* Ⓠ *Phi*

L

Lehmkaulweg – Am Ende des Weges bestand früher eine Lehmgrube = Lehmkaul(e). Der Flurname (uff der Leimkulen, Leim Kaul etc.) ist jedenfalls seit dem 17. Jahrhundert überliefert.

Ⓢ St. Arnual Ⓓ Wackenberg ✉ 66119 ↔ 645 Meter 🚹 520 Einwohner
Seitenstraße der Saargemünder Straße Ⓠ Bau, LHS

Leibnizstraße – Gottfried Wilhelm Freiherr von Leibniz (1.7.1646–14.11.1716): deutscher Philosoph, Mathematiker, Diplomat und politischer Berater. Vertreter der frühen Aufklärung und sogenannter Universalgelehrter mit zahlreichen Ideen und Erfindungen.

Ⓢ Burbach Ⓓ Hochstraße ✉ 66115 ↔ 228 Meter 🚹 0 Einwohner
verbindet Heinrich-Barth- und Ernst-Abbe-Straße (Saarterrassen) Ⓠ Lex, LHS, Phi

Leipziger Straße – Leipzig: größte Stadt des Freistaates Sachsen, 571.000 Einwohner, historisches und aktuelles Zentrum von Verkehr, Wirtschaft und Kultur. Messe- und Universitätsstadt, historisches Zentrum des Buchdrucks und Austragungsort der wahrscheinlich „größten Schlacht der Weltgeschichte", der Völkerschlacht 1813.
Bildet mit Dresdener Straße ein sinnhaftes Namenspaar.

Ⓢ Malstatt Ⓓ Leipziger Straße ✉ 66113 ↔ 494 Meter 🚹 709 Einwohner
verbindet Lebacher und Parallelstraße Ⓠ Lex

Lenaustraße – Nikolaus Lenau (Nikolaus Franz Niembsch, 13.8.1802–22.8.1850): österreichischer Schriftsteller der Spätromantik.
Teil eines Viertels mit einzelnen Straßennamen nach Philosophen und Schriftstellern.

Ⓤ bis 1950 Am Guckelsberg

Ⓢ Dudweiler Ⓓ Dudweiler Süd ✉ 66125 ↔ 151 Meter 🚹 < 30 Einwohner
verbindet Hofweg und Gartenstraße Ⓠ DuStr

Leopoldtagesstrecke – Der Leopoldstollen bzw. die Leopoldtagesstrecke war im 19. Jahrhundert ein Teil der Grube Gerhard, benannt nach dem langjährigen Direktor der Königlich-Preußischen Bergwerksdirektion Saarbrücken, Leopold Sello (siehe Sellostraße). Als Tagesstrecke werden dem Stollen ähnliche Grubenbauten bezeichnet, die übertage beginnen und v. a. logistische Funktion in der Zuführung zum eigentlichen Bergwerk haben.

Ⓢ *Altenkessel* Ⓓ *Altenkessel* ✉ *66126* ↔ *806 Meter* 🚹 *< 30 Einwohner*
⊕ *nördliche Fortsetzung von Josefaschacht* Ⓠ *Altk, Bio, Lex*

Lerchenweg – Lerche: Singvogelordnung mit ca. 90 Arten aus der Familie der Sperlingsvögel. Verbreitung: vor allem in Afrika, Asien, einige Arten auch in Europa z. B. Feldlerche, Haubenlerche.

Teil eines Viertels mit Straßennamen nach Vogelarten.

Ⓢ *Gersweiler* Ⓓ *Neu-Aschbach* ✉ *66128* ↔ *160 Meter* 🚹 *< 30 Einwohner*
⊕ *verbindet Zum Teich und Amselweg* Ⓠ *Lex*

Lerchenweg – s. o.

Bildet mit dem nahe gelegenen Fasanenweg ein sinnhaftes Namenspaar.

Ⓢ *Schafbrücke* Ⓓ *Schafbrücke* ✉ *66121* ↔ *168 Meter* 🚹 *38 Einwohner*
⊕ *Seitenstraße von Zum Eschberg mit Fußweg zur Nußbaumstraße* Ⓠ *Lex*

Lerchenweg – s. o.

Teil eines Viertels mit Straßennamen nach Vogelarten.

Ⓢ *Klarenthal* Ⓓ *Klarenthal* ✉ *66127* ↔ *236 Meter* 🚹 *< 30 Einwohner*
⊕ *verbindet über Eck (Friedhof) Haupt- und Feldstraße* Ⓠ *Lex*

Lerchenweg – s. o.

Bildet mit Goldammerweg ein sinnhaftes Namenspaar.

Ⓢ *Bübingen* Ⓓ *Bübingen* ✉ *66129* ↔ *144 Meter* 🚹 *< 30 Einwohner*
⊕ *Seitenstraße der Bliesransbacher Straße (Bübinger Berg)* Ⓠ *Lex*

Lerchesflurweg – Der alte Flurname (überliefert seit dem 18. Jahrhundert) bezieht sich auf den Vogel (s. o.).

Ⓤ *ca. 1940 – 1945 General-Schroth-Straße (nach Infanterie-General am Westwall)*

Ⓢ *Alt-Saarbrücken* Ⓓ *Triller* ✉ *66119* ↔ *746 Meter* 🚹 *481 Einwohner*
⊕ *verbindet Metzer und Spichererbergstraße* Ⓠ *Adr, Bau, Stpl, SU1*

Lerchessteig – Der Steig (steiler Anstieg, hier durch Treppenanlage überwunden) führt zum Lerchesflur, s. o.

Ⓢ *Alt-Saarbrücken* Ⓓ *Triller* ✉ *66119* ↔ *100 Meter* ▮ *0 Einwohner*
verbindet als Treppe/Fußweg Metzer und Stieringer Straße Ⓠ *Phi*

Lessingstraße – Gotthold Ephraim Lessing (22.1.1729 - 15.2.1781): bedeutender Dichter und Dramatiker der deutschen Aufklärung. Dramen u. a. Minna von Barnhelm, Nathan der Weise.

Teil eines Viertels mit Straßennamen nach deutschen Schriftstellern (Unner).

Ⓤ *ca. 1935 - 1945 Horst-Wessel-Straße (Märtyrer für NS-Herrschaft)*

Ⓢ *Güdingen* Ⓓ *Schönbach* ✉ *66130* ↔ *95 Meter* ▮ *44 Einwohner*
verbindet Grenzweg und Schillerstraße (Siedlung Unner) Ⓠ *HSe, Lex*

Lessingstraße – s. o.

Ⓢ *Dudweiler* Ⓓ *Dudweiler Mitte* ✉ *66125* ↔ *79 Meter* ▮ *< 30 Einwohner*
verbindet Luisen- und Werkstraße Ⓠ *Lex*

Lessingstraße – s. o.

Teil eines Viertels mit Straßennamen nach deutschen Schriftstellern.

Ⓢ *Altenkessel* Ⓓ *Altenkessel* ✉ *66126* ↔ *201 Meter* ▮ *68 Einwohner*
Seitenstraße der Jahnstraße mit Fußweg zur Alleestraße Ⓠ *Lex*

Lessingstraße – s. o.

Teil eines Viertels mit Straßennamen nach deutschen Schriftstellern (St. Johanner Staden).

Ⓢ *St. Johann* Ⓓ *Am Staden* ✉ *66121* ↔ *617 Meter* ▮ *553 Einwohner*
verbindet Am Staden und Halbergstraße Ⓠ *Lex*

Leuschnerstraße – Wilhelm Leuschner (15.6.1890 - 29.9.1944): deutscher Holzbildhauer, Gewerkschafter, Sozialdemokrat und Widerstandskämpfer gegen den Nationalsozialismus. Gehörte zum Kreis um Stauffenberg und Goerdeler und wurde im Staatsgefängnis Berlin-Plötzensee hingerichtet.

Teil eines Viertels mit Straßennamen nach deutschen Widerstandskämpfern (Unterer Eschberg).

Ⓢ *St. Johann* Ⓓ *Kaninchenberg* ✉ *66121* ↔ *103 Meter* ▮ *< 30 Einwohner*
Seitenstraße des Eschbergerweges Ⓠ *Lex, LHS*

Liebigstraße – Justus von Liebig (12.5.1803 - 18.4.1873): deutscher Chemiker, Universitätsprofessor in Gießen und München. Pionierleistungen in organischer Chemie, begründete durch seine Forschungen die moderne Mineraldüngung und Agrochemie. Entwickelte „Liebig's Fleischextrakt" und damit die Grundlage der Würzindustrie um Maggi, Knorr etc.
Teil eines Viertels mit Straßennamen nach deutschen Industriellen, Entdeckern und Erfindern.

Ⓢ *St. Johann* Ⓓ *Am Homburg* ✉ *66123* ↔ *81 Meter* 🚹 *< 30 Einwohner*
✥ *verbindet Am Homburg und Guerickestraße* Ⓠ *Lex*

Liebigtreppe – s. o.
Teil eines Viertels mit Straßennamen nach deutschen Industriellen, Entdeckern und Erfindern.

Ⓢ *St. Johann* Ⓓ *Am Homburg* ✉ *66123* ↔ *78 Meter* 🚹 *0 Einwohner*
✥ *verbindet Guerickestraße und Meerwiesertalweg* Ⓠ *Lex*

Liegnitzer Straße – Liegnitz (poln. Legnica): Stadt in Niederschlesien, Polen, ca. 101.000 Einwohner. Textil- und Metallindustrie, im 19./20. Jahrhundert auch Zentrum des Klavierbaus.
Teil eines Viertels mit Namen nach mittel- und ehemaligen ostdeutschen Städten und Gebieten, die nach dem Zweiten Weltkrieg Teile Polens, der Sowjetunion oder der ehemaligen DDR wurden.

Ⓢ *Eschberg* Ⓓ *Eschberg* ✉ *66121* ↔ *236 Meter* 🚹 *130 Einwohner*
✥ *Seitenstraße der Stettiner Straße* Ⓠ *Lex, LHS*

Liesbet-Dill-Straße – Elisabeth Pauline (Liesbet) Dill (28.3.1877 - 15.4.1962): in Dudweiler geborene Schriftstellerin. Schrieb Romane und wurde 1957 Ehrenbürgerin von Dudweiler.
Teil eines Viertels mit einzelnen Straßennamen nach Philosophen und Schriftstellern.

Ⓢ *Dudweiler* Ⓓ *Dudweiler Süd* ✉ *66125* ↔ *379 Meter* 🚹 *114 Einwohner*
✥ *verbindet Hermann-Löns- und Richard-Wagner-Straße* Ⓠ *Bio, Cen, DuStr*

Lieserer Weg – Lieser an der Mosel: Ortsgemeinde im Landkreis Bernkastel-Wittlich (Rheinland-Pfalz), ca. 1.200 Einwohner. Geprägt von Weinbau und Tourismus.

Teil eines Viertels mit Straßennamen nach Orten des Mosellandes.

Ⓤ *bis 1945 Böhmerwaldweg*

Ⓢ *Malstatt* Ⓓ *Rastpfuhl* 🖃 *66113* ↔ *606 Meter* 🚹 *125 Einwohner*

☩ *verbindet Cochemer Straße/Bernkasteler Platz und Hubert-Müller-Straße/Auffahrt zur A1*

Ⓠ *Lex, LHS, SU1*

Lilienstraße – Lilie: Gattung der Liliengewächse mit ca. 115 Arten. Aufrecht wachsende Zwiebelpflanzen mit auffälligen Blüten, die oft als Wappensymbol dienen.

Teil eines Viertels mit Straßennamen nach Blumen.

Ⓤ *bis 1949 Kirchbachstraße (preuß. General)*

Ⓢ *Alt-Saarbrücken* Ⓓ *Triller* 🖃 *66119* ↔ *536 Meter* 🚹 *113 Einwohner*

☩ *verbindet Narzissenstraße und Höhenpfad/Stieringer Straße* Ⓠ *Lex, LHS*

Lilienthalstraße – Karl Wilhelm Otto Lilienthal (23.5.1848 - 10.8. 1896): deutscher Luftfahrtpionier, der erfolgreich als Erster Gleitflüge absolvierte. Starb in Folge eines Flugunfalls.

Teil eines Viertels mit Straßennamen nach Luftfahrtpionieren.

Ⓢ *Alt-Saarbrücken* Ⓓ *Bellevue* 🖃 *66117* ↔ *360 Meter* 🚹 *99 Einwohner*

☩ *verbindet Ehrentalweg und Elly-Beinhorn-Straße* Ⓠ *Lex, LHS*

Lindenhofstraße – Es wird vermutet, dass zu einem bestimmten Anlass in der Gegend Linden gepflanzt wurden, evtl. um Nachwuchs im französischen Königshaus zu feiern. Auch zur Erinnerung an den Deutsch-Französischen Krieg wurden vielerorts Friedenslinden gepflanzt.

Ⓢ *Burbach* Ⓓ *Füllengarten* 🖃 *66115* ↔ *389 Meter* 🚹 *178 Einwohner*

☩ *verbindet am Freibüsch und Pfaffenkopfstraße* Ⓠ *Adr, Phi, Roth*

Lindenstraße – Linde: Pflanzengattung der Lindengewächse, laubabwerfende Bäume mit herzförmigen Blättern und charakteristischen Blütenständen. Verbreitet v. a. in Asien und Europa. Im europäischen Kulturkreis gilt die Linde als heiliger Baum, der bis heute ein Symbol der Zusammenkunft, von der Brautschau bis zur Gerichtsbarkeit (Dorflinde, Gerichtslinde), ist.

Teil eines Viertels mit Straßennamen nach Strauch- und Baumarten.

Ⓢ Burbach Ⓓ Füllengarten ✉ 66115 ↔ 212 Meter 🚶 40 Einwohner
✥ verbindet Ulmen- und Heckenstraße (Eisenbahnkolonie) Ⓠ Lex

Lindenstraße – s. o. An der Ecke zur Hauptstraße stand eine prächtige Linde, nach der die Straße den Namen hat. Ein Bereich wurde früher Kirchhof genannt (Kapelle 1617 erbaut), daneben befindet sich der alte Friedhof.

Ⓢ Gersweiler Ⓓ Gersweiler Mitte ✉ 66128 ↔ 148 Meter 🚶 65 Einwohner
✥ Seitenstraße der Hauptstraße Ⓠ Büch, Gers

Lindenstraße – s. o.

Teil eines Viertels mit Straßennamen nach Baumarten.

Ⓢ Bübingen Ⓓ Bübingen ✉ 66129 ↔ 67 Meter 🚶 < 30 Einwohner
✥ Seitenstraße der Waldstraße (Bübinger Berg) Ⓠ Lex

Lindenweg – s. o.

Ⓢ Bischmisheim Ⓓ Bischmisheim ✉ 66132 ↔ 121 Meter 🚶 52 Einwohner
✥ Seitenstraße der Hauptstraße Ⓠ Lex

Lippeweg – Lippe: rechter Nebenfluss des Rheins in Nordrhein-Westfalen, 220 km lang. Entspringt im Eggegebirge (Karstquelle) und mündet bei Wesel in den Rhein.

Bildet mit Emsweg ein sinnhaftes Namenspaar.

Ⓢ Burbach Ⓓ Füllengarten ✉ 66115 ↔ 104 Meter 🚶 0 Einwohner
✥ Seitenweg des Emsweges (Kleingartensiedlung) Ⓠ Lex, LHS

Löbelstraße – siehe Am Löbel

Ⓢ Dudweiler Ⓓ Pfaffenkopf ✉ 66125 ↔ 178 Meter 🚶 46 Einwohner
✥ Seitenstraße der Scheidter Straße Ⓠ Dud

Lohmeyerstraße – Dr. Karl Lohmeyer (21.1.1878-8.11.1957): in St. Johann geborener Kunsthistoriker, Museumsdirektor in Heidelberg u.a. Setzte sich mit dem Werk Friedrich Joachim Stengels auseinander, sammelte und publizierte saarländische Sagen. Sein Wohnhaus, der Nußberger Hof, der durch den Barock Stengels inspiriert von ihm selber so entworfen wurde, liegt in der nach ihm benannten Straße.

Ⓢ Alt-Saarbrücken Ⓓ Reppersberg 66119 ↔ 320 Meter 71 Einwohner
Seitenstraße der Reppersbergstraße Ⓠ Bio, Lex

Lohmühlenstraße – In Höhe des Straßenverlaufes stand eine von drei Mühlen entlang des Tabaksmühlenbaches: Die unterste war die Lohmühle, die zum Mahlen von für die Gerberei notwendigen Bestandteilen (Lohe = Baumrinde und Blätter) diente. Siehe auch „An der Mühle".

Ⓢ St. Arnual Ⓓ Wackenberg 66119 ↔ 87 Meter < 30 Einwohner
verbindet Brühl- und Julius-Kiefer-Straße Ⓠ Bau, Lex, Spu1

Lortzingstraße – Albert Lortzing (23.10.1801-21.1.1851): deutscher Komponist, Schauspieler, Sänger und Dirigent. Hauptvertreter der komischen Oper (z.B. Zar und Zimmermann, Der Wildschütz).
Teil eines Viertels mit Straßennamen nach berühmten Komponisten.

Ⓢ Dudweiler Ⓓ Dudweiler Süd 66125 ↔ 416 Meter 168 Einwohner
Seitenstraße der Liesbet-Dill-Straße mit Wegeverbindungen zur Richard-Wagner-Straße
Ⓠ Lex, LHS

Lortzingstraße – s.o.
Teil eines Viertels mit Straßennamen nach berühmten Komponisten.

Ⓢ St. Johann Ⓓ Hauptbahnhof 66111 ↔ 130 Meter < 30 Einwohner
Seitenstraße der Sulzbachstraße Richtung Dudweilerstraße, parallel zum Beethovenplatz
Ⓠ Lex

Lothringer Straße – Lothringen: Landschaft und ehemalige Region (heute Région Grand-Est) im Nordosten Frankreichs, grenzt an das Saarland. Geht auf das Herzogtum Lothringen und ursprünglich das fränkische Reich Lothars I (Lotharingien ab 843 n.Chr.) zurück.
Bildet eine thematische Klammer um die St. Avolder und Diedenhofer Straße (Thionville), als zwei lothringische Orte sowie den nahe gelegenen Straßen mit luxemburgischem Bezug.

Ⓤ *bis 1945 Andreas-Hofer-Straße (Tiroler Freiheitskämpfer)*

Ⓢ *Alt-Saarbrücken* Ⓓ *Triller* ✉ *66117* ↔ *440 Meter* *91 Einwohner*
verbindet Metzer Straße und Tiroler Weg Ⓠ *Lex, Phi, LHS, SU1*

Löwengasse – Zwar ist der Löwe das Wappensymbol Saarbrückens, an dieser Stelle jedoch ist der Bezug zu einem ehemaligen Gasthaus „Zum Löwen" im 18. Jahrhundert zu sehen, das einem Hans Jakob Loew gehörte. Dieses stand etwas weiter westlich. Es ist davon auszugehen, dass im Zuge des Baus der Eisenbahnstraße der Name Löwengasse auf die kleine Gasse umgesetzt wurde, um den historischen Bezug zu erhalten.

Ⓢ *Alt-Saarbrücken* Ⓓ *Schloßplatz* ✉ *66117* ↔ *75 Meter* *0 Einwohner*
verbindet Schloß- und Wilhelm-Heinirch-Straße Ⓠ *Köll, LHS, Wesz*

Lucas-Cranach-Straße – Die Straße ist nach zwei berühmten Malern der Renaissance benannt: Lucas Cranach der Ältere (4.10.1472 - 16.10.1553): deutscher Maler, Grafiker und Buchdrucker sowie sein Sohn Lucas Cranach der Jüngere (4.10.1515 - 25.1.1586): Deutscher Maler und Portraitist. Beide waren kommunalpolitisch aktiv, u.a. Bürgermeister von Wittenberg. Es bestand ein enger Kontakt zu Martin Luther, dessen berühmtes Portrait der Vater anfertigte.
Teil eines Viertels mit Straßennamen nach bekannten Malern.

Ⓤ *bis 1945 Wilhelm-Gustloff-Straße (ermordeter NSDAP-Funktionär)*

Ⓢ *St. Arnual* Ⓓ *Wackenberg* ✉ *66119* ↔ *234 Meter* *114 Einwohner*
verbindet Rubensstraße und Schmitt-Fornaro-Weg Ⓠ *Lex, LHS, SU1*

Lüderitzstraße – Franz Adolf Eduard von Lüderitz (16.7.1834-24.10.1886): deutscher Großkaufmann und erster deutscher Landbesitzer in der Kolonie Deutsch-Südwestafrika (heutiges Namibia).

Ⓢ *St. Johann* Ⓓ *Rotenbühl* *66123* ↔ *249 Meter* *136 Einwohner*
Seitenstraße des Neugrabenweges mit Abzweigung Ⓠ *Lex, LHS*

Ludwigstraße – Aufgrund der ehemaligen Zugehörigkeit Ensheims zum Königreich Bayern ist die Benennung nach König Ludwig II von Bayern (25.8.1845-13.6.1886) aus dem Hause Wittelsbach wahrscheinlich. Der als „Märchenkönig" bekannte König ließ pompöse Schlösser (u.a. Neuschwanstein) erbauen und wurde entmündigt, kurz bevor er einem mysteriösen Tod im Starnberger See erlag. Die Straßenbenennung könnte eine Hommage an die ehemalige Zugehörigkeit Ensheims zu Bayern sein.

Ⓢ *Ensheim* Ⓓ *Ensheim* *66131* ↔ *357 Meter* *73 Einwohner*
Seitenstraße der Eschringer Straße Ⓠ *Gla*

Ludwigstraße – Fürst Ludwig von Nassau-Saarbrücken (3.1.1745-2.3.1794): letzter feudaler Regent Saarbrückens vor der französischen Revolution, regierte ab 1768 nach Tod seines Vaters Fürst Wilhelm Heinrich. Erbauer des nahe gelegenen nach ihm benannten Ludwigsparks und Vollendung des Ensembles Ludwigskirche/Ludwigsplatz trotz hoher Schulden. Seine Gebeine wurden 1995 in die Saarbrücker Schloßkirche umgebettet.

Ⓢ *Malstatt* Ⓓ *Unteres Malstatt* *66115* ↔ *570 Meter* *551 Einwohner*
verbindet Lebacher und Breite Straße Ⓠ *LHS, Lex, Phi*

Ludwigstraße – Aufgrund der abzweigenden Clara- und Margarethenstraße dürfte hier einer der adligen Herrscher Saarbrückens mit Namen Ludwig namensgebend sein: Es gab einen Fürsten Ludwig zu Nassau-Saarbrücken sowie die Grafen Ludwig II und Ludwig Crato von Nassau-Saarbrücken. Weitere drei Grafen führten Ludwig als zweiten Namen.

Ⓢ *Klarenthal* Ⓓ *Klarenthal* *66127* ↔ *223 Meter* *44 Einwohner*
verbindet Fenner Straße und Grubenweg Ⓠ *Phi, Lex*

Luisenbrücke – Benannt nach Herzogin Luise von Mecklenburg-Strelitz (10.3.1776 - 19.7.1810), die durch Heirat mit Friedrich Wilhelm III Königin von Preußen wurde. Durch ihre Jugend und Schönheit sowie ihren frühen krankheitsbedingten Tod erlangte sie später Kultstatus. In Saarbrücken waren die heutige Saarufer- und Ursulinenstraße sowie die L(o)uisenanlage ebenfalls nach ihr benannt sowie der 1912 erbaute und später versetzte Luisenbrunnen. Überlebt haben außer Brunnen und Brücke noch die Bezeichnung Luisenviertel.

Ⓤ *ab 1865/66 bis ca. 1900 Neue Brücke, 1949 - 1956 Forbacher Brücke*

Ⓢ *Alt-Saarbrücken* Ⓓ *Schloßplatz* ✉ *66111* ↔ *120 Meter* 🚶 *0 Einwohner*

⊕ *verbindet Eisenbahn- und Viktoriastraße* Ⓠ *Lex, LHS, Spu 1, Stpl*

Luisenstraße – Auch im zur Zeit der Namensgebung selbstständigen Dudweiler teilte man den Verehrerkult um Königin Luise, s. o.

Ⓤ *1945 - 1957 Bachstraße*

Ⓢ *Dudweiler* Ⓓ *Dudweiler Mitte* ✉ *66125* ↔ *226 Meter* 🚶 *77 Einwohner*

⊕ *verbindet Sulzbachtal- und Wilhelmstraße* Ⓠ *DuStr*

L

Luisenthaler Hütte – Nach der ehemals hier vorhandenen Glashütte, die 1825 durch Carl Philipp Vopelius und seinen Sohn Johann Ludwig gegründet und von den Industriellenfamilien Vopelius und Wagner (Christian Adolph Wagner und dessen gleichnamiger Schwiegersohn, siehe Ernst-Wagner-Weg) bis 1876 betrieben wurde. 1857 wurde eine zweite, größere Glashütte nahe des Bahnhofs Luisenthal erbaut.

Ⓢ *Altenkessel* Ⓓ *Altenkessel* ✉ *66126* ↔ *320 Meter* 🚶 *64 Einwohner*

⊕ *verbindet Gerhard- und Talstraße mit mehreren Abzweigungen* Ⓠ *Altk, Bio, Klau*

Luisenthaler Straße – Die Straße führt von Altenkessel Richtung Luisenthal. Dort gründete 1717 eine wohlhabende Familie einen Hof östlich von Völklingen und benannte ihn nach der Tochter Christine-Louise Gräfin von Ostfriesland, verheiratete Wied-Runkel (1710 - 1732), „Louisenthal".

Ⓤ *ehem. Dr.-Vogeler-Straße (1920 - 37 Landrat)*

Ⓢ *Altenkessel* Ⓓ *Altenkessel & Rockershausen* ✉ *66126*

↔ *864 Meter* 🚶 *343 Einwohner*

⊕ *verbindet Gerhardstraße und Altenkesseler Straße (Völklingen)* Ⓠ *Altk, Bio, Klau, Phi*

Luisenthaler Straße – Die Straße führt von Burbach in Richtung Luisenthal (s. o.).

Ⓢ *Burbach* Ⓓ *Hochstraße & Füllengarten* ✉ *66115*
↔ *1507 Meter* 🚶 *1179 Einwohner*
verbindet Berg- und Provinzialstraße (Höhe Alsbach) Ⓠ *Klau, Phi*

Lulustein – Nach dem in der Straße befindlichen Gedenkstein (hinter der ATSV-Halle), der nach Napoléon Eugène Louis Bonaparte benannt wurde. Dieser war Sohn von Napoléon III, trug den Spitznamen Luoluo (eingedeutscht Lulu) und soll 1870 (Deutsch-Französischer Krieg) von dieser Stelle das erste Mal eine Kanone auf Saarbrücken abgefeuert haben, was als sein militärisches Debüt gilt. Ziel war, die Neue Brücke (siehe Luisenbrücke) zu zerstören. Der Schuss Lulus gilt aber nur als mündlich überliefert.

Ⓤ *bis ca. 1957 Am Lulustein, vor ca. 1945 Am kleinen Exerzierplatz*
Ⓢ *Alt-Saarbrücken* Ⓓ *Bellevue* ✉ *66117* ↔ *644 Meter* 🚶 *118 Einwohner*
verbindet Am Ordensgut, Am Hagen und Zeppelinstraße mit Abzweigungen
Ⓠ *Fuß, Lex, LHS*

Lützelbachbrücke – Nach dem nicht mehr sichtbaren Verlauf des Lützelbaches benannt, der am Rodenhof entspringt und Richtung Saar fließt. Da er wasserarm und klein war, trägt er seit dem 16. Jahrhundert den Namen „litzell bechleynn". Das mittelhochdeutsche Wort „lützel/litzell" = klein, wenig, gering, ist im norddeutschen Sprachgebauch heute noch als „lütten" überliefert. Gleichen Ursprungs ist die Benennung des Lützelbachtunnels Richtung St. Johanner Straße.

Ⓢ *St. Johann* Ⓓ *Hauptbahnhof* ✉ *66111* ↔ *195 Meter* 🚶 *0 Einwohner*
liegt innerhalb einer Verzweigung der Europaallee über den Gleisen der Güterzugumfahrt
Ⓠ *Bau, Phi*

Lützelbachstraße – Die Straße taucht noch in Listen und auf Stadtplänen auf, ist aber in der offiziellen Beschilderung durch Europaallee und Lützelbachbrücke ersetzt worden. Zur Benennung s. o.

Ⓢ St. Johann Ⓓ Hauptbahnhof 66111, 66113 ↔ k.A. 0 Einwohner
verbindet Grülingsstraße und Europaallee Ⓠ Bau, Phi

Lützowstraße – Ludwig Adolf Wilhelm Freiherr von Lützow (18.5.1782 – 6.12.1834): preußischer Generalmajor. Er machte sich mit seinem Freikorps in den Befreiungskriegen gegen Napoléon I verdient, dessen Uniformen die Farben Schwarz, Rot und Gold trugen, woraus später die Farben der deutschen Flagge entstanden.
Teil eines Viertels mit Straßennamen nach deutschen Militärs des 19. Jahrhunderts.

Ⓤ 1947 - 1957 Oberonstraße
Ⓢ St. Arnual Ⓓ Winterberg 66119 ↔ 122 Meter 107 Einwohner
verbindet Stockenbruch und Koßmannstraße Ⓠ Lex, LHS

L

Luxemburger Straße – Nach der Stadt und dem Großherzogtum Luxembourg (ca. 116.000 bzw. 600.000 Einwohner) benannt.
Teil eines Viertels mit mehreren Straßennamen nach Orten in Lothringen und Luxembourg.
Die Straße ist nicht ausgeschildert und Teil des seit Ende 2018 in Bau befindlichen Wohngebietes Franzenbrunnen, in dem sie weiterhin eine Wegeverbindung darstellen soll.

Ⓢ Alt-Saarbrücken Ⓓ Triller 66117 ↔ k.A. k.A.
verbindet Mondorfer und Lothringer Straße als bislang unbebaute Wegeverbindung
Ⓠ Lex, Phi

Beliebtes Mitbringsel: Ein Lyonerring, allerdings aus Fleisch, nicht als Straßenschild!

Lyonerring – Durch die unmittelbare Nachbarschaft der fleischverarbeitenden Betriebe (1936 erbauter Schlachthof, heute Firmen Schwamm, Schröder und ehemals auch Höll), wurde der Ring aus Fleischwurst, im Saarländischen als Lyoner-Ring oder -Ringel bezeichnet als origineller Grund zur Namensgebung herangezogen.

Ⓤ *1981 - 1998 Gutleutstraße (nach nahe gelegenem Gutleuthaus = Siechenhaus)*

Ⓢ *St. Johann* Ⓓ *Kaninchenberg* ✉ *66121* ↔ *573 Meter* 🚹 *0 Einwohner*

⊕ *verbindet ringförmig Straße des 13. Januar und An der Römerbrücke (Industriegebiet Ost)*

Ⓠ *Phi*

Macherheck – Der Flurname (17. Jahrhundert „Magern", „Macherheeg") ist auf das mittellateinische Wort „maceria" = Mauer, Einfriedung zurückzuführen. Mauerfunde deuten hier auf das eventuelle Vorhandensein einer ehemaligen römischen Villa hin. Später war das Land wahrscheinlich mit Hecken bewachsen, die den Schutt bzw. die Mauerreste überwucherten.

Ⓢ *Bübingen* Ⓓ *Bübingen* ✉ *66129* ↔ *127 Meter* 🚹 *< 30 Einwohner*

⊕ *Seitenstraße der Bliesransbacher Straße (Bübinger Berg)* Ⓠ *Lauf*

Magdeburger Straße – Magdeburg: Landeshauptstadt von Sachsen-Anhalt, ca. 236.000 Einwohner, an der Elbe gelegen. Die Anfang des 9. Jahrhunderts erstmals erwähnte Stadt ist Standort eines bedeutenden Binnenhafens, Universitätsstadt und Bischofssitz (Wahrzeichen Magdeburger Dom). Teil eines Viertels mit Namen nach mittel- und ehemaligen ostdeutschen Städten und Gebieten, die nach dem Zweiten Weltkrieg Teile Polens, der Sowjetunion oder der ehemaligen DDR wurden.

Ⓢ *Eschberg* Ⓓ *Eschberg* *66121* ↔ *674 Meter* *162 Einwohner*
verbindet Pommernring und Eschberger Hofplatz mit Abzweigung Ⓠ *Lex*

Mainstraße – Main: längster rechter Nebenfluss des Rheins, 527 km lang. Entspringt mit zwei Quellflüssen im Fichtelgebirge und der Fränkischen Alb und mündet bei Mainz-Kostheim in den Rhein. Städte u. a. Schweinfurt, Würzburg, Aschaffenburg, Frankfurt (Main), Rüsselsheim. Teil eines Viertels mit Straßennamen nach deutschen Flüssen.

Ⓢ *Malstatt* Ⓓ *Leipziger Straße* *66113* ↔ *219 Meter* *291 Einwohner*
verbindet Dresdener und Schlettstadter Straße mit Wegeverbindungen zur Rheinstraße
Ⓠ *Lex*

M

Mainstraße – s. o.
Teil eines Viertels mit Straßennamen nach Nebenflüssen des Rheins.

Ⓢ *Dudweiler* Ⓓ *Dudweiler Nord* *66125* ↔ *364 Meter* *255 Einwohner*
verbindet Mosel- und Fischbachstraße Ⓠ *Lex*

Mainzer Straße – Die Straße ist nach der rheinland-pfälzischen Landeshauptstadt Mainz benannt, weil sie als Verbindungsstraße in deren Richtung diente, insbesondere für den französischen Kaiser Napoléon I (siehe Kaiserstraße Schafbrücke/Scheidt). Mainz ist seit römischer Zeit besiedelt, für viele Baudenkmäler wie den Dom aus romanischer Zeit bekannt. Heute u. a. Bischofssitz, Sitz des ZDF, Karnevalshochburg und Universitätsstadt, ca. 210.000 Einwohner.

Ⓤ *Beipass am östlichen Ende Höhe Fasanerieweg bis 1963 Helmerswiesweg*
Ⓢ *St. Johann* Ⓓ *St. Johanner Markt, Am Staden & Kaninchenberg*
66111, 66121 ↔ *2862 Meter* *1342 Einwohner*
verbindet Obertor-/Bleichstraße und Schneidershof Ⓠ *Lex, LHS*

Ein gefiederter Pfeil ist selten, erst recht in Kombination mit einem Schild in Frakturschrift.

Malditzerbergstraße – Der Flurname „Malditzen Wiesen" oder „Maldißenwies" geht auf Georg Wilhelm von Maltitz zurück (16.12.1705 - 11.3.1760): fürstlicher Oberjägermeister und Förster von Wilhelm Heinrich zu Nassau Saarbrücken ab 1741. Durch sein autoritäres Auftreten und seine dominante Art mutierte er zur furchteinflößenden Sagengestalt des „Wilden Jägers".

Ⓤ *bis 1935 Wilhelmshöhe*

Ⓢ *Dudweiler* Ⓓ *Wilhelmshöhe-Fröhn* ✉ *66125* ↔ *462 Meter* 🚹 *64 Einwohner*

⊕ *Seitenstraße der Mittelstraße (Kolonie Wilhelmshöhe)* Ⓠ *Bio, DuStr*

Malstatter Brücke – Brückenverbindung vom westlichen Alt-Saarbrücken Richtung Malstatt.

Ⓤ *bis 1947 Kaiser-Wilhelm-Brücke*

Ⓢ *Alt-Saarbrücken & Malstatt* Ⓓ *Malstatter Straße & Unteres Malstatt* ✉ *66115*

↔ *k.A.* 🚹 *0 Einwohner*

⊕ *Teil der Malstatter Straße* Ⓠ *Phi, Stpl*

Malstatter Markt – In Höhe dieses Platzes befand sich in früheren Jahrhunderten der Markt des damaligen Dorfes Malstatt, das seit 960 urkundliche Erwähnung findet (Madastat, Madalstat, Malstat usw.). Dessen Name dürfte sich vom althochdeutschen „mahal" ableiten, was Gerichtsstätte bedeutet. Auf dem Kirchberg vermutet man entsprechend eine germanische Gaudingstätte, aus der die Siedlung hervorging.

Ⓢ *Malstatt* Ⓓ *Unteres Malstatt* 📮 *66115* ↔ *83 x 67 Meter* 🚹 *114 Einwohner*
⊕ *verbindet Breite Straße und In der Röth mit angrenzender Platzanlage* Ⓠ *Bau*

Malstatter Straße – Die Straße führt von (Alt-)Saarbrücken in Richtung Malstatt (siehe Malstatter Markt).

Ⓤ *1913 - ca. 1945 (Von-) Zastrow-Straße (nach preuß. General, Teilnehmer an Schlacht v. Spichern 1870)*

Ⓢ *Alt-Saarbrücken* Ⓓ *Malstatter Straße* 📮 *66117* ↔ *308 Meter* 🚹 *142 Einwohner*
⊕ *verbindet Gersweilerstraße und Malstatter Brücke* Ⓠ *Adr, Phi, Stpl*

Margarethenstraße – Gräfin Margaretha von Saarbrücken-Commercy/Margarethe von Broyes (gest. ca. 1270): Gemahlin von Graf Simon IV und Mutter Graf Johanns I.

Ⓢ *Burbach* Ⓓ *Hochstraße* 📮 *66115* ↔ *316 Meter* 🚹 *185 Einwohner*
⊕ *zweigt an zwei Stellen U-förmig von der Hochstraße ab* Ⓠ *Bio, LHS*

Margarethenstraße – Aufgrund der Nachbarschaft von Clara- und Ludwigstraße vermutlich nach derselben Gräfin wie die Margarethenstraße in Burbach benannt.

Ⓢ *Klarenthal* Ⓓ *Klarenthal* 📮 *66127* ↔ *119 Meter* 🚹 *< 30 Einwohner*
⊕ *Seitenstraße der Ludwigstraße* Ⓠ *Phi*

Margarethenstraße – Vermutlich nach derselben Gräfin wie die Margarethenstraße in Burbach benannt.

Ⓤ *1910 - 1945 Moltkestraße nach General Graf v. Moltke*

Ⓢ *Jägersfreude* Ⓓ *Jägersfreude* 📮 *66125* ↔ *118 Meter* 🚹 *67 Einwohner*
⊕ *Seitenstraße der Schulstraße* Ⓠ *DuStr*

M

Marieneck – Die Straße liegt verzweigt im Winkel anderer Straßen („Eck") und stellt das Zentrum des Oberdorfes dar. Hier wurde ein Hof der Mönche von Reims und später der Pröpste von St. Remigiusberg betrieben, in dem vermutlich eine Marienkapelle stand. Von dort aus könnten die Geistlichen die Christianisierung der Umgebung betrieben haben.

Ⓢ *Bischmisheim* Ⓓ *Bischmisheim* *66132* ↔ *207 Meter* *49 Einwohner*
zweigt an zwei Stellen von der Hauptstraße ab, nach Norden Sackgasse Ⓠ *Karg*

Marienstraße – Hier dürfte Maria, die Mutter von Jesus von Nazareth, als Heilige der christlichen Kirche namensgebend sein. Somit entsteht mit der Annenstraße ein sinnhaftes Namenspaar, was auch in Bezug zur früheren Zuständigkeit des Nonnenklosters St-Pierre-aux-Nonnais (St. Peter zu den Nonnen auf der Zitadelle) in Metz für die alte Kirche in Malstatt stehen könnte.

Ⓢ *Malstatt* Ⓓ *Unteres Malstatt* *66115* ↔ *185 Meter* *193 Einwohner*
verbindet Breite und Wiesen-/Stromstraße Ⓠ *Lex, Wesz*

Markthallenstraße – Die Straße führte zur Markthalle am südlichen Ende des Neumarktes, die Ende des 19. Jahrhunderts von Architekt Hans-Peter Weszkalnys erbaut und im Zweiten Weltkrieg zerstört wurde.

Ⓢ *Alt-Saarbrücken* Ⓓ *Schloßplatz* *66117* ↔ *46 Meter* *< 30 Einwohner*
verbindet Altneugasse und Wilhelm-Heinrich-Straße Ⓠ *Bio, LHS, Phi, Stpl*

Marktsteig – Die Straße „steigt", führt also steil bergauf vom Burbacher Markt zur Jakobstraße und stellt somit eine Verbindung zum Marktplatz Burbach dar.

Ⓤ *bis 1947 Adolfstraße nach Historiker Adolf Köllner, aufgrund des nach dem Zweiten-Weltkrieg verrufenen Vornamens umbenannt*

Ⓢ *Burbach* Ⓓ *Hochstraße* *66115* ↔ *250 Meter* *181 Einwohner*
verbindet Burbacher Markt und Jakobstraße Ⓠ *Bio, LHS, Phi*

Marktstraße – Die Straße führt am kleinen Marktplatz des Ortes Herrensohr vorbei (Höhe Einmündung der Abzweigung zur Karlstraße gegenüber Petrusstraße).

Ⓢ *Herrensohr* Ⓓ *Herrensohr* *66125* ↔ *514 Meter* *166 Einwohner*
verbindet Allee- und Karlstraße mit Abzweigung Ⓠ *DuStr*

Marktweg – Auf diesem Wegeverlauf brachten früher die Bauern ihre Erzeugnisse nach Saarbrücken auf den Markt.

(S) Ensheim (D) Ensheim ✉ 66131 ↔ 682 Meter 🚶 79 Einwohner
⊕ Seitenstraße der Eschringer/Hauptstraße (Q) Wil

Martha-Traut-Weg – Martha Traut (3.12.1906 - 28.1.1990): Malerin und Grafikerin aus Saarbrücken. Mitbegründerin des heutigen saarländischen Künstlerbundes, Schülerin von Frans Masereel, europaweit Ausstellungen, Vertreterin der „anklagenden Kunst".
Teil eines Viertels mit Straßennamen nach lokalhistorisch bedeutsamen Frauen.

(S) Malstatt (D) Rastpfuhl ✉ 66113 ↔ 167 Meter 🚶 < 30 Einwohner
⊕ verbindet Rheinstraße und Am Hölzersbach (Q) Bio, Frau, Schar

Martin-Luther-Straße – Martin Luther (10.11.1483 - 18.2.1546): deutscher Theologe und zentrale Persönlichkeit der Reformation. Durch seine Bibelübersetzung, seine Thesen (1517) und andere Schriften legte er den Grundstein für eine tiefgreifende gesellschaftliche, theologische und politische Reform.
Die Straße führt am ehemaligen evangelischen Gemeindezentrum, der „Wartburg" vorbei.

(U) bis ca. 1955 Teil der Nauwieser Straße
(S) St. Johann (D) Nauwieser Viertel & Bruchwiese ✉ 66111
↔ 476 Meter 🚶 386 Einwohner
⊕ verbindet Richard-Wagner- und Scheidter Straße (Q) Lex, Phl

Martin-Luther-Straße – s.o.
Die Straße führt zur 1967 eingeweihten evangelischen Heilig-Geist-Kirche.

(S) Dudweiler (D) Geisenkopf ✉ 66125 ↔ 108 Meter 🚶 31 Einwohner
⊕ Seitenstraße von Im Scheidter Eck mit Fußweg zur Scheidter Straße (Q) DuStr, Lex

Mathias-Iven-Straße – Dr. Mathias Iven (16.8.1898 - 12.4.1961): Saarbrücker Betriebswirt, Manager und Sportfunktionär. Inhaber des Café Kiefer, eines Reisebüros (später „Iven & Weiler") sowie langjähriger aktiver Ruderer und Vorsitzender des Ruderclubs Saar e.V. 1951 - 1961 Mitgeschäftsführer der neu gegründeten Saarland-Sporttoto GmbH (Straße liegt in direkter Nachbarschaft zu deren Verwaltungssitz). 1952 Generalsekretär der Olympischen Gesellschaft des Saarlandes.

Ⓢ *Alt-Saarbrücken* Ⓓ *Schloßplatz* *66117* ↔ *99 Meter* *< 30 Einwohner*
verbindet Saarufer- und Gutenbergstraße Ⓠ *Bio, Cen*

Mathildenstraße – Gräfin Mathilde von Saarbrücken (1215 - 1279): nach dem Tod ihrer älteren Schwester Lauretta letzte Regentin des alten Saarbrücker Adelsgeschlechtes 1271 - 1274/76. Beide waren Töchter des 1235 verstorbenen Grafen Simon III. Mathildes Sohn Simon IV begründete 1271 die Linie der Grafen von Saarbrücken-Commercy.
Teil eines Viertels mit Straßennamen nach Saarbrücker Regentinnen.

Ⓢ *Alt-Saarbrücken* Ⓓ *Reppersberg* *66119* ↔ *405 Meter* *105 Einwohner*
verbindet Nußberg- und Laurettenstraße Ⓠ *Bio, Frau, Lex, Witt*

Mathildenstraße – Aufgrund der Nähe zu ehemaligen Bergbauanlagen (Ostschacht) wird die Namensgebung nach der heiligen Mathilde (896 - 968, Königsgemahlin, Wohltäterin und Stifterin) vermutet. Zwar ist diese in Bezug auf Bergbau nicht als Patronin auszumachen (im Wesentlichen sind dies die heilige Barbara oder Anna), sollte die Vermutung zutreffen, kann hier von einer allgemeinen Heiligenverehrung der Bergleute ausgegangen werden. In Deutschland sind mehrere Bergbauanlagen nach Mathilde benannt.

Ⓢ *Gersweiler* Ⓓ *Ottenhausen* *66128* ↔ *349 Meter* *144 Einwohner*
verbindet Ostschachtstraße und Grubenweg Ⓠ *Kug, Lex, Phi*

Matthiasstraße – Im Rahmen der Recherchen zu diesem Buch konnte die männliche Person, deren Vornamen hier verwendet wird, nicht identifiziert werden.

Ⓤ *bis ca. 1930 Matthiasgasse*

Ⓢ *Burbach* Ⓓ *Hochstraße* *66115* ↔ *91 Meter* *87 Einwohner*

verbindet Völklinger und Bergstraße Ⓠ

Matzenberg – Geht auf eine Flurbezeichnung aus dem Mittelhochdeutschen zurück: „ûf dem atzenden berc" = de-m-atzen-berg (falsche Silbentrennung) = zu/auf dem als Weide dienenden Berg.

Ⓢ *Burbach* Ⓓ *Füllengarten* *66115* ↔ *1970 Meter* *377 Einwohner*

verbindet Luisenthaler Straße und Jakobshütter Weg Ⓠ *Bau*

Mauerweg – Die Namensgebung lässt sich nicht mehr endgültig rekonstruieren: Vermutet wird, dass an dem kurzen steilen Anstieg eine Begrenzungs- oder Stützmauer war oder dass die dicken Pflastersteine des Weges als mauerartig empfunden wurden. Der Weg hieß zeitweise Bergweg, aufgrund einer Namensdoppelung setzte sich jedoch der alte Name wieder durch.

Ⓤ *alter Name Bergweg*

Ⓢ *Scheidt* Ⓓ *Scheidt* *66133* ↔ *134 Meter* *< 30 Einwohner*

Seitenstraße der Kaiserstraße Ⓠ *Näh*

Max-Braun-Platz – Matthias Josef „Max" Braun (13.8.1892 - 3.7.1945): Journalist, Lehrer, Parteifunktionär, Widerstandskämpfer. Kam 1923 von Neuss an die Saar als Chefredakteur der SPD-Zeitung Volksstimme. 1928 SPD-Vorsitzender, 1932 Stadtratsmitglied, Kampf gegen den Anschluss des Saargebietes an das deutsche Reich, ab 1935 Flucht nach Frankreich und England.

Der erst 2012 so benannte Platz nimmt Bezug auf die frühere Benennung der Großherzog-Friedrich-Straße (1947 - 1956).

Ⓢ *St. Johann* Ⓓ *Nauwieser Viertel* *66111*

↔ *ca. 34 x 17 Meter* *0 Einwohner*

westl. Fortsetzung des Landwehrplatzes entlang der Großherzog-Friedrich-Straße

Ⓠ *Bio, Cen, Phi*

Besondere Personen werden mit einem Zusatzschild bedacht.

Max-Braun-Straße – s. o.

Ⓢ *St. Johann* Ⓓ *Rotenbühl* ✉ *66123* ↔ *398 Meter* 🚹 *234 Einwohner*

Seitenstraße der St. Ingberter Straße Ⓠ *Bio, Phi*

Max-Ophüls-Platz – Max Oppenheimer „Ophüls" (6.5.1902–26.3.1957): deutscher, in St. Johann geborener Schauspieler, Theater-, Film- und Hörspielregisseur. War an zahlreichen Bühnen in Europa von Breslau bis Wien aktiv, ab 1933 Flucht vor dem NS-Regime nach Frankreich, 1938 französischer Staatsbürger, 1955 Oscar-Nominierung.
Seit 1980 wird in Saarbrücken der Max-Ophüls-Preis im Rahmen eines national bedeutenden Filmfestivals für die besten deutschen Nachwuchsfilme verliehen.

Ⓤ *bis 1988 Nauwieser Platz*

Ⓢ *St. Johann* Ⓓ *Nauwieser Viertel* ✉ *66111*

↔ *ca. 45 x 35 Meter* 🚹 *0 Einwohner*

zwischen Nauwieser und Seilerstraße gelegen Ⓠ *Bio, Lex, Phi*

Max-Reger-Straße – Johann Baptist Joseph Maximilian Reger (19.3.1873 - 11.5.1916): deutscher Komponist, Organist, Pianist und Dirigent. Verfasste zahlreiche Musikwerke, darunter Orgel- und Orchesterwerke, Kammer- und Klaviermusik sowie Vokalwerke bzw. Lieder (z. B. zu Texten von Morgenstern oder Zweig).

Teil eines Viertels mit Straßennamen nach Komponisten.

Ⓢ *Dudweiler* Ⓓ *Dudweiler Süd* *66125* ↔ *155 Meter* *34 Einwohner*
Seitenstraße der Liesbet-Dill-Straße mit Wegeverbindungen zur Lortzing- u. A.-Bruckner-Straße
Ⓠ *Lex*

Maybachstraße – Arnold Heinrich Albert von Maybach (29.11. 1822 - 20.1.1904): Jurist, preußischer Politiker für Verkehrswesen, kommissarischer Leiter der Eisenbahnverwaltung Saarbrücken. 1879 - 1891 preußischer Minister für öffentliche Arbeiten. 1882 wurde die Grube Maybach bei Friedrichsthal nach ihm benannt. Er war zudem ab 1890 preußischer Abgeordneter für den Wahlkreis Trier 5, zu dem Saarbrücken gehörte.

Ⓢ *Jägersfreude* Ⓓ *Jägersfreude* *66125* ↔ *123 Meter* *< 30 Einwohner*
verbindet Hauptstraße und Kirchweg Ⓠ *Bio, DuStr, SBK 1980*

Mecklenburgring – Mecklenburg: Region in Norddeutschland um Rostock, Wismar und Schwerin, westlicher Teil des Bundeslandes Mecklenburg-Vorpommern. Bekannt durch die als Urlaubsziel genutzte Seenplatte (u. a. Müritz-Nationalpark).

Teil eines Viertels mit Namen nach mittel- und ehemaligen ostdeutschen Städten und Gebieten, die nach dem Zweiten Weltkrieg Teile Polens, der Sowjetunion oder der ehemaligen DDR wurden.

Ⓢ *Eschberg* Ⓓ *Eschberg* *66121* ↔ *1275 Meter* *1920 Einwohner*
verbindet Pommernring und Breslauer Straße mit 2 Abzweigungen Ⓠ *Lex*

M

Meerwiesertalweg – Der Straßenverlauf führt entlang des Meerbaches, nach dem auch der Meerweiher (= ab 18. Jahrhundert „Prinzenweiher", nach dem Erbprinzen Ludwig), ein Brunnen und angrenzende Wiesenflächen benannt wurden. Entsprechende Flurnamen sind seit dem 15. Jahrhundert überliefert (merbach, Meerbrunner Wieß, Meerweyher...). „Meer" (mittelhochdeutsch „mer") bedeutet hier Sumpf.

Ⓢ *St. Johann* Ⓓ *Am Homburg & Rotenbühl* *66123*
↔ *1597 Meter* *112 Einwohner*
verbindet Dudweilerstraße und Stuhlsatzenhausweg (Höhe Waldhaus, teilweise L 252)
Ⓠ *Bau, Köll, Phi*

Mehringer Weg – Mehring (Mosel): Ortsgemeinde an der Mosel im Landkreis Trier-Saarburg, Rheinland-Pfalz, ca. 2.300 Einwohner. Römische Siedlungsreste, Tourismus und Weinbau.

Teil eines Viertels mit Straßennamen nach rheinland-pfälzischen Orten im unteren Saartal und in der Gegend um Trier.

Ⓤ *bis 1945 Neusatzer Weg (Stadt Novi Sad in Serbien)*
Ⓢ *Malstatt* Ⓓ *Rastpfuhl* *66113* ↔ *188 Meter* *39 Einwohner*
verbindet Neumagener Weg und Hubert-Müller-Straße Ⓠ *Lex, SU1*

Meiersdell – Der Flurname Meiersdell leitet sich aus dem in Malstatt seit dem 14. Jahrhundert nachgewiesenen Familiennamen Meier ab, die in dieser Gegend einen Besitz hatte, der eine Vertiefung im Gelände (Delle) darstellte.

Ⓤ *bis 1947 Bülowweg*
Ⓢ *Malstatt* Ⓓ *Jenneweg* *66113* ↔ *120 Meter* *< 30 Einwohner*
Seitenstraße der Bülowstraße Ⓠ *Bau, LHS*

Meisenweg – Meise: Singvogelart aus der Ordnung der Sperlingsvögel, 51 Arten auf der gesamten Nordhalbkugel und in Afrika. In Mitteleuropa z. B. Blau-, Kohl- oder Haubenmeise verbreitet.

Teil eines Viertels nicht zusammenhängender Straßen mit Namen nach Vogelarten.

Ⓢ *Scheidt* Ⓓ *Scheidt* *66133* ↔ *100 Meter* *< 30 Einwohner*
Seitenstraße der Schulstraße Ⓠ *Lex*

Meisenweg – s. o.

Teil eines Viertels mit Straßennamen nach Vogelarten.

Ⓢ *Gersweiler* Ⓓ *Neu-Aschbach* *66128* ↔ *44 Meter* *< 30 Einwohner*
Seitenstraße des Lerchenweges Ⓠ *Lex*

Meißenwies – Der Flurname geht auf einen Familiennamen „Meisen" oder „Meysen" zurück, der in St. Johann seit ca. 1600 belegt ist („Pförtner Meisen", „Barthel Meyß"). Wahrscheinlich hatte die Familie hier Grundbesitz in Form von Grünland.

Ⓢ *St. Johann* Ⓓ *Rotenbühl* *66123* ↔ *165 Meter* *187 Einwohner*
Seitenstraße vom Steinhübel Ⓠ *Bau, LHS*

Melli-Beese-Straße – Amelie Hedwig Boutard-Beese (13.9.1886 – 21.12.1925): deutsche Pilotin und erste Frau, die einen Privatpilotenschein erwarb. Gründete eine eigene Flugschule und wurde im Ersten Weltkrieg arrestiert und enteignet. Begang 1925 Selbstmord („Fliegen ist notwendig. Leben nicht.")

Teil eines Viertels mit Straßennamen nach Luftfahrtpionieren.

Ⓢ *Alt-Saarbrücken* Ⓓ *Bellevue* *66117* ↔ *130 Meter* *57 Einwohner*
Seitenstraße der Elly-Beinhorn-Straße mit Fußweg (Wohngeb. Bellevue 2.0) Ⓠ *Lex*

Memeler Straße – Memel: Fluss, der auf 937 km von Weißrussland über Litauen in die Ostsee fließt. Markierte früher die östlichste Ausdehung des Deutschen Reiches (Ostpreußen, ehem. Deutschlandlied: Von der Maas bis an die Memel ..."). An der Mündung liegt die Stadt Klaipeda, die zu deutscher Zeit ebenfalls Memel hieß.

Teil eines Viertels mit Namen nach mittel- und ehemaligen ostdeutschen Städten und Gebieten, die nach dem Zweiten Weltkrieg Teile Polens, der Sowjetunion oder der ehemaligen DDR wurden.

Ⓢ *Eschberg* Ⓓ *Eschberg* *66121* ↔ *347 Meter* *167 Einwohner*
zweigt an 2 Stellen von der Tilsiter Straße ab. Ⓠ *Lex*

M

Memeler Straße – s. o.

Teil eines Viertels mit sechs Straßennamen nach mittel- und ehemaligen ostdeutschen Städten und Gebieten.

Ⓢ Gersweiler Ⓓ Neu-Aschbach ✉ 66128 ↔ 178 Meter 🚹 48 Einwohner
Seitenstraße der Königsberger Straße mit Wegeverbindung zur Breslauer Straße Ⓠ Lex

Meraner Straße – Meran: Stadt in Südtirol im Regierungsbezirk Bozen (Italien), ca. 40.000 Einwohner. Die Stadt ist von Tourismus geprägt und seit dem 19. Jahrhundert als Kurstadt bekannt.

Teil eines Viertels teils nicht zusammenhängender Straßen mit Namensbezug zu (Süd-)Tirol, auch „Tiroler Viertel".

Ⓢ Alt-Saarbrücken Ⓓ Reppersberg ✉ 66119 ↔ 162 Meter 🚹 32 Einwohner
Seitenstraße der Feldmannstraße mit Treppenverbindung zur Bozener Straße Ⓠ Lex

Meraner Treppe – s. o.

Teil eines Viertels teils nicht zusammenhängender Straßen mit Namen mit Bezug zu (Süd-)Tirol, auch „Tiroler Viertel".

Ⓢ Alt-Saarbrücken Ⓓ Reppersberg ✉ 66119 ↔ 113 Meter 🚹 0 Einwohner
verbindet Meraner und Reppersbergstraße Ⓠ Lex

Merkinger Straße – Der Straßenname erinnert an den ursprünglichen Ortsnamen von St. Arnual, Merkingen, bevor dieser um 600 als neuer Besitz des Bischofs Arnoaldus von Metz nach diesem benannt wurde. Er gündete hier ein Missionszentrum, welches als Vorgänger der Stiftskirche anzusehen ist.

Ⓤ bis 1963 Werkstraße (Wegeverbindung zum Brebacher Hüttenwerk)

Ⓢ St. Arnual Ⓓ Wackenberg ✉ 66119 ↔ 180 Meter 🚹 77 Einwohner
Seitenstraße der Saargemünder Straße Ⓠ Adr, Bau, LHS, Stpl

Merziger Straße – Merzig: Stadt an der Saar im Landkreis Merzig-Wadern, Saarland, ca. 30.000 Einwohner. Verwaltungsstadt, Pharma- und Keramik-Industrie, Tourismus und Landwirtschaft (u. a. Obstanbau, „Merziger Apfelsaft/Viez")

Teil eines Viertels mit Straßennamen von Städten des Saar- und Moseltals.

Ⓢ Burbach Ⓓ Hochstraße ✉ 66115 ↔ 171 Meter 🚹 0 Einwohner
verbindet Mettlacher und Bergstraße Ⓠ Lex, Phi

Mettlacher Straße – Mettlach: Stadt an der Saarschleife im Landkreis Merzig-Wadern, Saarland, ca. 12.200 Einwohner. Hauptsitz der traditionsreichen Keramikindustrie von Villeroy & Boch, Altes Abteigebäude mit Park und Altem Turm (um 990 erbaut, ältestes Gebäude des Saarlandes). Teil eines Viertels mit Straßennamen von Städten des Saar- und Moseltals.

Ⓢ *Burbach* Ⓓ *Hochstraße* ✉ *66115* ↔ *944 Meter* *< 30 Einwohner*
verbindet Burbacher Straße und Im Höfchen Ⓠ *Lex*

Metzdorfstraße – Matthias Metzdorf (21.10.1854 - 30.11.1913): Pfarrer von Malstatt ab 1888 und Dechant von Saarbrücken. Da zu seiner Zeit die Kirchengemeinde stark wuchs, wurde u. a. 1908 - 1910 die neue Kirche St. Josef erbaut, die eine Notkirche in der Kleinen Schulstraße ersetzte. Seine Gebeine wurden später in diese Kirche umgebettet.

Ⓤ *um 1900 Im Schacht, ab ca. 1910 Schenckendorffstraße bis 1947 (nach dt. Schulreformer)*
Ⓢ *Malstatt* Ⓓ *Unteres Malstatt* ✉ *66115* ↔ *181 Meter* *151 Einwohner*
verbindet Turner- und Kleine Schachtstraße Ⓠ *Adr, Bio, StJo, Stpl*

Metzer Straße – Wichtige und historische Straßenverbindung Richtung Metz, der Hauptstadt des Départements Moselle (Lothringen, Région Grand-Est): keltische und römische Siedlungsursprünge, Festungs-, Handels-, Markt- und Universitätsstadt an der Mosel, ca. 117.000 Einwohner.

Ⓤ *1935 - 1945 Josef-Bürckel-Straße nach NS-Gauleiter „Westmark"*
Ⓢ *Alt-Saarbrücken* Ⓓ *Triller, Bellevue & Glockenwald* ✉ *66117*
↔ *3786 Meter* *835 Einwohner*
verbindet Vorstadtstraße und Rue Nationale (Spicheren) / Staatsgrenze (Teil der B41)
Ⓠ *Lex, Phi, SU1*

Michelsstraße – Jakob Michels (14.11.1877 - 16.11.1954): Grubenschmied und Politiker. Seit 1923 in Altenkessel kommunalpolitisch aktiv, Bürgermeister von 1930 - 1935 und 1946 - 1949 (Amtsverzicht zur NS-Zeit), 1954 kurz vor seinem Tod zum Ehrenbürger ernannt.

Ⓤ *bis ca. 1970 Matheisstraße*
Ⓢ *Altenkessel* Ⓓ *Altenkessel* ✉ *66126* ↔ *336 Meter* *121 Einwohner*
verbindet Am kühlen Brünnchen und Brubacher Straße Ⓠ *Altk, Bio, Stpl*

Mittelstraße – Die Straße verläuft in der Mitte der Siedlung (siehe Oberstraße, die „Unterstraße" entspricht der ehemaligen Saarbrücker und heutigen Sulzbachtalstraße).

Ⓤ *bis 1935 Wilhelmshöhe*

Ⓢ *Dudweiler* Ⓓ *Wilhelmshöhe-Fröhn* ✉ *66125* ↔ *188 Meter* 👤 *35 Einwohner*
⊕ *verbindet Am Lindenplatz und Malditzerbergstraße (Kolonie Wilhelmshöhe)* Ⓠ *DuStr*

Mittelstraße – Die Straße verläuft in der Mitte der Siedlung.

Ⓤ *ehem. Bismarckstraße*

Ⓢ *Altenkessel* Ⓓ *Altenkessel* ✉ *66126* ↔ *555 Meter* 👤 *216 Einwohner*
⊕ *verbindet Luisenthaler und Gerhardstraße* Ⓠ *Altk, Phi*

Mittelstraße – Die Straße verläuft in der Mitte der Siedlung Neuscheidt.

Ⓢ *Schafbrücke* Ⓓ *Schafbrücke* ✉ *66121* ↔ *91 Meter* 👤 *40 Einwohner*
⊕ *verbindet Bahnstraße (Gouvy-Pl.) und Hangweg* Ⓠ *Phi*

Mockenhübel – Anhöhe etwas südlich des ehemaligen Mockenweihers.

Ⓢ *Alt-Saarbrücken* Ⓓ *Glockenwald* ✉ *66117* ↔ *159 Meter* 👤 *30 Einwohner*
⊕ *verbindet Oben am Mockenweiher und Königsbruch* Ⓠ *Bau*

Mockentalweg – Das Tal des Mockenweihers ist das heutige Ehrental und der Galgengrund.

Ⓢ *Alt-Saarbrücken* Ⓓ *Glockenwald* ✉ *66117* ↔ *ca. 400 Meter* 👤 *0 Einwohner*
⊕ *verbindet Im Ehrental und Deutschmühlental (Dt.-Frz. Garten)* Ⓠ *Bau*

Mockenweiherweg – Der Name des nicht mehr bestehenden Weihers ist dem Wort Mook/Mucke/Mock = Kröte zuzuordnen. Es handelte sich also um einen auffällig mit Kröten besiedelten Weiher. Er gehörte früher zum Gebiet des Deutschen Ordens („Komtur-Weiher"), ab 1782 städtisches Eigentum. Der Weiher lag in etwa im heutigen Tal der Blumen im DFG. Eine andere Erklärung sieht in der „Mocke" (mittelhochdeutsch) ein Mutterschwein, was bezüglich entsprechender Flurnamen auf eine ehemalige Schweineweide hinweist. Dies soll im Scheidter Mockental (kein Straßenname) der Fall gewesen sein.

Ⓢ *Alt-Saarbrücken* Ⓓ *Glockenwald* ✉ *66117* ↔ *327 Meter* 👤 *< 30 Einwohner*
⊕ *Seitenstraße der Hirtenwies* Ⓠ *Adr, Bal4, Bau, Lagis, Stpl*

Molschder Trepp – „Molschd" ist die mundartliche Bezeichnung des ehemaligen Dorfes und heutigen Saarbrücker Stadtteils Malstatt (siehe Malstatter Markt).

Ⓢ Malstatt Ⓓ Unteres Malstatt 66115 ↔ k.A. 0 Einwohner
verbindet Strom- und Brückenstraße Ⓠ Phi

Molsheimer Straße – Molsheim: Stadt im Elsass, Département Bas-Rhin, Région Grand-Est, ca. 9.300 Einwohner. Die Stadt ist durch Automobil-Industrie (u. a. 1909 gegründete Bugatti-Werke) und Weinbau geprägt.
Teil eines Viertels mit Straßennamen nach elsässischen Orten. Am Beginn der Straße befindet sich das Hubert-Müller-Denkmal (siehe Hubert-Müller-Straße).

Ⓢ Burbach Ⓓ Ottstraße 66115 ↔ 191 Meter 113 Einwohner
verbindet Odilienberg- und Hubert-Müller-Straße Ⓠ Lex, LHS

Moltkestraße – Helmuth Karl Bernhard Graf von Moltke (26.10.1800 - 24.4.1891): preußischer Generalfeldmarschall, Politiker, Schriftsteller. Strategische Funktion beim Deutsch-Französischen Krieg 1870, gilt als militärischer Wegbereiter des vereinten Deutschen Kaiserreiches („Erst wägen, dann wagen") und wurde mehrfach ausgezeichnet. In der Straße befand sich bis zur Zerstörung im Zweiten Weltkrieg die ehemalige Infanteriekaserne.
Teil eines Viertels mit Straßennamen nach militärischen Befehlshabern des Deutsch-Französischen Krieges.

Ⓤ 1947 - 1956 Glockenwaldstraße

Ⓢ Alt-Saarbrücken Ⓓ Bellevue 66117 ↔ 818 Meter 939 Einwohner
verbindet Gersweiler-/Deutschherrn- und Dr.-Eckener-Straße Ⓠ Cen, Fry, Lex

Mondorfer Straße – Mondorff in Frankreich (Département Moselle) und Bad Mondorf (Mondorf-les-Bains, Süd-Luxembourg) bilden eine durch die Staatsgrenze seit 1769 getrennte Ortschaft. Bad Mondorf ist durch eine Thermalquelle und ein Spielcasino bekannt geworden.
Teil eines Viertels mit Straßennamen nach Orten im lothringisch-luxemburgischen Grenzgebiet.

Ⓢ Alt-Saarbrücken Ⓓ Triller 66119 ↔ 314 Meter 80 Einwohner
verbindet Hohe Wacht und Lerchesflurweg Ⓠ Lex

M

Moritz-Wilhelm-Straße – Moritz Wilhelm: Steiger im Saarbergbau, der Anfang des 20. Jahrhunderts „königlicher Einfahrer" in Westfalen wurde. Bekannt wurde er durch seine Dokumentation zum Grubenunglück in der Zeche Radbod 1908 mit 349 Toten.

Ⓤ *früher Wilhelm-Straße, 1935 - 1945 Hermann-Göring-Straße*

Ⓢ *Altenkessel* Ⓓ *Altenkessel* ✉ *66126* ↔ *375 Meter* 🚹 *156 Einwohner*

verbindet Luisenthaler und Kirchstraße Ⓠ *Int, Lex*

Moselstraße – Mosel: Fluss, der in den Vogesen (Col de Bussang) entspringt und 544 km über Lothringen, Luxembourg, das Saarland und Rheinland-Pfalz bis zum Rhein fließt. Städte u.a. Épinal, Metz, Thionville, Trier, Koblenz (Mündung am Deutschen Eck). Die Mosel ist der längste Fluss, der durch saarländisches Gebiet fließt und an dessen Hängen saarländischer Wein gedeiht.

Teil eines Viertels mit Straßennamen nach Nebenflüssen des Rheins.

Ⓢ *Dudweiler* Ⓓ *Dudweiler Nord* ✉ *66125* ↔ *618 Meter* 🚹 *46 Einwohner*

verbindet Flitsch- und Fischbachstraße mit Abzweigung Ⓠ *Lex*

Moselstraße – s.o.

Teil eines Viertels mit Straßennamen nach saarländischen und südwestdeutschen Fließgewässern. Die Straße war früher die Zufahrt zur Grube Von der Heydt. Die Namensgebung des Straßenverlaufs geht entsprechend auf manchen Kartenwerken noch in die wegeartige Fortsetzung nach Norden über.

Ⓤ *bis 1945 Hermann-Löns-Straße*

Ⓢ *Burbach & Malstatt* Ⓓ *Rastpfuhl & Ottstraße* ✉ *66113, 66115*

↔ *1098 Meter* 🚹 *73 Einwohner*

verbindet Rastpfuhl mit dem Gelände nördlich des Burbacher Waldfriedhofs

Ⓠ *Adr, Lex, Stpl, SU1*

Moselstraße – s.o.

Ⓢ *Bübingen* Ⓓ *Bübingen* ✉ *66129* ↔ *272 Meter* 🚹 *< 30 Einwohner*

Seitenstraße der Rebenstraße Ⓠ *Lex*

Moselstraße – s. o.

Teil eines Viertels mit Straßennamen nach deutschen Flüssen.

Ⓢ *Klarenthal* Ⓓ *Klarenthal* *66127* ↔ *168 Meter* *35 Einwohner*

Seitenstraße der Rheinstraße über Saarstraße hinweg Ⓠ *Lex*

Mozartstraße – Wolfgang Amadeus Mozart (27.1.1756 - 5.12.1791): österreichischer Musiker und Komponist. Trotz seines krankheitsbedingten frühen Todes hat das „Wunderkind" zahlreiche Kompositionen verfasst, die ihn weltberühmt gemacht haben, z. B. Opern wie Die Zauberflöte oder Die Entführung aus dem Serail sowie zahlreiche Orchesterwerke, Klavierkonzerte, Kammermusik und Lieder.

Teil eines Viertels mit Straßennamen nach berühmten Komponisten.

Ⓢ *St. Johann* Ⓓ *Hauptbahnhof* *66111* ↔ *217 Meter* *244 Einwohner*

verbindet Ursulinen- und Mühlenstraße, keine Durchfahrt zur Dudweilerstraße Ⓠ *Lex*

Mozartstraße – s. o.

Teil eines Viertels mit Straßennamen nach berühmten Komponisten.

Ⓤ *ca. 1935 - 1945 Ernst-Hemmer-Straße (1933 erschossener Neunkircher NS-Anhänger)*

Ⓢ *Güdingen* Ⓓ *Schönbach* *66130* ↔ *184 Meter* *74 Einwohner*

verbindet Simbach- und Unnerstraße (Siedlung Unner) Ⓠ *HSe, Int, Lex*

Mozartstraße – s. o.

Ⓤ *bis 1945 Roonstraße (nach Generalfeldmarschall)*

Ⓢ *Jägersfreude* Ⓓ *Jägersfreude* *66125* ↔ *313 Meter* *75 Einwohner*

verbindet Margarethen- und Friedhofstraße Ⓠ *DuStr, Lex*

Mühlenbergtreppe – Die Treppe führt auf den Berg gegenüber der Mühle. Gemeint ist die ehemalige „obere Mühle" der drei Mühlen entlang des Tabaksmühlbaches. Sie war eigentlich die mittlere Mühle zwischen der Tabaks- und Lohmühle und stand in der Straße „An der Mühle".

Ⓢ *St. Arnual* Ⓓ *Wackenberg* *66119* ↔ *120 Meter* *0 Einwohner*

verkürzt als Fußweg eine Schleife der Rubensstraße Ⓠ *LHS, Spu1*

M

Mühlenfeld – Etwas östlich des Straßenverlaufs wurde 1715 die Gehlenbach-Mühle errichtet und vom Müller Mathias Oberhauser aus St. Johann betrieben. Sie wurde später auch Stangenmühle genannt (eine Schneidemühle, auch Sägewerk). Mit dem Bau der Eisenbahnlinie verschwand sie, aber der Name blieb in der Siedlung an der oberen Kreisstraße erhalten. Es ist davon auszugehen, dass der Flurname sich darauf bezieht.

Ⓢ *Klarenthal* Ⓓ *Klarenthal* 📪 *66127* ↔ *616 Meter* 🚶 *163 Einwohner*
⊕ *verbindet über Eck Fenner und Kokereistraße* Ⓠ *Klau, Phi, Stpl*

Mühlenstraße – Entlang des Sulzbaches gab es drei Mühlen, auf die sich der Straßenname beziehen kann: Die unterste Mühle wird seit 1600 als Harnischschleifmühle, später Veltensmühle erwähnt. Die mittlere, früher noch obere Mühle, ist die älteste, seit 1450 erwähnt, später unter dem Namen Nagelsmühle. Die oberste der drei Mühlen, kurz vor dem damals aufgestauten Mühlenweiher des Sulzbaches (Höhe Güterbahnhof) wurde erst 1760 von Fürst Ludwig errichtet, der sie an seine Gemahlin Katharina verschenkte. Diese Mühle erhielt auch die Namen Ludwigsberger Mühle, später Täufersmühle und Volzenmühle.

Ⓢ *St. Johann* Ⓓ *Hauptbahnhof* 📪 *66111* ↔ *172 Meter* 🚶 *156 Einwohner*
⊕ *verbindet Mozart- und Sulzbachstraße* Ⓠ *Bau, LHS, Stpl, Witt*

Mühlenstraße – Vermutlich führte in diesem Bereich ein Weg in Richtung einer der beiden Mühlen auf Ensheimer Bann vorbei, der nördlich gelegenen Thalmühle und der südlich gelegenen Gassenmühle.

Ⓢ *Ensheim* Ⓓ *Ensheim* 📪 *66131* ↔ *143 Meter* 🚶 *51 Einwohner*
⊕ *verbindet über Eck Am Wickersberg und Heuwiesstraße* Ⓠ *Phi, Wil*

Mühlenweg – Es handelt sich um eine sehr alte Wegeverbindung (evtl. schon aus römischer Zeit), die von der Bischmisheimer Bevölkerung genutzt wurde, die nur in Brebach ihr Korn in der dortigen Mühle mahlen lassen durfte.

Ⓤ *alte Bezeichnung Pfaffenweg*

Ⓢ *Brebach-Fechingen* Ⓓ *Neufechingen* 📪 *66130* ↔ *792 Meter* 🚶 *124 Einwohner*
⊕ *verbindet Brebacher und Saarbrücker Straße* Ⓠ *Bre2, BbFch*

Mühlenweg – Seit dem Mittelalter ist in Bübingen eine Mühle nachgewiesen. Sie wurde 1628 und 1727 erneuert und wieder betrieben. Ihr Standort war am Ellerbach, auch Bübinger Mühlenbach genannt, der parallel zum Verlauf der Straße fließt.

Ⓢ *Bübingen* Ⓓ *Bübingen* *66129* ↔ *522 Meter* *44 Einwohner*
verbindet Saargemünder und Bergstraße Ⓠ *Lauf*

Mühlenweg – Eine Mühle in Dudweiler ist schon seit dem 14. Jahrhundert überliefert. Sie lag in der Nähe des 1898 erbauten Wasserwerkes an der Saarbrücker Straße, das heute noch erhalten ist, unweit des Straßenverlaufs. Später wurde die Mühle dann an den Sulzbach verlegt und bis Ende des 19. Jahrhunderts als Schlackenmühle betrieben, die mit viel Staub aus Schlacken der Eisenhütten ein Mehl mahlte, das als Düngemittel benutzt wurde.

Ⓢ *Dudweiler* Ⓓ *Dudweiler Mitte & Süd* *66125* ↔ *205 Meter* *54 Einwohner*
verbindet Saarbrücker und Büchelstraße Ⓠ *DuStr*

Mülhauser Straße – In Deutschland gibt es ca. 30 Ortschaften mit Namen Mü(h)lhausen. Hier dürfte allerdings ein Ort außerhalb Deutschlands gemeint sein. Mühlhausen (frz. Mulhouse): Stadt im Elsass, Région Grand-Est, größte Stadt des Départements Haut-Rhin mit rund 110.000 Einwohnern. Die im Jahre 803 erstmals erwähnte Stadt ist heute auch ein Zentrum von Verkehr und Industrie (ehem. Textil-, heute Autoindustrie). Teil eines weiter östlich gelegenen Viertels mit Straßennamen nach elsässischen Orten.

Ⓤ *1927 – 1945 Gravelotter Straße (Schauplatz einer Schlacht 1870)*

Ⓢ *Burbach* Ⓓ *Ottstraße* *66115* ↔ *376 Meter* *222 Einwohner*
verbindet über Eck Von-der-Heydt- und Hubert-Müller-Straße Ⓠ *Adr, Lex, LHS, SU1*

M

Nachtigallenweg – Nachtigall: Singvogelart aus der Familie der Sperlingsvögel. Aus dem althochdeutschen „gal" abgeleitet, bedeutet der Name „Nachtsinger", da die Vögel für ihren komplexen und schönen Gesang bekannt sind. Es handelt sich um Zugvögel, die in Europa, Asien und Afrika heimisch sind.

Teil eines Viertels mit Straßennamen nach Vogelarten.

Ⓢ *Klarenthal* Ⓓ *Klarenthal* *66127* ↔ *65 Meter* *< 30 Einwohner*
Seitenstraße der Feldstraße Ⓠ *Lex*

Nahestraße – Nahe: linker Nebenfluss des Rheins, entspringt bei Selbach im Saarland und mündet nach 125 km bei Bingen in den Rhein. Trennt das Nordpfälzer Bergland vom Hunsrück, Städte u. a. Idar-Oberstein, Kirn, Bad Kreuznach.

Teil eines Viertels mit Straßennamen nach Nebenflüssen des Rheins.

Ⓢ *Dudweiler* Ⓓ *Dudweiler Nord* *66125* ↔ *174 Meter* *55 Einwohner*
Seitenstraße der Kieselstraße mit Wegeverbindung zur Fischbachstraße Ⓠ *DuStr, Lex*

Nahestraße – s. o.

Teil eines Viertels mit Straßennamen nach südwestdeutschen Flüssen.

Ⓢ *Malstatt* Ⓓ *Rastpfuhl* *66113* ↔ *287 Meter* *151 Einwohner*
Seitenstraße der Lahnstraße über Ahrstraße hinaus Ⓠ *Lex*

Nanteser Platz – Nantes: seit 1965 französische Partnerstadt Saarbrückens, im Département Loire-Atlantique, Hauptstadt der Région Pays de la Loire, ca. 303.000 Einwohner. Historischer Hafen, Kathedrale, Industrie (z. B. Feingebäck), bekannt für sein innovatives ÖPNV-System.

Ⓢ *Alt-Saarbrücken* Ⓓ *Schloßplatz* *66117* ↔ *ca. 200 x 28 Meter* *0 Einwohner*
zwischen Schloss- und Vorstadtstraße gelegen Ⓠ *Lex, LHS*

Narzissenstraße – Narzisse: Pflanzengattung der Amaryllisgewächse mit weit über 50 Arten, Zwiebelgewächs. Die Gelbe Narzisse wird auch als Osterglocke bezeichnet. Als Schmuckblumen haben Narzissenarten weit verbreitete kulturelle Bedeutung erlangt.

Teil eines Viertels mit Straßennamen nach Blumen.

Ⓢ *Alt-Saarbrücken* Ⓓ *Triller* *66119* ↔ *153 Meter* *79 Einwohner*
verbindet Flieder-/Nelkenstraße und Am Jakobsgärtchen Ⓠ *Lex, LHS*

Nassauerstraße – Nassau: Name zahlreicher Orte und Landschaften, u. a. in Hessen. Hier ist eine Anspielung auf das Adelsgeschlecht Nassau-Saarbrücken zu sehen, welches mit 13 Grafen und zwei Fürsten von 1381 (Graf Philipp I) bis 1794 (Fürst Ludwig) Saarbrücken und sein Umland regierte.

Ⓢ *St. Johann* Ⓓ *Nauwieser Viertel* *66111* ↔ *142 Meter* *144 Einwohner*
verbindet Rathausplatz und Nauwieserstraße Ⓠ *Lex, LHS, Phi*

Nauwieserplatz – Nach dem umgebenden Nauwieser Viertel benannt, welches seinen Namen wiederum vom alten Flurnamen „New Wiesenn" (16./17. Jahrhundert) oder „Neuwies" = „Neue Wiese" ableitet. Dass das Viertel ab ca. 1885 als klassische Neustadt St. Johanns erschlossen wurde, nimmt zwar die Tradition des Flurnamens passend auf, ist aber Zufall.

Ⓤ *1935 - 1945 Planettaplatz (nach österr. Nationalsozialist)*

Ⓢ *St. Johann* Ⓓ *Nauwieser Viertel* *66111* ↔ *85 Meter* *76 Einwohner*
verbindet Nauwieser- und Seilerstraße Ⓠ *Adr, Bau, Phi, SU1*

Nauwieserstraße – s. o.

Ⓢ *St. Johann* Ⓓ *Nauwieser Viertel* *66111* ↔ *465 Meter* *351 Einwohner*
verbindet Großherzog-Friedrich- und Martin-Luther-Straße/Parkstraße Ⓠ *Adr, Bau, Phi*

Neckarstraße – Neckar: rechter Nebenfluss des Rheins, entspringt auf der Baar, fließt auf 380 km zwischen Schwarzwald und Schwäbischer Alb bis zur Mündung in Mannheim. Städte u. a. Stuttgart, Heilbronn, Heidelberg. Zentraler Fluss Baden-Württembergs.
Teil eines Viertels mit Straßennamen nach deutschen Flüssen.

Ⓢ *Burbach* Ⓓ *Füllengarten* *66115* ↔ *146 Meter* *83 Einwohner*
verbindet Elbe- und Weserstraße (Siedlung Füllengarten) Ⓠ *Lex*

Neckarstraße – s. o.
Teil eines Viertels mit Straßennamen nach Nebenflüssen des Rheins.

Ⓢ *Dudweiler* Ⓓ *Dudweiler Nord* *66125* ↔ *281 Meter* *< 30 Einwohner*
zweigt an zwei Stellen von der Moselstraße ab Ⓠ *Lex*

N

Neffstraße – Dr. Paul Alfred Neff (21.3.1853 - 16.2.1934): Jurist, 1888 - 1909 Bürgermeister der Stadt St. Johann, in dieser Zeit u. a. Eröffnung der ersten Dampfstraßenbahnlinie der Stadt, Bau des neuen Rathauses, 1894 berüchtigtes Duell mit dem Saarbrücker Bürgermeister Feldmann im Irgental. Vorher und nach 1909 (Vereinigung zur Großstadt Saarbrücken) war er an anderen Orten heimisch und tätig.

Ⓢ St. Johann Ⓓ Rotenbühl 66123 ↔ 167 Meter 93 Einwohner
verbindet Ilseplatz und Haldystraße Ⓠ Bio, LHS

Neikesstraße – Hans Neikes (20.1.1881 - 12.2.1954): Jurist, 1921 - 1935 Bürgermeister (ab 1928 Oberbürgermeister) von Saarbrücken, davor und danach in anderen Städten und Funktionen tätig, u. a. beim NS-Architekten und Kriegsminister Albert Speer in Berlin. 1952 bis zu seinem Tod wieder in Saarbrücken.

Ⓢ St. Johann Ⓓ Nauwieser Viertel 66111 ↔ 161 Meter 95 Einwohner
Seitenstraße der Großherzog-Friedrich-Straße mit Fußweg zur Schmollerstraße Ⓠ Bio, LHS

Nelkenstraße – Nelke: Pflanzengattung von Blütenpflanzen mit bis zu 600 Arten auf der Nordhalbkugel, oft als Zierpflanze verwendet. Es handelt sich um krautige Wurzelpflanzen mit vielen unterschiedlichen Blütenfarben und -formen.

Teil eines Viertels mit Straßennamen nach Blumen.

Ⓤ bis ca. 1970 nördl. Teil Im Gebück, vor 1947 Blumenthalstraße (nach Feldmarschall Graf v. Blumenthal)

Ⓢ Alt-Saarbrücken Ⓓ Triller 66119 ↔ 660 Meter 158 Einwohner
verbindet Narzissen- und Lilienstraße Ⓠ Adr, Lex, LHS, Stpl

Nelkenstraße – s. o.

Teil eines Viertels mit Straßennamen nach Bäumen und Blumen.

Ⓢ Gersweiler Ⓓ Neu-Aschbach 66128 ↔ 198 Meter 36 Einwohner
verbindet Weiden- und Rosenstraße Ⓠ Lex

Nelkenweg – s. o.

Bildet mit Rosenweg ein sinnhaftes Namenspaar.

Ⓢ Scheidt Ⓓ Scheidterberg 66133 ↔ 78 Meter < 30 Einwohner
Seitenstraße der Beerenfeldstraße Ⓠ Lex

Nelkenweg – s. o.

Teil eines Viertels mit Straßennamen nach Blumen.

Ⓢ *Ensheim* Ⓓ *Ensheim* ✉ *66131* ↔ *47 Meter* 🚶 *< 30 Einwohner*
⊕ *Seitenstraße des Marktweges* Ⓠ *Lex*

Nell-Breuning-Allee – Oswald von Nell-Breuning (8.3.1890–21.8.1991): katholischer Theologe, Jesuit, Nationalökonom und Sozialphilosoph aus Trier. Beschäftigte sich insbesondere mit Wirtschaftsethik, Wirtschafts- und Sozialpolitik, Berater von Papst Pius XI

Ⓤ *bis 1996 Hüttenstraße (Erschließung Burbacher Hütte)*

Ⓢ *Burbach* Ⓓ *Hochstraße* ✉ *66115* ↔ *234 Meter* 🚶 *0 Einwohner*
⊕ *verbindet Hoch- und Heinrich-Barth-Straße (Saarterrassen)* Ⓠ *Lex, LHS*

Netzbachtal – Nach dem hier in den Fischbach mündenden Netzbach benannt, der seinen Namen wiederum vom Wort Netze = Nässe, nasse Stelle, Pfuhl abgeleitet haben dürfte. Als (Flur-, Bach-)Name seit dem 15. Jahrhundert überliefert.

Ⓢ *Malstatt* Ⓓ *Rußhütte* ✉ *66115* ↔ *k.A.* 🚶 *< 30 Einwohner*
⊕ *Wegeverbindung westlich der L 127 entlang des Netzbach(weihers)* Ⓠ *Qui*

Neudorfer Straße – Neudorf: um 1770 entstandenes „Neues Dorf" am oberen Ende der heutigen Alleestraße (Höhe evangelische Kirche), heute Teil des Stadtteils Altenkessel.

Teil eines Viertels mit Straßennamen nach Orten westlich Burbachs.

Ⓢ *Burbach* Ⓓ *Füllengarten* ✉ *66115* ↔ *284 Meter* 🚶 *319 Einwohner*
⊕ *verbindet Auf der Scheib und Altenkesseler Straße* Ⓠ *Klau*

Neugäßchen – Hier wurde um 1600 ein neuer Garten („newgarten") angelegt, der als Flurname überliefert wurde.

Ⓤ *bis ca. 1900 Pfaffengässchen*

Ⓢ *St. Johann* Ⓓ *St. Johanner Markt* ✉ *66111* ↔ *206 Meter* 🚶 *83 Einwohner*
⊕ *verbindet Bleich- und Rosenstraße* Ⓠ *Bau, Stpl*

Neugeländstraße – Der Flurname „newgelend", „new gelendt", „Neugeländ" ist seit dem 16. Jahrhundert überliefert und dürfte selbsterklärend ein neu gewonnenes, da ggf. trockengelegtes Land nahe der Saar bezeichnet haben.

Ⓢ *Alt-Saarbrücken* Ⓓ *Schloßplatz* ✉ *66117* ↔ *172 Meter* 🚶 *67 Einwohner*
⊕ *verbindet Stengel- und Gutenbergstraße* Ⓠ *Bau, Phi*

Neugrabenweg – Der Straßenname erinnert an den Verlauf eines ehemaligen, nahe gelegenen Landgrabens. Dieser künstlich angelegte und zumindest teilweise mit Wasser durchzogene Graben hatte die Aufgabe der Vorbefestigung St. Johanns im Bereich des Rotenbühls bzw. Mügels-/Rotenbergs.

Ⓢ *St. Johann* Ⓓ *Rotenbühl* ✉ *66123* ↔ *845 Meter* 🚶 *269 Einwohner*
⊕ *verbindet Brauer-/Fichtestraße und Waldhausweg* Ⓠ *Lex, Witt*

Neuhaus – Die Siedlung Neuhaus liegt etwa 1300 m südlich des Forsthauses Neuhaus (zur Namensgebung siehe dort). Sie wurde als Bergmannssiedlung unmittelbar neben den Schächten Neuhaus 1 und 2 angelegt, einer Nebenanlage des Bergwerks Von der Heydt. Die 1901 und 1921 angehauenen Schächte wurden 1991 bzw. 1987 abgerissen. Ein eingezäuntes Gelände erinnert noch daran.

Ⓢ *Malstatt* Ⓓ *Rußhütte* ✉ *66115* ↔ *345 Meter* 🚶 *< 30 Einwohner*
⊕ *Seitenstraße der L 259 mit zwei Abzweigungen* Ⓠ *Klau, Lex, Phi*

Neuhauser Straße – Die Straße führt in Richtung des Forsthauses und der Siedlung Neuhaus.

Ⓢ *Malstatt* Ⓓ *Rußhütte* ✉ *66113, 66115* ↔ *365 Meter* 🚶 *81 Einwohner*
⊕ *Fortsetzung der Fischbachstraße nach Nordosten, geht Höhe Buswendeschleife in die L 127 über* Ⓠ *LHS, Phi*

Neumagener Weg – Neumagen-Dhron: Ortsgemeinde im Landkreis Bernkastel-Wittlich an der Mosel, Rheinland-Pfalz, ca. 2.300 Einwohner. Der Ort ist römischen Ursprungs und einer der ältesten Weinorte Deutschlands - bis heute vom Weinanbau dominiert.

Teil eines Viertels mit Straßennamen nach rheinland-pfälzischen Orten im unteren Saartal und in der Gegend um Trier.

Ⓤ *bis 1945 Hermannstädter Weg (rumänische Stadt Sibiu, früheres Siebenbürgen)*

Ⓢ *Malstatt* Ⓓ *Rastpfuhl* *66113* ↔ *267 Meter* *51 Einwohner*

verbindet Moselstraße und Kanzemer Weg Ⓠ *Adr, Lex, LHS, SU1*

Neumarkt – Der Name erinnert an die seit dem Bau der Stadtautobahn um 1960 nicht mehr vollständig vorhandene Fläche des „Neuen Marktes" der Stadt Saarbrücken. Dieser neue Marktplatz wurde Ende des 19. Jahrhunderts im Zuge der gründerzeitlichen Stadterweiterung Saarbrückens als repräsentativer Platz angelegt und von prächtigen Bauten wie dem Saalbau, dem Amtsgericht und der Markthalle eingerahmt. Spätestens mit dem Bau von Stadtautobahn und Wilhelm-Heinrich-Brücke ab 1960 sind die Platzstrukturen bis auf Restflächen verschwunden.

Ⓢ *Alt-Saarbrücken* Ⓓ *Schloßplatz* *66117* ↔ *275 Meter* *61 Einwohner*

verbindet Wilhelm-Heinrich-und Gutenbergstraße, durch Stengelstraße unterbrochen

Ⓠ *Fry, Phi*

N

Neumühler Weg – Dieser Name stellt die Flur- und Ortsnamensforschung vor ein Rätsel, da hier keine Mühle und auch kein zum Mühlenbetrieb geeignetes proportioniertes Gewässer nachgewiesen wurde. Ob der Weg in einer Fortsetzung zu einer Mühle in der Umgebung führte oder der Flurname nur falsch verstanden und übertragen wurde, bleibt ungewiss.

Ⓢ *Güdingen* Ⓓ *Alt-Güdingen* *66130* ↔ *1163 Meter* *122 Einwohner*

verbindet Saargemünder Straße und Wolfseck (B 51) mit Abzweigung (Gewerbegebiet)

Ⓠ *Güd*

Neunkircher Straße – Neunkirchen (Saar): Stadt an der Blies im Saarland, ca. 47.000 Einwohner (zweitgrößte Stadt des Saarlandes). Seit 1593 Ort der Eisengewinnung, v. a. seit Mitte des 19. bis Ende des 20. Jahrhunderts stark ausgeprägter Industrie- und Bergbaustandort. Heute Verwaltungs-, Geschäfts- und Dienstleistungszentrum, Verkehrsknotenpunkt.
Teil eines Viertels mit Straßennamen nach Orten in den nördlich gelegenen Tälern von Sulzbach, Blies und Nahe.

Ⓢ *Malstatt* Ⓓ *Rodenhof* *66113* ↔ *1223 Meter* *741 Einwohner*
Seitenstraße der Heinrich-Köhl-Straße über Ottweilerstraße hinaus mit sechs Querverbindungen zur Grülingsstraße Ⓠ *Lex, Phi*

Neustraße – Als erste Straße zwischen Fischbachstraße und Rehbachstraße wurde sie um 1870 „neu" angelegt.

Ⓤ *bis 1910 Teil der Fingerhutstraße, bis 1920 Bärengasse*
Ⓢ *Dudweiler* Ⓓ *Flitsch* *66125* ↔ *88 Meter* *< 30 Einwohner*
verbindet Fischbach- und Fingerhutstraße Ⓠ *Are, DuStr*

Neustraße – Eventuell wurde die Straße zur Zeit ihres Baus einfach als neue Straße tituliert, was auch gut zu der östlichen Erweiterung Brebachs, die sich Neufechingen nennt, passt.

Ⓢ *Brebach-Fechingen* Ⓓ *Neufechingen* *66130* ↔ *194 Meter* *53 Einwohner*
verbindet Saarbrücker und Brückwiesstraße Ⓠ *Phi*

Neustraße – Der Straßenname ist auf den Flurnamen „nawgelend" (1520), „Neugeländ" (1762), also neues Land, zurückzuführen. Etwas weiter südlich verlief seit dem 18. Jahrhundert durch das heutige Rotfeld und die Burbacher Hütte der „neue Weg". Es gibt also mehrere historische Anknüpfungspunkte für die Benennung der Straße.

Ⓢ *Malstatt* Ⓓ *Unteres Malstatt* *66115* ↔ *363 Meter* *432 Einwohner*
verbindet St.-Josef-Straße und Pferchgasse Ⓠ *Bau*

Neuweilerstraße – Die Straße verläuft in Richtung des Sulzbacher Ortsteils Neuweiler, zu dem man gelangt, wenn man dem Straßenverlauf weiter durch den Wald folgt.

Ⓢ *Dudweiler* Ⓓ *Kitten & Pfaffenkopf* *66125* ↔ *1025 Meter* *188 Einwohner*
Seitenstraße der St. Ingberter Straße mit drei Abzweigungen Ⓠ *DuStr, Phi*

Nobelstraße – Alfred Bernhard Nobel (21.10.1833 - 10.12.1896): schwedischer Chemiker und Erfinder. Entdeckte durch Mischung von Nitroglycerin und Kieselgur den Sprengstoff Dynamit. Besaß 355 Patente und ist Stifter und Namensgeber des Nobelpreises, der seit 1901 in fünf Bereichen außergewöhnliche Leistungen auszeichnen soll: Physik, Chemie, Medizin, Literatur und Friedensbemühungen.
Teil eines Viertels dreier Straßen mit Entdecker-/Erfindernamen (Industriegebiet Güdingen).

Ⓢ *Güdingen* Ⓓ *Alt-Güdingen* *66130* ↔ *110 Meter* *< 30 Einwohner*
Seitenstraße der Theodor-Heuss-Straße Ⓠ *Lex*

Noldplatz – Der Platz liegt vor der 1898 geweihten evangelischen Matthäuskirche auf dem Weyersberg und ist nach dem Pfarrer Hubert Leopold Christian Nold (5.9.1861 - 16.5.1935) benannt. Seit 1889 in der Kirchengemeinde als Pfarrer aktiv, war er für den Bau der Kirche mitverantwortlich. Wurde 1913 Superintendent und setzte sich für ein unabhängiges Christentum im Nationalsozialismus ein.

Ⓢ *Burbach* Ⓓ *Hochstraße* *66115* ↔ *ca. 66x23 Meter* *0 Einwohner*
zwischen Großer Weyersbergstraße und Weyersbergtreppe gelegen Ⓠ *Bio, Lex, LHS*

N

Nürburgstraße – Nürburg: nach der gleichnamigen Burg benannte Ortsgemeinde in der Eifel (Landkreis Ahrweiler, Rheinland-Pfalz), ca. 180 Einwohner. Wurde namentlich v. a. durch den nahe gelegenen Nürburgring bekannt, der als Rennstrecke für Motorsport 1927 eingeweiht wurde und als „längste permanente Rennstrecke der Welt" gilt.
Teil eines Viertels mit Straßennamen nach rheinland-pfälzischen Orten bzw. Landschaften.

Ⓢ *Malstatt* Ⓓ *Jenneweg* *66113* ↔ *132 Meter* *68 Einwohner*
verbindet Westrichweg und Riegelsberger Straße Ⓠ *Lex, LHS*

Nußbaumstraße – Die Namensgebung lässt vermuten, dass der Südhang des Eschberges früher u. a. mit Nußbäumen, die eventuell landwirtschaftlich genutzt wurden, bestanden war. Umliegende Straßennamen (z. B. Im Birkenfeld, Wiesenstraße, Im Ährenfeld) passen zu einer solchen, ehemaligen Landnutzung.

Ⓢ *Schafbrücke* Ⓓ *Schafbrücke* ✉ *66121* ↔ *645 Meter* 🚹 *155 Einwohner*
⚲ *Seitenstraße der Breslauer Straße* Ⓠ *Phi*

Nußbergstraße – Die Straße führt auf den östlich gelegenen Nußberg (mit einem Denkmal auf dem Gipfel), der seinen Namen von einem Kastanien- und Nussbaumbestand auf diesem Berg hat, den Fürst Wilhelm Heinrich im Jahr 1762 der Stadt Saarbrücken schenkte. Angepflanzt wurden die Bäume, um die gute Qualität des Bodens unter Beweis zu stellen. Dem Fürst war der Erhalt des Bestandes wichtig, was ein Schenkungsbrief offenlegt und bis heute bezüglich des Berggipfels größtenteils eingehalten wird.

Ⓢ *Alt-Saarbrücken* Ⓓ *Reppersberg* ✉ *66119* ↔ *189 Meter* 🚹 *42 Einwohner*
⚲ *verbindet Spichererberg- und Reppersbergstraße* Ⓠ *Bau, LHS*

Nußbergtreppe – Treppe führt zum Nußberggipfel, s. o.
Die hohe Einwohnerzahl ist durch das anliegende Altersheim bedingt. Dort stand bis 1968 das Saarbrücker Bürgerhospital als Vorgänger des Klinikums Saarbrücken auf dem Winterberg.

Ⓢ *Alt-Saarbrücken* Ⓓ *Reppersberg* ✉ *66119*
↔ *208 Meter, Treppe: 61 Meter* 🚹 *151 Einwohner*
⚲ *Seitenstraße der Lohmeyerstraße mit ehem. Obus-Wendeschleife und Treppenabgang zur Charlottenstraße* Ⓠ *Bau, Phi*

Oben am Mockenweiher – siehe Mockenhübel und Mockenweiherweg

Ⓢ *Alt-Saarbrücken* Ⓓ *Glockenwald* *66117* ↔ *114 Meter* *< 30 Einwohner*
Fortsetzung des Mockenhübel Richtung Dt.-Frz. Garten Ⓠ *Bau*

Ober der Deutschmühl – Der Bereich lag früher oberhalb der ehemaligen Deutschmühle (siehe Deutschmühlental).

Ⓢ *Alt-Saarbrücken* Ⓓ *Bellevue* *66117* ↔ *505 Meter* *88 Einwohner*
verbindet Dr.-Eckener-Straße und Am Ordensgut mit mehreren Abzweigungen Ⓠ *Bau*

Obere Freiheitstraße – Die Straße liegt etwas oberhalb der Freiheitstraße (siehe dort).

Ⓤ *bis 1921 Große Freiheit, dann Teil der Freiheitstraße*

Ⓢ *Dudweiler* Ⓓ *Wilhelmshöhe-Fröhn* *66125* ↔ *156 Meter* *< 30 Einwohner*
verbindet über Eck Bahnhof- und Schlachthofstraße Ⓠ *Are, DuStr*

Obere Grüneichstraße – Siehe An der Grüneich.
Die Obere und Untere Grüneichstraße waren ursprünglich durchgängig, wurden aber durch ein Erweiterungsgebäude des ehemaligen Hüttenkrankenhauses getrennt.

Ⓤ *bis 1963 Grüneichstraße*

Ⓢ *Burbach* Ⓓ *Ottstraße* *66115* ↔ *202 Meter* *53 Einwohner*
Seitenstraße der Langfuhrstraße mit Wegeverbindung zur Viktor-Tesch-Allee Ⓠ *Bau*

O

Obere Hohlgasse – Ein Hohlweg ist ein im Gelände durch Erosion und Befahrung eingeschnittener Weg. Ein solcher Weg ist den alten Flurbezeichnungen „Auf der Hohl" (1739) oder „Die Hohl" zufolge hier verlaufen. Die Namensgebung dürfte sich nicht auf den Straßenverlauf selbst, sondern auf die St.-Josef-Straße beziehen, die durch eine kleine Schlucht zwischen den Erhebungen Kirchberg und Spatzenhübel verläuft.

Ⓢ *Malstatt* Ⓓ *Unteres Malstatt* *66115* ↔ *151 Meter* *81 Einwohner*
verbindet Untere Hohlgasse und St.-Josef-Straße mit Wegeverbindung zur Katharinenstraße
Ⓠ *Bau, LHS*

Obere Lauerfahrt – Diesen Weg („Fahrt") nahmen die Lauer = Gerber (mittelhochdeutsch „lôwer") um die Felle und Häute im Wasser der Saar auszuwaschen. Die Namensgebung ist seit ca. 1500 überliefert. Als zweiten ähnlich klingenden Namen gab es eine Lauerfurt („Lawer fuerth"), also eine flache Stelle im Wasser, wo die Häute gewaschen wurden.

Ⓢ *St. Johann* Ⓓ *Am Staden* ✉ *66121* ↔ *163 Meter* 🚶 *57 Einwohner*
⊕ *verbindet Mainzer Straße und Am Staden* Ⓠ *Bau, LHS*

Oberer Hagen – Siehe Am Hagen.

Ⓢ *Alt-Saarbrücken* Ⓓ *Bellevue* ✉ *66117* ↔ *339 Meter* 🚶 *< 30 Einwohner*
⊕ *verbindet Unterer Hagen und Forbacher Straße* Ⓠ *Bau*

Oberer Jenneweg – Die Straße verläuft im oberen Bereich des Jenneweges, siehe dort.

Ⓢ *Malstatt* Ⓓ *Rastpfuhl* ✉ *66113* ↔ *292 Meter* 🚶 *91 Einwohner*
⊕ *zweigt an zwei Stellen vom Jenneweg ab, mit zwei Abzweigungen* Ⓠ *Bau, LHS*

Oberer Kohlweg – Die Straße verläuft am Ende des Kohlweges bergauf, siehe Kohlweg.

Ⓤ *bis 1976 Teil des Sportplatzweges*

Ⓢ *St. Johann* Ⓓ *Rotenbühl* ✉ *66123* ↔ *198 Meter* 🚶 *< 30 Einwohner*
⊕ *rechtwinklige Fortsetzung des Kohlweges* Ⓠ *Bau*

Oberforstmeister-Buch-Weg – Der Oberforstmeister Eduard Buch soll Anfang des 20. Jahrhunderts als leitender Forstbeamter für den Bereich der Oberförsterei Saarbrücken zuständig gewesen sein. Über die Person ist nicht viel zu erfahren.

Ⓢ *Scheidt* Ⓓ *Scheidterberg* ✉ *66133* ↔ *2032 Meter* 🚶 *0 Einwohner*
⊕ *verbindet Kaiser- und Scheidterbergstraße übewiegend als Waldweg* Ⓠ *Bal4, Fry*

Oberst-Petersen-Weg – Erich Petersen (25.8.1889–4.7.1963): deutscher Offizier und General der Luftwaffe. Teilnahme am Ersten und Zweiten Weltkrieg. 1939 in Saarbrücken stationiert (Grenz-Infanterie-Regiment 125). Siehe auch Weinbergweg.

Ⓢ *St. Arnual* Ⓓ *Wackenberg* ✉ *66119* ↔ *804 Meter* 🚶 *0 Einwohner*
⊕ *verbindet Am Großen Hohlweg und Zum Stiftswald* Ⓠ *Lex*

Obersteiner Straße – Oberstein: heute Stadtteil von Idar-Oberstein an der Nahe, bis 1933 eigenständige Stadtgemeinde (Landkreis Birkenfeld), Felsenkirche, Geschäftszentrum mit Fußgängerzone und Bahnhof. Teil eines Viertels mit Straßennamen nach Orten in den nördlich gelegenen Tälern von Sulzbach, Blies und Nahe.

Ⓢ Malstatt Ⓓ Rodenhof ✉ 66113 ↔ 286 Meter 🚶 121 Einwohner
⊕ verbindet Heinrich-Köhl- und Neunkircher Straße Ⓠ Lex

Oberstraße – Die Straße verläuft als topographisch oberste innerhalb der Kolonie (siehe Mittelstraße, die parallel zur westlichen Hälfte der Oberstraße verläuft).

Ⓢ Dudweiler Ⓓ Wilhelmshöhe-Fröhn ✉ 66125 ↔ 338 Meter 🚶 101 Einwohner
⊕ verbindet Malditzerberg- und Schiedebornstraße (Kolonie Wilhelmshöhe) Ⓠ DuStr

Obertorstraße – Nach einem der drei Stadttore der mittelalterlichen Stadtbefestigung St. Johanns benannt, dem Obertor oder Oberen Tor. Es wurde 1680 vom nördlichen Ende der Türkenstraße in den Verlauf der Obertorstraße verlegt. Eine Mauer mit Tafel erinnert an den Standort, da es 1810 abgerissen wurde. Die letzten baulichen Reste (Flankenturm) verschwanden 1910.

Ⓤ Im 18. Jh. Am Oberthor, evtl. teilweise Teil der Vordergasse

Ⓢ St. Johann Ⓓ St. Johanner Markt ✉ 66111 ↔ 66 Meter 🚶 47 Einwohner
⊕ verbindet Türken-/Faßstraße und Bleichstraße Ⓠ Phi, Spu1

Ockfener Weg – Ockfen: Ortsgemeinde im Landkreis Trier-Saarburg (Rheinland-Pfalz), 630 Einwohner. Bekannt durch Weinbau und Tourismus.
Teil eines Viertels mit Straßennamen nach rheinland-pfälzischen Orten im unteren Saartal und in der Gegend um Trier.

Ⓤ bis 1945 Banatweg (Region in Südosteuropa)

Ⓢ Malstatt Ⓓ Rastpfuhl ✉ 66113 ↔ 203 Meter 🚶 71 Einwohner
⊕ verbindet Hubert-Müller-Straße und Wiltinger Weg Ⓠ Lex, LHS, SU1

O

Odakerstraße – Graf Odaker/Odoaker II: Gründer des Chorherrenstiftes St. Arnual Ende des 9. Jahrhunderts (wahrscheinlich 893), Graf des Bliesgaus. Benennung aufgrund des Verlaufs unmittelbar an der Stiftskirche.

Ⓢ *St. Arnual* Ⓓ *Wackenberg* ✉ *66119* ↔ *255 Meter* ♀ *< 30 Einwohner*
⊕ *Seitenstraße des St. Arnualer Marktes Richtung A 620* Ⓠ *Adr, Bio*

Odilienbergstraße – Odilienberg (Mont Sainte Odile): Berg aus Buntsandstein in den Vogesen nahe Obernai (Département Bas-Rhin, Région Grand-Est), 763 m ü. NN, mit Klosteranlage auf dem Gipfel.

Teil eines Viertels mit Straßennamen nach elsässischen Orten und hier eventuell Anspielung auf die unmittelbar anliegende Herz-Jesu-Kirche, die sich bis 2018 „Kloster am Rande der Stadt" nannte.

Ⓤ *bis 1947 Krosigkstraße (preuß. General)*

Ⓢ *Burbach* Ⓓ *Ottstraße* ✉ *66115* ↔ *271 Meter* ♀ *34 Einwohner*
⊕ *verbindet Hubert-Müller- und Molsheimer Straße* Ⓠ *Adr, Int, Lex, LHS*

Offenbergstraße – Dr. Eugen Offenberg: Oberregierungsrat und später Ministerialdirektor im preußischen Arbeitsministerium. Ermöglichte 1893 die Gründung der Eisenbahner-Wohnungs-Bau-Genossenschaft zur Linderung der Wohnungsnot. Die Straße liegt auch heute noch im Viertel der EWBG-Wohnungen.

Ⓢ *Malstatt* Ⓓ *Rodenhof* ✉ *66113* ↔ *160 Meter* ♀ *139 Einwohner*
⊕ *verbindet Usener und Gräffstraße* Ⓠ *Lang, Leo*

Ohmsteg – Georg Simon Ohm (16.3.1789 - 6.7.1854): deutscher Physiker. Berschäftigte sich v. a. mit Elektrizität. Nach ihm wurde u. a. das Ohmsche Gesetz und die Einheit Ohm (W) benannt.

Teil eines Viertels mit Straßennamen nach deutschen Industriellen, Entdeckern und Erfindern.

Ⓢ *St. Johann* Ⓓ *Am Homburg* ✉ *66123* ↔ *63 Meter* ♀ *< 30 Einwohner*
⊕ *Seitenstraße der Guerickestraße* Ⓠ *Lex, LHS*

Ohmstraße – s. o.

Teil eines Viertels mit Straßennamen nach deutschen Industriellen, Entdeckern und Erfindern.

> Ⓢ *St. Johann* Ⓓ *Am Homburg* *66123* ↔ *263 Meter* *195 Einwohner*
> *verbindet Am Homburg und Guerickestraße* Ⓠ *Lex, LHS*

Ommersheimer Straße – Der Straßenverlauf würde in seiner Fortsetzung in das nordöstlich gelegene Ommersheim führen und stellt damit eine alte Wegeverbindung vom Dorf Ensheim nach Ommersheim dar.

> Ⓢ *Ensheim* Ⓓ *Ensheim* *66131* ↔ *517 Meter* *96 Einwohner*
> *verbindet Hauptstraße und Im Industriegebiet* Ⓠ *Phi*

Orangeriestraße – Orangerie: repräsentativer Garten oder Gewächshaus für exotische Pflanzen, zumeist Zitruspflanzen. Die Straßenführung der neu im Gewerbegebiet erschlossenen Straße führt auf den Standort des ehemaligen, 1929 errichteten, Gewächshauses des Saarbrücker Hauptfriedhofs zu, auch als Orangerie bezeichnet. Obwohl der Denkmalschutz die Erhaltung des Gebäudes forderte, wurden die Seitenflügel abgerissen und somit der rudimentäre und zuletzt zerfallene Mittelbau vor wenigen Jahren abgebrochen.

> Ⓢ *Alt-Saarbrücken* Ⓓ *Glockenwald* *66117* ↔ *k.A.* *k.A.*
> *Seitenstraße der Metzer Straße (Gewerbegebiet Eurozone)* Ⓠ *Fry, Knf*

Ordenspfad – Nach dem früher hier ansässigen Deutschen Orden benannt, siehe Am Ordensgut.

> Ⓢ *Alt-Saarbrücken* Ⓓ *Bellevue* *66117* ↔ *400 Meter* *45 Einwohner*
> *verbindet Ober der Deutschmühl und Hinter dem Deutschhaus* Ⓠ *LHS, Phi*

Ordenstreppe – s. o.

> Ⓢ *Alt-Saarbrücken* Ⓓ *Bellevue* *66117* ↔ *87 Meter* *< 30 Einwohner*
> *verbindet Ordenspfad und Am Ordensgut* Ⓠ *LHS, Phi*

Ormesheimer Straße – Die Straße führt vom Dorf Ensheim in Richtung Ormesheim (Hauptort der Gemeinde Mandelbachtal, Saarpfalz-Kreis).

> Ⓢ *Ensheim* Ⓓ *Ensheim* *66131* ↔ *1356 Meter* *127 Einwohner*
> *verbindet Schnecken-/Heimelstraße und Gassenmühle/L107* Ⓠ *Phi*

O

Ein seltenes Motiv: Alter und neuer Straßenname kurz nach der Umbenennung 2019.

Oscar-Gross-Weg – Prof. Dr. Oskar Groß (5.3.1881 - 5.8.1967): deutscher Mediziner und Arzt. 1923 - 1936 Chef der medizinischen Abteilung des Saarbrücker Bürgerhospitals, zuvor Professor in Greifswald und Frontsoldat im Ersten Weltkrieg. Aufgrund jüdischer Vorfahren Amtsenthebung und später Emigration nach England und ab 1945 in die USA (dort in der Schreibweise „Oscar Gross").

Ⓤ *bis 2019 Hans-Dietlen-Weg*

Ⓢ *St. Arnual* Ⓓ *Winterberg* ✉ *66119* ↔ *252 Meter* *< 30 Einwohner*

Seitenstraße der Theodor-Heuss-Straße mit wegeartiger Verlängerung Richtung Robert-Koch-Straße Ⓠ *LHS*

Ostbahn – Am nördlichen Ende der Straße befand sich bis 1965 eine kleine Bergarbeitersiedlung. Die in den 1860er und 1920er Jahren entstandene Siedlung hatte ihren Namen von der „Chemin de Fer de l'Est" (zu deutsch „Ostbahn"), deren Gesellschaft 1852 bis 1864 hier eine Kokerei zur Versorgung ihrer Lokomotiven betrieb.

Ⓤ *Mai - November 1973 An der Ostbahn*

Ⓢ *Dudweiler* Ⓓ *Dudweiler Nord* ✉ *66125* ↔ *118 Meter* *0 Einwohner*

verbindet Fischbach- und Rehgrabenstraße Ⓠ *DuStr*

Ostschacht – Nach dem östlichsten Schacht der ehemaligen Schachtanlage Albert der Grube Gerhard benannt, der von 1873 bis 1922 betrieben wurde. Auf dem Parkplatz an der südöstlichen Straßenecke markiert immer noch ein Rohr den Standort des Schachtes.

Ⓢ *Altenkessel* Ⓓ *Rockershausen* ✉ *66126* ↔ *371 Meter* *< 30 Einwohner*
verbindet über Eck Allee- und Schubertstraße Ⓠ *Int, Ruth*

Ostschachtstraße – Nach der etwas weiter östlich gelegenen, 1910 angehauenen und 2005 endgültig abgerissenen Schachtanlage Calmelet der Grube Luisenthal, früher auch Klarenthal- oder Ostschacht genannt.

Ⓢ *Gersweiler* Ⓓ *Ottenhausen* ✉ *66128* ↔ *293 Meter* *82 Einwohner*
Seitenstraße der Kreisstraße mit Wegeverbindung zur Hauptstraße Ⓠ *Int, Slo*

Ostspange – Spange: bezeichnet im Straßen- und Verkehrswesen eine Verbindungsstraße zweier hochrangiger Straßen, hier Mainzer Straße und Autobahn A 620 bzw. Julius-Kiefer-Straße. Da sie im Osten der Stadt liegt, erhielt sie einen zur Westspange analogen Namen. Sie ist Teil der Straße Zur Ostspange<.

Ⓢ *St. Johann & St. Arnual* Ⓓ *Kaninchenberg & Wackenberg* ✉ *66121*
↔ *k.A.* *0 Einwohner*
Brückenbauwerk über die Saar zwischen An der Römerbrücke und Autobahn-Kreisel Julius-Kiefer-Straße Ⓠ *Lex, Phi*

O

Otto-Hahn-Straße – Otto Emil Hahn (8.3.1879 - 28.7.1968): deutscher Chemiker und Radiochemie-Pionier. Der „Vater der Kernchemie" erhielt 1945 den Chemie-Nobelpreis und gilt als einer der bedeutendsten Naturwissenschaftler des 20. Jahrhunderts.

Bildet mit Robert-Koch-Straße ein sinnhaftes Namenspaar.

Ⓢ *Bischmisheim* Ⓓ *Bischmisheim* ✉ *66132* ↔ *136 Meter* *< 30 Einwohner*
verbindet Hoch- und Albert-Schweitzer-Straße Ⓠ *Lex*

Ottostraße – Mit der Benennung könnte Otto von Bismarck gemeint sein, Reichskanzler von 1871 bis 1890 und damit ein Vorgänger von Paul von Hindenburg, nach dem die Straße weiter nördlich benannt ist. Aufgrund dieses sinnhaften Namenspaares und weil eine Bismarckstraße im Umfeld schon häufiger existiert, wird dieser Rückschluss gezogen.

Ⓢ *Gersweiler* Ⓓ *Gersweiler Mitte* ✉ *66128* ↔ *60 Meter* 🚶 *< 30 Einwohner*
⌖ *Seitenstraße der August-Müller-Straße* Ⓠ *Fry, Phi*

Ottstraße – Johann Josef Ott (21.1.1852 - 27.3.1902): Generaldirektor der Burbacher Hütte 1901 - 1902, zuvor u. a. im Stumm'schen Eisenwerk Neunkirchen, im Ruhrgebiet und bei der Dillinger Hütte (1886 - 1901) tätig, außerdem kommunalpolitisch aktiv.
Teil eines Viertels mit Straßennamen nach Führungspersönlichkeiten der Burbacher Hütte.

Ⓢ *Burbach* Ⓓ *Ottstraße* ✉ *66115* ↔ *578 Meter* 🚶 *449 Einwohner*
⌖ *Seitenstraße der Von-der-Heydt-Straße mit Wegeverbindung zur Viktor-Tesch-Allee* Ⓠ *Fry, LHS*

Ottweilerstraße – Ottweiler: Stadt an der Blies im Landkreis Neunkirchen, Verwaltungssitz des Landkreises, ca. 14.500 Einwohner. Historische Altstadt mit Altem Turm, ehem. Sitz der Grafen von Nassau-Ottweiler, bis 1640 Nassau-Saarbrücken.
Teil eines Viertels mit Straßennamen nach Orten in den nördlich gelegenen Tälern von Sulzbach, Blies und Nahe.

Ⓢ *Malstatt* Ⓓ *Rodenhof* ✉ *66113* ↔ *942 Meter* 🚶 *435 Einwohner*
⌖ *verbindet Ziegel- und Grülingsstraße* Ⓠ *Lex, LHS*

Papestraße – Alexander August Wilhelm von Pape (2.2.1813 - 7.5.1895): preußischer Generaloberst und Gouverneur von Berlin. Nahm am Deutsch-Französischen Krieg 1870/71 im Rahmen der Schlachten bei Beaumont, St. Privat und Sedan teil.

Ⓤ *1947 - 1957 Lafayettestraße (nach frz. Politiker und General)*
Ⓢ *Alt-Saarbrücken* Ⓓ *Triller* ✉ *66119* ↔ *290 Meter* 🚶 *76 Einwohner*
⌖ *verbindet Lerchesflurweg und Lilienstraße* Ⓠ *Lex, LHS*

Pappelnweg – Pappeln: Pflanzengattung aus der Familie der Weidengewächse, Bäume oder Sträucher, die auf der Nordhalbkugel weit verbreitet sind. Bekannt ist v. a. die als Alleebaum genutzte Säulen- oder Pyramidenpappel.
Bildet mit Straßennamen der Eisenbahnkolonie ein sinnhaftes Ensemble.

Ⓢ *Burbach* Ⓓ *Füllengarten* ✉ *66115* ↔ *22 Meter* 🚹 *< 30 Einwohner*
⊕ *Seitenstraße der Julius-Arnoth-Straße* Ⓠ *Lex, LHS*

Parallelstraße – Die Straße verläuft parallel zur Eisenbahnstrecke Saarbrücken - Trier und grenzt mit ihrer südlichen Begrenzung direkt an deren Böschung.

Ⓢ *Malstatt* Ⓓ *Leipziger Straße* ✉ *66113* ↔ *849 Meter* 🚹 *387 Einwohner*
⊕ *verbindet Lebacher und Von-der-Heydt-Straße* Ⓠ *LHS, Phi*

Parallelstraße – Die Straße verläuft überwiegend parallel zur Haupterschließungsstraße des Bereichs, der Beethovenstraße.

Ⓢ *Dudweiler* Ⓓ *Dudweiler Süd* ✉ *66125* ↔ *600 Meter* 🚹 *157 Einwohner*
⊕ *verbindet Hermann-Löns- und Gartenstraße* Ⓠ *DuStr*

Parallelstraße – Die Straße verläuft parallel zur Gersweilerstraße und damit zur übergeordneten Verbindungsstraße zwischen Klarenthal und Gersweiler.

Ⓢ *Klarenthal* Ⓓ *Krughütte* ✉ *66127* ↔ *496 Meter* 🚹 *211 Einwohner*
⊕ *verbindet Gersweiler- und Gartenstraße* Ⓠ *Phi*

Pariser Platz – Paris: Hauptstadt des Nachbarstaates Frankreich, ca 2,2 Millionen Einwohner. Fünftgrößte Stadt und Zentrum der zweitgrößten Metropolregion der EU. Verkehrsknotenpunkt mit drei Flughäfen, sechs Bahnhöfen und weltberühmten Sehenswürdigkeiten wie dem Eiffelturm, der Kathedrale Notre Dame und dem Louvre.

Ⓢ *Malstatt* Ⓓ *Jenneweg* ✉ *66113* ↔ *ca. 54 x 45 Meter* 🚹 *0 Einwohner*
⊕ *Platzanlage zwischen Lebacher und Rheinstraße* Ⓠ *Cen, Lex*

Parkstraße – Park: größere Grünfläche zur Erholung nach Gesichtspunkten der Gartenkunst gestaltet. Die Straße führt direkt zum Echelmeyerpark, der von 1846 bis 1883 der St. Johanner Friedhof war. 1913 wurde die Fläche in einen Park umgewandelt. Gegenüber des nördlichen Straßenendes sind die Pfeiler des alten Zugangstores in der Schumannstraße noch zu erkennen.

Ⓢ *St. Johann* Ⓓ *Nauwieser Viertel* *66111* ↔ *125 Meter* *107 Einwohner*
verbindet Nauwieser-/Richard-Wagner- und Schumannstraße Ⓠ *LHS, Phi*

Parkweg – Vor der Bebauung befand sich hier im „die Dreispitz" genannten Bereich bis weit in die Nachkriegszeit hinein eine Parkanlage des Anwesens Heidrich mit Weiher. Eine ältere Villa, die mit dieser Parkfläche umgeben gewesen sein dürfte, steht noch im oberen Bereich des Weges (Haus Nr. 5).

Ⓢ *Scheidt* Ⓓ *Scheidt* *66133* ↔ *151 Meter* *56 Einwohner*
Seitenstraße von Im Flürchen mit Abzweigung Ⓠ *Bal4, Fry, Phi, Stpl*

Parsevalstraße – August von Parseval (5.2.1861 - 22.2.1942): deutscher Luftschiffkonstrukteur. 1908 Mitbegründer der Luftfahrzeug-Gesellschaft, anschließend Lehrtätigkeit in Berlin.
Teil eines Viertels mit Straßennamen nach Luftfahrtpionieren.

Ⓢ *Alt-Saarbrücken* Ⓓ *Bellevue* *66117* ↔ *188 Meter* *53 Einwohner*
Seitenstraße der Zeppelin-/Dr.-Eckener-Straße Ⓠ *Lex, LHS*

Pascalschacht – Nach dem 1916 und 1922 hier angehauenen Albert-Schacht der Grube Jägersfreude, der in französischer Zeit „Puits Pascal" hieß, nach dem französischen Philosophen Blaise Pascal (1623 - 1662). Der Schacht wurde im Mai 1973 geschlossen und verfüllt. Das Fördergerüst ist abgerissen, im Schachtgebäude befindet sich heute eine Software-Firma.

Ⓢ *Dudweiler* Ⓓ *Dudweiler Süd* *66125* ↔ *90 Meter* *< 30 Einwohner*
Seitenstraße der Albertstraße, Firmengelände Ⓠ *DuStr, Ruth, SBK 1955*

Passagestraße – Nach der überbauten Fußgängerverbindung (= Passage) zwischen Kaiser- und Bahnhofstraße benannt. Auch das anliegende Kaufhaus (heute Galeria Kaufhof) und spätere Kino wurden entsprechend „PK" genannt.

Ⓢ St. Johann Ⓓ Hauptbahnhof ✉ 66111 ↔ 79 Meter 🚹 < 30 Einwohner
⊕ verbindet Kaiser- und Lampertstraße mit Wegeverbindung zur Bahnhofstraße Ⓠ LHS, Phi

Pasteurpromenade – Louis Pasteur (27.12.1822 - 28.9.1895): französischer Chemiker, Physiker und Mikrobiologe mit entscheidenden Verdiensten in der Vorbeugung von Krankheiten durch Impfung.
Teil eines Viertels mit Straßennamen nach berühmten Medizinern.
Interessant ist hier die Wahl des Begriffs „Promenade", obwohl weder Länge noch Ausmaß und Funktion der Straße auf eine Flaniernutzung schließen lassen. Es ist lediglich anzunehmen, dass Patienten und Besucher der ehemals hier ansässigen Krankenhäuser Heilig-Geist und Rotes Kreuz die Straße zum „Lustwandeln" nutzten.

Ⓤ bis 1947 Schjerning Promenade (nach preuß. Militärarzt)

Ⓢ St. Arnual Ⓓ Winterberg ✉ 66119 ↔ 123 Meter 🚹 33 Einwohner
⊕ Seitenstraße der Virchowstraße Ⓠ Lex, LHS, Phi

Pasteurschacht – Nördlich der Straßenbiegung war das Gelände des ehemaligen Pasteurschachtes der Grube Von der Heydt, der 1922 angehauen, bereits 1932 wieder stillgelegt und 1961 abgerissen wurde. Er diente als Wetterschacht und wurde auch Südschacht genannt. Die Schachtanlage wurde durch die damalige französische Verwaltung der Saarbergwerke nach Louis Pasteur benannt (s. o.).

Ⓢ Malstatt Ⓓ Rastpfuhl ✉ 66113 ↔ 307 Meter 🚹 62 Einwohner
⊕ verbindet über Eck Beilsteiner Weg und Am Gilbenkopf Ⓠ LHS, Ruth, Spu1

Pastor-Weber-Straße – Peter Weber (18.3.1892 - 19.10.1974): Pfarrer von Klarenthal 1930 - 1966, u. a. Bau von Pfarrheim und Kindergarten St. Bartholomäus (etwas weiter westlich gelegen), noch zu Lebzeiten Ehrenbürger der früheren Gemeinde Klarenthal.

Ⓢ Klarenthal Ⓓ Klarenthal ✉ 66127 ↔ 72 Meter 🚹 < 30 Einwohner
⊕ Seitenstraße des Schulweges Ⓠ Bio, LHS

Pater-Delp-Straße – Alfred Friedrich Delp (15.9.1907-2.2.1945): deutscher Priester, Erzieher und Lehrer. Engagierte sich im Widerstand gegen den Nationalsozialismus, wurde daher 1944 verhaftet und in Berlin-Plötzensee hingerichtet.

Teil eines Viertels mit Straßennamen nach deutschen Widerstandskämpfern (Unterer Eschberg).

Ⓢ *Eschberg & St. Johann* Ⓓ *Eschberg & Kaninchenberg* *66121*
↔ *903 Meter* *128 Einwohner*
verbindet Schlesienring und Am Kieselhumes Ⓠ *Lex, LHS*

Paul-Lincke-Straße – Paul Lincke (7.11.1866-3.9.1946): deutscher Komponist und Theaterkapellmeister. Gilt als „Vater" der Berliner Operette, Werke u.a. Frau Luna (mit dem berühmten Lied „Berliner Luft"), Fräulein Loreley, Casanova.

Teil eines Viertels mit Straßennamen nach Operettenkomponisten des frühen 20. Jahrhunderts.

Ⓢ *Malstatt* Ⓓ *Rodenhof* *66113* ↔ *366 Meter* *341 Einwohner*
verläuft innerhalb der halbkreisförmigen Kálmánstraße Ⓠ *Lex, LHS*

Paul-Marien-Straße – Nach den Kindern des St. Johanner Kaufmanns Emil Haldy benannt (siehe Haldystraße), Paul und Maria, die beide bereits im Alter von 21 Jahren 1877 und 1879 starben. Die Erfahrung dieses frühen Verlustes veranlasste den Vater zur Stiftung eines Altersversorgungsheims („Gott segne das Alter"), das immer noch am Ende der Straße auf dem Gelände des Evangelischen Krankenhauses liegt, welches ebenfalls auf die Stiftung zurückzuführen ist.

Ⓢ *St. Johann* Ⓓ *St. Johanner Markt & Am Staden* *66111*
↔ *254 Meter* *180 Einwohner*
verbindet Bismarckbrücke und Großherzog-Friedrich-Straße Ⓠ *Phi, Spu1*

Paul-Schmook-Straße – Paul (August Wilhelm Franz Ludwig Georg) Schmook (23.3.1860 - Nov. 1921): deutscher Jurist und Kommunalpolitiker, 1900 - 1909 Bürgermeister von Malstatt-Burbach, gab Anstoß zur Vereinigung der drei Saarstädte am 1.4.1909. Davor und danach u. a. in Berlin, Halberstadt, Danzig und Breslau tätig. 1903 wurde der Familienname Schmock in Schmook geändert.

Ⓤ *1927 - 1951 Rathausstraße (ehem. Rathausgebäude heute Berufsschule)*

Ⓢ *Malstatt* Ⓓ *Unteres Malstatt* *66115* ↔ *325 Meter* *144 Einwohner*

Seitenstraße der Breite Straße in zwei getrennten Abschnitten Ⓠ *Bio, Cen*

Pestalozzistraße – Johann Heinrich Pestalozzi (12.1.1746 - 17.2.1827): schweizer Pädagoge, Philosoph und Politiker. Der Schul- und Sozialreformer gilt als Initiator der Anschauungspädagogik und damit auch der späteren Reformpädagogik. Viele Schulen sind nach ihm benannt.

Im Volksmund wird die Straße „Sießschmierschdròß" genannt, wobei die „süße Schmiere" als Brotbelag hier stellvertretend für hier wohnende, ärmere Leute steht, die sich keine besseren Beläge leisten konnten.

Ⓢ *Altenkessel* Ⓓ *Rockershausen* *66126* ↔ *68 Meter* *31 Einwohner*

verbindet Beethoven- und Ringstraße Ⓠ *Altk, Bung, Lex*

Pestalozzistraße – s. o.

Teil eines Viertels mit Straßennamen nach sozialgeschichtlich bedeutenden Persönlichkeiten.

Ⓢ *Dudweiler* Ⓓ *Dudweiler Süd* *66125* ↔ *113 Meter* *41 Einwohner*

Seitenstraße der Jahnstraße Ⓠ *Lex*

Pestelstraße – Eduard von Pestel (18.5.1821 - 24.3.1908): preußischer Offizier und zuletzt Generalleutnant, 1869 - 74 Kommandeur des 7. Ulanenregiments in Saarbrücken. Er wurde Ehrenbürger von Saarbrücken und St. Johann, weil er im Deutsch-Französischen Krieg im Juli 1870 durch eine Täuschung unter Mithilfe der Bevölkerung die Franzosen von der Einnahme der Stadt abhielt („Held von Saarbrücken"). Grabmal im Ehrental. Teil eines Viertels nicht zusammenhängender Straßen mit Namen nach deutschen Militärs.

Ⓤ *bis 1896 Herrengartenstraße, 1947 - 1957 An den Herrengärten (nach ehem. Besitz durch reiche Bürger im 19. Jh.)*

Ⓢ *Alt-Saarbrücken* Ⓓ *Schloßplatz* ✉ *66119* ↔ *138 Meter* ⬆ *< 30 Einwohner*
⊕ *verbindet Franz-Josef-Röder- und Talstraße (Regierungsviertel)* Ⓠ *Bio, Joch, Lex*

Peter-Franz-Adt-Ring – Nach Mitgliedern der Familie Adt benannt: Von 1751 bis 1879 folgten drei Generationen Peter Adt aufeinander. Ein Sohn des dritten Peter Adt hieß Franz Adt. Dessen Sohn Franz Eduard (1850 - 1919) wiederum war auch Bürgermeister von Ensheim. Die Familie betrieb die Dosenfabrik Adt (siehe Fabrikstraße).

Ⓢ *Ensheim* Ⓓ *Ensheim* ✉ *66131* ↔ *194 Meter* ⬆ *56 Einwohner*
⊕ *verbindet über Eck Fabrik- und Ludwigstraße* Ⓠ *Bio, Lex*

Peter-Michely-Straße – Peter Michely (24.2.1888 - 6.2.1950): Bergmann und Gewerkschaftssekretär. Wurde als überzeugter Sozialdemokrat von den Nationalsozialisten verfolgt und im Gestapolager Neue Bremm inhaftiert. 1945 - 1950 Landrat des Landkreises Saarbrücken.

Ⓢ *Alt-Saarbrücken* Ⓓ *Bellevue* ✉ *66117* ↔ *329 Meter* ⬆ *164 Einwohner*
⊕ *Seitenstraße von Am Hagen mit Wegeverbindung zum Oberen Hagen* Ⓠ *Bio*

Petersberger Hof – Nach dem ehemaligen Hofgut Petersberg benannt, welches 1890 erbaut und um 1970 zugunsten der Wohnbebauung abgerissen wurde. Der Name Petersberg als Südhang bzw -ausläufer des Winterberges taucht im Zusammenhang der hier früher vorhandenen Weinberge (siehe Weinbergweg) das erste Mal 1847 auf. Der Personenname Peter kann allerdings nicht zugeordnet werden.

Ⓢ *St. Arnual* Ⓓ *Winterberg* *66119* ↔ *465 Meter* *120 Einwohner*
Seitenstraße des Weinbergweges mit Abzw. und Wegeverbindung zur Theodor-Heuss-Straße
Ⓠ *Bau, Phi*

Petersbergpfad – Fußwegverbindung zum Petersberg, s. o.

Ⓢ *St. Arnual* Ⓓ *Winterberg* *66119* ↔ *87 Meter* *0 Einwohner*
verbindet als Fußweg Feldmann- und Petersbergstraße Ⓠ *Phi*

Petersbergstraße – Die Straße führt zum Petersberg, s. o.

Ⓢ *St. Arnual* Ⓓ *Winterberg* *66119* ↔ *764 Meter* *416 Einwohner*
verbindet Feldmannstraße und Hohe Wacht Ⓠ *Phi*

Peterstraße – Namensgebend könnte ein ehemaliger Einwohner von Klarenthal sein, vermutlich Johann Peter Reppert, der 1719 hier geboren wurde.

Ⓤ *frühere Bezeichnung Schindergasse*

Ⓢ *Klarenthal* Ⓓ *Klarenthal* *66127* ↔ *407 Meter* *119 Einwohner*
verbindet Warndt- und Karlstraße Ⓠ *Int, Nest*

P

Peter-und-Paul-Straße – Der nach den heiligen Aposteln Paulus und Petrus benannte christliche Feiertag „Peter und Paul" wird am 29. Juni gefeiert.

Ⓢ *Brebach-Fechingen* Ⓓ *Neufechingen* *66130* ↔ *244 Meter* *116 Einwohner*
Seitenstraße der Erzbergerstraße mit Wegeverbindung zum Joseph-Haydn-Weg Ⓠ *Lex, Phi*

Peter-Zimmer-Straße – Peter Zimmer (31.12.1887 - 12.10.1970): Bergmann, Journalist und Politiker. Mitglied der SPD und Verfechter des „Status quo" 1935, 1944 im Gestapo-Lager Neue Bremm inhaftiert. 1947 - 1955 erster Präsident des saarländischen Landtages, 1949 - 1956 ehrenamtlicher Bürgermeister von Saarbrücken.

Ⓢ St. Johann Ⓓ Kaninchenberg ✉ 66123 ↔ 1027 Meter 🚶 117 Einwohner
⊕ Seitenstraße des Eschbergerweges mit Wegeverbindung zur Hanna-Kirchner-Straße und ringförmigem Abschluss Ⓠ Bio

Petrusstraße – Simon Petrus war als einer der ersten Juden zum Nachfolger Jesu berufen und Sprecher der Jünger bzw. Apostel. Er soll als erster Bischof von Rom quasi der erste Papst gewesen sein.
Bildet mit den in der Nähe gelegenen, nach Jakob und Johannes benannten Straßen eine sinnhafte Namensgruppe.

Ⓢ Herrensohr Ⓓ Herrensohr ✉ 66125 ↔ 338 Meter 🚶 140 Einwohner
⊕ verbindet Markt- und Römerstraße Ⓠ DuStr

Pfaffenkopfstraße – Führt in Richtung des Pfaffenkopfes, einem Waldgebiet mit gleichnamiger Erhebung zwischen Burbach und Riegelsberg (siehe Forsthaus Pfaffenkopf), welches früher in kirchlichem Besitz gewesen sein dürfte (Pfaffe = Pastor/Pfarrer, Kopf = Erhöhung im Gelände/Berg).

Ⓢ Burbach Ⓓ Füllengarten ✉ 66115 ↔ 772 Meter 🚶 679 Einwohner
⊕ verbindet Jakobstraße und Jakobshütter Weg/Am Freibüsch Ⓠ Klau, Phi

Pfaffenkopfstraße – Die Straße führt als Landesstraße L 270 nordwestlich an der Pfaffenkopf genannten Erhebung im Wald (s. o., ca. 355 m ü. NN) vorbei.

Ⓢ Altenkessel Ⓓ Altenkessel ✉ 66126 ↔ 1753 Meter 🚶 37 Einwohner
⊕ verbindet Großwaldstraße und Forsthaus Pfaffenkopf/Jakobshütter Weg Ⓠ Phi, Stpl

Pfaffenkopfstraße – Der seit dem 17. Jahrhundert überlieferte Flurname folgt der gleichen Erklärung wie der Pfaffenkopf in Burbach („Berg des Pfarrers"). Hier gehörte die Erhebung, um die die Straße herumführt, bis in die 1950er Jahre der evangelischen Kirche, die sie als reserviertes Kirchenland bewirtschaftete.

Ⓤ *bis 1954 Am Pfaffenkopf*

Ⓢ *Dudweiler* Ⓓ *Pfaffenkopf* *66125* ↔ *1109 Meter* *383 Einwohner*
verbindet in weitem Bogen Rentrischer und Scheidter Straße Ⓠ *Dud, DuStr*

Pfählerstraße – Alle Pfählerstraßen sind nach Gustav und seiner Schwester Luise Pfähler benannt. Gustav Pfähler (16.12.1821 - 18.2.1894) war Bergmann, Bergwerksdirektor und Reichstagsabgeordneter. Aus seinem Vermögen entstand 1899 eine Stiftung zur Errichtung von Wohnhäusern für sozial schwache Menschen im Landkreis Saarbrücken. In Alt-Saarbrücken befinden sich in dieser Straße und Im Bruchschneidersdell fünf Gebäude der 1966 aufgelösten Pfählerstiftung, typischerweise Doppel- oder Dreierhäuser, 1906 vom Architekten Viktor Hendler erbaut.

Ⓢ *Alt-Saarbrücken* Ⓓ *Bellevue* *66117* ↔ *306 Meter* *190 Einwohner*
verbindet Moltke- und Komturstraße Ⓠ *Bio, DuStr, Phi, Spu2*

Pfählerstraße – s. o.
In dieser Straße stehen bis heute noch vier Gebäude der ehemaligen Stiftung.

Ⓢ *Dudweiler* Ⓓ *Dudweiler Nord* *66125* ↔ *479 Meter* *143 Einwohner*
verbindet An der Sauerwies und Am Neuhauser Weg Ⓠ *Phi, Spu2*

Pfählerstraße – s. o.
Hier befindet sich nur noch ein Haus von zweien der ehemaligen Pfählerstiftung, das 1903/04 erbaut wurde.

Ⓢ *Gersweiler* Ⓓ *Gersweiler Mitte & Ottenhausen* *66128*
↔ *873 Meter* *357 Einwohner*
verbindet Krughütter- und Blumenstraße Ⓠ *Gers, Phi, Spu2*

Pfälzer Straße – Dem benachbarten Volksstamm bzw. der Region „Pfalz" im Südosten des Bundeslandes Rheinland-Pfalz zwischen Saarland, Hunsrück, Rheinhessen, Baden und Elsass. Der Begriff „Pfalz" leitet sich von lateinisch Palatin ab, der Hügel Roms, auf dem der Palast des Kaisers stand. Die Pfalz war ein temporärer Verwaltungssitz der im Mittelalter vorwiegend reisenden Herrscher.

Ⓢ *St. Arnual* Ⓓ *Wackenberg* *66119* ↔ *122 Meter* *39 Einwohner*
verbindet Saargemünder und Brühlstraße Ⓠ *Lex*

Pfalzweg – s. o.
Die Namensgebung passt geographisch zu den Straßennamen im unmittelbaren Umfeld nach Fließgewässern der Region.

Ⓢ *Klarenthal* Ⓓ *Klarenthal* *66127* ↔ *46 Meter* *< 30 Einwohner*
Seitenstraße der Rheinstraße Ⓠ *Lex*

Pfarrer-Bleek-Platz – Philipp Bleek (9.2.1878 - 17.7.1948): Theologe, Synodalassessor und Pfarrer. 1904 - 1937 Tätigkeit in Malstatt und im Saargebiet, Widerstand gegen die NS-Politik, Inhaftierung, 1939 Ausreise in sein Geburtsland Argentinien, wo er starb.

Ⓤ *bis 1949 Hagelberg-Platz (Ort eines Sieges gegen Frankreich 1813), 1949 - 1964 Josef-Wagner-Platz (siehe J.-Wagner-Weg)*

Ⓢ *Malstatt* Ⓓ *Jenneweg* *66113* ↔ *92 Meter* *145 Einwohner*
verbindet Bülow- und Tauentzienstraße Ⓠ *Adr, Bio, LHS*

Pfarrer-Bungarten-Straße – Franz-Josef Bungarten (4.2.1876 - 7.9. 1965): katholischer Pfarrer und Kommunalpolitiker. 1913 Pfarrer in Brebach, 1919 - 1936 Pfarrer in Malstatt, u. a. Erwerb einer neuen Orgel und eines neuen Geläutes der anliegenden Kirche St. Josef. U. a. 1923 erster Beigeordneter in Saarbrücken, 1955 Ehrenvorsitzender der CDU Saar und 1961 Ehrenbürger Saarbrückens.

Ⓢ *Malstatt* Ⓓ *Unteres Malstatt* *66115* ↔ *355 Meter* *0 Einwohner*
verbindet Turner- und St.-Josef-Straße Ⓠ *Bio, Fry, LHS*

Pfarrer-Franz-Straße – Jakob Franz (3.2.1884 - 23.8.1969): Theologe und katholischer Pfarrer. 1925 - 1935 Pfarrer von St. Peter in Ensheim, Widerstand gegen das NS-Regime, 1935 Flucht und später Auswanderung nach Argentinien.

Ⓢ *Ensheim* Ⓓ *Ensheim* *66131* ↔ *225 Meter* *60 Einwohner*
verbindet Bischof-Eich- und Bischmisheimer Straße mit Abzweigung Ⓠ *Bio*

Pfarrer-Köllner-Treppe – siehe Köllnerstraße

Ⓢ *Malstatt* Ⓓ *Unteres Malstatt* *66115* ↔ *66 Meter* *0 Einwohner*
verbindet Breite Straße und Zur Malstatt Ⓠ *Bio*

Pfeifershofweg – Bereits im 15. Jahrhundert wird im Bereich etwas weiter östlich Richtung Sulzbach ein Hofgut erwähnt, das einem Bürger namens Großhans gehörte und wenig später in Besitz der Stadt St. Johann gelangte. Die Herkunft des Namens Pfeifer bleibt hingegen ungewiss, findet sich aber auch in anderen Namen wie Pfeiffers-Stein und Pfeifferseiche (1525 „Pfiffers Eich").

Ⓢ *Jägersfreude* Ⓓ *Jägersfreude* *66123* ↔ *1043 Meter* *< 30 Einwohner*
verbindet Grube und Rodenhof durch den Wald Ⓠ *Bau, DuStr, LHS*

Pferchgasse – Pferch: mobile bzw. tragbare Zäune, die Vieh temporär auf einer begrenzten Fläche zusammenhalten sollen (einpferchen). Hier handelt es sich wohl um einen Schafspferch, der seit spätestens Anfang des 18. Jahrhunderts Anlass zur Benennung des Flurstücks gab.

Ⓢ *Malstatt* Ⓓ *Unteres Malstatt* *66115* ↔ *89 Meter* *42 Einwohner*
verbindet Neustraße und Häffnergasse Ⓠ *Bau, Lex*

Pfitzersteige – Dr. Albert Pfitzer (2.7.1882 - 1947): Vermessungsingenieur aus dem saarländischen Von der Heydt, reformierte das Vermessungswesen mit neuen Kartenwerken. Ministerialdirektor im Reichsinnenministerium zu NS-Zeiten.

Ⓢ *St. Johann* Ⓓ *Am Homburg* *66123* ↔ *162 Meter* *< 30 Einwohner*
verbindet Meerwiesertalweg und Guerickestraße mit Abzw. Ⓠ *Int, LHS*

P

Philippinenstraße – Gräfin Philippine Henriette zu Nassau Saarbrücken (25.11.1679 - 14.1.1751): heiratete 1699 Graf Ludwig Kraft (Crato) zu Nassau-Saarbrücken und lebte bis zu seinem Tod 1713 in der Stadt. Teil eines Viertels mit Straßennamen nach Saarbrücker Regentinnen.

Ⓢ *Alt-Saarbrücken* Ⓓ *Reppersberg* *66119* ↔ *182 Meter* *152 Einwohner*
verbindet Reppersbergstraße und Himmelsleiter Ⓠ *Bio, Frau*

Philippinentreppe – s. o.
Teil eines Viertels mit Straßennamen nach Saarbrücker Regentinnen.

Ⓢ *Alt-Saarbrücken* Ⓓ *Reppersberg* *66119* ↔ *13 Meter* *0 Einwohner*
verbindet Charlotten- und Reppersbergstraße Ⓠ *Bio, Frau*

Philipp-Karl-Straße – Philipp-Karl Schmeer: Bürgermeister von Bischmisheim 1894 - 1918.

Ⓢ *Bischmisheim* Ⓓ *Bischmisheim* *66132* ↔ *146 Meter* *34 Einwohner*
verbindet Auf der Witz und Bornshübel Ⓠ *Karg*

Philipp-Neufang-Straße – Johann Philipp Neufang (30.8.1793 - 26.5.1851): Landwirt und Bierbrauer. Gründete 1815 in Saarbrücken die Brauerei Neufang. 1827 Erwerb des Gasthauses „Goldener Anker" Ecke Bahnhof-/Dudweilerstraße, bis heute Immobilie im Besitz der familiengeführten Neufang Brauerei AG. 1851 Kauf des Geländes an der Dudweiler Landstraße mit Einrichtung von Gär- und Lagerkellern. Hier war 1889 - 2002 der Standort der Brauerei.

Ⓢ *St. Johann* Ⓓ *Am Homburg* *66123* ↔ *k.A.* *98 Einwohner*
Seitenstraße der Daimler-/ Wallotstraße mit Abzw. (altes Brauereigelände)
Ⓠ *KlNf, Neu, Phi*

Piesporter Weg – Piesport: Ortsgemeinde an der Mosel im Landkreis Bernkastel-Wittlich (Rheinland-Pfalz), ca. 2.000 Einwohner. Größte Weinbaugemeinde der Moselregion.
Teil eines Viertels mit Straßennamen nach Orten des Mosellandes.

Ⓤ *bis 1945 Kronstädter Weg (Stadt in Siebenbürgen)*
Ⓢ *Malstatt* Ⓓ *Rastpfuhl* *66113* ↔ *251 Meter* *62 Einwohner*
verbindet Am Rothenbüsch und Kanzemer Weg/Trarbacher Platz Ⓠ *Adr, Lex, LHS, SU1*

Pirmasenser Straße – Pirmasens: Stadt in Rheinland-Pfalz im Pfälzer Wald, Landkreis Südwestpfalz, ca. 40.000 Einwohner. Die nach dem heiligen Pirminius benannte Stadt war lange Zeit als Zentrum der deutschen Schuhindustrie bekannt.
Teil eines Viertels mit Straßennamen nach Orten der bayerischen Pfalz (heute Saarpfalz und Pfalz).

Ⓤ *bis 1945 Malmedyer Straße (belgische, ehem. dt. Stadt)*

Ⓢ *St. Johann* Ⓓ *Rotenbühl* *66123* ↔ *87 Meter* *< 30 Einwohner*
Seitenstraße der St. Ingberter Straße Ⓠ *Adr, Lex, SU1*

Place Miniature – Der inoffizielle und durch ein Schild kenntlich gemachte Name bezeichnet den quasi „kleinsten Platz der Stadt", der jedoch nur eine Einbuchtung in der Schaufensterfront der umliegenden Gebäude darstellt und Vorplatz zu einem Hauseingang ist.

Ⓢ *St. Johann* Ⓓ *St. Johanner Markt* *66111* ↔ *ca. 2x4 Meter* *0 Einwohner*
an der Fröschengasse gelegen Ⓠ *Phi*

Platz am Rathaus – Nach dem gegenüber gelegenen Dudweiler Rathaus benannt.

Ⓢ *Dudweiler* Ⓓ *Dudweiler Mitte* *66125* ↔ *ca. 70x30 Meter* *0 Einwohner*
liegt zwischen Sulzbachtal- und Rathausstraße Ⓠ *DuStr*

Pommernring – Pommern: Region, die sich im Nordosten Deutschlands (Vorpommern) und Nordwesten Polens (Hinterpommern, Pomerellen) entlang der Ostsee erstreckt (slaw. po more = am Meer). Städte u.a. Stettin, Danzig und Stralsund.
Teil eines Viertels mit Namen nach mittel- und ehemaligen ostdeutschen Städten und Gebieten, die nach dem Zweiten Weltkrieg Teile Polens, der Sowjetunion oder der ehemaligen DDR wurden.

Ⓢ *Eschberg* Ⓓ *Eschberg* *66121* ↔ *703 Meter* *175 Einwohner*
verbindet Mecklenburgring und Pater-Delp-Straße Ⓠ *Lex*

P

Ponsheimer Straße – Die Straße führt zum Ponsheimer Hof, der wiederum nach dem ehemaligen Ort bzw. Weiler Ponsheim („Heim des Ponzo") benannt ist, der 1291 erstmals erwähnt wird, aber bereits vor 1400 wüst fiel und spätestens nach dem 30-jährigen Krieg nicht mehr nachweisbar war bzw. in Form des Hofes Bestand hat.

Ⓢ *Eschringen* Ⓓ *Eschringen* ✉ *66130* ↔ *188 Meter* 🚹 *46 Einwohner*
⊕ *Seitenstraße der Gräfinthaler Straße* Ⓠ *Int, Klau, Stae*

Poststraße – Die Straße führt zum alten Brebacher Postamt, das sich im nördlichen Eckhaus zur Straße Zur Alten Fähre befand (roter Klinkerbau).

Ⓢ *Brebach-Fechingen* Ⓓ *Brebach* ✉ *66130* ↔ *79 Meter* 🚹 *63 Einwohner*
⊕ *verbindet Saarbrücker Straße und Zur Alten Fähre* Ⓠ *Phi, Spu1*

Poststraße – Die Straße erschließt das Gelände der ehemaligen Oberpostdirektion (OPD), die 1935 gegründet wurde, seit den 50er Jahren auf diesem Gelände war (1957 unter dem Namen OPD als Nachfolger der saarländischen Post- und Telegraphenverwaltung) und 1995 geschlossen wurde.

Ⓤ *bis ca. 1947 Schönhauser Straße (nach dem Bismarck'schen Familiengut), dann bis 1963 Am Reformgymnasium*

Ⓢ *Malstatt* Ⓓ *Unteres Malstatt* ✉ *66115* ↔ *90 Meter* 🚹 *34 Einwohner*
⊕ *Seitenstraße der Klausener Straße* Ⓠ *Lex, Stpl*

Präsident-Baltz-Straße – Dr. Konstanz Maximilian Friedrich von Baltz (9.8.1854 - 16.6.1918): deutscher Jurist und Verwaltungsbeamter. Wurde 1908 Regierungspräsident von Trier und unterzeichnete den Städtevereinigungsvertrag der Saarstädte St. Johann, Saarbrücken und Malstatt-Burbach vom Dezember 1908 (vollzogen am 1.4.1909). Wurde 1913 Ehrenbürger der neuen Großstadt.

Ⓤ *1947 - 1956 Straßburger Allee*

Ⓢ *Alt-Saarbrücken & St. Arnual* Ⓓ *Schloßplatz & Winterberg* ✉ *66119*
↔ *299 Meter* 🚹 *< 30 Einwohner*
⊕ *verbindet Bismarckbrücke und Tal-/Saargemünder Straße* Ⓠ *Bio, LHS, Phi*

Premmenfeld – Wahrscheinlich geht die Flurbezeichnung auf das alt- und mittelhochdeutsche Wort brâme, Bram, Prem, Briem zurück und bedeutet Brombeere. Auch ein Bezug zum Ginster (siehe An der Neuen Bremm) ist denkbar. Beide Gewächse können hier natürlich vorkommen.

Ⓢ *Bischmisheim* Ⓓ *Bischmisheim* ✉ *66132* ↔ *828 Meter* 🚶 *< 30 Einwohner*
⊕ *verbindet Ensheimer und Breitenberger Weg* Ⓠ *Lagis, Phi*

Preußenstraße – Preußen: seit dem Mittelalter bestehendes Land an der Ostsee zwischen Pommern und Litauen, das später stark ausgedehnt als Königreich zu einer Vormachtstellung im deutschen Reich kam und bis an die niederländische und französische Grenze reichte.

Teil eines in den 50er Jahren als Neubaugebiet erschlossenen Viertels mit Straßennamen nach deutschen Ländern bzw. Volksstämmen. In dieser Straße wohnte der Ideengeber zu diesem Buch, Daniel Vissering, bis zu seinem frühen Tod am 29.5.2008.

Ⓤ *1947 - 1957 Saarlandstraße*

Ⓢ *St. Johann* Ⓓ *Bruchwiese* ✉ *66111* ↔ *746 Meter* 🚶 *957 Einwohner*
⊕ *verbindet Martin-Luther- und Hellwig-/Thüringer Straße* Ⓠ *Lex*

Primsweg – Prims: saarländischer Fluss, der bei Malborn im Hunsrück entspringt und nach 90 km bei Dillingen in die Saar mündet. Wird bei Nonnweiler zu einer Talsperre aufgestaut und fließt u. a. durch Schmelz, Nalbach und Saarwellingen.

Teil eines Viertels mit Straßennamen nach saarländischen und südwestdeutschen Fließgewässern.

Ⓢ *Malstatt* Ⓓ *Rastpfuhl* ✉ *66113* ↔ *125 Meter* 🚶 *46 Einwohner*
⊕ *Seitenstraße der Köllertalstraße* Ⓠ *Lex*

Probsteigasse – Nach einer ehemaligen Propstei (= Verwaltungsbereich) der Abtei Wadgassen benannt. Das Prämonstratenserkloster Wadgassen hatte seit dem 14. Jahrhundert einen Klosterhof in der Gasse, der als Aufenthaltsort der Äbte und Verwaltungssitz diente. Auch Kaiser Karl V soll 1546 hier übernachtet haben.

Ⓢ *Alt-Saarbrücken* Ⓓ *Schloßplatz* ✉ *66117* ↔ *73 Meter* 🚶 *< 30 Einwohner*
⊕ *verbindet Küfergasse und Schloßstraße* Ⓠ *LHS, Witt*

Provinzialstraße – Mit dem Begriff „Provinz" wird allgemein eine staatliche oder kirchliche Verwaltungseinheit bezeichnet. In der Regel war die damals als Provinz bezeichnete Gebietskörperschaft auch für den Unterhalt der Straße zuständig (heute Baulastträger wie Bund, Land oder Kommune). Man könnte den Straßennamen auch als Alternativbegriff zu „Hauptstraße" interpretieren.

Ⓤ *alte Bezeichnungen Saarlouiser Chaussée, Hindenburgstraße*

Ⓢ *Altenkessel* Ⓓ *Rockershausen* ✉ *66126* ↔ *802 Meter* 🚶 *346 Einwohner*
⊕ *verbindet Luisenthaler Straße und Straße des 13. Januar (Völklingen)* Ⓠ *Fry, Lex, Phi*

Provinzialstraße – Eine Erklärung dürfte hier analog zu Altenkessel für die Gemeinde bzw. das Amt Brebach-Fechingen gelten.

Ⓢ *Brebach-Fechingen* Ⓓ *Fechingen* ✉ *66130* ↔ *1759 Meter* 🚶 *460 Einwohner*
⊕ *beginnt an der Saarbrücker Straße/An der Heringsmühle und geht am Ortsende Richtung Eschringen in die L107 über, Haupterschließung Fechingens.* Ⓠ *Lex, Phi*

Puccinistraße – Giacomo Antonio Domenico Puccini (22.12.1858–29.11.1924): italienischer Komponist. Wurde v. a. für seine Opern und Dramen bekannt, z. B. La Bohème, Tosca, Madama Butterfly.

Die Straße war in den 50er Jahren (Zeit des Saarstaates unter Einfluss Frankreichs) Teil eines Viertels mit Straßennamen nach Komponisten, hat als einzige eine Rück-Umbenennungswelle zugunsten von Militärs überstanden.

Ⓤ *bis 1947 Waterloostraße (Ort der Schlacht gegen Napoléon 1815)*

Ⓢ *St. Arnual* Ⓓ *Winterberg* ✉ *66119* ↔ *195 Meter* 🚶 *80 Einwohner*
⊕ *verbindet Koßmann- und Saargemünder Straße* Ⓠ *Lex, LHS*

Püttlinger Straße – Püttlingen: Stadt im Köllertal/Saarland, ca. 18.700 Einwohner. Früher von Bergbau geprägt, heute u. a. Klinikstandort, Wohn- und Gewerbezentrum.

Teil eines Viertels mit Straßennamen nach Orten westlich Burbachs.

Ⓢ *Burbach* Ⓓ *Füllengarten* ✉ *66115* ↔ *295 Meter* 🚶 *346 Einwohner*
⊕ *verbindet Auf der Scheib und Altenkesseler Straße* Ⓠ *Lex*

Quellenstraße – Die Straße führt in Richtung der Quelle des ehemaligen Strummersbrunnens und dürfte nach dieser benannt sein (siehe Am Strummersbrunnen).

Ⓢ *St. Johann* Ⓓ *Kaninchenberg* *66121* ↔ *417 Meter* *43 Einwohner*
Seitenstraße des Eschbergerweges Ⓠ *Bau, LHS*

Querstraße – Querstraßen erhalten ihren Namen in aller Regel durch ihren Verlauf im mehr oder weniger rechten Winkel zu den anderen oder Haupterschließungsstraßen eines Ortes. In Bübingen zweigen mehrere Straßen von der Hauptstraße in Richtung des alten Dorfkerns ab (Am Bach, Bahnhof-, Kirchstraße), wogegen die Querstraße quer dazu verläuft.

Ⓤ *früherer Name: Lange Gasse*

Ⓢ *Bübingen* Ⓓ *Bübingen* *66132* ↔ *203 Meter* *39 Einwohner*
verbindet Kirchstraße und Im Gässelgarten Ⓠ *Lauf, Phi*

Querstraße – Auch diese Straße stellt eine untergeordnete Querverbindung zwischen der Haupterschließungsstraße und einer wichtigen Wohnstraße dar. Allerdings kann man auch eine scherzhafte Benennung im Zusammenhang mit der unmittelbar südlich verlaufenden Kreuzstraße im Sinne von „kreuz und quer" sehen, ähnlich wie Riesen- und Zwergstraße.

Ⓢ *Brebach-Fechingen* Ⓓ *Neufechingen* *66130* ↔ *161 Meter* *42 Einwohner*
verbindet über Eck Saarbrücker und Riesenstraße Ⓠ *Phi*

Quienstraße – Die Familie Quien wird seit dem 18. Jahrhundert als bekannte und einflussreiche Saarbrücker Familie erwähnt. Die Straße ist höchstwahrscheinlich nach Christian Heinrich Quien benannt (7.12.1750–4.10.1831). Er war Kaufmann, Mitbegründer der Kasinogesellschaft und Mitglied des Stadtrates. Von 1823 bis 1831 war er Bürgermeister von Saarbrücken. Ihm gehörte die St. Arnualer „Stifte-, Ketten- und Schraubenfabrik Gebr. Quien" und Teile des Winterberges gehörten zu seinen Gärten und Anwesen. Die Straße verläuft am Südhang des Winterberges.

Ⓤ *früherer Namen: Mühlweg, (Straße) Zur Mühle (um 1900–ca. 1930)*

Ⓢ *St. Arnual* Ⓓ *Winterberg* *66119* ↔ *529 Meter* *132 Einwohner*
verbindet Saargemünder und Hoederathstraße mit Abzweigung Ⓠ *Adr, Bio, Stpl, Witt*

Q

Raabestraße – Franz Mathias Raabe (26.8.1853 - 28.1.1906): Prokurist und später Direktor der Burbacher Hütte 1872 - 1906.
Teil eines Viertels mit Straßennamen nach Führungspersönlichkeiten der Burbacher Hütte.

Ⓢ *Burbach* Ⓓ *Ottstraße* *66115* ↔ *159 Meter* *53 Einwohner*
verbindet Weissdorff- und Langfuhrstraße Ⓠ *Adr, LHS*

Rabbiner-Rülf-Platz – Dr. Friedrich Schlomo Rülf (13.5.1896 - 13.8.1976): Rabbiner und Schriftsteller. 1929 - 1935 Vorsitzender der jüdischen Gemeinde im Saargebiet, dann Auswanderung und Tätigkeiten in Palästina. 1951 Einweihung der neuen Synagoge in Saarbrücken, anschließend mehrfach Besuche im Saarland.

Ⓢ *St. Johann* Ⓓ *Hauptbahnhof* *66111* ↔ *ca. 107 x 20 Meter* *0 Einwohner*
zwischen Bahnhof-, Dudweilerstraße und Berliner Promenade gelegen Ⓠ *Bio, Lex*

Raiffeisenstraße – Der Name Raiffeisen steht für genossenschaftlich organisierte Einkaufsgemeinschaften für landwirtschaftliche Produkte und für daraus entstandene Banken. Dieses Genossenschaftsmodell mit dem Ziel der Hilfe für einkommensschwache Landwirte geht auf den Sozialreformer Friedrich Wilhelm Raiffeisen (1818 - 1888) zurück. Straßen in der ländlich geprägten Region tragen den Namen häufig, z. B. auch in Ormesheim, Blieskastel oder Überherrn.

Ⓢ *Bübingen* Ⓓ *Bübingen* *66129* ↔ *127 Meter* *< 30 Einwohner*
verbindet Bliesransbacher und Waldstraße Ⓠ *Lex*

Rappoltsweilerstraße – Rappoltsweiler (frz. Ribeauvillé): französische Stadt im Elsass (Département Haut-Rhin, Région Grand-Est), ca. 4.700 Einwohner. Durch landschaftliche und architektonische Reize geprägt, spielt der Tourismus eine wichtige Rolle, ebenso der Weinanbau.
Teil eines Viertels mit Straßennamen nach elsässischen Orten.

Ⓤ *bis 1947 Straßburger Straße*

Ⓢ *Burbach* Ⓓ *Ottstraße* *66113* ↔ *313 Meter* *173 Einwohner*
verbindet Von-der-Heydt- und Isenheimer Straße Ⓠ *Lex, LHS*

Rastbachweg – Der Name des kleinen, heute kanalisierten Fließgewässers (Quelle nahe Rhönweg, Mündung nach 2 km in den Burbach) am westlichen Ende der Straße wurde nach dem nahe gelegenen Rastpfuhl (s. u.) benannt. Das Tal des Rastbaches bildet heute eine Grün- und Frischluftschneise.

Ⓢ *Malstatt* Ⓓ *Rastpfuhl* *66113* ↔ *357 Meter* *76 Einwohner*
Seitenstraße der Köllertalstraße Ⓠ *Bau, Lex*

Rastpfuhl – Der Flurname, der für den ganzen Distrikt namensgebend ist, leitet sich vom mittelhochdeutschen Wort „rast/raste" = Ruhe, Rast ab sowie Pfuhl = feuchte Vertiefung. Da die Rast in einem Pfuhl für Menschen eher unwahrscheinlich ist, kann man davon ausgehen, dass die Stelle, die heute noch als Vertiefung im Gelände wahrnehmbar ist, als Rastplatz für das Vieh diente.

Ⓢ *Malstatt* Ⓓ *Rastpfuhl* *66113* ↔ *330 Meter* *114 Einwohner*
verbindet Lebacher und Lebacher Landstraße Ⓠ *Bau*

Rathausplatz – Die Gasse und der Platz (auch als „Gersweiler Markt" bezeichnet) liegen westlich und nördlich des Rathausgebäudes der früheren Gemeinde Gersweiler (Eingemeindung nach Saarbrücken 1974).

Ⓢ *Gersweiler* Ⓓ *Gersweiler Mitte* *66128* ↔ *50 Meter* *< 30 Einwohner*
Seitenstraße der Hauptstraße Ⓠ *Phi*

Rathausplatz – Die asymmetrische Platzanlage wurde Ende des 19. Jahrhunderts in Folge der Idee eines „malerischen Städtebaus" eingerichtet und liegt vor dem dominanten, neogotischen Bau des Rathauses der Stadt St. Johann, welches 1900 erbaut wurde und seit 1909 die Funktion des Saarbrücker Rathauses innehat.

Ⓤ *1935 - 1945 Platz der Deutschen Front*
Ⓢ *St. Johann* Ⓓ *St. Johanner Markt & Nauwieser Viertel* *66111*
↔ *k.A.* *54 Einwohner*
zwischen Betzen-, Stephan-, Johannis-, Nassauer- und Großherzog-Friedrich-Straße gelegen
Ⓠ *Phi, SU1*

R

Rathausstraße – Nach dem anliegenden 1875 erbauten Dudweiler Rathaus benannt. Im Volksmund auch „Brückbach" genannt, wegen der Brücke, die früher über den heute hier nicht mehr sichtbaren Sulzbach führte.

Ⓤ *bis 1935 und 1945 - 1964 Brückenstraße, 1935 - 1945 Straße des 13. Januar*

Ⓢ *Dudweiler* Ⓓ *Dudweiler Mitte* ✉ *66125* ↔ *180 Meter* 🚹 *84 Einwohner*

✥ *verbindet Saarbrücker Straße und Neuhauser Weg* Ⓠ *DuStr*

Rebenstraße – In Bübingen wurde in früheren Jahrhunderten Wein angebaut. Der Ort war ein weniger bedeutender Standort des „Saar-Blies-Winkels" zwischen St. Arnual (Winterberg, siehe Weinbergweg) und Reinheim. Bis Anfang des 20. Jahrhunderts dürften hier zumindest in kleinerem Umfang noch Reben gestanden haben. Die Flurnamen weisen auf diesen Umstand bereits seit dem 17. Jahrhundert hin. Da 1665 „Die altten Reben" überliefert ist, dürften die Ursprünge des Weinanbaus weit ins Mittelalter gehen.

Ⓢ *Bübingen* Ⓓ *Bübingen* ✉ *66129* ↔ *609 Meter* 🚹 *98 Einwohner*

✥ *verbindet Feldstraße und Mühlenweg* Ⓠ *Lauf, Schm2*

Rehbachpfad – Nach dem inzwischen kanalisierten Gewässerlauf des Rehbaches benannt, der nahe der Rehgrabenstraße entspringt und unweit des Pfades in den Sulzbach mündet. Ab dem 17. Jahrhundert als Flurname „In der Rehbach" überliefert. Benennung wahrscheinlich nach dem im nahe gelegenen Wald häufig vorkommenden Wildtier.

Ⓢ *Dudweiler* Ⓓ *Flitsch* ✉ *66125* ↔ *128 Meter* 🚹 *< 30 Einwohner*

✥ *verbindet Rehbach- und Sulzbachtalstraße teilweise als Fußweg* Ⓠ *DuStr, Phi*

Rehbachstraße – s. o.

Ⓢ *Dudweiler* Ⓓ *Flitsch* ✉ *66125* ↔ *1131 Meter* 🚹 *363 Einwohner*

✥ *verbindet Fischbachstraße und In den Rodhecken mit Abzweigung* Ⓠ *DuStr*

Rehgrabenstraße – Nach der Vertiefung benannt, durch die der Rehbach (s. o.) fließt.

Ⓢ Dudweiler Ⓓ Dudweiler Nord ✉ 66125 ↔ 347 Meter 🚶 35 Einwohner
⊕ verbindet über Eck Ostbahn und Fischbachstraße Ⓠ DuStr

Rehtälchen – Bedingt durch die Lage im Stadtwald Saarbrücken benannt nach einem typischen, natürlichen Waldbewohner, dem Reh (kleine, mitteleuropäische Hirschart).

Bildet mit Fuchstälchen gegenüber ein sinnhaftes Namenspaar.

Ⓢ St. Johann Ⓓ Universität ✉ 66123 ↔ k.A. 🚶 0 Einwohner
⊕ Seitenweg des Meerwiesertalweges Richtung Kletterpark Ⓠ Lex, Phi

Reichsstraße – Nach dem 1871 entstandenen Deutschen Kaiserreich benannt und damit ein Ergebnis einer sehr von Patriotismus und Nationalismus geprägten Epoche nach dem siegreichen Deutsch-Französischen Krieg. Das Kaiserreich bestand bis 1918 und wurde zuletzt als konstitutionelle Monarchie von Kaiser Wilhelm II regiert.

Ⓤ 1947 - 1956 Teil der Bahnhofstraße

Ⓢ St. Johann Ⓓ Hauptbahnhof ✉ 66111 ↔ 141 Meter 🚶 < 30 Einwohner
⊕ verbindet Am Hauptbahnhof und Bahnhofstraße Ⓠ Lex, LHS

Reiler Treppe – Reil: Ortsgemeinde im Landkreis Bernkastel-Wittlich (Rheinland-Pfalz) an der Mosel, ca. 1.000 Einwohner. Stark durch Weinanbau und Tourismus geprägt.

Teil eines Viertels mit Straßennamen nach Orten des Mosellandes

Die Treppe existiert in Wirklichkeit nicht und ist auch nicht ausgeschildert.

Ⓢ Malstatt Ⓓ Rastpfuhl ✉ 66113 ↔ 100 Meter 🚶 0 Einwohner
⊕ verbindet Beilsteiner Weg und Rußhütter Straße Ⓠ Lex, LHS, Phi

Rembornstraße – Geht auf eine Flurbezeichnung zurück, die sich auf den Römerbach bezieht, der früher Remmesfloss/Remesfloß hieß (seit dem 17. Jahrhundert). „Floß" bedeutet Bach (vgl. „fließen") und „Rem(m) es" könnte auf den Namen des heiligen Remigius bzw. den männlichen Vornamen zurückzuführen sein. „Born" steht für Quelle.

Ⓤ *bis 1910 Wilhelmstraße (nach Kaiser Wilhelm I)*

Ⓢ *Herrensohr* Ⓓ *Herrensohr* ✉ *66125* ↔ *333 Meter* 🚶 *91 Einwohner*
⊕ *Seitenstraße der Alleestraße mit Wegeverbindung zur Marktstraße und Abzweigung zur Johannesstraße* Ⓠ *Dud, DuStr*

Rentrischer Straße – Nach dem St. Ingberter Stadtteil Rentrisch benannt, in dessen Richtung die Straße führt.

Ⓢ *Dudweiler* Ⓓ *Pfaffenkopf* ✉ *66125* ↔ *561 Meter* 🚶 *161 Einwohner*
⊕ *Seitenstraße der Scheidter Straße Richtung Waldrand mit Fortsetzung Richtung Rentrisch* Ⓠ *DuStr*

Rentrischer Straße – Rentrisch: s. o.
Die Straße führt nicht in Richtung des Ortes Rentrisch, sondern ist Teil eines Viertels mit Straßennamen nach Orten der bayerischen Pfalz (heute Saarpfalz und Pfalz).

Ⓤ *bis 1954 Rentrischer Weg*

Ⓢ *St. Johann* Ⓓ *Rotenbühl* ✉ *66123* ↔ *126 Meter* 🚶 *< 30 Einwohner*
⊕ *verbindet Am Kieselhumes und St. Ingberter Straße* Ⓠ *Phi*

Reppersbergstraße – Die Straße führt kurvenreich auf und über den Reppersberg bis zur Notkirche. Der Berg wurde nach der Familie Repper benannt, die als einflussreiches „freies Rittergeschlecht" seit dem 13. Jahrhundert bekannt ist und hier ein Hofgut besaß, das später an die Saarbrücker Grafen ging und im 16. Jahrhundert wahrscheinlich aufgegeben wurde. Johannes Repper siegelte den Freiheitsbrief der Städte St. Johann und Saarbrücken mit (1322).

Ⓢ *Alt-Saarbrücken* Ⓓ *Reppersberg* ✉ *66119* ↔ *900 Meter* 🚶 *139 Einwohner*
⊕ *verbindet Tal- und Spichererbergstraße* Ⓠ *Fuß, Bisch, Witt*

Reppersbergtreppe – Führt auf den Reppersberg, s. o.

Ⓢ *Alt-Saarbrücken* Ⓓ *Schloßplatz* 🖃 *66119* ↔ *83 Meter* 🚹 *0 Einwohner*
verbindet Spichererberg- und Laurettenstraße Ⓠ *Fuß, Bisch, Witt*

Reuterstraße – Oberst von Reuter: nahm als Kommandeur des 2. Brandenburgischen Grenadier-Regimentes Carl von Preußen an der Erstürmung der Spicherer Höhen Anfang August 1870 teil, wurde verwundet und starb später in Saarbrücken.
Teil eines Viertels mit Straßennamen nach militärischen Befehlshabern des Deutsch-Französischen Krieges.

Ⓢ *Alt-Saarbrücken* Ⓓ *Malstatter Straße* 🖃 *66117* ↔ *151 Meter* 🚹 *224 Einwohner*
verbindet Heuduck- und Françoisstraße Ⓠ *Fry, LHS*

Rheinstraße – Rhein: zentraler Strom in Mitteleuropa von strategischer und kultureller Bedeutung. Entspringt in der Schweiz (Graubünden) und mündet nach 1.233 km in den Niederlanden in die Nordsee (mehrere Mündungsarme). Sein größter Flächenanteil liegt in Deutschland. Am Rhein liegen u. a. die Großstädte Basel, Strasbourg, Mannheim, Ludwigshafen, Mainz, Koblenz, Köln, Düsseldorf, Duisburg und Rotterdam. Er ist unterteilt in die Abschnitte Alpen-, Hoch-, Ober-, Mittel-, Nieder- und Deltarhein. Er durchfließt den Bodensee als größten Binnensee Deutschlands.
Teil eines Viertels mit Straßennamen nach deutschen Flüssen.

Ⓢ *Klarenthal* Ⓓ *Klarenthal* 🖃 *66127* ↔ *732 Meter* 🚹 *115 Einwohner*
verbindet Kreisstraße und Pfalzweg ringförmig mit 5 Abzweigungen Ⓠ *Lex, Phi*

Rheinstraße – s. o.
Teil eines Viertels mit Straßennamen nach deutschen Flüssen.

Ⓤ *bis 1947 Deutsche Straße*
Ⓢ *Burbach & Malstatt* Ⓓ *Jenneweg, Rastpfuhl, Leipziger Straße & Ottstraße*
🖃 *66113* ↔ *1519 Meter* 🚹 *603 Einwohner*
verbindet Jenneweg und Hubert-Müller-Straße Ⓠ *Lex*

R

Rhönweg – Rhön: deutsches Mittelgebirge im Grenzgebiet zwischen Hessen, Bayern und Thüringen. Höchste Erhebung: Wasserkuppe (950 m), sog. „Land der weiten Fernen" aufgrund des sanften, hügeligen Reliefs. Teil eines Viertels mit Straßennamen nach deutschen Mittelgebirgen.

Ⓢ Malstatt Ⓓ Rastpfuhl 66113 ↔ 171 Meter 63 Einwohner
Seitenstraße der Eifelstraße mit Wegeverbindung zum Rastpfuhl Ⓠ Lex

Richardstraße – Benannt nach dem ehemals zwischen Richardstraße und In den Kurzen Rödern stehenden Richardschacht. Dieser 282 m tiefe Schacht wurde 1866 angehauen, als Wetterschacht genutzt, 1925 geschlossen und 1948 verfüllt. Er gehörte zur Grube Hirschbach, später zu Jägersfreude. Seinen Namen hat er von Georg Richard Bluhme (14.8.1830-4.12.1875), Direktor der Bergwerksdirektion Saarbrücken von 1865 bis 1866.

Ⓢ Dudweiler Ⓓ Dudweiler Nord 66125 ↔ 159 Meter 52 Einwohner
Seitenstraße von Am Neuhauser Weg Ⓠ Bio, DuStr, Ruth

Richardstraße – Richard Schmidt: Maurermeister, Bauunternehmer und Architekt aus Luisenthal, der u.a. an den beiden Kirchenbauten in Altenkessel und dem Völklinger Alten Rathaus Ende des 19. bis Anfang des 20. Jahrhunderts beteiligt war.

Ⓢ Altenkessel Ⓓ Altenkessel 66126 ↔ 329 Meter 162 Einwohner
verbindet Am kühlen Brünnchen und Burbacher Straße Ⓠ Altk, Int

Richard-Wagner-Straße – Wilhelm Richard Wagner (22.5.1813-13.2.1883): deutscher Komponist, Dramatiker, Schriftsteller, Dichter, Theaterregisseur und Dirigent. Verfasser von weltberühmten Musikdramen der Romantik, Gründer der Bayreuther Festspiele, antisemitische Einstellung. Berühmte Opern u.a. Der fliegende Holländer, Tannhäuser, Lohengrin, Der Ring des Nibelungen.
Teil eines Viertels mit Straßennamen nach berühmten Komponisten.

Ⓢ Dudweiler Ⓓ Dudweiler Süd 66125 ↔ 1409 Meter 620 Einwohner
Seitenstraße der Beethovenstraße mit 14 Abzweigungen und weiteren Wegeverbindungen u.a. zur Lortzingstraße Ⓠ Lex

Richard-Wagner-Straße – s. o.

Teil eines Viertels mit Straßennamen nach berühmten Komponisten.

Ⓢ *St. Johann* Ⓓ *Hauptbahnhof & Nauwieser Viertel* *66111*
↔ *676 Meter* *709 Einwohner*
verbindet Ursulinen- und Martin-Luther-Straße Ⓠ *Lex*

Richard-Wagner-Weg – s. o.

Bildet mit Joseph-Haydn-Weg ein sinnhaftes Namenspaar.

Ⓢ *Brebach-Fechingen* Ⓓ *Neufechingen* *66130* ↔ *470 Meter* *65 Einwohner*
Seitenstraße von In der Wiedheck mit fünf Abzweigungen Ⓠ *Lex*

Eher Gedenkstein, denn Straßenschild am Eingang zum Innenhof der Stadtgalerie.

R

Richard-Wenzel-Platz – Richard Wenzel (21.9.1889 - 26.4.1934): deutscher Maler, 1922 Gründungspräsident des Bundes bildender Künstler an der Saar. Ab 1911 verschiedene Ausstellungen in Saarbrücken. Hier besteht ein Bezug zum Innenhof der heutigen Stadtgalerie, zuvor Saarland-Museum.

Ⓤ *1927 - 1951 Marktpassage, 1951 - 1954 Richard-Wenzel-Weg*
Ⓢ *St. Johann* Ⓓ *St. Johanner Markt* *66111* ↔ *69 Meter* *0 Einwohner*
verbindet St. Johanner Markt und Kath.-Kirch-Straße, Innenhof der Stadtgalerie Ⓠ *Bio, Schar*

Richtweg – Ein „richt" verlaufender Weg verläuft „gerade", wie diesem Falle den Berg hinauf ohne Kurven und Serpentinen. Ob die Namensgebung etwas mit seiner Erschließungs- oder Verbindungfunktion z. B. zwischen der Kaserne in der Moltkestraße und dem Proviantamt in der Malstatter Straße zu tun hat, bleibt unklar.

Ⓢ *Alt-Saarbrücken* Ⓓ *Bellevue* *66117* ↔ *174 Meter* *86 Einwohner*
Seitenstraße der Gersweilerstraße mit Wegeverbindung zur Moltkestraße Ⓠ *Fry, LHS, Phi*

Riegelsberger Straße – Die Straße liegt nur einige Kilometer weit von der Gemeinde bzw. dem Ort Riegelsberg im Köllertal (s. u.) entfernt. Die Straße kann auch Teil einer historischen Wegeverbindung nach Riegelsberg gewesen sein.

Ⓢ *Dudweiler* Ⓓ *Dudweiler Nord* *66125* ↔ *148 Meter* *< 30 Einwohner*
Seitenstraße von Am Neuhauser Weg Ⓠ *Lex, DuStr, Phi*

Riegelsberger Straße – Riegelsberg: Gemeinde im Köllertal (Saarland), ca. 14.700 Einwohner. Die heutige Gemeinde entstand 1939 durch Zusammenlegung der Orte Güchenbach, Pflugscheid, Buchschachen, Hilschbach und Überhofen. Sie war und ist durch den Bergbau und die Landwirtschaft gepägt. Heute v. a. Wohnort.
Teil eines Viertels mit Straßennamen nach Orten des Köllertals.

Ⓢ *Malstatt* Ⓓ *Jenneweg* *66113* ↔ *725 Meter* *751 Einwohner*
verbindet Trifels- und Alte Lebacher Straße Ⓠ *Fry, Lex*

Riesenstraße – Die Straße wurde nach der dort ansässigen Familie Ries benannt, einer wohlhabenden Bäckerfamilie. Adolf Ries war Bauherr mehrerer Gebäude in der Straße, u. a. eines Gasthauses und Kinos. Zufällig entsteht mit der Zwergstraße ein sinn- und scherzhaftes Namenspaar: Man könnte meinen, die Riesenstraße sei „riesig" = lang und die Zwergstraße „ein Zwerg" = kurz, was zwar zutrifft aber die falsche Erklärung darstellt.

Ⓢ *Brebach-Fechingen* Ⓓ *Brebach & Neufechingen* *66130*
↔ *464 Meter* *220 Einwohner*
verbindet Saargemünder und Saarbrücker Straße Ⓠ *Hahn, HSe, Phi*

Ring am Gottwill – Ringförmiger Straßenverlauf, zur Flurbezeichnung siehe Am Gottwill.

Ⓢ Alt-Saarbrücken Ⓓ Bellevue 66117 ↔ 727 Meter 282 Einwohner
zweigt an zwei Stellen ringförmig von Am Gottwill ab Ⓠ Bau

Ringstraße – Bildet durch ihren halbkreisförmigen Verlauf mit der Alleestraße, dem Ostschacht und der Pestalozzistraße einen Ring.

Ⓢ Altenkessel Ⓓ Rockershausen 66126 ↔ 453 Meter 125 Einwohner
verbindet Allee- und Pestalozzistraße Ⓠ Phi

Ringstraße – Der Straßenverlauf beschreibt in etwa einen hangparallelen Halbkreis, der in der Namensgebung zum Ring „komplettiert" wird.

Ⓢ Brebach-Fechingen Ⓓ Fechingen 66130 ↔ 781 Meter 189 Einwohner
verbindet Hohlweg und Flughafenstraße Ⓠ Phi

Ringstraße – Beschreibt einen Halbkreis, bildet mit der Kreisstraße einen Ring.

Ⓢ Gersweiler Ⓓ Ottenhausen 66128 ↔ 413 Meter 83 Einwohner
zweigt an zwei Stellen von der Kreisstraße ab (Siedlung Stangenmühle) Ⓠ Phi

Ringstraße – Bildet mit Am Hang und Pfaffenkopfstraße einen Ring.

Ⓢ Dudweiler Ⓓ Pfaffenkopf 66125 ↔ 373 Meter 90 Einwohner
verbindet U-förmig Pfaffenkopfstraße und Am Hang Ⓠ DuStr, Phi

Riottestraße – Ferdinand Georg Riotte (23.1.1812 - 1.5.1898): Justizrat und Kommunalpolitiker. Engagierte sich ab 1838 kommunalpolitisch in St. Johann, u.a. Erster Beigeordneter und Mitbegründer des Historischen Vereins für die Saargegend. 1897 Ehrenbürger von St. Johann.

Ⓢ St. Johann Ⓓ Rotenbühl 66123 ↔ 151 Meter 49 Einwohner
verbindet Gustav-Bruch-Straße/Ilseplatz und Scheidter Straße Ⓠ Bio, LHS

Ritterweg – Der auch als Reutersweg oder Reutnersweg bezeichnete Weg entspricht einem alten Wegeverlauf aus römischer Zeit und wurde im Mittelalter als Zugangsweg der Wadgasser Mönche zu ihrer Propstei in Ensheim (siehe Im Hofgarten) benutzt. Der Namensursprung bleibt unklar.

Ⓤ 1724 Marktweg

Ⓢ Brebach-Fechingen Ⓓ Fechingen 66130 ↔ 131 Meter < 30 Einwohner
Seitenstraße der Schulstraße Ⓠ BbFch

Robert-Blum-Straße – Robert Blum (10.11.1807 - 9.11.1848): deutscher Politiker, Publizist, Verleger und Dichter. Mitglied der Frankfurter Nationalversammlung, nahm am Oktoberaufstand 1848 in Wien teil und wurde nach dessen Niederschlagung standrechtlich erschossen.
Teil eines Viertels mit Namen freiheitlicher Politiker des 19. Jahrhunderts und der Revolution von 1848.

Ⓤ *bis 1947 Keffenbrinkstraße (Offizier, 1809 standrechtlich erschossen), dann kurzzeitig Stresemannstraße*

Ⓢ *Malstatt* Ⓓ *Leipziger Straße* *66113* ↔ *347 Meter* *171 Einwohner*
verbindet Wirth- und Parallelstraße Ⓠ *Adr, LHS, Stpl*

Robert-Bosch-Straße – August Robert Bosch (23.9.1861 - 12.3.1942): deutscher Industrieller, Ingenieur und Erfinder. 1886 Eröffnung der Werkstätte für Feinmechanik und Elektrotechnik als Grundstein der Robert-Bosch GmbH in Stuttgart. Heute weltweit bedeutender Automobilzulieferer und Elektrowerkzeughersteller mit rund 400.000 Mitarbeitern.

Ⓢ *Alt-Saarbrücken* Ⓓ *Glockenwald* *66117* ↔ *94 Meter* *0 Einwohner*
Seitenstraße der Untertürkheimer Straße, kurze Zufahrt zum ZF-Betriebsgelände Ⓠ *Lex*

Robert-Koch-Straße – Heinrich Hermann Robert Koch (11.12.1843 - 27.5.1910): deutscher Mediziner, Mikrobiologe und Hygieniker. Neben Pasteur Begründer der modernen Bakteriologie und Mikrobiologie. Pionier der Tropenmedizin in Deutschland, Nobelpreisträger.

Ⓢ *Dudweiler* Ⓓ *Dudweiler Süd* *66125* ↔ *675 Meter* *274 Einwohner*
Seitenstraße des Hofweges Ⓠ *Lex*

Robert-Koch-Straße – s. o.
Bildet mit Otto-Hahn-Straße ein sinnhaftes Namenspaar.

Ⓢ *Bischmisheim* Ⓓ *Bischmisheim* *66132* ↔ *106 Meter* *< 30 Einwohner*
verbindet Hoch- und Albert-Schweitzer-Straße Ⓠ *Lex*

Robert-Koch-Straße – s. o.

Teil eines Viertels mit Straßennamen nach berühmten Medizinern (Schenkelberg: Standort der ehemaligen Klinik Rotes Kreuz und des ehemaligen Heilig-Geist-Krankenhauses).

Ⓢ *St. Arnual* Ⓓ *Winterberg* ✉ *66119* ↔ *854 Meter* 🚶 *136 Einwohner*
⊕ *verbindet Schenkelbergstraße und Hans-Dietlen-Weg (Waldweg)* Ⓠ *Lex*

Rockershauser Straße – Die Straße würde in ihrem Verlauf westwärts weiter in den Nachbarort Rockershausen führen.

Ⓢ *Burbach* Ⓓ *Füllengarten* ✉ *66115* ↔ *66 Meter* 🚶 *< 30 Einwohner*
⊕ *verbindet Im Füllengarten und Füllengartenweg* Ⓠ *Phi*

Rodenhofbrücke – Die Brücke verbindet das neu entstandene Quartier Eurobahnhof mit dem Rodenhof, der nach dem 1763 druch Fürst Wilhelm Heinrich angelegten Hofgut benannt ist, das auf einer Rodungsfläche stand.

Ⓢ *St. Johann* Ⓓ *Hauptbahnhof* ✉ *66111* ↔ *k.A.* 🚶 *0 Einwohner*
⊕ *verbindet Europaallee und Grülingsstraße* Ⓠ *Bau, Phi*

Rodenhoferdell – Die Straße verläuft entlang eines tiefen Einschnitts („Delle") unweit des (Alt-)Saarbrücker Rodenhofes, der nicht mit dem neuen Rodenhof an der Grülingsstraße verwechselt werden darf. Der alte Rodenhof war ein gräflicher bzw. fürstlicher Hof (auch Grafenhof oder Rothenhof) mit Landwirtschaft am Hang südlich des Saarbrücker Schlosses. Er befand sich auf gerodetem Gelände. Siehe auch Am Grafenhof.

Ⓢ *Alt-Saarbrücken* Ⓓ *Reppersberg* ✉ *66119* ↔ *390 Meter* 🚶 *49 Einwohner*
⊕ *verbindet Spichererberg-und Nußbergstraße* Ⓠ *Bau, Witt*

Römerbergstraße – Die Benennung geht auf eine alte Flurbezeichnung zurück, die auf römische Funde und/oder römische Wegeverbindungen hinweist.

Ⓢ *Brebach-Fechingen* Ⓓ *Fechingen* ✉ *66130* ↔ *877 Meter* 🚶 *58 Einwohner*
⊕ *Seitenstraße der Bliesransbacher Straße mit zwei Abzweigungen* Ⓠ *BbFch, Phi*

Römerstadt – Bezieht sich auf den Standort der ehemaligen römischen Siedlung „vicus saravus" (1.-4. Jahrhundert), die sich hier befand. Einige Fundamente des Kastells weiter südwestlich kann man am Ende der Straße An der Römerbrücke sehen. Von ihr aus ging eine römische Handelsstraße (Metz - Worms) in fast identischer Straßenlage zur Römerstadt mit weiterer römischer Bebauung nach Nordosten.

Ⓢ St. Johann Ⓓ Kaninchenberg 66121 ↔ 233 Meter < 30 Einwohner
verbindet Mainzer und Brebacher Landstraße Ⓠ LHS, Schi1

Römerstraße – Der Straßenverlauf entspricht einem kleinen Teilstück der oben erwähnten römischen Handelsstraße Metz - Worms.

Ⓢ Alt-Saarbrücken Ⓓ Glockenwald 66117 ↔ 164 Meter < 30 Einwohner
Seitenstraße der Metzer Straße Ⓠ LHS

Römerstraße – Die Straße verläuft parallel zum Römerbach bzw. Römerfloß. Beide Benennungen erinnern an einstige römische Besiedlung im Sulzbachtal, zum einen die alte römische Straßenverbindung auf der Höhe (siehe Grülingshöhe), aber auch zahlreiche Funde von Besiedlung im Dudweiler Raum.

Ⓢ Herrensohr Ⓓ Herrensohr 66125 ↔ 413 Meter 106 Einwohner
verbindet Allee- und Jägerstraße Ⓠ DuStr

Röntgenstraße – Wilhelm Conrad von Röntgen (27.3.1845 - 10.2. 1923): deutscher Physiker. Entdeckte die nach ihm benannte Röngenstrahlung und erhielt 1901 den ersten Nobelpreis für Physik. Forschte insbesondere zum Thema Radioaktivität.
Teil eines Viertels mit Straßennamen nach deutschen Industriellen, Entdeckern und Erfindern.

Ⓢ St. Johann Ⓓ Am Homburg 66123 ↔ 223 Meter 61 Einwohner
verbindet Am Homburg und Guerickestraße Ⓠ Lex, LHS

Roonstraße – Albrecht Theodor Emil Graf von Roon (30.4.1803-23.2.1879): preußischer Militär, Geograph, Generalfeldmarschall und Politiker. War während des Deutsch-Französischen Krieges im August 1870 auch in Saarbrücken. 1873 preußischer Ministerpräsident.
Teil eines Viertels mit Straßennamen nach militärischen Befehlshabern des Deutsch-Französischen Krieges.

Ⓤ *bis ca. 1900 auch Malstatter Weg*
Ⓢ *Alt-Saarbrücken* Ⓓ *Schloßplatz & Malstatter Straße* ✉ *66117*
↔ *189 Meter* 🚶 *0 Einwohner*
⊕ *verbindet Westspange und Heuduckstraße* Ⓠ *Kloe, Lex, LHS*

Rosenstraße – Rose: namensgebende Pflanzengattung der Familie der Rosengewächse mit 100 bis 250 Arten. Typisch für die strauchartigen Pflanzen sind die Stacheln und Hagebutten. Die Rose wird seit über 2000 Jahren als „Königin der Blumen" aufgrund ihres Duftes und ihrer Farben auch gezüchtet.
Teil eines Viertels mit Straßennamen mit pflanzlichem Bezug.

Ⓢ *Bübingen* Ⓓ *Bübingen* ✉ *66129* ↔ *104 Meter* 🚶 *32 Einwohner*
⊕ *Seitenstraße der Rebenstraße mit Wegeverbindung zur Saargemünder Straße* Ⓠ *Lex*

Rosenstraße – s. o.

Ⓢ *Brebach-Fechingen* Ⓓ *Neufechingen* ✉ *66130* ↔ *470 Meter* 🚶 *88 Einwohner*
⊕ *verbindet Im Anger und Brückwiesstraße mit 2 Abzweigungen zur Saarbrücker Straße*
Ⓠ *Lex*

Rosenstraße – Zwar ist hier wie in den anderen acht Benennungsfällen die Rose als Blume namensgebend, allerdings dürfte sie hier als heraldisches (= Wappen-) Element gemeint sein. Denn in Wappen steht sie als Symbolpflanze u. a. für die Liebe und in der christlichen Ikonographie für die Muttergottes, so auch im Wappen der früher eigenständigen Stadt St. Johann (seit 1462), heute Teil des Saarbrücker Stadtwappens. Entsprechend auffällig ist hier die fehlende Gruppierung mit anderen Straßennamen nach Blumenarten.

Ⓢ *St. Johann* Ⓓ *St. Johanner Markt* ✉ *66111* ↔ *280 Meter* 🚶 *474 Einwohner*
⊕ *verbindet Großherzog-Friedrich- und Bismarckstraße* Ⓠ *Lex, Phi*

Rosenstraße – siehe Rosenstraße (Bübingen)

Bildet mit der Blumenstraße ein sinnhaftes Namenspaar.

Ⓢ *Altenkessel* Ⓓ *Altenkessel* ✉ *66126* ↔ *251 Meter* 🚹 *67 Einwohner*
⊕ *Seitenstraße der Alleestraße* Ⓠ *Lex*

Rosenstraße – s. o.

Teil eines Viertels mit Straßennamen nach Bäumen und Blumen.

Ⓢ *Gersweiler* Ⓓ *Neu-Aschbach* ✉ *66128* ↔ *429 Meter* 🚹 *109 Einwohner*
⊕ *verbindet Am Aschbacherhof und Wiesenstraße* Ⓠ *Lex*

Rosenstraße – s. o.

Da hier weder eine Gruppierung mit anderen Pflanzennamen, noch ein entsprechender Flurname vorliegt, könnte die Namensgebung einen christlichen Bezug haben (Petrus und Johannes in der Nachbarschaft) oder „einfach so" entstanden sein.

Ⓢ *Herrensohr* Ⓓ *Herrensohr* ✉ *66125* ↔ *413 Meter* 🚹 *137 Einwohner*
⊕ *verbindet Römer- und Marktstraße mit Abzweigung zur Friedrichstraße* Ⓠ *DuStr, Lex, Phi*

Rosenweg – s. o.

Ⓢ *Schafbrücke* Ⓓ *Schafbrücke* ✉ *66121* ↔ *81 Meter* 🚹 *< 30 Einwohner*
⊕ *verläuft innerhalb von Am Stahlhammer, teilweise als Fußweg* Ⓠ *Lex*

Rosenweg – s. o.

Teil eines Viertels mit Straßennamen nach Blumen.

Ⓢ *Ensheim* Ⓓ *Ensheim* ✉ *66131* ↔ *48 Meter* 🚹 *< 30 Einwohner*
⊕ *Seitenstraße des Marktweges* Ⓠ *Lex*

Rosenweg – s. o.

Bildet mit Nelkenweg ein sinnhaftes Namenspaar.

Ⓢ *Scheidt* Ⓓ *Scheidterberg* ✉ *66133* ↔ *71 Meter* 🚹 *< 30 Einwohner*
⊕ *Seitenstraße der Beerenfeldstraße* Ⓠ *Lex*

Rosseler Straße – Die Straße, die als Weg weiter nach Südwesten verläuft, führt Richtung Rosseltal und damit der Ortschaften Petite Rosselle und Großrosseln.

Ⓢ *Klarenthal* Ⓓ *Krughütte* ✉ *66127* ↔ *145 Meter* 🚹 *43 Einwohner*
⊕ *Seitenstraße der Gersweilerstraße* Ⓠ *Phi*

Rosseler Weg – Die Flurbezeichnung dieses früher als Viehtrieb benutzten Weges ist seit dem 17. Jahrhundert überliefert und geht wohl auf das althochdeutsche Wort „ruza/ruzza" bzw. mittelhochdeutsch „rutsche/rosche" zurück, was so viel wie „Steinrausch, Steinrutsche", also ein mit Steinen bedeckter Hang oder eine Steinplatte bedeutet. Eventuell ist eine breite Sandsteinplatte, auf der später gebaut wurde, namensgebend.

Ⓢ *Güdingen* Ⓓ *Alt-Güdingen* *66130* ↔ *733 Meter* *65 Einwohner*
Seitenstraße der Fechinger Straße Ⓠ *Güd*

Rostocker Straße – Rostock: größte Stadt des Bundeslandes Mecklenburg-Vorpommern, ca. 207.500 Einwohner. Hansestadt, Universitäts- und Hafenstadt an der Ostsee (Hafen Warnemünde u. a. mit bedeutender Maritimwirtschaft und Tourismus).

Teil eines Viertels mit Namen nach mittel- und ehemaligen ostdeutschen Städten und Gebieten, die nach dem Zweiten Weltkrieg Teile Polens, der Sowjetunion oder der ehemaligen DDR wurden.

Ⓢ *Eschberg* Ⓓ *Eschberg* *66121* ↔ *399 Meter* *202 Einwohner*
verbindet Magdeburger Straße und Ilmpfad Ⓠ *Lex*

Rotenbergstraße – Der Rotenberg ist der Sporn des Rotenbühls Richtung St. Johann. Was die Namensgebung aus alten Flubezeichnungen angeht („Roder Berg, rother berg"), werden für Rotenbühl und Rotenberg unterschiedliche Ansätze genannt: Der Rotenberg soll sich auf das Wort „Rodung" beziehen, also „gerodete Fläche" (vergleiche mit „In den Rodhecken" und „In den kurzen Rödern").

Ⓢ *St. Johann* Ⓓ *Nauwieser Viertel* *66111* ↔ *389 Meter* *410 Einwohner*
verbindet Landwehrplatz und Rotenbergtreppe Ⓠ *Bau*

Rotenbergtreppe – Die Treppenanlage führt auf den Rotenberg, s. o.

Ⓢ *St. Johann* Ⓓ *Nauwieser Viertel* *66111* ↔ *18 Meter* *0 Einwohner*
verbindet Rotenberg- und Schumannstraße Ⓠ *Bau*

R

Rotenbühler Park – Die erst kürzlich entstandene Siedlung steht auf dem Parkgelände der ehemaligen Villa Neufang des Brauereibesitzers Oskar Friedrich Neufang, 1930 erbaut und 2007 abgerissen. Zum Flurnamen Rotenbühl siehe Rotenbühlerweg.

Ⓢ *St. Johann* Ⓓ *Rotenbühl* *66123* ↔ *k.A.* *< 30 Einwohner*
Seitenstraße des Rotenbühlerweges Ⓠ *Phi*

Rotenbühlerweg – Der Weg führt den oberen Rotenbühl hinauf. Dieser Flurname, der seit dem frühen 17. Jahrhundert überliefert ist („am Rodenbühel, raden büel, Rothenbiel") leitet sich von der roten Farbe des Bodens bzw. Gesteins, des durch Eisenoxide rot gefärbten Buntsandsteins ab. Der Begriff „Bühl" bedeutet „Hügel, Erhebung".

Ⓢ *St. Johann* Ⓓ *Rotenbühl* *66123* ↔ *717 Meter* *293 Einwohner*
Seitenstraße des Neugrabenweges/Waldhausweges Ⓠ *Bau, Lagis, LHS, PfWB*

Rotenbühltreppe – Die Treppe führt zum Rotenbühlerweg, s. o.

Ⓢ *St. Johann* Ⓓ *Rotenbühl* *66123* ↔ *99 Meter* *0 Einwohner*
verbindet Scheidter Straße und Rotenbühlerweg Ⓠ *Bau, Lagis, LHS, PfWB*

Rotenhofstraße – Namensgebend soll die Richtung der Straße zum Saarbrücker Stadtteil Rodenhof sein. Irritierend ist dabei die Schreibweise mit „t", die wohl auf eine ältere Namensgebung zurückgeht und nicht angepasst wurde.

Ⓢ *Herrensohr* Ⓓ *Herrensohr* *66125* ↔ *107 Meter* *32 Einwohner*
Seitenstraße der Jägerstraße Ⓠ *DuStr*

Rotenhofstraße – Wie die namensgleiche Straße in Herrensohr führte diese Straße in ihrer Fortsetzung nach Norden zum Rodenhof und überliefert eine veraltete Schreibweise mit „t".

Ⓢ *St. Johann* Ⓓ *Hauptbahnhof* *66111* ↔ *134 Meter* *< 30 Einwohner*
verbindet Bahnhof- und Sulzbachstraße Ⓠ *LHS*

Rubensstraße – Peter Paul Rubens (28.6.1577-30.5.1640): Maler und Diplomat flämischer Herkunft. Als bekannter Barockmaler (ca. 1.500 Werke) wurde er insbesondere für seine religiösen Darstellungen und Portraits bekannt. Auf seine Werke geht die Bezeichnung Rubensfrau für eine füllige Dame zurück.

Teil eines Viertels mit Straßennamen nach bekannten Malern.

Ⓤ *bis 1947 Artilleriestraße (nach ehem. dortiger Artilleriekaserne)*

Ⓢ *St. Arnual* Ⓓ *Wackenberg* ✉ *66119* ↔ *847 Meter* 🚶 *838 Einwohner*
⊕ *verbindet Julius-Kiefer- und Siegbertstraße* Ⓠ *Lex, LHS*

Rückertstraße – Friedrich Johann Michael Rückert (16.5.1788-31.1.1866): deutscher Dichter, Sprachgelehrter und Übersetzer. Ab 1826 auch Professor für orientalische Sprachen und Literatur, beschäftigte sich wissenschaftlich, übersetzend oder lehrend mit 44 Sprachen.

Teil eines Viertels mit Straßennamen nach deutschen Schriftstellern (St. Johanner Staden).

Ⓢ *St. Johann* Ⓓ *Am Staden* ✉ *66121* ↔ *175 Meter* 🚶 *41 Einwohner*
⊕ *verbindet Obere Lauerfahrt und Bismarckstraße* Ⓠ *Lex, LHS*

Rudolf-Wilhelm-Straße – Rudolf Wilhelm (2.8.1893-31.5.1959): deutscher Mediziner und Hochullehrer, in Ensheim geboren. Ab 1945 im Landeskrankenhaus Homburg tätig und dort erster ärztlicher Direktor des 1947 gegründeten Universitätsklinikums bis zu seinem Tode.

Ⓢ *Ensheim* Ⓓ *Ensheim* ✉ *66131* ↔ *k.A.* 🚶 *158 Einwohner*
⊕ *Seitenstraße der Bischof-Baltes-Straße* Ⓠ *Bio*

R

Rue de la Tuilerie – Tuilerie (französisch) = Ziegelei, wovon es in der Umgebung mehrere gab (siehe An den Ziegelhütten). Die Straße verläuft unmittelbar an der deutsch-französischen Grenze in Schoeneck. Hier steht ein Haus auf deutschem Territorium, das nur über diese Straße erreichbar ist.

Ⓢ *Gersweiler* Ⓓ *Gersweiler Mitte* ✉ *66128* ↔ *170 Meter* 🚶 *0 Einwohner*
⊕ *verbindet Rue de la Ferme und Rue Victor Hugo* Ⓠ *Phi*

Rue Pasteur – Die nach dem französischen Naturwissenschaftler Louis Pasteur (siehe Pasteurpromenade) benannte Straße verläuft unmittelbar an der deutsch-französischen Grenze in Schoeneck. Nördlich der Straße liegen wenige deutsche Anwesen, die nur über diese Straße zu erreichen sind.

Ⓢ *Gersweiler* Ⓓ *Gersweiler Mitte* ✉ *66128* ↔ *845 Meter* 🚶 *< 30 Einwohner*
⊕ *verbindet Rue Raspiller und Rue de la Glaisière* Ⓠ *Phi*

Rußhütter Straße – Die Straße führt in Richtung des Stadtteils Rußhütte, der nach der 1748 unter Fürst Wilhelm Heinrich gegründeten und 1757 privatisierten Rußfabrik benannt ist. Dort wurden u. a. Druckerschwärze, blaue Farbe, später auch Pech, Harz, Öl und Wagenschmiere hergestellt, was mit einer starken gesundheitlichen Beeinträchtigung der Anwohner einherging, Um 1870 soll die Fabrik endgültig stillgelegt worden sein.

Ⓢ *Malstatt* Ⓓ *Rastpfuhl & Rußhütte* ✉ *66113* ↔ *1036 Meter* 🚶 *211 Einwohner*
⊕ *verbindet Rastpfuhl/Lebacher Landstraße und Am Hof* Ⓠ *Lex, LHS, Phi*

Rußhütter Straße – s. o.

Ⓢ *Herrensohr* Ⓓ *Herrensohr* ✉ *66125* ↔ *145 Meter* 🚶 *46 Einwohner*
⊕ *Seitenstraße der Thullenhausstraße* Ⓠ *DuStr, LHS, Phi*

Saalepfad – Saale: mitteldeutscher Fluss, der in Oberfranken entspringt und in Sachsen-Anhalt nach 413 km in die Elbe mündet. Wichtige Städte u. a. Hof, Naumburg, Halle.

Teil eines Viertels mit Namen nach mittel- und ehemaligen ostdeutschen Städten und Gebieten, die nach dem Zweiten Weltkrieg Teile Polens, der Sowjetunion oder der ehemaligen DDR wurden. Bildet insbesondere mit Spree- und Ilmpfad eine sinnhafte Gruppierung.

Ⓢ *Eschberg* Ⓓ *Eschberg* ✉ *66121* ↔ *242 Meter* 🚶 *0 Einwohner*
⊕ *verbindet Spreepfad und Königsberger Straße* Ⓠ *Lex, LHS*

Saaralber Straße – Saaralben (frz. Sarralbe): französische Kleinstadt im Département Moselle, Région Grand-Est, ca. 4.500 Einwohner, an der Mündung der Albe in die Saar. Neogotische Kirche und chemische Industrie (Fa. Solvay).
Bildet mir Saarwerder Straße ein sinnhaftes Namenspaar.

Ⓢ *St. Arnual* Ⓓ *Wackenberg* 📪 *66119* ↔ *83 Meter* 🚶 *123 Einwohner*
✣ *verbindet Rubens- und Sigebertstraße* Ⓠ *Lex, LHS*

Saarbrücker Straße – Die Straße führt in Richtung der Landeshauptstadt Saarbrücken.

Ⓤ *vor 1935 Provinzialstraße, 1935 - 1945 Adolf-Hitler-Straße*
Ⓢ *Brebach-Fechingen* Ⓓ *Brebach & Neufechingen* 📪 *66130*
↔ *2788 Meter* 🚶 *920 Einwohner*
✣ *verbindet Brebacher Landstraße und Provinzialstraße, Haupterschließung Brebachs*
Ⓠ *Hahn, Phi*

Saarbrücker Straße – Die Straße führt in Richtung der Landeshauptstadt Saarbrücken.

Ⓤ *ab dem 18. Jh. Neue Chaussee, 19. Jh. auch Hauptstraße, um 1900 Provinzialstraße, dann Sbr.Straße, nur 1935 - 1945 Adolf-Hitler-Straße*
Ⓢ *Dudweiler* Ⓓ *Wilhelmshöhe-Fröhn, Dudweiler Süd & Mitte* 📪 *66125*
↔ *1735 Meter* 🚶 *1023 Einwohner*
✣ *zweigt an zwei Stellen von der Sulzbachtalstraße ab, Erschließung Ortskern Dudweiler*
Ⓠ *Are, DuStr*

Saarburger Straße – Saarburg: Stadt im Landkreis Trier-Saarburg, Rheinland-Pfalz, ca. 7.300 Einwohner. Die Stadt mit dem historischen, pittoresken Stadtkern ist von Weinanbau und Tourismus geprägt.
Teil eines Viertels mit Straßennamen von Städten des Saar- und Moseltals.

Ⓢ *Burbach* Ⓓ *Hochstraße* 📪 *66115* ↔ *130 Meter* 🚶 *< 30 Einwohner*
✣ *verbindet Aachener und Mettlacher Straße* Ⓠ *Lex, LHS*

Saargemünder Straße – Die Straße führt in Richtung Saargemünd (frz. Sarreguemines), Grenzstadt an der Mündung der Blies in die Saar im Département Moselle, Région Grand-Est, ca. 21.200 Einwohner. Bekannt u.a. durch Keramikproduktion bzw. ehem. Steingutfabrik.

Ⓢ *Brebach-Fechingen & Güdingen* Ⓓ *Neufechingen & Alt-Güdingen* 📪 *66130*
↔ *2529 Meter* 🚶 *627 Einwohner*
⊕ *verbindet Saarbrücker Straße (Brebach) und Brückenstraße* Ⓠ *Lex, LHS, Phi*

Saargemünder Straße – s.o.

Ⓤ *alte Bezeichnung Landstraße*
Ⓢ *Bübingen* Ⓓ *Bübingen* 📪 *66129* ↔ *1844 Meter* 🚶 *516 Einwohner*
⊕ *verbindet Im Rosengarten bis zur Landstraße an der Gemeindegrenze Kleinblittersdorf.*
Ⓠ *Lauf, Lex, LHS, Phi*

Saargemünder Straße – s.o.

Ⓤ *1940–1945 Dr.-Todt-Straße (Bauingenieur zur NS-Zeit)*
Ⓢ *St. Arnual* Ⓓ *Winterberg & Wackenberg* 📪 *66119*
↔ *2421 Meter* 🚶 *1126 Einwohner*
⊕ *verbindet Feldmann-/Präsident-Baltz- und Großblittersdorfer Straße*
Ⓠ *Cen, Lex, LHS, Phi, SU1*

Saar-Lor-Lux-Straße – Nach der europäischen Großregion benannt, die das Saarland, Lothringen (seit 2016 Teil der Région Grand-Est) und das Großherzogtum Luxembourg umfasst. Hinzu kommen die Wallonie und das Bundesland Rheinland-Pfalz. Da der Großregion wirtschaftliche Bedeutung zukommt, wurde am neu erschlossenen Wirtschaftsstandort aw-Hallen 2002 diese Namensgebung gewählt.

Ⓢ *Burbach* Ⓓ *Füllengarten* 📪 *66115* ↔ *910 Meter* 🚶 *0 Einwohner*
⊕ *verbindet Jakobshütter Weg und Matzenberg (aw-Hallen)* Ⓠ *Lex, Phi*

Saarstraße – Saar: längster Nebenfluss der Mosel, entspringt am Donon (Vogesen) und fließt über 235 km bis nach Konz. Namensgeber vieler Orte und des Saarlandes. Der seit mindestens dem 4. Jahrhundert überlieferte Name „Saar" geht auf indogermanisch „ser/sor" zurück = laufen, fließen, strömen.

Teil eines Viertels mit Straßennamen nach deutschen Flüssen.

Ⓢ *Klarenthal* Ⓓ *Klarenthal* 66127 ↔ *246 Meter* *89 Einwohner*
Seitenstraße der Kreisstraße Ⓠ *Bau, Spa*

Saarstraße – Die Straße führt zur Saar (s. o.) und endete bis 1810 am Saartor bzw. Brückentor.

Ⓤ *frühere Bezeichnung Brückengasse*

Ⓢ *St. Johann* Ⓓ *St.Johanner Markt* 66111 ↔ *91 Meter* *56 Einwohner*
verbindet St. Johanner Markt und Am Stadtgraben/Schillerplatz Ⓠ *Bau, Joch, Phi, Spa*

Saarstraße – Die Straße führt zur und entlang der Saar, s. o.

Ⓢ *Güdingen* Ⓓ *Schönbach* 66130 ↔ *487 Meter* *81 Einwohner*
Seitenstraße der Friedrich-Ebert-Straße, Teil des Leinpfades bis zur Schleuse Ⓠ *Bau, Spa*

Saaruferstraße – Die Straße führt am südlichen Ufer der Saar entlang. Mit dem Bau der Autobahn Anfang der 1960er Jahre wurden Teile des früheren Straßenverlaufs zur Autobahnfläche. In zwei nicht zusammenhängenden Teilabschnitten ist die Straße noch „übrig geblieben".

Ⓤ *bis 1935 Abschnitt östl. Luisenbrücke: Luisenstraße, westl. Luisenbrücke: Kanalstraße, 1935 - 1945 Langemarckstraße (belgischer Ort, 1914 Schauplatz eines dt. Angriffs)*

Ⓢ *Alt-Saarbrücken* Ⓓ *Schloßplatz & Malstatter Straße* 66117
↔ *390 + 359 Meter* *262 Einwohner*
Zwei Abschnitte: Gutenbergstraße und A620/AS Luisenbrücke verbindend und als Seitenstraße des Deutschmühlentals Ⓠ *Adr, Phi, Stpl, SU1*

Saaruferstraße – Die Straße führt am südlichen Ufer der Saar entlang. Vor dem Bau der Autobahn bildete sie mit der Saaruferstraße in Alt-Saarbrücken einen durchgängigen Straßenverlauf.

Ⓢ *Gersweiler* Ⓓ *Ottenhausen* 66128 ↔ *1261 Meter* *< 30 Einwohner*
verbindet A620/AS Klarenthal und Kokerei-/Saarbrücker Straße (Völklingen) Ⓠ *Phi, Stpl*

S

Saarwerder Straße – Saarwerden (frz. Sarrewerden): französische Gemeinde im Département Bas-Rhin (Elsass, Région Grand-Est), ca. 860 Einwohner. Die nach der bei dem Ort gelegenen Burg benannte ehemalige Grafschaft Saarwerden ist seit dem 12. Jahrhundert bekannt und kam 1527 zur Grafschaft Nassau-Saarbrücken. Aus ihr entwickelte sich das heutige „Krumme Elsass".

Ⓢ *St. Arnual* Ⓓ *Wackenberg* *66119* ↔ *226 Meter* *237 Einwohner*
verbindet Adalbert- und Siegbertstraße Ⓠ *Lex, LHS*

Sachsenweg – Nach dem ursrpünglich westgermanischen Völkerverband der Sachsen benannt, die seit dem 3. Jahrhundert nachgewiesen sind. Heutiges Bundesland Freistaat Sachsen.

Teil eines in den 50er Jahren als Neubaugebiet erschlossenen Viertels mit Straßennamen nach deutschen Ländern bzw. Volksstämmen.

Ⓢ *St. Johann* Ⓓ *Bruchwiese* *66121* ↔ *210 Meter* *163 Einwohner*
Seitenstraße der Egon-Reinert-Straße Ⓠ *Lex*

Sandstraße – Die Bodenbeschaffenheit in diesem Bereich ist sehr sandhaltig (Übergangsbereich vom Buntsandstein in die Schichten des Karbon/Westfal, siehe Am Sandberg).

Teil eines Viertels mit Straßennamen nach Beschaffenheit des Untergrundes.

Ⓢ *Dudweiler* Ⓓ *Dudweiler Nord* *66125* ↔ *190 Meter* *38 Einwohner*
verbindet Im Tierbachtal und Fischbachstraße Ⓠ *DuStr, Phi*

Sandweg – Hinweis auf die Beschaffenheit des Bodens, hier im mittleren Buntsandstein gelegen.

Ⓢ *Güdingen* Ⓓ *Alt-Güdingen* *66130* ↔ *156 Meter* *40 Einwohner*
Seitenstraße der Bühler Straße Ⓠ *Phi*

Sandweg – s. o.

Ⓢ *Bübingen* Ⓓ *Bübingen* *66129* ↔ *142 Meter* *55 Einwohner*
verbindet Saargemünder und Gartenstraße Ⓠ *Phi*

Sauerwiesweg – Als „sauer" werden Gräser geringer (Futter-)Qualität bezeichnet, die oft auf nährstoffarmen oder kieselsäurereichen Böden wachsen. Die hier ursprünglich wachsende Wiese dürfte eine solch mindere Qualität gehabt haben. Dies kommt in den Böden der Saarauen und -terrassen häufiger vor, denn der Buntsandstein als geologische Grundlage zur Bodenbildung ist kieselsäurereich (niedriger pH-Wert) und enthält wenig Nährstoffe.

Ⓢ *Alt-Saarbrücken* Ⓓ *Malstatter Straße* *66117* ↔ *270 Meter* *89 Einwohner*
verbindet Am Tummelplatz und Gärtnerstraße mit mehreren Abzweigungen Ⓠ *Bau, Phi*

Schachtstraße – Nach der nahe gelegenen Schachtanlage Delbrück benannt, siehe Dellbrückstraße.
Teil eines Viertels mit bergmännischen Begriffen als Straßennamen.

Ⓢ *Klarenthal* Ⓓ *Klarenthal* *66127* ↔ *181 Meter* *43 Einwohner*
verbindet Fenner und Kokereistraße Ⓠ *Phi*

Schachtstraße – Nach dem ehemals etwas weiter nördlich gelegenen West-Schacht II bzw. Kitten- oder Wolfgang-Schacht der Grube Hirschbach benannt, einem Wetterschacht, der 1891 angehauen und 1959 verfüllt und abgerissen wurde.

Ⓢ *Dudweiler* Ⓓ *Kitten* *66125* ↔ *540 Meter* *173 Einwohner*
verbindet Neuweilerstraße und Brennender-Berg-Straße Ⓠ *DuStr*

Schanzenbergbrücke – Siehe Am Schanzenberg. Die Eisenbahnbrücke wird im Volksmund auch „Achterbrücke" genannt, weil der ursprüngliche Bau von 1852 acht große Steinpfeiler hatte.

Ⓢ *Alt-Saarbrücken* Ⓓ *Malstatter Straße* *66117* ↔ *k.A.* *0 Einwohner*
Eisenbahnbrücke mit Fußwegverbindung zwischen Käthe-Kollwitz-Straße und Am Schanzenberg Ⓠ *Bau, Int*

Scharnhorststraße – Gerhard David von Scharnhorst (12.11.1755-28.6.1813): preußischer Generalleutnant, Militärreformer. Starb in Folge einer Kriegsverletzung bei den Befreiungskriegen.
Teil eines Viertels mit Straßennamen nach deutschen Militärs des 19. Jahrhunderts (Befreiungskriege).

Ⓤ bis 1945 Holtzendorffstraße (preuß. General), 1945-1957 In der Langgaß

Ⓢ St. Arnual Ⓓ Winterberg 66119 ↔ 254 Meter 79 Einwohner

verbindet Koßmann- und Saargemünder Straße Ⓠ Lex, LHS

Schaumbergstraße – Schaumberg: dominanter Berg vulkanischen Ursprungs im Nordsaarland zwischen Tholey und Theley, 568 m ü. NN. Aussichtsturm, Zentrum für Tourismus und Freizeit. Aufgrund seiner auffälligen Topographie wird er als „Hausberg" des Saarlandes bezeichnet.
Die Benennung der Straße 1934 folgt einem Beschluss der 1928 gegründeten „Kommission zur Benennung von Straßen", wieder mehr heimatliche Namen zu verwenden. So fügt sich die Namensgebung in das umgebende Viertel mit Straßennamen nach rheinland-pfälzischen Orten bzw. Landschaften ein.

Ⓢ Malstatt Ⓓ Rastpfuhl 66113 ↔ 196 Meter 77 Einwohner

Seitenstraße der Hochwaldstraße mit Wegeverbindung zu Im Knappenroth

Ⓠ Joch, Lex, Phi

Scheidter Straße – Die Straße führt nach Scheidt. Der ursprüngliche Namen dieses 1235 erstmals erwähnten Ortes war „Sceide", was so viel wie Grenze bedeutet - in diesem Falle zum östlich angrenzenden Herrschaftsgebiet der Zweibrücker (später pfälzisch-bayerischer Besitz).

Ⓢ Scheidt Ⓓ Scheidterberg 66133 ↔ 689 Meter 156 Einwohner

verbindet Scheidterbergstraße und Höhenweg Ⓠ Bal3, Phi

Scheidter Straße – s. o.

Ⓢ St. Johann Ⓓ Rotenbühl 66123 ↔ 1318 Meter 579 Einwohner

Fortsetzung der Martin-Luther-Straße bis zum Waldrand Ⓠ Bal3, Phi

Scheidter Straße – s. o.

Volkstümliche Bezeichnung „Klappergass" (evtl. durch Klappern der Fuhrwerke auf schlecht ausgebautem Untergrund).

Ⓤ *frühere Bezeichnung des mittleren Teils „Ziegelhütt"*

Ⓢ *Dudweiler* Ⓓ *Dudweiler Mitte, Geisenkopf & Pfaffenkopf* ✉ *66125*

↔ *1937 Meter* 🚶 *764 Einwohner*

⊕ *verbindet Saarbrücker und Beethovenstraße* Ⓠ *Bal3, DuStr, Phi*

Scheidter Straße – s. o.

Ⓢ *Brebach-Fechingen* Ⓓ *Brebach & Neufechingen* ✉ *66130*

↔ *687 Meter* 🚶 *74 Einwohner*

⊕ *verbindet Kolbenholz und Saarbrücker Straße* Ⓠ *Bal3, Phi*

Scheidterbergstraße – Die Straße führt von der Ortsmitte Scheidt auf den östlich gelegenen Höhenzug des Scheidterberges.

Ⓢ *Scheidt* Ⓓ *Scheidt* ✉ *66133* ↔ *1866 Meter* 🚶 *160 Einwohner*

⊕ *verbindet Kaiserstraße und Höhenweg* Ⓠ *Phi*

Schenkelbergstraße – Die Straße führt auf den Schenkelberg, dessen Namensgebung (Flurname seit ca. 1600) seiner Form als „Schenkel" des Winterberges geschuldet sein dürfte (im Sinne eines Dreiecks-Schenkels oder eines abflachenden Schenkels eines sitzenden menschlichen Körpers).

Ⓤ *bis 1947 Colerstraße (preuß. Armeearzt)*

Ⓢ *St. Arnual* Ⓓ *Winterberg* ✉ *66119* ↔ *563 Meter* 🚶 *84 Einwohner*

⊕ *verbindet Saargemünder und Virchowstraße* Ⓠ *Bau, Phi*

Schenkelbergtreppe – Die Treppe führt auf den Schenkelberg, s. o.

Ⓢ *St. Arnual* Ⓓ *Winterberg* ✉ *66119* ↔ *96 Meter* 🚶 *0 Einwohner*

⊕ *verbindet Saargemünder und Schenkelbergstraße* Ⓠ *Phi*

Schenkelbergweg – Das kleine Pendant zur Schenkelbergstraße, s. o.

Ⓢ *St. Arnual* Ⓓ *Winterberg* ✉ *66119* ↔ *79 Meter* 🚶 *0 Einwohner*

⊕ *verbindet Virchowstraße und Schenkelbergtreppe* Ⓠ *Phi*

Schiedebornstraße – Der seit dem 16. Jahrhundert überlieferte Flurname dürfte auf einen Gewässerlauf (Born = Quelle) zurückgehen, der eine Trennfunktion, z. B. zwischen Besitztümern/Ackerland o. ä. hatte.

Ⓢ *Dudweiler* Ⓓ *Wilhelmshöhe-Fröhn* ✉ *66125* ↔ *124 Meter* 🚹 *0 Einwohner*
⊕ *Seitenstraße der Sulzbachtalstraße mit wegeartiger Fortsetzung* Ⓠ *Dud, DuStr*

Schifferstraße – Vor dem Bau der Berliner Promenade und der kürzlich erfolgten Anhebung des Niveaus führte die Straße ans Ufer der Saar, wo die Schiffer ihre Kähne liegen hatten.

Ⓢ *St. Johann* Ⓓ *Hauptbahnhof* ✉ *66111* ↔ *57 Meter* 🚹 *0 Einwohner*
⊕ *verbindet Bahnhofstraße und Berliner Promenade* Ⓠ *LHS, Phi*

Schillerplatz – Johann Christoph Friedrich von Schiller (10.11.1759-9.5.1805): deutscher Arzt, Dichter, Philosoph und Historiker. Als einer der größten deutschen Dramatiker passt die Benennung zum anliegenden Theater. Werke Schillers u. a. Die Räuber, Wallenstein, Maria Stuart, Wilhelm Tell.

Ⓤ *bis 1947 Schillerstraße, 1947-1957 Am Theater.*

Ⓢ *St. Johann* Ⓓ *St. Johanner Markt* ✉ *66111* ↔ *225 Meter* 🚹 *< 30 Einwohner*
⊕ *verbindet Am Stadtgraben und Bleichstraße sowie Platzanlage östlich des Theaters*
Ⓠ *Cen, Lex*

Schillerstraße – Nach dem Dramatiker Schiller, s. o.
Ergibt mit Heinestraße ein sinnhaftes Namenspaar.

Ⓢ *Dudweiler* Ⓓ *Dudweiler Nord* ✉ *66125* ↔ *53 Meter* 🚹 *< 30 Einwohner*
⊕ *verbindet Pfähler- und Heinestraße* Ⓠ *Lex*

Schillerstraße – s. o.
Teil eines Viertels mit Straßennamen nach deutschen Schriftstellern (Unner).

Ⓤ *ca. 1935-1945 Ernst-Hemmer-Straße (1933 erschossener Neunkircher NS-Anhänger)*

Ⓢ *Güdingen* Ⓓ *Schönbach* ✉ *66130* ↔ *115 Meter* 🚹 *< 30 Einwohner*
⊕ *verbindet Unner- und Goethestraße* Ⓠ *HSe, Int, Lex*

Schillerstraße – s. o.

Teil eines Viertels mit Straßennamen nach deutschen Schriftstellern.

Ⓢ *Altenkessel* Ⓓ *Altenkessel* *66126* ↔ *43 Meter* *< 30 Einwohner*
Seitenstraße der Jahnstraße Ⓠ *Lex*

Schillstraße – Ferdinand von Schill (6.1.1776 - 31.5.1809): preußischer Husarenmajor. Wurde als Freikorpsführer gegen Napoléon I in den Koalitionskriegen bekannt und fiel in Stralsund.

Ⓤ *1945 - 1949 Witzlebenstraße, 1949 - 1957 Hambacher Straße*

Ⓢ *Malstatt* Ⓓ *Leipziger Straße* *66113* ↔ *685 Meter* *518 Einwohner*
verbindet Lebacher und Schlettstatter Straße Ⓠ *Lex, LHS, SU1*

Schinkelstraße – Karl Friedrich Schinkel (13.3.1781 - 9.10.1841): deutscher Baumeister, Architekt, Stadtplaner, Bühnenbildner und Maler. Prägte den Klassizismus und Historismus in Preußen entscheidend und entwarf zahlreiche Schlösser, Kirchen und Profanbauten. In Saarbrücken geht die evangelische Kirche Bischmisheim auf seine Entwürfe zurück.
Teil eines Viertels mit Straßennamen nach deutschen Architekten.

Ⓢ *St. Johann* Ⓓ *Am Homburg* *66123* ↔ *136 Meter* *56 Einwohner*
verbindet Am Hormburg und Daimlerstraße Ⓠ *Lex, LHS*

Schlachthofstraße – An der Straße lag von 1901 bis 1952 der Dudweiler Schlachthof (Ecke Am Wingertsberg, früher mit Gleisanschluss). Das Gebäudeensemble ist denkmalgeschützt und besteht als Bauhof und Kulturhaus weiter.

Ⓢ *Dudweiler* Ⓓ *Wilhelmshöhe-Fröhn* *66125* ↔ *532 Meter* *85 Einwohner*
verbindet St. Avolder/Bahnhofstraße und Herrensohrer Weg Ⓠ *DuStr*

S

Schlägelweg – Schlägel und Eisen sind die beiden Werkzeuge (Gezähe), die seit dem 16. Jahrhundert gekreuzt als Symbol für den Bergbau dienen. Mit dem Schlägel wurde das Eisen wie ein Meißel in den Fels getrieben.
Teil eines Viertels mit Straßennamen mit bergbaulichem Bezug (Namenspaar mit Eisenweg).

Ⓢ *Jägersfreude* Ⓓ *Jägersfreude* *66123* ↔ *74 Meter* *0 Einwohner*
verbindet Kirchweg und Sellostraße Ⓠ *DuStr, Lex*

Schlesienring – Schlesien: Region in Mitteleuropa, heute zum Großteil in Polen und zu geringen Teilen in Deutschland und Tschechien gelegen. Größte Stadt Breslau, am Fluss Oder gelegen.

Teil eines Viertels mit Namen nach mittel- und ehemaligen ostdeutschen Städten und Gebieten, die nach dem Zweiten Weltkrieg Teile Polens, der Sowjetunion oder der ehemaligen DDR wurden.

Ⓢ *Eschberg* Ⓓ *Eschberg* *66121* ↔ *765 Meter* *71 Einwohner*
verbindet Breslauer und Weimarer Straße Ⓠ *Lex*

Schlettstadter Straße – Schlettstadt (frz. Sélestat): französische Stadt im Département Bas-Rhin (Elsass, Région Grand-Est), ca. 19.000 Einwohner. Die historische Verwaltungsstadt an der Ill ist u. a. für die weltgrößte Einkaufswagenindustrie bekannt.

Teil eines Viertels mit Straßennamen nach elsässischen Orten.

Ⓢ *Malstatt* Ⓓ *Leipziger Straße* *66113* ↔ *342 Meter* *226 Einwohner*
verbindet Schill- und Mainstraße Ⓠ *Lex*

Schloß Halberg – Das auf dem Gelände stehende historistische Schloss wurde 1878 - 1882 durch den Architekten Edwin Oppler für den Großindustriellen Carl Ferdinand von Stumm-Halberg erbaut, der u. a. die Eisenwerke in Brebach und Neunkirchen besaß. Es wurde aus dem regionalen Kalkstein von Jaumont (Moselle) erbaut. Heute Sitz der Intendanz des Saarländischen Rundfunks und Restaurant.

Ⓢ *Brebach-Fechingen* Ⓓ *Brebach* *66121* ↔ *k.A.* *0 Einwohner*
Gelände am Ende der Franz-Mai-Straße Ⓠ *Fuß, Lex*

Schlossergasse – Da der Straßenname erst 2017 vergeben wurde, ist er noch nicht durchgängig nachzuweisen, fehlt z. B. auf Stadtplänen, ist aber als Schild vor Ort ablesbar. Die noch wenig bekannte Straßenverbindung erinnert an einen hier ehemals ansässigen Schlosser. Tatsächlich waren in der nahe gelegenen Gerberstraße früher mehrere Schlosser namens Wehlen, Adams, Klein oder Koch mit Wohnung oder Werkstatt ansässig. Hier ist jedoch der Schlosser Heinrich Wehlen (mit seiner Werkstatt Anfang 20. Jahrhundert) auf Initiative seiner Nachkommen namensgebend.

Ⓢ St. Johann Ⓓ St. Johanner Markt 66111 ↔ 96 Meter 0 Einwohner
verbindet über Eck Großherzog-Friedrich-Straße und Christianenweg Ⓠ Adr, Fry, Phi

Schloßplatz – Am Platz steht das 1739-48 von Friedrich Joachim Stengel im Auftrag des Fürsten Wilhelm Heinrich zu Nassau-Saarbrücken erbaute Barockschloss, welches ein älteres Schloss auf den Strukturen der alten Saarbrücker Burg ersetzte, im 19. Jahrhundert modifiziert und in den 80er Jahren des 20. Jahrhunderts saniert und modernisiert wurde (Mittelpavillon von Architekt Gottfried Böhm). Heute Verwaltungssitz des Regionalverbandes Saarbrücken und Historisches Museum.

Ⓢ Alt-Saarbrücken Ⓓ Schloßplatz 66119
↔ ca. 123 x 62 Meter < 30 Einwohner
zwischen Talstraße und Am Schloßberg gelegen Ⓠ Phi

Schloßstraße – Die Straße führt zum Saarbrücker Schloß, s. o.

Ⓢ Alt-Saarbrücken Ⓓ Schloßplatz 66117 ↔ 231 Meter 148 Einwohner
verbindet Am Schloßberg und Eisenbahnstraße Ⓠ Phi

Schlüterweg – Andreas Schlüter (1659/60-23.6.1714): deutscher Bildhauer und Architekt. Gestaltete im Stil des Barock und Klassizismus u. a. in Berlin zahlreiche Bauten wie das Berliner Schloss oder das Bernsteinzimmer mit und entwarf zahlreiche Reiterstandbilder und Büsten. Teil eines Viertels mit Straßennamen nach deutschen Architekten.

Ⓢ St. Johann Ⓓ Am Homburg 66123 ↔ 188 Meter < 30 Einwohner
verbindet Am Homburg und Semperstraße Ⓠ Lex, LHS

S

Schmidtbornstraße – Johann Carl Schmidtborn (1.12.1794 - 7.10. 1877): Kaufmann, Bankier, Kommerzienrat und Kommunalpolitiker aus Saarbrücken. Bürgermeister von Saarbrücken 1862 - 1871.

Ⓢ St. Arnual Ⓓ Wackenberg 66119 ↔ 80 Meter < 30 Einwohner
Seitenstraße der Saargemünder Straße Ⓠ Bio, LHS

Schmidt-Fornaro-Weg – Johann Heinrich Schmidt, genannt Fornaro (2.8.1757 - 1828): deutscher Maler aus Ottweiler, der neben Dryander und Pitz in Saarbrücken lernte und später in Italien u.a. für seine Landschaftsmalereien bekannt wurde. Karl Lohmeyer führte später, um Verwechslungen zu vermeiden den Namen Fornaro für ihn ein, der eigentlich nur sein italienischer Spitzname war.
Teil eines Viertels mit Straßennamen nach bekannten Malern.

Ⓢ St. Arnual Ⓓ Wackenberg 66119 ↔ 166 Meter 0 Einwohner
verbindet Kaspar-Pitz-Weg und Grünewaldstraße Ⓠ Cen, Lex, Schar

Schmollerstraße – Prof. Gustav Friedrich von Schmoller (24.6. 1838 - 27.6.1917): deutscher Nationalökonom und Sozialwissenschaftler. Als Universitätsprofessor, Wissenschaftler und Kommunalpolitiker setzte er sich für sozialpolitische Aktivitäten des Staates ein. Die Benennung der Straße passt zum anliegenden Sozialpflegerischen Berufsbildungszentrum (vormals als Cecilienschule eine Mädchen-Reform-Realschule).

Ⓢ St. Johann Ⓓ Nauwieser Viertel 66111 ↔ 406 Meter 337 Einwohner
Seitenstraße der Egon-Reinert-Straße, endet vor Martin-Luther-Straße als Sackgasse
Ⓠ Int, Lex, LHS

Schneckenstraße – Der gewundene Straßenverlauf soll an die Linie eines Schneckengehäuses erinnern.

Ⓢ Ensheim Ⓓ Ensheim 66131 ↔ 184 Meter 56 Einwohner
verbindet Haupt- und Ormesheimer/Heimelstraße Ⓠ ens, Fry

Schneidersberg – Die Benennung bezieht sich auf die Erhebung zwischen Mühle und Laurentiuskapelle. Da auch südlich des Saarbaches ein Flurstück „Schneidershecke" existiert, ist von einer Benennung durch den Personennamen Schneider oder durch jemanden mit dem entsprechenden Beruf auszugehen.

Ⓢ *Eschringen* Ⓓ *Eschringen* ✉ *66130* ↔ *156 Meter* *34 Einwohner*
Seitenstraße der Kapellengasse mit Wegeverbindung zur Hauptstraße Ⓠ *Phi, Schm3*

Schneidershof – Hier lag früher ein Gehöft der Familie Schneider, das 1950 aufgegeben wurde. Zu ihm gehörten landwirtschaftlich genutzte Flächen am Südhang des Eschberges.

Ⓢ *St. Johann* Ⓓ *Kaninchenberg* ✉ *66121* ↔ *103 Meter* *< 30 Einwohner*
verbindet Mainzer- und Kaiserstraße (Schafbrücke) Ⓠ *Eschb, Klau, LHS*

Schoodstraße – Alte Flurbezeichnung (1613 Im Schadt, 1762 Im Schood), deren Bedeutung nicht eindeutig geklärt werden kann. Eventuell geht der Begriff auf ältere Bezeichnungen für Wasserriss, Graben oder kleine Schlucht zurück (schoette, sôd).

Ⓢ *Burbach* Ⓓ *Hochstraße* ✉ *66115* ↔ *94 Meter* *30 Einwohner*
verbindet Völklinger und Luisenthaler Straße Ⓠ *Bau, LHS*

Schopenhauerstraße – Arthur Schopenhauer (22.2.1788 - 21.9.1860): deutscher Philosoph, Autor und Hochschullehrer. Als Schüler Kants entwarf er eine Lehre über Erkenntnistheorie, Metaphysik, Ethik und Ästhetik. Teil eines Viertels mit Straßennamen nach deutschen Philosophen.

Ⓢ *St. Johann* Ⓓ *Nauwieser Viertel* ✉ *66111* ↔ *184 Meter* *241 Einwohner*
verbindet Kant- und Fichtestraße Ⓠ *Lex, LHS*

Schreinergasse – Die Namensgebung dürfte auf früher hier ansässige Schreiner (Holzbearbeitungsberuf, Tischler) hindeuten.

Ⓤ *alte Bezeichnung Zwerggasse (18. Jh.)*

Ⓢ *St. Johann* Ⓓ *St. Johanner Markt* ✉ *66111* ↔ *65 Meter* *0 Einwohner*
verbindet Türken- und Bleichstraße Ⓠ *Lex, LHS*

Schroten – Die Flurbezeichnung (schroten, schrodenn) leitet sich vom mittelhochdeutschen „schrôt" ab, was so viel wie Baumstumpf, Klotz bedeutet. Wahrscheinlich war hier eine feuchte, nicht genutzte Wiese mit solchen durchsetzt.

Ⓢ St. Johann Ⓓ Kaninchenberg ✉ 66121 ↔ 318 Meter 🚹 < 30 Einwohner
⊕ verbindet Straße des 13. Januar und Heinrich-Böcking-Straße Ⓠ Bau

Schubertstraße – Franz Peter Schubert (31.1.1797 - 19.11.1828): österreichischer Komponist. Vertreter der frühen Romantik mit zahlreichen Kompositionen: Lieder, Symphonien, Messen, Klavier- und Kammermusik u. a. Teil eines Viertels mit Straßennamen nach berühmten Komponisten.

Ⓤ ca. 1935 - 1945 Herbert-Norkus-Straße (1932 ermordeter Hitlerjunge)

Ⓢ Güdingen Ⓓ Schönbach ✉ 66130 ↔ 224 Meter 🚹 73 Einwohner
⊕ verbindet Unner- und Simbachstraße (Siedlung Unner) Ⓠ HSe, Int, Lex, LHS

Schubertstraße – s. o.
Teil eines Viertels mit Straßennamen nach berühmten Komponisten.

Ⓢ St. Johann Ⓓ Hauptbahnhof ✉ 66111 ↔ 67 Meter 🚹 0 Einwohner
⊕ verbindet Sulzbach- und Dudweilerstraße Ⓠ Lex, LHS

Schubertstraße – s. o.
Bildet mit Beethovenstraße ein sinnhaftes Namenspaar.

Ⓢ Altenkessel Ⓓ Rockershausen & Altenkessel ✉ 66126
↔ 207 Meter 🚹 59 Einwohner
⊕ Seitenstraße der Alleestraße Ⓠ Lex, LHS

Schulstraße – Die Straße führt an der Grund- und Realschule „Herz Jesu" des Don-Bosco-Schulvereins vorbei.

Ⓢ Brebach-Fechingen Ⓓ Fechingen ✉ 66130 ↔ 607 Meter 🚹 121 Einwohner
⊕ verbindet Hohlweg und Ringstraße Ⓠ Phi

Schulstraße – An der Ecke zur Bahnstraße stand bis in die 60er Jahre die Volksschule Neuscheidt, die abgerissen wurde, heute Firmengelände.

Ⓢ Schafbrücke Ⓓ Schafbrücke ✉ 66121 ↔ 74 Meter 🚹 34 Einwohner
⊕ verbindet Bahnstraße und Hangweg Ⓠ Fry

Schulstraße – An der Ecke zur Hauptstraße war früher die evangelische Schule (1826 zunächst als Bauernhaus errichtet), das Gebäude steht bis heute.

Ⓢ Gersweiler Ⓓ Gersweiler Mitte 66128 ↔ 123 Meter 37 Einwohner
verbindet über Eck Krughütter und Hauptstraße Ⓠ Gers, HVG

Schulstraße – Kurz vor dem nördlichen Ende der Straße steht die alte Volksschule von Jägersfreude, 1909 erbaut, seit 1958 Förderschule, heute unter dem Namen „Mozartschule".

Ⓤ bis ca. 1947 Bismarckstraße

Ⓢ Jägersfreude Ⓓ Jägersfreude 66125 ↔ 1010 Meter 324 Einwohner
verbindet Grube/Zechenweg und Friedhofstraße mit 2 Abzweigungen Ⓠ DuStr, Int

Schulstraße – Die Straße führt an der Grundschule Scheidt vorbei.

Ⓢ Scheidt Ⓓ Scheidt 66133 ↔ 370 Meter 79 Einwohner
verbindet Kirchweg/Am Schmittenberg und Im Flürchen Ⓠ Phi

Schulstraße – Schräg gegenüber der katholischen Kirche steht das ehemalige Ensheimer Schulhaus.

Ⓤ bis Anfang 20. Jh. Ortsstraße (gemeinsam mit heutiger Kirchenstraße)

Ⓢ Ensheim Ⓓ Ensheim 66131 ↔ 163 Meter 61 Einwohner
verbindet Haupt- und Kirchenstraße mit Abzweigung Ⓠ Gla, Wil

Schulstraße – Das ehemalige Schulgebäude (Haus Nr. 4) und der östlich sich anschließende Schulhof (früher Friedhof) sind Feuerwehrgelände.

Ⓢ Bischmisheim Ⓓ Bischmisheim 66132 ↔ 116 Meter < 30 Einwohner
verbindet Kirch- und Kreuzstraße Ⓠ Fry, Karg

Schulstraße – Die Straße führt am Schulgebäude, ehemals katholische Volksschule, heute Neubau der Waldorfschule vorbei.

Ⓢ Altenkessel Ⓓ Altenkessel 66126 ↔ 183 Meter 48 Einwohner
verbindet Blumen- und Jahnstraße Ⓠ Altk, Phi

Schultze-Kathrin-Straße – Katharine Weisgerber (3.8.1818–6.8.1886): Dienstmagd, ab 1845 bei Familie Karl Jakob Schultz beschäftigt, daher „Schultze-Kathrin" genannt. Engagierte sich während der Schlacht bei Spichern am 6.8.1870 für die verwundeten Soldaten auf dem Schlachtfeld und erhielt dafür das Verdienstkreuz. Grabmal im Ehrental.

Ⓤ *ca. 1935–1945 Katharina-Weisgerber-Straße*

Ⓢ *Alt-Saarbrücken* Ⓓ *Triller* *66119* ↔ *229 Meter* *98 Einwohner*

verbindet im Bogen Pape- und Lilienstraße Ⓠ *Bio, LHS, Phi*

Schulweg – Die Straße führt als Weg weiter zur Katharine-Weisgerber-Schule.

Ⓢ *Klarenthal* Ⓓ *Klarenthal* *66127* ↔ *149 Meter* *34 Einwohner*

Seitenstraße der Kreisstraße Ⓠ *Phi*

Schulweg – Die Straße verläuft hinter der 1961 eröffneten Grundschule Bübingen.

Ⓢ *Bübingen* Ⓓ *Bübingen* *66129* ↔ *535 Meter* *36 Einwohner*

Seitenstraße der Bergstraße mit Abzweigung und Wegeverbindung zu Im Lochfeld

Ⓠ *Lauf2, Phi*

Schumannstraße – Robert Schumann (8.6.1810–29.7.1856): deutscher Komponist der Romantik, Musikkritiker und Dirigent. Komponierte zahlreiche Werke für Klavier, Orchester, aber auch Chormusik und eine Oper (Genoveva).

Teil eines Viertels mit Straßennamen nach berühmten Komponisten.

Ⓢ *Dudweiler* Ⓓ *Dudweiler Süd* *66125* ↔ *120 Meter* *33 Einwohner*

Seitenstraße der Hermann-Löns-Straße Ⓠ *DuStr, Lex*

Schumannstraße – s. o.

Teil eines Viertels mit Straßennamen nach berühmten Komponisten.

Ⓢ *St. Johann* Ⓓ *Nauwieser Viertel* *66111* ↔ *593 Meter* *525 Einwohner*

verbindet Dudweiler- und Fichtestraße Ⓠ *Lex*

Schutzbergstraße – Die Straße führt den „Schutzberg" genannten Höhenzug hinauf. Diese Benennung kommt laut einer Urkunde aus dem 16. Jahrhundert von den Schützen, die hier Schießübungen abhielten (Schießberg - Schußberg - Schutzberg). Eine kursierende Erklärung, wonach der Berg Schutz vor dem „Erbfeind" Frankreich bot, ist wahrscheinlich nur sekundär und ohne historischen Beleg.

Ⓤ *alte Bezeichnung Schelmenkaul (mittelhochdt. „schelme" = Aas, Platz zum Verscharren von Kadavern)*

Ⓢ *Alt-Saarbrücken* Ⓓ *Triller* 📮 *66119* ↔ *228 Meter* 🚹 *164 Einwohner*
✥ *verbindet Metzer und Stieringer Straße* Ⓠ *Bau, Joch, LHS*

Schützenstraße – Die Straße führt zum Schützenhaus des 1857 gegründeten Schützenvereins. Volkstümliche Bezeichnung „Sarrasaniweg" nach dem berühmten Zirkus Sarrasani, der 1930 in Dudweiler kampieren sollte, aber dies trotz der getroffenen Vorbereitungen (Wegeausbau etc.) nicht tat und nach Saarbrücken ging. Zynisch wurde der Weg auch „Merziger Weg" genannt, da die Kommunalpolitiker in diesem Zusammenhang ein „verrücktes" Engagement zeigten, in Anspielung an das Landeskrankenhaus für psychisch Kranke in Merzig.

Ⓢ *Dudweiler* Ⓓ *Kitten* 📮 *66125* ↔ *349 Meter* 🚹 *< 30 Einwohner*
✥ *verbindet auf den Kitten und Sulzbachtalstraße* Ⓠ *DuStr*

Schützenstraße – Das St. Johanner Schützenhaus lag auf einer kleinen Erhebung zwischen dem Rotenberg und dem Meerwiesertal bzw. dem Eisenbahndamm östlich der Dudweilerstraße. Das Gelände ist heute komplett verändert (u. a. Parkplätze).

Ⓢ *St. Johann* Ⓓ *Nauwieser Viertel* 📮 *66123* ↔ *153 Meter* 🚹 *< 30 Einwohner*
✥ *Seitenstraße der Dudweilerstraße mit Wegeverbindung zum Meerwiesertalweg* Ⓠ *Fry, LHS*

Schwähnselstraße – Der Flurname „Auf dem Schwähnsel" aus dem 18. Jahrhundert kann nicht eindeutig geklärt werden. Wahrscheinlich ist eine abgeleitete Form von „Schweinsel", also Weideland für einen Schweinehirten.

Ⓢ *Dudweiler* Ⓓ *Geisenkopf* 📮 *66125* ↔ *310 Meter* 🚹 *192 Einwohner*
✥ *verbindet Scheidter Straße und Beim Weisenstein* Ⓠ *DuStr*

S

Schwarzeich – Alter Flurname (18. Jahrhundert) eines Gebietes etwas weiter nördlich, der auf einen Eichenbaum hinweist. Ob „schwarz" sich auf einen Personennamen oder den Schattenwurf des Baumes bezieht, bleibt unklar. Um eine Schwarz-Eiche im botanischen Sinne kann es sich kaum handeln, da diese nur in Nordamerika vorkommt.

Ⓢ *Alt-Saarbrücken* Ⓓ *Malstatter Straße* *66117* ↔ *155 Meter* *< 30 Einwohner*
verbindet Eberstein- und Goebenstraße Ⓠ *Bau, Lex, Phi*

Schwarzenbergstraße – Die Straße führt an den Südhang des Schwarzenberges (377 m ü. NN), der wahrscheinlich nach dem dunklen = „schwarzen" Wald benannt wurde (Flurname seit dem 16. Jahrhundert nachgewiesen). Es gibt allerdings auch eine Theorie, die besagt, ein gewisser Wilhelm von Schwarzenberg habe dort im Mittelalter ein Hofgut betrieben. Stichhaltige Beweise dazu fehlen.

Ⓤ *bis 1945 Memeler Straße*

Ⓢ *St. Johann* Ⓓ *Rotenbühl* *66123* ↔ *408 Meter* *144 Einwohner*
verbindet St. Ingberter/August-Klein-Straße und Kohlweg Ⓠ *Bau, Phi, SU1, Witt*

Schwarzer Pfad – Der Pfad war ursprünglich mit dunkler Brasche belegt. Unwahrscheinlich erscheint hingegen eine Erklärung, der Pfad sei Teil eines Bergmannspfades gewesen („schwarze Wege").

Ⓢ *Schafbrücke* Ⓓ *Schafbrücke* *66121* ↔ *161 Meter* *0 Einwohner*
verbindet Kaiserstraße und Unterer Geisberg Ⓠ *Bal4, Flä*

Schweringstraße – Ludwig Schwering (20.7.1846 - 21.2.1919): Architekt, Eisenbahnbau- und Betriebsinspektor, Geheimer Oberbaurat, 1898 - 1913 Direktor der Eisenbahndirektion Saarbrücken. Widmete sich auch sozialen Projekten und gründete neben Eisenbahnervereinen u. a. den Eisenbahnerkindergarten (siehe An der Spielschul). Seine Frau rief einen Eisenbahnerfrauenverein ins Leben.

Namensbezug zum Viertel der „Eisenbahner"-EWBG-Wohnungen.

Ⓢ *Malstatt* Ⓓ *Rodenhof* *66113* ↔ *162 Meter* *186 Einwohner*
verbindet Sittersweg und Offenbergstraße Ⓠ *Eis, Int, Lang, LHS*

Schwester-Gottfrieda-Straße – Ida Hartmann, genannt Schwester Gottfrieda (7.3.1892 - 8.4.1972): Angehörige des Franziskanerordens „Mallersdorfer Schwesterngemeinschaft" und Pflegerin. War 1920 - 1969 aufopferungsvoll für die Kranken im ehemaligen Ensheimer Krankenhaus tätig, 1966 Ehrenbürgerin.

Ⓤ *bis 1973 Tälchenstraße*

Ⓢ *Ensheim* Ⓓ *Ensheim* ✉ *66131* ↔ *217 Meter* 🚶 *50 Einwohner*

⊕ *Seitenstraße der Hauptstraße* Ⓠ *Frau*

Schwester-Marie-Straße – Maria Wolf (24.11.1886 - 10.6.1968): Gemeindeschwester der evangelischen Kirchengemeinde Dudweiler 1924 - 1964, Trägerin des Bundesverdienstkreuzes.

Ⓢ *Dudweiler* Ⓓ *Dudweiler Nord* ✉ *66125* ↔ *591 Meter* 🚶 *90 Einwohner*

⊕ *verbindet Kiesel- und Fischbachstraße mit 6 Abzweigungen* Ⓠ *DuStr*

Science Park – An der Straße stehen die 2000 und 2005 fertiggestellten Gebäude des Science Park Saar, einer Schnittstelle zwischen Wirtschaft und Wissenschaft, die jungen Unternehmen („Start-ups") als Gründerzentrum Chancen bietet. Bis 2018 wurden 43 Unternehmen mit 430 Mitarbeitern angesiedelt.

Ⓢ *St. Johann* Ⓓ *Universität* ✉ *66123* ↔ *217 Meter* 🚶 *0 Einwohner*

⊕ *Seitenstraße des Stuhlsatzenhausweges* Ⓠ *Int*

Seebohmstraße – Hans Rudolf Seebohm (20.1.1834 - 5.1.1901): Kommerzienrat, Hüttendirektor und Kommunalpolitiker. 1874 - 1879 leitender Direktor der Völklinger Hütte, 1879 - 1901 Direktor der Burbacher Hütte, 1884 Stadtverordneter von Malstatt-Burbach.

Teil eines Viertels mit Straßennamen nach Führungspersönlichkeiten der Burbacher Hütte.

Ⓢ *Burbach* Ⓓ *Ottstraße* ✉ *66115* ↔ *606 Meter* 🚶 *427 Einwohner*

⊕ *verbindet Viktor-Tesch-Allee und Von-der-Heydt-Straße* Ⓠ *Adr, Bio, LHS*

Seilerstraße – Nach der Zunft der Seiler benannt, Handwerker, die durch Drehen oder Schlagen Seile herstellen.

Ⓢ *St. Johann* Ⓓ *Nauwieser Viertel* ✉ *66111* ↔ *147 Meter* 🚶 *< 30 Einwohner*

⊕ *verbindet Rotenbergstraße und Nauwieserplatz* Ⓠ *Adr, LHS*

S

Sellostraße – Leopold Sello (25.10.1785 - 17.5.1874): Bergmann, Bergamtsdirektor. 1816 - 1857 Präsident der königlich-preußischen Bergwerksdirektion Saarbrücken. Unter seiner Regie u. a. Einrichtung der Bergschule 1822, Abteufen des ersten Tiefbauschachtes 1826, Förderer der Eisenbahnverbindungen und des Eigenheimbaus (Prämienhäuser) im Saarrevier. Politisch in Saarbrücken und in der preußischen Abgeordnetenkammer aktiv.

Teil eines Viertels mit Straßennamen mit bergbaulichem Bezug.

Ⓢ Jägersfreude Ⓓ Jägersfreude ✉ 66123 ↔ 250/293 Meter 116 Einwohner
führt in zwei Abschnitten von der Eilertstraße über den Schlägelweg hinaus parallel zum Waldrand, dazwischen Wegeverbindung Ⓠ Bio, LHS

Semperstraße – Gottfried Semper (29.11.1803 - 15.5.1897): deutscher Architekt und Kunsttheoretiker. War u. a. in Dresden, Zürich und Wien aktiv und gilt als Vertreter des Historismus, wegbereitend in moderner Theaterarchitektur. Bauten u. a. Semperoper Dresden 1871, Burgtheater Wien 1873.

Teil eines Viertels mit Straßennamen nach deutschen Architekten.

Ⓢ St. Johann Ⓓ Am Homburg ✉ 66123 ↔ 295 Meter 165 Einwohner
verbindet Im Sauerbrod und Gaußstraße Ⓠ Lex, LHS

Senator-Richard-Becker-Straße – Richard Becker (10.10.1884 - 11.4.1969): Saarbrücker Kaufmann und Politiker. 1905 Leiter des Kaufhauses Gebr. Sinn, 1923 Übernahme der Großhandelsfirma seines Vaters, der Arnold Becker & Co. Ab 1920 Übernahme von politischen Funktionen. 1936 NSDAP-Mitglied, 1952 kurzzeitig Ausweisung aus dem Saarland, anschließend rehabilitiert, Landtags- und Bundestagsabgeordneter, Ehrenbürger Saarbrückens.

Ⓢ St. Johann Ⓓ Rotenbühl ✉ 66123 ↔ 291 Meter 119 Einwohner
Seitenstraße der Max-Braun-Straße Ⓠ Bio, LHS

Serriger Straße – Serrig: Ortsgemeinde im Landkreis Trier-Saarburg (Rheinland-Pfalz), ca. 1.600 Einwohner. Weinanbau (v. a. Riesling) und Tourismus.
Teil eines Viertels mit Straßennamen nach Orten Westdeutschlands.

Ⓤ *bis 1931 Stockgasse*

Ⓢ *Burbach* Ⓓ *Hochstraße* *66115* ↔ *207 Meter* *238 Einwohner*
verbindet Koblenzer und Bergstraße Ⓠ *Lex, LHS*

Siebenbürger Weg – Siebenbürgen (auch Transsilvanien): historische Landschaft der südlichen Karpaten in Zentral-Rumänien. Die Bevölkerung bestand Anfang des 20. Jahrhunderts zu mehr als 10 % aus Deutschen. Die Straße ist die einzige Straße, die in den 50er Jahren wieder ihre Benennung nach deutschsprachigen Gebieten im Ausland zurückbekam. Alle anderen Straßen behielten ihre Namen nach Orten im unteren Saartal und der Trierer Gegend.

Ⓤ *1945 - 1958 Brauneberger Weg*

Ⓢ *Malstatt* Ⓓ *Rastpfuhl* *66113* ↔ *351 Meter* *85 Einwohner*
verbindet Moselstraße und Trarbacher Platz Ⓠ *Lex, Oem, SU1*

Siebenpfeifferstraße – Philipp Jakob Siebenpfeiffer (12.11.1789-14.5.1845): Verwaltungsbeamter, Jurist, Publizist und Politiker. 1818 -1830 Landkommissar (= Landrat) in Homburg, 1832 Mitinitiator des Hambacher Festes. Sein u. a. journalistisches Reformbestreben führte zur Verhaftung und Flucht in die Schweiz.
Teil eines Viertels mit Namen freiheitlicher Politiker des 19. Jahrhunderts und der Revolution von 1848.

Ⓤ *bis 1945 Gallestraße (preuß. Offizier), danach kurzzeitig Erzbergerstraße*

Ⓢ *Malstatt* Ⓓ *Leipziger Straße* *66113* ↔ *89 Meter* *124 Einwohner*
verbindet Schill- und Parallelstraße Ⓠ *Bio, Lex, LHS, SU1*

Siemensstraße – Ernst Werner von Siemens (13.12.1816 - 6.12.1892): deutscher Erfinder, Industrieller und Politiker, Begründer der modernen Elektrotechnik. 1847 Gründung der Telegraphen-Bau-Anstalt Siemens & Halske Berlin, dem Vorgänger der heutigen Siemens AG. Ab 1860 auch sozial und politisch engagiert.

Ⓢ Gersweiler Ⓓ Gersweiler Mitte ✉ 66128 ↔ 202 Meter 41 Einwohner
Seitenstraße der Hirschenbergstraße Ⓠ Lex

Siemensstraße – s. o.

Teil eines Viertels mit Straßennamen nach deutschen Industriellen, Entdeckern und Erfindern.

Ⓢ St. Johann Ⓓ Am Homburg ✉ 66123 ↔ 231 Meter 82 Einwohner
verbindet über Eck Dieselstraße und Am Homburg Ⓠ Lex

Sigebertstraße – Graf Sigebert I von Saarbrücken: Begründer des ersten Grafengeschlechtes von Saarbrücken, Ersterwähnung um 1080, verstorben vor 1118.

Bildet mit der Adalbertstraße ein sinnhaftes Namenspaar.

Ⓢ St. Arnual Ⓓ Wackenberg ✉ 66119 ↔ 258 Meter 43 Einwohner
verbindet Weilburger und Rubensstraße Ⓠ Bio, Lex

Silcherstraße – Philipp Friedrich Silcher (27.6.1789 - 26.8.1869): deutscher Komponist und Musikpädagoge. Wurde v. a. durch seine Liedkompositionen bekannt (Der Mai ist gekommen, Lorelei/Ich weiß nicht, was soll es bedeuten, Alle Jahre wieder ...).

Bildet mit Ziehrerstraße ein sinnhaftes Namenspaar.

Ⓤ bis 1993 Beethovenstraße

Ⓢ Brebach-Fechingen Ⓓ Neufechingen ✉ 66130 ↔ 103 Meter 41 Einwohner
verbindet Erzberger- und Jakobstraße Ⓠ Lex, LHS

Simbachstraße – Bezieht sich auf die nahe gelegene, ehemalige Simbachmühle (an der Landstraße von Unner nach Grosbliederstroff), die 1940 ausgebrannt und dann verfallen ist. Simbach könnte s oviel wie „Sandbach" bedeuten, weil der Bach erhebliche Mengen Sand in die Saar mitführt. Die „heutige" Simbachmühle mit Restaurant etwas weiter westlich in Frankreich ist eigentlich die Siebertsmühle (nach einer Familie Siebert oder Seibert im 17. Jahrhundert benannt).

Ⓤ *ca. 1937 - 1945 Wilhelm-Gustloff-Straße (1936 ermordeter NSDAP-Funktionär)*

Ⓢ *Güdingen* Ⓓ *Schönbach* *66130* ↔ *210 Meter* *41 Einwohner*
verbindet Schubertstraße und Grenzweg mit Wegeverbindung zur Haydnstraße (Siedlung Unner) Ⓠ *Güd, HSe, Int, Klau*

Sittershöhe – Der Flurname sitters oder sittert/seitert kommt häufiger vor und soll sich vom mittelhochdeutschen „sêt(e)" = Seite ableiten. Es handelt sich also um Flurstücke, die entweder an Hängen oder etwas abseits („sîtwert" = seitwärts) gelegen sind. Diese Annahme ist jedoch umstritten.

Ⓢ *Güdingen* Ⓓ *Schönbach* *66130* ↔ *187 Meter* *65 Einwohner*
Seitenstraße des Grenzweges Ⓠ *Bau, Güd*

Sittersweg – In diesem Fall führt die Straße zu einem Sitters genannten Waldstück weiter westlich. Zu der unter „Sittershöhe" aufgeführten Erklärung ist zu ergänzen, dass „Sitters" immer im Zusammenhang mit Waldstücken auftritt, so auch in allen drei Saarbrücker Fällen.

Ⓢ *Eschringen* Ⓓ *Eschringen* *66130* ↔ *1009 Meter* *152 Einwohner*
Seitenstraße der Eschringer Straße bis zum Waldrand Ⓠ *Bau*

S

Sittersweg – Auch hier bezieht sich der Straßenname auf den Flurnamen eines früheren Waldstückes „In der Sitters" (s. o.).

Ⓢ *Malstatt* Ⓓ *Rodenhof* *66113* ↔ *497 Meter* *423 Einwohner*
verbindet Grülings- und Edenstraße Ⓠ *Bau, Lang*

Skalleystraße – Dr. Eugen Skalley (2.6.1785 - 1867): Jurist, Geheimer Oberregierungsrat und ab 1856 Direktor der preußischen Ministerialabteilung für Berg-, Hütten- und Salinenwesen. Nach ihm wurden 1854 die beiden ehemals in der Nähe liegenden Eisenbahnschächte sowie ein dritter jüngerer Schacht der Grube Dudweiler, später Grube Hirschbach, benannt (stillgelegt zwischen 1943 und 1964).

Ⓢ *Dudweiler* Ⓓ *Dudweiler Nord* *66125* ↔ *108 Meter* *556 Einwohner*
Seitenstraße der Fischbachstraße Ⓠ *DuStr, Ruth, SBK 1998*

Slevogtweg – Franz Theodor Max Slevogt (8.10.1868 - 20.9.1932): deutscher Maler, Grafiker, Illustrator und Bühnenbildner. Berühmter Vertreter des Impressionismus und bekannt für seine Landschaftsmalereien. Auch das Saarland-Museum stellt Werke von ihm aus.
Teil eines Viertels mit Straßennamen nach berühmten Malern.

Ⓢ *Gersweiler* Ⓓ *Ottenhausen* *66128* ↔ *45 Meter* *< 30 Einwohner*
Seitenstraße der Dürerstraße Ⓠ *Lex, SLM*

Sofie-Dawo-Straße – Sofie Dawo (14.8.1926 - 12.8.2010): saarländische Textildesignerin, Künstlerin und Kunstprofessorin. 1959 Lehrtätigkeit im Saarland, 1975 Professorin an der Fachhochschule, später die heutige Hochschule für Bildende Künste Saar.

Ⓢ *Alt-Saarbrücken* Ⓓ *Malstatter Straße* *66117* ↔ *159 Meter* *0 Einwohner*
verbindet Heuduck- und Françoisstraße Ⓠ *Bio, Frau*

Solferinostraße – Die Schlacht bei Solferino (Norditalien) 1859 gab dem Schweizer Henri Dunant den Anlass, das Rote Kreuz zu gründen. Die Benennung erfolgte auf Antrag des Roten Kreuzes Dudweiler.

Ⓢ *Dudweiler* Ⓓ *Geisenkopf* *66125* ↔ *290 Meter* *53 Einwohner*
verbindet Am Geisenberg und Scheidter Straße Ⓠ *DuStr*

Sonnenbergstraße – Die Straße führt auf den Sonnenberg, ein nach Südosten steil abfallender Hang des Stiftswaldes, ca. 330 m ü. NN. In vorchristlicher Zeit keltische Besiedlung, heute Standort der SHG-Kliniken mit den Schwerpunkten Psychiatrie und Geriatrie. Der Berg hat seinen Ende des 19. Jahrhunderts erstmals erwähnten Namen von der sonnenexponierten Lage.

Ⓢ *Güdingen* Ⓓ *Schönbach* *66119* ↔ *1449 Meter* *< 30 Einwohner*
Seitenstraße der Großblittersdorfer Straße zum Klinikgelände Ⓠ *Bau, LHS, Phi, Schi2*

Sonnenhügel – Zwischen 1956 und 1969 errichtete die Baugemeinschaft der Kriegsopfer Sonnenhügel e.V. hier eine Wohnsiedlung. Die Namensgebung dürfte der sonnigen Lage geschuldet sein.

Ⓢ *Malstatt* Ⓓ *Rußhütte* *66113* ↔ *228 Meter* *147 Einwohner*
Seitenstraße der Steinbachstraße (Siedlung Sonnenhügel) Ⓠ *Fry, LHS, Phi*

Sonnenweg – Die Namensgebung dürfte dem ziemlich exakten Verlauf nach Süden und der damit einhergehenden Sonnenexposition geschuldet sein.

Ⓢ *Alt-Saarbrücken* Ⓓ *Triller* *66119* ↔ *218 Meter* *51 Einwohner*
verbindet über Eck Lerchesflurweg und Spichererbergstraße Ⓠ *Phi*

Sophienstraße – Sophie Danco: Ehefrau des königlichen Regierungs- und Baurates Alfred Danco. Dieser wurde Ende des 19. Jahrhunderts von Malstatts Bürgermeister Wilhelm Meyer für die Planung der St. Johanner Straße geehrt, indem eine Seitenstraße nach seiner Frau benannt wurde. Zeitweise wohnten die Dancos auch in dieser Straße.

Ⓢ *St. Johann* Ⓓ *Hauptbahnhof* *66111* ↔ *68 Meter* *0 Einwohner*
verbindet Trierer und St. Johanner Straße Ⓠ *Adr, Frau, LHS*

Sophie-Scholl-Straße – Sophie (Sophia Magdalena) Scholl (9.5. 1921 - 22.2.1943): Studentin und Mitglied der Widerstandsbewegung „Weiße Rose", wurde beim Verteilen von Flugblättern an der Universität München verraten und wenige Tage später enthauptet.

Ⓢ *St. Arnual* Ⓓ *Winterberg* *66119* ↔ *76 Meter* *37 Einwohner*
verbindet Klara-Marie-Faßbinder-Straße und Alte Artilleriekaserne Ⓠ *Lex, Adr*

S

Sperberweg – Sperber: Raubvogel aus der Familie der Habichtartigen, in Europa und Asien verbreitet.

Bildet mit Falkenweg ein sinnhaftes Namenspaar.

Ⓢ *St. Johann* Ⓓ *Rotenbühl* *66123* ↔ *133 Meter* *36 Einwohner*
verbindet Am Kieselhumes und Kieselpfad Ⓠ *Lex*

Sperberweg – s. o.

Teil eines Viertels mit Straßennamen nach Vogelarten.

Ⓢ *Bübingen* Ⓓ *Bübingen* *66129* ↔ *135 Meter* *37 Einwohner*
Seitenstraße von Zum Forstberg Ⓠ *Lex*

Sperrnfeld – Der Flurname ist seit dem 17. Jahrhundert überliefert und könnte auf das mittelhochdeutsche Wort „sper" = hart zurückgehen, also harter Untergrund. Es könnte aber auch historisches Längenmaß (Sper) oder ein saisonal abgesperrter Bereich bzw. ein abgezäuntes Feld gemeint sein.

Ⓢ *Bübingen* Ⓓ *Bübingen* *66129* ↔ *127 Meter* *< 30 Einwohner*
Seitenstraße der Feldstraße Ⓠ *Lauf*

Spicherer Weg – Die Straße führt in Richtung des französischen Ortes Spicheren (Département Moselle, Région Grand-Est, ca. 3.200 Einwohner) und als wegeartige Fortsetzung den Spicherer Berg hinauf, der durch eine Schlacht im Deutsch-Französischen Krieg 1870 bekannt wurde.

Ⓤ *alte Bezeichnung „Weg nach Spichern"*

Ⓢ *St. Arnual* Ⓓ *Wackenberg* *66119* ↔ *515 Meter* *< 30 Einwohner*
Seitenstraße der Untertürkheimer Straße bis zur Staatsgrenze Ⓠ *Lex, Phi*

Spichererbergstraße – Die Straße führt in Richtung des Spicherer Berges, an dessen Hängen im August 1870 eine der ersten Schlachten im Deutsch-Französischen Krieg tobte, die zugunsten des Deutschen Reichs entschieden wurde. Ergebnis des ebenfalls gewonnenen Krieges war die Gründung des zweiten Deutschen Kaiserreiches.

Ⓤ *bis ca. 18. Jh. auch Forbacher Straße, 1940 - 1945 südl. Teil Westwallring*

Ⓢ *Alt-Saarbrücken* Ⓓ *Schloßplatz, Triller & Reppersberg* *66119*
↔ *1360 Meter* *341 Einwohner*
verbindet Franz-Josef-Röder-Straße, und Hohe Wacht Ⓠ *Joch, Phi, SU1*

Spitalstraße – Die Straße führt direkt auf das 1906 eingerichtete ehemalige Hüttenkrankenhaus der Halberger Hütte zu, heute SHG-Klinik Halberg mit Schwerpunkt Geriatrie.

Ⓢ *Brebach-Fechingen* Ⓓ *Neufechingen* ✉ *66130* ↔ *67 Meter* ♟ *< 30 Einwohner*
⌖ *Seitenstraße der Saarbrücker Straße* Ⓠ *Phi, Slo*

Sportplatzweg – Der Weg führt am 1931 erbauten Sportplatz Kieselhumes, der Sportanlage des SV Saar 05, entlang.

Ⓢ *St. Johann* Ⓓ *Rotenbühl* ✉ *66123* ↔ *211 Meter* ♟ *< 30 Einwohner*
⌖ *verbindet Kaiserslauterer Straße und Kohlweg* Ⓠ *Lex, Phi*

Sprebenwäldchen – Sprebe/Spräääb = mundartliche Bezeichnung für den Vogel Star. Hier soll das namensgebende Wäldchen den St. Johanner Bewohnern zugedacht sein, denen nachgesagt wurde, wie ein Star zu „zwitschern", also ihren Mund nicht halten zu können und schlagfertig zu sein.

Ⓢ *St. Johann* Ⓓ *Rotenbühl* ✉ *66123* ↔ *173 Meter* ♟ *< 30 Einwohner*
⌖ *Seitenstraße des Kohlweges* Ⓠ *Fry, LHS, SLWB*

Spreepfad – Spree: linker Nebenfluss der Havel, ca. 400 km lang. Entspringt im Lausitzer Bergland und fließt duch Brandenburg (Spreewald, Cottbus) und das Zentrums Berlins bis Spandau.

Teil eines Viertels mit Namen nach mittel- und ehemaligen ostdeutschen Städten und Gebieten, die nach dem Zweiten Weltkrieg Teile Polens, der Sowjetunion oder der ehemaligen DDR wurden. Bildet insbesondere mit Saale- und Ilmpfad eine sinnhafte Gruppierung.

Ⓢ *Eschberg* Ⓓ *Eschberg* ✉ *66121* ↔ *695 Meter* ♟ *0 Einwohner*
⌖ *verbindet Weimarer Straße und Mecklenburgring* Ⓠ *Lex*

St. Arnualer Markt – Zentraler und historischer Marktplatz des Dorfes St. Arnual, seit 1897 Stadtteil von Saarbrücken (mundartlich „Daarle"), welches nach dem Metzer Bischof Arnual/Arnoald (um 600) benannt wurde und davor Merkingen hieß (siehe Merkinger Straße).

Ⓢ *St. Arnual* Ⓓ *Wackenberg* ✉ *66119* ↔ *ca. 58x35 Meter* ♟ *31 Einwohner*
⌖ *verbindet Saargemünder und Odaker-/Augustinerstraße* Ⓠ *Lex, Phi*

St. Avolder Straße – Saint-Avold: französische Stadt im Département Moselle (Région Grand-Est) am westlichen Ende des lothringischen Kohlenbeckens, ca. 15.700 Einwohner. Wohn- und Handelsstadt.

Teil eines Viertels mehrerer Straßennamen nach Orten im lothringisch-luxemburgischen Grenzgebiet.

Ⓤ *bis 1945 Brenner Straße (nach dem Brenner in Tirol)*

Ⓢ *Alt-Saarbrücken* Ⓓ *Triller* 📮 *66117* ↔ *324 Meter* 🚹 *73 Einwohner*

⊕ *verbindet Metzer und Lothringer Straße* Ⓠ *Lex, Phi, SU1*

St. Avolder Straße – St. Avold s.o. Die Stadt Saint-Avold und die damals eigenständige Stadt Dudweiler gingen 1964 eine Städtepartnerschaft ein, die als eine der ersten deutsch-französischen Partnerschaften nach dem Zweiten Weltkrieg wegweisend war und bis heute besteht.

Ⓢ *Dudweiler* Ⓓ *Wilhelmshöhe-Fröhn & Mitte* 📮 *66125*

↔ *231 Meter* 🚹 *< 30 Einwohner*

⊕ *verbindet Sulzbachtal- und Bahnhofstraße* Ⓠ *DuStr*

St. Ingberter Straße – St. Ingbert: Mittelstadt im Saarland (Saarpfalz-Kreis, ehem. Kreisstadt), ca. 36.000 Einwohner. Im 9. Jahrhundert erstmals als Lendelfingen erwähnt, wurde St. Ingbert zu einem kleinen Verwaltungs- und Industriezentrum (v.a. Eisenindustrie). Heute Standort einiger größerer Industrie- und Dienstleistungsbetriebe (Festo, SAP), Verkehrsknotenpunkt und Wohngemeinde.

Teil eines Viertels mit Straßennamen nach Orten der bayerischen Pfalz (heute Saarpfalz und Pfalz).

Ⓤ *bis 1945 Tannenbergstraße (heute Polen, Schlachten 1410 und 1914)*

Ⓢ *St. Johann* Ⓓ *Rotenbühl* 📮 *66123* ↔ *810 Meter* 🚹 *332 Einwohner*

⊕ *verbindet Schwarzenberg- und Rentrischer Straße* Ⓠ *Lex, Phi, SU1*

St. Ingberter Straße – Die Straße führt in Richtung St. Ingbert (s.o.)

Ⓤ *frühere Bezeichnung Distriktstraße*

Ⓢ *Ensheim* Ⓓ *Ensheim* 📮 *66131* ↔ *279 Meter* 🚹 *< 30 Einwohner*

⊕ *verbindet Johann-/Haupt- und Flughafenstraße* Ⓠ *Gla, Phi*

St. Ingberter Straße – Die Straße führt in Richtung St. Ingbert (s. o.)

Ⓤ *früherer Name Winterbach*

Ⓢ *Dudweiler* Ⓓ *Pfaffenkopf, Kitten & Mitte* *66125*

↔ *1255 Meter* *412 Einwohner*

Seitenstraße der Sulzbachtalstraße, geht am Ortsrand in die L 250 über Ⓠ *DuStr*

St. Johanner Markt – Zentraler, im Mittelalter angelegter Marktplatz der nach Johannes dem Täufer benannten Ortschaft St. Johann (1322 nach heutiger Zeitrechnung Stadtrechte, im Barock durch F.J. Stengel stark verändert und 1979 zur Fußgängerzone umgebaut).

Ⓤ *alte Bezeichnung Marktplatz*

Ⓢ *St. Johann* Ⓓ *St. Johanner Markt* *66111* ↔ *167 Meter* *151 Einwohner*

verbindet Bahnhof- und Obertorstraße Ⓠ *Cen, Joch, Phi*

St. Johanner Straße – Nach der früheren Nachbarstadt und dem heutigen Stadtteil St. Johann benannt (siehe St. Johanner Markt).

Ⓢ *Jägersfreude* Ⓓ *Jägersfreude* *66125* ↔ *628 Meter* *252 Einwohner*

verbindet Eisenbahn- und Weiherstraße (Höhe Sulzbach) Ⓠ *DuStr, Phi*

St. Johanner Straße – Die Straße führt von Malstatt in Richtung St. Johann.

Ⓢ *St. Johann & Malstatt* Ⓓ *Hauptbahnhof & Unteres Malstatt* *66111, 66115*

↔ *1270 Meter* *588 Einwohner*

verbindet Breite Straße und Viktoriastraße teilweise durch einen Tunnel Ⓠ *LHS*

St. Wendeler Straße – St. Wendel: Kreisstadt im nördlichen Saarland, ca. 26.100 Einwohner. Benannt nach dem heiligen Wendalinus mit gleichnamiger Basilika aus dem 14. Jahrhundert. Kleines Zentrum für Handel (Märkte, Globus-Zentrale), Tourismus und Kultur.

Teil eines Viertels mit Straßennamen nach Orten in den nördlich gelegenen Tälern von Sulzbach, Blies und Nahe.

Ⓢ *Malstatt* Ⓓ *Rodenhof* *66113* ↔ *316 Meter* *120 Einwohner*

verbindet Heinrich-Köhl- und Neunkircher Straße Ⓠ *Lex*

Wegweisende Architektur von Vater und Sohn Böhm überragen das dazu passende Straßenschild.

St.-Albert-Straße – Benannt nach der Kirche St. Albert, die am nordwestlichen Ende der Straße zur Heinrich-Köhl-Straße hin steht. Die Kirche wurde 1952 - 1954 nach Plänen der Architekten Dominikus und Gottfried Böhm erbaut, ein markanter Bau der Nachkriegsarchitektur mit einzigartigen Stilelementen.

Ⓤ *bis 1963 Teil der Jägersfreuder Straße (Hausnummern ab Nr. 64 sind identisch geblieben!)*

Ⓢ *Malstatt* Ⓓ *Rodenhof* ✉ *66113* ↔ *247 Meter* 🚹 *96 Einwohner*

⊕ *verbindet Heinrich-Köhl- und Neunkircher Straße* Ⓠ *Lex, Phi*

St.-Barbara-Straße – Die heilige St. Barbara ist u.a. die Schutzpatronin der Bergleute (siehe Barbarastraße). Da sich die Straße mitten im ehemaligen Bergbaugebiet befindet, ist die Namensgebung eindeutig.

Ⓢ *Gersweiler* Ⓓ *Ottenhausen* ✉ *66128* ↔ *263 Meter* 🚹 *69 Einwohner*

⊕ *zweigt an zwei Stellen von der Kreisstraße ab (Siedlung Stangenmühle)* Ⓠ *Lex, Phi*

St.-Josef-Straße – Benannt nach der Kirche St. Josef am nordöstlichen Ende der Straße, erbaut 1908 - 1910 im neogotischen Stil. Die im Zweiten Weltkrieg teilweise zerstörte Turmspitze verleiht der Kirche ihr charakteristisches Aussehen als Landmarke.

Ⓤ *bis 1947 Friedrichstraße (Kaiser Friedrich III)*

Ⓢ *Malstatt* Ⓓ *Unteres Malstatt* *66115* ↔ *272 Meter* *251 Einwohner*

verbindet Breite und Franken-/Pfarrer-Bungarten-Straße Ⓠ *Adr, StJo*

Stadionweg – Der Fußweg verläuft südlich des 1953 eröffneten und seit 2016 wegen Grundsanierung geschlossenen Stadions Ludwigspark des 1. Fußballclubs Saarbrücken (1. FCS) und weiterer Sportplätze.

Ⓢ *Malstatt* Ⓓ *Rodenhof* *66113* ↔ *800 Meter* *0 Einwohner*

verbindet Camphauser und Heinrich-Köhl-Straße Ⓠ *Lex, Phi*

Stahlwerkstraße – Nach dem ehemals westlich gelegenen Gussstahlwerk benannt (heute IT-Park Saarland).

Ⓢ *Burbach* Ⓓ *Füllengarten* *66115* ↔ *124 Meter* *95 Einwohner*

verbindet Pfaffenkopf- und Neudorfer Straße Ⓠ *LHS, Stpl*

Starenstraße – Star: artenreiche Familie der Singvögel, zu den Sperlingsvögeln gehörend (ca. 120 Arten). Zumeist dunkles, oft glänzendes Gefieder, v.a. in Eurasien verbreitet.

Teil eines Viertels mit Straßennamen nach Vogelarten.

Ⓢ *Malstatt* Ⓓ *Rußhütte* *66113* ↔ *166 Meter* *62 Einwohner*

verbindet Rußhütter Straße und Drosselweg Ⓠ *Lex*

Stefanstraße – Im Rahmen der Recherchen zu diesem Buch konnte die männliche Person, deren Vornamen hier verwendet wird, nicht identifiziert werden. Da im Umfeld mehrere Straßennamen mit männlichen Vornamen existieren, ist auch eine beabsichtigte Gruppierung derselben denkbar.

Ⓢ *Klarenthal* Ⓓ *Klarenthal* *66127* ↔ *200 Meter* *31 Einwohner*

verbindet Am Sportplatz und Grubenweg Ⓠ

Steigerweg – Steiger: Aufsichtsperson im Bergbau, die einen Teil des Bergwerks verantwortet und damit auch Führungskraft für die darin arbeitenden Personen. Der Begriff Steiger kommt vom ursprünglichen „Einsteigen" in einen Schacht bzw. Stollen.

Teil eines Viertels mit Straßennamen nach bergmännischen Begriffen (Nähe zum Dellbrückschacht).

Ⓢ *Klarenthal* Ⓓ *Klarenthal* ✉ *66127* ↔ *43 Meter* 🕴 *< 30 Einwohner*
⊕ *Seitenstraße des Mühlenfeldes* Ⓠ *Lex*

Steinacker – Flurbezeichnung, die auf das Vorkommen von Muschelkalksteinen hinweist, die hier gebrochen bzw. abgebaut wurden, um in Kalköfen am unteren Geisberg (zwischen Birkenstraße und Grumbachtalweg) und in der heutigen Gartenstraße (Ersterwähnung 1615) gebrannt zu werden. Mit über 330 m ü. NN bietet der Steinacker eine gute Fernsicht und trägt den Wasserturm als Bischmisheimer Landmarke.

Ⓢ *Bischmisheim* Ⓓ *Bischmisheim* ✉ *66132* ↔ *930 Meter* 🕴 *86 Einwohner*
⊕ *Seitenstraße des Geisberges/der Kirchstraße mit Abzweigung und wegeartiger Verlängerung*
Ⓠ *Bisch, Karg*

Steinbachstraße – Der Steinbach ist ein knapp 5 km langer, rechter Zufluss des Fischbachs, der ca. 1,3 km nördlich des Straßenverlaufs mündet. Er entspringt im Saarkohlenwald südöstlich der Autobahnanschlussstelle Riegelsberg der A1 und führt aus dem Karbongestein gelöste Steine mit sich. Das Steinbachtal im „Urwald vor den Toren der Stadt" war früher bergbaulich geprägt und ist jetzt als „Tal der Stille" bekannt.

Ⓢ *Malstatt* Ⓓ *Rußhütte* ✉ *66113* ↔ *304 Meter* 🕴 *64 Einwohner*
⊕ *Seitenstraße von Am Hof (Siedlung Sonnenhügel)* Ⓠ *LHS, Phi*

Steinbruchweg – Die Namensgebung dürfte an eine alte Wegeverbindung in umliegende Kalksteinbrüche (z. B. am Birzberg und in der Hahnenklamm) erinnern. Um die Straße herum befanden sich im Laufe der Zeit auch mehrere Kalkbrennöfen an verschiedenen Standorten.

Ⓢ *Bübingen* Ⓓ *Bübingen* ✉ *66129* ↔ *142 Meter* 🕴 *66 Einwohner*
⊕ *Seitenstraße der Bliesransbacher Straße mit Abzweigung* Ⓠ *Lauf, Phi*

Steinhübel – Die seit dem 17. Jahrhundert unveränderte Flurbezeichnung weist auf steinige Verhältnisse im Untergrund hin (z. B. harte Partien im Buntsandstein oder kieselführende Schichten, siehe Am Kieselhumes).

Ⓢ St. Johann Ⓓ Rotenbühl 66123 ↔ 358 Meter 210 Einwohner
Seitenstraße der St. Ingberter Straße Ⓠ Bau, Phi

Steinmetzstraße – Karl Friedrich von Steinmetz (27.12.1796–4.8.1877): preußischer Generalfeldmarschall. Teilnahme als 74-Jähriger am Deutsch-Französischen Krieg, Anordnung des Sturms auf die Spicherer Höhen und Teilnahme an den Schlachten von Colombey und Gravelotte. Handelte jedoch oft eigenmächtig, was seine Versetzung zur Folge hatte. Liegt in der Nähe eines Viertels mit Straßennamen nach militärischen Befehlshabern des Deutsch-Französischen Krieges.

Ⓢ Alt-Saarbrücken Ⓓ Bellevue 66117 ↔ 77 Meter 32 Einwohner
verbindet Graf-Simon- und Pfählerstraße Ⓠ Lex, LHS

Steinstraße – Heinrich Friedrich Karl Reichsfreiherr von und zum Stein (25.10.1757–29.6.1831): preußischer Beamter, Politiker und Reformer. Unter anderem Wirtschafts- und Finanzminister in Berlin und Verwalter der von Napoléon I zurückeroberten Gebiete. Befürworter eines dezentralen, föderalen Staatssystems.

Ⓢ Malstatt Ⓓ Unteres Malstatt 66115 ↔ 221 Meter 234 Einwohner
verbindet Breite und Wiesenstraße Ⓠ Lex, LHS

Stengelstraße – Friedrich Joachim Michael Stengel (29.9.1694–10.1.1787): deutscher Architekt und Baumeister des Barock aus Sachsen-Anhalt. War ab 1735 für Fürst Wilhelm Heinrich zu Nassau-Saarbrücken tätig und hat in Saarbrücken und St. Johann intensiv gewirkt, als Stadtplaner und Architekt: u. a. Neubau des Schlosses, Bau der Friedenskirche, der heutigen Basilika St. Johann und ab 1763 des Ensembles Ludwigsplatz und Ludwigskirche – unweit der nach ihm benannten Straße.

Ⓤ Teilstück zw. Kepler- u. Eisenbahnstraße ca. 1935–45: Dryanderstraße (Hofmaler)

Ⓢ Alt-Saarbrücken Ⓓ Schloßplatz 66117 ↔ 574 Meter 423 Einwohner
verbindet Wilhelm-Heinrich-Brücke/Saaruferstraße und Heuduckstraße Ⓠ Cen, Lex, Phi

S

Stephanstraße – Heinrich von Stephan (7.1.1831 - 8.4.1897): preußischer Generalpostmeister des Deutschen Reiches, Organisator der Reichspost, Initiator des Weltpostvereins. Anlass zur Namensgebung ist das hier ansässige Postamt.

Ⓢ St. Johann Ⓓ Nauwieser Viertel & St. Johanner Markt ✉ 66111
↔ 78 Meter 🚶 32 Einwohner
⊕ verbindet Dudweilerstraße und Rathausplatz/Betzenstraße Ⓠ Lex, LHS

Schilderbaum auf dem Eschberg: Der Pfeil zeigt an, dass die Straßen in dieser Richtung zu erreichen sind.

Stettiner Straße – Stettin (polnisch Szczecin): Hauptstadt Westpommerns in Polen, ca. 405.000 Einwohner. Liegt an der Mündung der Oder in die Ostsee an der deutschen Grenze, Universitätsstadt und bedeutende Hafen- und Industriestadt.

Teil eines Viertels mit Namen nach mittel- und ehemaligen ostdeutschen Städten und Gebieten, die nach dem Zweiten Weltkrieg Teile Polens, der Sowjetunion oder der ehemaligen DDR wurden.

Ⓢ Eschberg Ⓓ Eschberg ✉ 66121 ↔ 576 Meter 🚶 245 Einwohner
⊕ Seitenstraße des Schlesienringes mit Abzw. Ⓠ Lex, LHS

Steubenstraße – Friedrich Wilhelm von Steuben (15.9.1730–28.11.1794): preußischer Offizier und US-amerikanischer General. Er diente u. a. Friedrich dem Großen und nach seiner Auswanderung 1777 Päsident George Washington.

Ⓢ *Alt-Saarbrücken* Ⓓ *Triller* *66119* ↔ *78 Meter* *< 30 Einwohner*
verbindet Lerchesflurweg und Karl-Schurz-Straße mit Wegeverbindung zur Stieringer Straße
Ⓠ *Lex, LHS*

Stieringer Straße – Stieringen: heute Ortsteil der Gemeinde Stiring-Wendel (ca. 12.300 Einwohner), direkt an der Grenze zu Saarbrücken im Département Moselle (Région Grand-Est). Geprägt von Eisenindustrie und Kohlebergbau, Geburtsort der Sängerin Patricia Kaas.
Die Benennung könnte richtungsweisend (Straßenfortsetzung in Form der Metzer Straße führt Richtung Stieringen) oder im Zusammenhang mit dem südlich liegenden Viertel mit Straßennamen nach Orten des lothringisch-luxemburgischen Grenzgebietes zu sehen sein.

Ⓤ *bis 1945 Fröschweiler Straße (Ort im Elsass, Schlacht 1870)*
Ⓢ *Alt-Saarbrücken* Ⓓ *Triller* *66119* ↔ *556 Meter* *219 Einwohner*
verbindet Metzer Straße/Lerchesflurweg und Höhenpfad Ⓠ *Lex, LHS, SU1*

Stiftsgasse – Führt zu einem Gelände des Stiftes St. Arnual, auf dem seit Ende des 14. Jahrhunderts die Stiftskirche steht (siehe Odakerstraße).

Ⓢ *St. Arnual* Ⓓ *Wackenberg* *66119* ↔ *36 Meter* *< 30 Einwohner*
verbindet Saargemünder und Bruchstraße (Fußweg) Ⓠ *Lex, LHS, Phi*

Stiftstreppe – Führt vom Wackenberg zum o. g. Gelände des Stiftes St. Arnual.

Ⓢ *St. Arnual* Ⓓ *Wackenberg* *66119* ↔ *64 Meter* *0 Einwohner*
verbindet Rubens-/Sigebertstraße und Saargemünder Straße Ⓠ *LHS, Phi*

S

Stockenbruch – In Jahrhunderten vor der Besiedlung war hier feuchte Landschaft (Bruch = Sumpf) mit niedriger Vegetation (Hecken etc., mittelhochdeutsch „stoc" = Baumstamm, Baumstumpf) anzutreffen. Senkrecht zur Straße westlich des Rundhochhauses war eine auf einigen Stadtplänen um 1950 eingezeichnete Offenbach-, zuvor Körnerstraße geplant, die so nie umgesetzt wurde.

Ⓤ *bis 1947 Nettelbeckstraße (preuß. Volksheld)*

Ⓢ *St. Arnual* Ⓓ *Winterberg* 📮 *66119* ↔ *250 Meter* 🚹 *135 Einwohner*

⊕ *verbindet Lützow- und Scharnhorststraße* Ⓠ *Bau, LHS*

Stollenweg – Stollen: waagerechter oder leicht geneigter Grubenbau. Vor Einführung des Schachtbergbaus im 19. Jahrhundert wurde die meiste Kohle über Stollen aus dem Berg transportiert, so auch in der Umgebung der Straße, wo für die Grube Gerhard Stollenanlagen gebaut wurden.

Ⓢ *Altenkessel* Ⓓ *Altenkessel* 📮 *66126* ↔ *136 Meter* 🚹 *43 Einwohner*

⊕ *verbindet Köhlerweg und Gartenstraße* Ⓠ *Altk, Lex, Phi*

Straßburger Straße – Straßburg (französisch Strasbourg): Großstadt im Elsass, ca. 277.000 Einwohner, Hauptstadt der Région Grand-Est und u. a. Sitz des Europäischen Parlamentes („Hauptstadt Europas"). Berühmt ist die historische Altstadt mit dem gotischen Münster und dem pittoresken Viertel „Petite France". Universität, Binnenhafen, innovatives Straßenbahnnetz.

Teil eines Viertels mit Straßennamen nach elsässischen Orten.

Ⓢ *Burbach* Ⓓ *Ottstraße* 📮 *66115* ↔ *167 Meter* 🚹 *121 Einwohner*

⊕ *verbindet Odilienberg- und Molsheimer Straße* Ⓠ *Lex, LHS*

Sprachlosigkeit: War der 13.1.1935 wirklich ein Tag, an den man erinnern soll?

Straße des 13. Januar – Am 13. Januar 1935 fand im damaligen Saargebiet eine Volksabstimmung statt, in Folge derer das durch den Völkerbund verwaltete Gebiet wieder Teil des Deutschen Reiches und damit nationalsozialistisch regiert wurde. Über 90 % der Bevölkerung stimmte für die Vereinigung mit dem Deutschen Reich. Vorausgegangen war eine emotionale Propaganda („Heim ins Reich"). Die Benennung der Straße ist bis heute sehr umstritten. Die leeren Straßenschilder, u. a. gegenüber des Kraftwerkes, stammen von der Künstlerin Mia Unverzagt (1999) und sollen die „Sprachlosigkeit" aufgrund der Benennung symbolisieren.

Ⓤ *bis 1945 13.-Januar-Straße, 1945 kurzzeitig Schlachthofstraße, dann St. Arnualer Straße bis 1957*

Ⓢ *St. Johann* Ⓓ *Kaninchenberg* *66121* ↔ *436 Meter* *< 30 Einwohner*

verbindet Mainzer- und Bismarckstraße Ⓠ *Int, Cen, Lex, Phi, SU1*

S

Strombergweg – Stromberg: ursprünglicher Name des Kaninchenberges, der wahrscheinlich so hieß, weil schmale, langgestreckte Feldparzellen ihn „gestromt" = gestreift erscheinen ließen.

Ⓤ *bis 1993 Akazienweg*

Ⓢ *St. Johann* Ⓓ *Kaninchenberg* *66121* ↔ *232 Meter* *33 Einwohner*

Seitenstraße des Eschbergerweges Ⓠ *Bau*

Stromstraße – Die Straße führt entlang des Stroms (= Fluss, der mindestens 500 km lang ist und ins Meer mündet). Da die Saar nicht wirklich als solcher angesehen kann, ist die Benennung heute irreführend.

Ⓢ *Malstatt* Ⓓ *Unteres Malstatt* *66115* ↔ *419 Meter* *198 Einwohner*
verbindet Wiesen- und Breite Straße Ⓠ *Lex, LHS*

Stuhlsatzenhausweg – Die Straße führt zum Stuhlsatzenhaus, einer 1870 konzessionierten und 2018 noch bestehenden Ausflugsgaststätte, die leider abgerissen werden soll. Sie wurde nach Nikolaus Stuhlsatz benannt, der im 18. Jahrhundert hier Hüter eines Torhauses zu den Jagdrevieren des Fürsten Ludwig zu Nassau-Saarbrücken war.

Ⓢ *St. Johann* Ⓓ *Universität* *66123* ↔ *2870 Meter* *< 30 Einwohner*
verbindet Meerwiesertal-/Waldhausweg und Dudweilerstraße (Scheidt)/L251 Ⓠ *Phi*

Stummstraße – Benannt nach der Industriellenfamilie Stumm-Halberg, die zeitweise u.a. die Hüttenwerke in Brebach und Neunkirchen besaßen. Vor allem der politisch aktive Carl Ferdinand von Stumm-Halberg (1836–1901) war eine prägende Persönlichkeit. Auf ihn gehen u.a. das oberhalb befindliche Schloss Halberg und die am Ende der Straße stehende, inzwischen entweihte Stumm'sche Kirche zurück.

Ⓤ *1947–ca. 1956 Halbergstraße*

Ⓢ *Brebach-Fechingen* Ⓓ *Brebach* *66130* ↔ *859 Meter* *< 30 Einwohner*
Seitenstraße der Saarbrücker Straße Ⓠ *Lex, Phi, Wesz*

Südring – Zusammen mit der Untertürkheimer Straße bildet der Südring die ringförmige Haupterschließung des Saarbrücker Industriegebietes Süd.

Ⓢ *Alt-Saarbrücken* Ⓓ *Glockenwald* *66117* ↔ *1325 Meter* *0 Einwohner*
verbindet Metzer und Untertürkheimer Straße Ⓠ *Phi*

Sudstraße – Benannt nach dem ehemals hier stehenden Sudhaus (Haus zum Verdampfen der Sole = Siede-/Sudhaus), welches im Verlauf der Straße neben dem Salzgradierwerk als Einrichtung zur Salzgewinnung von 1730 bis 1736 diente. Das Gradierwerk verlief in einer Länge von etwa 350 m ungefähr parallel zur heutigen Sudstraße.

Ⓢ Dudweiler Ⓓ Dudweiler Mitte & Flitsch ✉ 66125
↔ 317/226 Meter 🚶 214 Einwohner
⊕ 1. Teil: verbindet Am Neuhauser Weg und Fischbachstraße; 2. Teil: Seitenstraße der Rehbachstraße Ⓠ DuStr, Jüng, Lex

Alt und neu: Beide Schilder weisen noch den Weg.

Sulzbachstraße – Die Straße verläuft parallel zum inzwischen großteils unterirdisch kanalisierten Sulzbach. Dieser hat seinen Namen von der Salzgewinnung im Sulzbachtal (vgl. Sulzbacher Salzbrunnenhaus und Sudstraße). Er entsteht durch Zusammenfluss von Moorbach und Ruhbach bei Schnappach und mündet in Höhe der Berliner Promenade in die Saar.

Ⓤ ca. 1925 – 1935 Friedrich-Ebert-Straße
Ⓢ St. Johann Ⓓ Hauptbahnhof ✉ 66111 ↔ 705 Meter 🚶 462 Einwohner
⊕ verbindet Schubert- und Bahnhofstraße Ⓠ Cen, Lex, Phi, Schl

Sulzbachtalstraße – Die Straße ist die Haupterschließungsstraße im Tal des Sulzbaches (s. o.).

Ⓤ *bis 1893 Chaussee, im 20. Jh. abschnitts- und zeitweise Umbenennung in Provinzial-, Saarbrücker, Adolf-Hitler- und Rathausstraße*

Ⓢ *Dudweiler & Jägersfreude* Ⓓ *Jägersfreude, Wilhelmshöhe-Fröhn, Dudweiler Mitte, Flitsch & Kitten* *66125* ↔ *4130 Meter* *585 Einwohner*

verbindet Hauptstraße (Jägersfreude) und verläuft bis zur Stadtgrenze Sulzbach

Ⓠ *DuStr, Phi*

Suppengasse – Der Begriff „Suppe" soll hier quasi als Konnotation (mehrdeutig auslegbar) für ein Gebiet (Vorstadt) stehen, in dem früher arme Leute wohnten: Diese ernährten sich aufgrund ihrer schmalen Einkommenssituation überwiegend von günstiger Suppe. Die heutige Treppe war bis in die 70er Jahre hinein eine Gasse, die im Zuge des massiven Stadtumbaus dort als solche verschwunden ist.

Ⓢ *Alt-Saarbrücken* Ⓓ *Schloßplatz* *66117* ↔ *36 Meter* *0 Einwohner*

verbindet Vorstadtstraße und Trillerweg (Treppenanlage mit Telemach-Skulptur) Ⓠ *Phi*

Tälchenberg – Die Namensgebung dürfte sich auf das kleine Tal bzw. den kleinen Einschnitt weiter westlich in der Verlängerung der Schwester-Gottfrieda-Straße beziehen.

Ⓢ *Ensheim* Ⓓ *Ensheim* *66131* ↔ *200 Meter* *62 Einwohner*

Seitenstraße der Rudolf-Wilhelm-Straße mit Wegeverbindung zum Tälchenring Ⓠ *Phi*

Tälchenring – s. o., die Namensgebung als Ring lässt sich von der derzeitigen Straßenform nicht ablesen und weist darauf hin, dass der Endausbau der Straße einmal als Ring weiter nach Osten geplant war oder noch umgesetzt werden soll.

Ⓢ *Ensheim* Ⓓ *Ensheim* *66131* ↔ *103 Meter* *< 30 Einwohner*

Seitenstraße der Rudolf-Wilhelm-Straße mit Wegeverbindung zum Tälchenberg Ⓠ *Phi*

Talstraße – Die Straße verläuft in einem kleinen Seitental des Sulzbachtals und trägt passenderweise die volkstümliche Bezeichnung „Im Loch".

Bildet mit der Bergstraße ein sinnhaftes Namenspaar.

Ⓢ *Herrensohr* Ⓓ *Herrensohr* *66125* ↔ *328 Meter* *74 Einwohner*
Seitenstraße der Eisenbahnstraße Ⓠ *DuStr, Phi*

Talstraße – Die Straße führt bergab ins Tal des Frommersbaches.

Ⓢ *Altenkessel* Ⓓ *Altenkessel* *66126* ↔ *173 Meter* *46 Einwohner*
verbindet Luisenthaler und Altenkesseler Straße (Völklingen) Ⓠ *Phi*

Talstraße – Die Straße neigt sich westwärts in ein kleines Tälchen, in dem ein Seitenbächlein des Gehlenbaches entspringt, das nordwärts fließt.

Ⓢ *Klarenthal* Ⓓ *Klarenthal* *66127* ↔ *284 Meter* *53 Einwohner*
zweigt an zwei Stellen halbkreisförmig von der Karlstraße ab Ⓠ *Phi*

Talstraße – Die Straße verläuft talseits um einen Bergsporn herum bzw. verläuft nach Norden bergab. Auf diesem liegt die als sinnhaftes Gegenstück zu sehende Bergstraße.

Ⓤ *früher auch mundartl. Atzelsgasse (Atzel = Elster)*

Ⓢ *Gersweiler* Ⓓ *Gersweiler Mitte* *66128* ↔ *572 Meter* *171 Einwohner*
Seitenstraße der Hauptstraße mit Abzweigung und Wegeverbindung zur Waldstraße
Ⓠ *Gers, Phi*

Talstraße – Die Straße verläuft vom Schlossfelsen hinab an der südlichen Grenze des Saartals zum steilen Hang des Trillers, Nuß- und Reppersbergs entlang. Dieses Tal wurde früher Rauschental genannt, nach einem reichlich Wasser führenden (rauschenden) Waschbrunnen.

Ⓤ *früher auch Talgasse*

Ⓢ *Alt-Saarbrücken* Ⓓ *Schloßplatz & Reppersberg* *66119*
↔ *976 Meter* *571 Einwohner*
verbindet Schloßplatz/Vorstadt- und Feldmann-/Saargemünder Straße
Ⓠ *Bau, Joch, LHS, Phi*

T

Talweg – Die Straße führt von Bischmisheim „auf der Höh'" hinab ins Wieschbachtal.

Ⓢ *Bischmisheim* Ⓓ *Bischmisheim* *66132* ↔ *247 Meter* *55 Einwohner*
verbindet In der Hamm und Ensheimer Weg Ⓠ *Phi*

Talweg – Die Straße führt durch das Tal des nördlich parallel fließenden Saarbaches.

Ⓢ *Brebach-Fechingen* Ⓓ *Fechingen* *66130* ↔ *398 Meter* *171 Einwohner*
Seitenstraße der Provinzialstraße Ⓠ *Phi*

Tannenstraße – Tanne: Pflanzengattung der Kieferngewächse. Nadelbäume, die mit über 40 Arten auf der Nordhalbkugel in Gebirgsregionen der gemäßigten Zonen vorkommt. V. a. die Nordmann-Tanne wird als klassischer, häufig gezüchteter Weihnachtsbaum genutzt.

Teil eines Viertels mit Straßennamen nach Baumarten.

Ⓢ *Bübingen* Ⓓ *Bübingen* *66129* ↔ *334 Meter* *45 Einwohner*
Seitenstraße der Waldstraße mit 2 Abzweigungen (Bübinger Berg) Ⓠ *Lex*

Tannenstraße – s. o.

Teil eines Viertels mit Straßennamen nach Strauch- und Baumarten.

Ⓢ *Burbach* Ⓓ *Füllengarten* *66115* ↔ *27 Meter* *< 30 Einwohner*
verbindet Im Füllengarten und Lindenstraße Ⓠ *Lex*

Tannenstraße – s. o.

Teil eines Viertels mit Straßennamen nach Bäumen und Blumen.

Ⓢ *Gersweiler* Ⓓ *Neu-Aschbach* *66128* ↔ *171 Meter* *42 Einwohner*
verbindet Nelken- und Rosenstraße Ⓠ *Lex*

Tannenweg – s. o.

Teil eines Viertels mit Straßennamen nach Baumarten.

Ⓢ *Güdingen* Ⓓ *Alt-Güdingen* *66130* ↔ *141 Meter* *37 Einwohner*
Seitenstraße des Rosseler Weges Ⓠ *Lex*

Tannenweg – s. o.
Da hier keine Gruppierung mit anderen Straßennamen nach Baumarten vorliegt, ist die Nähe zum Wald und damit auch der Bewuchs der Gegend mit Nadelbäumen namensgebend (Hang zur Scheidter Straße).

Ⓢ *Dudweiler* Ⓓ *Pfaffenkopf* *66125* ↔ *183 Meter* *34 Einwohner*
zweigt an 2 Stellen winkelförmig von der Pfaffenkopfstraße ab Ⓠ *DuStr, Lex*

Tanzrech – Der Flurname Rech kommt aus dem Mittelhochdeutschen und kann in aller Regel als abschüssiges Stück Land, als grasbewachsener Abhang gedeutet werden. Das vorangestellte Wort „Tanz" könnte darauf hindeuten, dass der Platz von der Dorfgemeinschaft zum Tanzen benutzt wurde.

Ⓢ *Bischmisheim* Ⓓ *Bischmisheim* *66132* ↔ *147 Meter* *35 Einwohner*
verbindet Haupt- und Blumenstraße mit Abzweigung Ⓠ *Lagis, PfWB, Phi*

Taubfeld – Die Flurbezeichnung „Taubhaus(feld)" ist seit dem 15. Jahrhundert überliefert und wird sehr unterschiedlich gedeutet, z. B. als Taubenhaus/Taubenschlag oder als einem Taubenhaus ähnlicher Aussichtsturm. Viel wahrscheinlicher ist jedoch, dass die Namensgebung im Zusammenhang mit dem ehemals nahe gelegenen Kotten = Siechenhaus (isolierte Einrichtung für Menschen mit ansteckenden Krankheiten wie Aussatz, sog. „Gutleute", siehe Lyonerring) gesehen werden muss. „Taubhaus" wird demnach auch als „Beinhaus" bezeichnet, in dem die Gebeine der verstorbenen Aussätzigen untergebracht wurden. Auch ein Friedhof und eine Kapelle sollen zum Ensemble gehört haben. Der Kotten bzw. das Siechenhaus stand in etwa an der heutigen Ecke Arndt-/Mainzer Straße.

Ⓢ *St. Johann* Ⓓ *Kaninchenberg* *66121* ↔ *351 Meter* *< 30 Einwohner*
verbindet Straße des 13. Januar und Heinrich-Böcking-Straße Ⓠ *Bau*

T

Tauentzienstraße – Friedrich Heinrich Bogislaw Graf Tauentzien von Wittenberg (10.7.1789 - 6.11.1854): preußischer Generalmajor. Kämpfte in den Befreiungskriegen in Mitteldeutschland gegen Napoléon I.
Bildet mit Bülowstraße ein sinnhaftes Namenspaar.

Ⓢ *Malstatt* Ⓓ *Jenneweg* *66113* ↔ *314 Meter* *206 Einwohner*
verbindet Wendel-Schorr- und Bülowstraße Ⓠ *Lex, LHS*

Taunusstraße – Taunus: deutsches Mittelgebirge in den Bundesländern Hessen und Rheinland-Pfalz. Südöstlicher Teil des Rheinischen Schiefergebirges zwischen Rhein, Lahn und Main. Höchste Erhebung: Großer Feldberg (879 m ü.NN).

Teil eines Viertels mit Straßennamen nach rheinland-pfälzischen Orten bzw. Landschaften und deutschen Mittelgebirgen.

Ⓢ *Malstatt* Ⓓ *Jenneweg* *66113* ↔ *370 Meter* *325 Einwohner*
verbindet Jenneweg und Hunsrückstraße Ⓠ *Lex*

Thalmühle – Die seit dem 18. Jahrhundert bestehende Mühle wurde von der Abtei Wadgassen gegründet und nach ihrer Lage im Wogbachtal benannt. Die alte Schreibweise von Tal mit „h" ist hier im Eigennamen wie bei vielen Orten noch überliefert, aber seit einer Rechtschreibreform von 1901 nicht mehr gebräuchlich.

Ⓢ *Ensheim* Ⓓ *Ensheim* *66132* ↔ *k.A.* *< 30 Einwohner*
im Wogbachtal gelegenes Hofgut Ⓠ *Klau, Lex*

Theodor-Heuss-Straße – Theodor Heuss (31.1.1884 - 12.12.1963): deutscher Journalist und Politikwissenschaftler. War langjähriger aktiver, liberaler Politiker und wurde 1948 Gründungsvorsitzender der FDP 1949 - 1959 erster deutscher Bundespräsident.

Ⓢ *St. Arnual* Ⓓ *Winterberg* *66119* ↔ *2005 Meter* *303 Einwohner*
verbindet Julius-Kiefer-Straße und Winterberg Ⓠ *Lex*

Theodor-Heuss-Straße – s. o.

Ⓢ *Scheidt* Ⓓ *Scheidt* *66133* ↔ *219 Meter* *64 Einwohner*
verbindet Scheidterbergstraße und Hangweg mit Abzweigung Ⓠ *Lex*

Theodor-Heuss-Straße – s. o.

Ⓢ *Güdingen* Ⓓ *Alt-Güdingen* *66130* ↔ *762 Meter* *63 Einwohner*
verbindet Kurt-Schumacher- und Bühler Straße Ⓠ *Lex*

Theodor-Körner-Straße – Carl Theodor Körner (23.9.1791 - 26.8. 1813): deutscher Bergmann, Dichter und Dramatiker. Trat im Kampf gegen Napoléon I dem Lützow'schen Freikorps bei (siehe Lützowstraße) und fiel in einer Schlacht in Mecklenburg. Wurde anschließend als Volksheld gefeiert.
Teil eines Viertels mit Straßennamen nach deutschen Schriftstellern.

Ⓢ *Dudweiler* Ⓓ *Geisenkopf* ✉ *66125* ↔ *204 Meter* *101 Einwohner*
Seitenstraße der Gärtnerstraße Ⓠ *Lex*

Theodor-Storm-Straße – Hans Theodor Woldsen Storm (14.9.1817 - 4.7.1888): deutscher Jurist, Richter, Schriftsteller. Als Autor war er ein Vertreter des deutschen Realismus und schrieb u. a. Novellen wie Pole Poppenspäler und Der Schimmelreiter sowie Lyrik.
Teil eines Viertels mit Straßennamen nach deutschen Schriftstellern.

Ⓢ *Dudweiler* Ⓓ *Dudweiler Mitte & Süd* ✉ *66125* ↔ *685 Meter* *132 Einwohner*
verbindet Beethoven- und Sulzbachtalstraße Ⓠ *DuStr, Lex*

Theodorstraße – Der Namensgeber oder -anlass ist unklar bzw. die Zuordnung zu einer bestimmten Person nicht geklärt.

Ⓤ *bis 1921 Nagelgasse (nach ehem. Nagelschmiede)*

Ⓢ *Dudweiler* Ⓓ *Flitsch* ✉ *66125* ↔ *105 Meter* *< 30 Einwohner*
Seitenstraße der Fischbachstraße Ⓠ *Are, DuStr*

Theresienstraße – Wenige Meter von der Straße entfernt lag das katholische Schwesternheim in der Kirchenstraße, welches bis 1936 nach der heiligen Theresia von Lisieux Theresienheim genannt wurde. Es wurde in St. Josef umbenannt.

Ⓢ *Gersweiler* Ⓓ *Gersweiler Mitte & Ottenhausen* ✉ *66128*
↔ *159 Meter* *38 Einwohner*
verbindet Haupt- und Kirchenstraße Ⓠ *Kug*

T

Theresienstraße – Therese Lüttgens (1883 - 1902): Tochter von Caroline und Theodor Peter Lüttgens (Fabrikbesitzer). Ihr früher Tod veranlasste die Eltern 1904 zur Stiftung des nach ihr benannten Kinderheimes, eröffnet durch die Schwestern vom Heiligen Geist 1906. Das unmittelbar nördlich der entsprechend benannten Straße gelegene Heim (Luisenthaler Straße) ist seit 1996 in Trägerschaft der Caritas (cts): „Zentrum für heilpädagogische Kinder-, Jugend- und Familienhilfe".

Ⓢ *Burbach* Ⓓ *Hochstraße* *66115* ↔ *76 Meter* *< 30 Einwohner*
Seitenstraße der Merziger Straße Ⓠ *Frau, Int*

Thullenhausstraße – Johann Nickel Tull (ca. 1749 - 13.12.1814): ab 1787 Torwächter eines Tores (Katzenhecker Tor) zum Wald des Fürsten Ludwig zu Nassau-Saarbrücken, das später nach ihm in unterschiedlichen Schreibweisen „Thull/Tull/Tuhl -enhaus" benannt wurde.

Ⓢ *Herrensohr* Ⓓ *Herrensohr* *66115* ↔ *249 Meter* *51 Einwohner*
Seitenstraße der Jägerstraße Ⓠ *DuStr*

Thüringer Straße – Thüringen: Freistaat und Bundesland in Mitteldeutschland mit 2,2 Millionen Einwohnern, den Thüringern, ursprünglich ein frühmittelalterlicher Volksstamm. Hauptstadt Erfurt, zahlreiche Kulturgüter z. B. in Weimar und die Wartburg bei Eisenach.
Teil eines Viertels mit Straßennamen nach deutschen Ländern bzw. Volksstämmen.

Ⓤ *Ende der 1920er kurzzeitig Frauenhoferstraße (östl. Teilstück)*
Ⓢ *St. Johann* Ⓓ *Bruchwiese* *66121* ↔ *345 Meter* *257 Einwohner*
verbindet Halberg- und Preußenstraße Ⓠ *Lex, LHS*

Tiefentalweg – Der Flurname (auch „Diefenthal") ist selbsterklärend, denn der Ohligbach schneidet hier ein tiefes Tal mit steilen Flanken zu den benachbarten Höhenzügen ein.

Ⓢ *Güdingen* Ⓓ *Schönbach* *66119* ↔ *385 Meter* *0 Einwohner*
Seitenstraße der Großblittersdorfer Straße Ⓠ *Güd, LHS*

Tierbachstraße – Siehe Im Tierbachtal.

Ⓢ *Dudweiler* Ⓓ *Flitsch* *66125* ↔ *123 Meter* *< 30 Einwohner*
Seitenstraße der Fischbachstraße Ⓠ *DuStr*

Tifliser Platz – Nach der Saarbrücker Partnerstadt Tiflis (georgisch Tbilissi, auch „Tbilisser Platz“ genannt) benannt, ca. 1,1 Mio. Einwohner. 1975 kam es zur Städtepartnerschaft Saarbrückens mit Tiflis, der ersten Städtepartnerschaft einer westdeutschen mit einer sowjetischen Stadt. 1986 folgt eine Länderpartnerschaft zwischen dem Saarland und Georgien.

Ⓤ *bis 1976 Teil des Schillerplatzes*

Ⓢ *St. Johann* Ⓓ *St. Johanner Markt* ✉ *66111* ↔ *ca. 78x65 Meter* *0 Einwohner*
zwischen Alter Brücke und Schillerplatz gelegen Ⓠ *Int, Lex, LHS*

Tilsiter Straße – Tilsit: Stadt in der russischen Enklave Kaliningrad (russisch Sowetsk), ca. 42.000 Einwohner, Zusammenfluss der Flüsse Tilsit und Memel. Berühmt ist die Stadt einerseits für den Tilsiter Frieden 1806, aber auch für den nach ihr benannten Käse, der ab dem 18. Jahrhundert von Einwanderern (u. a. aus der Schweiz) hergestellt wurde.
Teil eines Viertels mit Namen nach mitteldeutschen und ehemaligen ostdeutschen Städten und Gebieten, die nach dem Zweiten Weltkrieg Teile Polens, der Sowjetunion oder der ehemaligen DDR wurden.

Ⓢ *Eschberg* Ⓓ *Eschberg* ✉ *66121* ↔ *656 Meter* *591 Einwohner*
verbindet Breslauer, Memeler Straße und Spreepfad mit Abzweigung und Fußwegen
Ⓠ *Lex, LHS*

Tilsiter Weg – s. o. Teil eines Viertels mit sechs Straßennamen nach mittel- und ehemaligen ostdeutschen Städten und Gebieten.

Ⓢ *Gersweiler* Ⓓ *Neu-Aschbach* ✉ *66128* ↔ *53 Meter* *< 30 Einwohner*
Seitenstraße der Königsberger Straße mit Wegeverbindung zur Breslauer Straße Ⓠ *Lex*

Tiroler Weg – Tirol: Region in den Alpen, im Westen Österreichs und im Norden Italiens. Die ehemalige Grafschaft wurde 1919 in Folge des Ersten Weltkrieges zwischen den beiden Staaten aufgeteilt. Bekannt sind beide Teile für Landwirtschaft (Wein, Obst, Käse u. a.) und Tourismus.
Teil eines Viertels teils nicht zusammenhängender Straßen mit Namensbezug zu (Süd-)Tirol, auch „Tiroler Viertel“.

Ⓤ *bis 1945 Dolomitenstraße (Gebirge in Südtirol), 1947 - 1957 Rosselweg*

Ⓢ *Alt-Saarbrücken* Ⓓ *Triller* ✉ *66117* ↔ *393 Meter* *113 Einwohner*
verbindet St. Avolder Straße und Am Franzenbrunnen Ⓠ *Lex, SU1*

Trarbacher Platz – Trarbach: Ortsteil der Stadt Traben-Trarbach an der Mosel im Landkreis Bernkastel-Wittlich (Rheinland-Pfalz), ca. 5.700 Einwohner. Bekanntes Heilbad, Tourismus und Weinanbau.
Teil eines Viertels mit Straßennamen nach rheinland-pfälzischen Orten im unteren Saartal und in der Gegend um Trier.

Ⓤ *bis 1945 Georg-Hecht-Platz („Bezwinger" der Türken bei Schlacht in Rumänien 1479)*

Ⓢ *Malstatt* Ⓓ *Rastpfuhl* ✉ *66113* ↔ *191 Meter* 🚶 *42 Einwohner*
⊕ *zwischen Wiltinger, Siebenbürger und Kanzemer Weg gelegen, mit Wegeverbindung zur Lebacher Landstraße* Ⓠ *Lex, LHS, SU1*

Trierer Straße – Trier: kreisfreie Großstadt in Rheinland-Pfalz an der Mosel, ca. 110.000 Einwohner. Als älteste deutsche Stadt wurde sie bereits vor über 2000 Jahren von den Römern gegründet (Augustum Treverorum) und beheimatet bis heute zahlreiche römische Baudenkmäler, u. a. Porta Nigra, Amphitheater, Kaisertherme. Bischofssitz, Universitätsstadt und Zentrum des Weinanbaus.

Ⓤ *1935 – 1945 Peter-Otto-Straße (erschossener SA-Mann aus Saarbrücken-Burbach)*

Ⓢ *Dudweiler* Ⓓ *Dudweiler Mitte* ✉ *66125* ↔ *165 Meter* 🚶 *56 Einwohner*
⊕ *verbindet Dudoplatz und Saarbrücker Straße* Ⓠ *DuStr, Lex, LHS*

Trierer Straße – Trier: s. o.
Wahrscheinlich verläuft die Straße in etwa auf einem Teil der ehemaligen Trier-Straßburger Staatsstraße (ursprünglich römische Straßenverbindung), die weiter östlich in Bahnhofstraße umbenannt wurde. Die Benennung nach Trier dürfte hier also eine richtungsweisende Namensgebung darstellen.

Ⓢ *St. Johann* Ⓓ *Hauptbahnhof* ✉ *66111* ↔ *613 Meter* 🚶 *281 Einwohner*
⊕ *verbindet Westspange und Faktorei-/Bahnhofstraße* Ⓠ *Lex, LHS, Phi*

Trifelsstraße – Trifels: aus Buntsandstein bestehendes, spektakuläres Felsmassiv nahe der Stadt Anweiler am Trifels im Pfälzer Wald (Rheinland-Pfalz), auf dem seit dem 11. Jahrhundert die Burg Trifels steht.
Namensgebung passend zum umgebenden Viertel mit Straßennamen nach rheinland-pfälzischen Orten bzw. Landschaften.

Ⓢ *Malstatt* Ⓓ *Rastpfuhl & Jenneweg* ✉ *66113* ↔ *466 Meter* 🚶 *496 Einwohner*
⊕ *Seitenstraße der Hunsrückstraße* Ⓠ *LHS, Lex*

„Gebrauchsanweisung" statt Strßenschild: Leider ist heute nur noch so mit der Trillertreppe umzugehen.

Trillertreppe – Die nicht mehr vorhandene Treppenverbindung taucht dennoch in einzelnen Listen und Plänen immer wieder auf. Sie führte früher auf die „Triller" genannte Anhöhe. Zu dessen verschiedenen Namenserklärungen siehe Am Triller.

Ⓢ Alt-Saarbrücken Ⓓ Triller 66117 ↔ 152 Meter 0 Einwohner
verband Trillerweg und Nelkenstraße Ⓠ Phi

Trillerweg – Siehe Am Triller.

Ⓢ Alt-Saarbrücken Ⓓ Schloßplatz & Triller 66119 ↔ 715 Meter 317 Einwohner
verbindet Spichererbergstraße und Vorstadtstraße Ⓠ Bau, Lex, SZ 11.8.15

Trittenheimer Weg – Trittenheim: Ortsgemeinde an der Mosel (enge Moselschleife) im Landkreis Trier-Saarburg, ca. 1.100 Einwohner. Weinanbau und Tourismus.

Teil eines Viertels mit Straßennamen nach rheinland-pfälzischen Orten im unteren Saartal und in der Gegend um Trier.

Ⓤ bis 1945 Werbasser Weg (serbischer Ort, ehem. von Deutschen bewohnt)
Ⓢ Malstatt Ⓓ Rastpfuhl 66113 ↔ 232 Meter 89 Einwohner
verbindet Hubert-Müller Straße und Neumagener Weg Ⓠ Adr, Lex, LHS, SU1

Tulpenstraße – Tulpe: Pflanzengattung der Familie der Liliengewächse mit ca. 150 Arten. Sehr beliebte Zierpflanze und Schnittblume aufgrund der farbenprächtigen kelchförmigen Blütenblätter.

Teil eines Viertels mit Straßennamen nach Bäumen und Blumen.

Ⓢ Gersweiler Ⓓ Neu-Aschbach 66128 ↔ 297 Meter 60 Einwohner
Seitenstraße der Rosenstraße mit Wegeverbindung zur Garten-/Parallelstraße Ⓠ Lex

Tulpenweg – s. o.

Teil eines Viertels mit Straßennamen nach Blumen.

Ⓢ Ensheim Ⓓ Ensheim 66131 ↔ 44 Meter < 30 Einwohner
Seitenstraße des Marktweges Ⓠ Lex

Türkenstraße – Eine Erklärung sieht die Türkenschatzungen (Einwohnerzählung zum Zweck des Einzugs direkter Steuern) im 15. und 16. Jahrhundert als namensgebend an, die zur Finanzierung des Heeres im Kampf gegen die Türken (Türkenkriege) durchgeführt wurden - euphemistisch auch „Reichstürkenhilfe" genannt. Eine andere Erklärung sieht in diesem Viertel im 18. Jahrhundert wohnende Einwanderer aus südosteuropäischen Ländern als namensgebend an, was durch die frühere Bezeichnung der Straße unterstrichen wird.

Ⓤ frühere Bezeichnung In der Türkei und Türkengasse

Ⓢ St. Johann Ⓓ St. Johanner Markt 66111 ↔ 157 Meter 54 Einwohner
verbindet Obertor- und Gerberstraße Ⓠ Adr, Cen, Schl

Türkismühler Straße – Türkismühle: Ortsteil von Nohfelden im Nahetal (Landkreis St. Wendel, Saarland), ca. 700 Einwohner. Benannt nach der Mühle des Müllers Türckis 1747, heute u. a. Verkehrsknotenpunkt von Regionalzügen und „RegioBus"-Linien.

Teil eines Viertels mit Straßennamen nach Orten in den nördlich gelegenen Tälern von Sulzbach, Blies und Nahe.

Ⓢ Malstatt Ⓓ Rodenhof 66113 ↔ 404 Meter 337 Einwohner
verbindet Ottweiler- und Grülingsstraße Ⓠ Lex, Phi

Turmweg – Der asphaltierte Waldweg führt vom Stadtrand an der ehemaligen Straßenbahnendstelle (Scheidter Straße) zum 1930 vom Verschönerungsverein St. Johann errichteten Schwarzenbergturm (46 m hoch, 241 Stufen).

Ⓢ *St. Johann* Ⓓ *Rotenbühl* *66123* ↔ *1679 Meter* *0 Einwohner*
verbindet Scheidter Straße und Schwarzenbergturm Ⓠ *Phi*

Turnerstraße – Nach dem nordöstlich gelegenen Sportplatz sowie der Turnhalle (TV Malstatt) und damit nach deren Namensgeber, dem „Turnvater Jahn" benannt, siehe Jahnplatz.

Ⓢ *Malstatt* Ⓓ *Unteres Malstatt* *66115* ↔ *124 Meter* *86 Einwohner*
verbindet Ludwig- und Pfarrer-Bungarten-Straße Ⓠ *LHS*

Turnerweg – Nach dem heute noch hier ansässigen Turnverein Bischmisheim

1887 e.V. benannt (Turnerheim mit Sportstätten).

Ⓢ *Bischmisheim* Ⓓ *Bischmisheim* *66132* ↔ *210 Meter* *51 Einwohner*
Seitenstraße der Hochstraße Ⓠ *Phi*

Ufergasse – Die Straße führte vor dem Umbau der Berliner Promenade 2009-2012 direkt zum Ufer der Saar.

Ⓢ *St. Johann* Ⓓ *Hauptbahnhof* *66111* ↔ *160 Meter* *0 Einwohner*
verbindet Bahnhofstraße und Berliner Promenade Ⓠ *LHS, Phi*

Uhlandstraße – Johann Ludwig Uhland (26.4.1787-13.11.1862): deutscher Dichter, Literaturwissenschaftler, Jurist und Politiker. Schrieb u. a. Gedichte und Balladen (z. B. „Des Sängers Fluch") und forschte zur Sprache des Mittelalters (Mediävistik), als liberaler Politiker Mitglied in der Frankfurter Nationalversammlung.

Teil eines Viertels mit Straßennamen nach deutschen Schriftstellern.

Ⓢ *Altenkessel* Ⓓ *Altenkessel* *66126* ↔ *332 Meter* *65 Einwohner*
verbindet Schul- und Goethestraße mit Wegeverbindung zur Jahnstraße Ⓠ *Lex*

Uhlandstraße – s. o.

Teil eines Viertels mit Straßennamen nach deutschen Schriftstellern.

Ⓤ *ca. 1935 - 1945 Hans-Maikowski-Straße (1933 erschossener SA-Mann)*

Ⓢ *Güdingen* Ⓓ *Schönbach* *66130* ↔ *63 Meter* *< 30 Einwohner*

Seitenstraße der Goethestraße (Siedlung Unner) Ⓠ *HSe, Lex*

Uhlandstraße – s. o.

Teil eines Viertels mit Straßennamen nach deutschen Schriftstellern (St. Johanner Staden).

Ⓢ *St. Johann* Ⓓ *Am Staden* *66121* ↔ *397 Meter* *298 Einwohner*

verbindet Am Staden und Großherzog-Friedrich-Straße Ⓠ *Lex*

Uhlandstraße – s. o.

Teil eines Viertels mit einzelnen Straßennamen nach Philosophen und Schriftstellern.

Ⓤ *bis 1946 Eupener Straße (belgisches, ehem. dt. Gebiet)*

Ⓢ *Dudweiler* Ⓓ *Dudweiler Süd* *66125* ↔ *95 Meter* *36 Einwohner*

verbindet Lenau- und Kantstraße Ⓠ *DuStr, Lex*

Ulmenstraße – Ulme: Pflanzengattung sommergrüner Bäume und Sträucher, auf der Nordhalbkugel verbreitet und in Mitteleuropa vom Aussterben bedroht.

Teil eines Viertels mit Straßennamen nach Strauch- und Baumarten.

Ⓢ *Burbach* Ⓓ *Füllengarten* *66115* ↔ *65 Meter* *< 30 Einwohner*

verbindet Im Füllengarten und Am Kesselhaus (Eisenbahnkolonie) Ⓠ *Lex*

Uni-Campus Nord – Die Straße erschließt im Norden des Universitätsgeländes den Bereich des „Scheer-Towers", demnächst der beiden „Scheer-Tower".

Ⓢ *St. Johann* Ⓓ *Universität* *66123* ↔ *129 Meter* *k.A.*

Seitenstraße der Abfahrt Universität Nord der L252, Teil des Campus D Ⓠ *Phi*

Universität – Entspricht dem Bereich Campus A - E, siehe dort.

Ⓢ *St. Johann* Ⓓ *Universität* *66123* ↔ *k.A.* *k.A.*

Universitätscampus entlang des Stuhlsatzenhausweges Ⓠ *Phi*

Unnerstraße – Der alte Flurname bezieht sich auf die Tatsache, dass das dort weidende Vieh v.a. zur Mittagszeit in den hier vorhandenen schattigen Bereich (unter Bäumen) gebracht wurde: Dieses Unterstellen nannte man „unnern". Man suchte Weiden mit Bäumen aus, damit das Vieh (Kühe, auch Schweine) v.a. zur im Sommer heißen Mittagszeit einen schattigen Unterstand hatte. Der mundartliche Begriff geht auf das alt- und mittelhochdeutsche Wort „undare" = Mittagszeit, zurück.

Ⓤ *ca. 1935 - 1945 Hans-Schemm-Straße (fränk. NSDAP-Gauleiter)*

Ⓢ *Güdingen* Ⓓ *Schönbach* ✉ *66130* ↔ *343 Meter* 🚹 *52 Einwohner*
⊕ *verbindet Großblittersdorfer Straße und Grenzweg* Ⓠ *HSe, Güd*

Untere Grüneichstraße – Siehe An der Grüneich und Obere Grüneichstraße.

Ⓢ *Burbach* Ⓓ *Ottstraße* ✉ *66115* ↔ *173 Meter* 🚹 *< 30 Einwohner*
⊕ *Seitenstraße von Im Weyerbachtal mit Wegeverbindungen zur Ottstraße* Ⓠ *Bau*

Untere Hohlgasse – Siehe Obere Hohlgasse. Die Untere Hohlgasse liegt weiter unterhalb.

Ⓢ *Malstatt* Ⓓ *Unteres Malstatt* ✉ *66115* ↔ *179 Meter* 🚹 *91 Einwohner*
⊕ *verbindet Obere Hohlgasse und St.-Josef-Straße* Ⓠ *Bau*

Unterer Geisberg – Die Straße liegt am topographisch tiefer gelegenen Hang des Geisberges, siehe dort.

Ⓢ *Schafbrücke* Ⓓ *Schafbrücke* ✉ *66121* ↔ *493 Meter* 🚹 *203 Einwohner*
⊕ *verbindet Kolbenholz und Geisberg/Birkenstraße* Ⓠ *Chri, Hau, Phi*

Unterer Hagen – Siehe Am Hagen.

Ⓤ *frühere Bezeichnung Unterer Hahnen*

Ⓢ *Alt-Saarbrücken* Ⓓ *Bellevue* ✉ *66117* ↔ *380 Meter* 🚹 *194 Einwohner*
⊕ *verbindet Am Hagen und Dellengartenstraße mit Seitenwegen* Ⓠ *Bau*

Unterer Jenneweg – Die Straße führt vom Jenneweg (siehe dort) bergab.

Ⓢ *Malstatt* Ⓓ *Rastpfuhl* ✉ *66113* ↔ *85 Meter* 🚹 *56 Einwohner*
⊕ *Seitenstraße des Jenneweges* Ⓠ *Bau*

Untertürkheimer Straße – Untertürkheim: Stadtbezirk der baden-württembergischen Landeshauptstadt Stuttgart, in dem sich seit 1903 das Stammwerk der Daimler-Benz AG befindet. Die Namensgebung steht im direkten Bezug zu der hier seit 1971 ansässigen Mercedes-Benz-Niederlassung Saarbrücken (seit 2015 „Torpedo-Garage").

Ⓤ *bis 1976 Ferdinand-Porsche-Straße*

Ⓢ *Alt-Saarbrücken* Ⓓ *Glockenwald* *66117* ↔ *1610 Meter* *< 30 Einwohner*
verbindet Metzer Straße und Südring Ⓠ *Cen, LHS*

Ursulinenstraße – Ursulinen (Gesellschaft der heiligen Ursula, Ursulinerinnen): 1535 gegründeter katholischer Orden, der sich um die Erziehung und Bildung von Mädchen kümmert. 1895 - 1938 stand in der Straße (nördlich der Einmündung Mozartstraße) die Ursulinenschule, deren Nachfolge später die Marienschule antrat.

Ⓤ *bis 1947 Königin-Luisen-Straße*

Ⓢ *St. Johann* Ⓓ *Hauptbahnhof* *66111* ↔ *507 Meter* *271 Einwohner*
verbindet Kaiser- / Viktoriastraße und Sulzbachstraße Ⓠ *Int*

Ürziger Weg – Ürzig: Ortsgemeinde an der Mosel im Landkreis Bernkastel-Wittlich (Rheinland-Pfalz), ca. 850 Einwohner. Weinanbau und Tourismus.
Teil eines Viertels mit Straßennamen nach Orten des Mosellandes.

Ⓤ *1935 - 1945 Brünnerweg*

Ⓢ *Malstatt* Ⓓ *Rastpfuhl* *66113* ↔ *140 Meter* *36 Einwohner*
verbindet Enkircher und Lieserer Weg Ⓠ *Lex, SU1*

Usenerstraße – Franz Usener: Geheimer Baurat und Mitbegründer der Eisenbahner-Wohnungs-Baugenossenschaft. Die Straße liegt in einem Viertel mit Wohnungen der EWBG (heute 102 Häuser mit knapp 1.200 Mitgliedern). Siehe auch Hagenbeckstraße.

Ⓤ *bis 1911 Franzstraße (nach Franz Usener)*

Ⓢ *Malstatt* Ⓓ *Rodenhof* *66113* ↔ *121 Meter* *137 Einwohner*
verbindet Sittersweg und Offenbergstraße Ⓠ *Leo, LHS, Stpl*

Wahrscheinlich musste der Name abgekürzt werden, weil es keine längeren Schilder gab.

Verlängerte Julius-Kiefer-Straße – Die Namensgebung ist aus der Verlegenheit heraus entstanden und zeigt an, dass die Julius-Kiefer-Straße (Namenserklärung siehe dort) in den Südraum (mit Gärten, Wiesen, Höfen u. a.) quasi verlängert wird. So dürfte der wohl längste Straßenname der Stadt entstanden sein.

Ⓢ St. Arnual Ⓓ Wackenberg & Winterberg 66119 ↔ k.A. < 30 Einwohner
Seitenstraße der Julius-Kiefer-Straße entlang des Tabaksmühlenbaches Richtung Südring mit Abzweigungen Phi

V

Schilderlager im Bauhof: Alphabetisch geordnete Ersatzschilder warten auf ihren Einsatz.

Viktoriastraße – Viktoria Adelaide Mary Louisa, Prinzessin von Großbritannien und Irland (21.11.1840 - 5.8.1901): Tochter von Königin Victoria von Großbritannien und Albert von Sachsen-Coburg, Gemahlin Kaiser Friedrichs III, Königin von Preußen. Im „Dreikaiserjahr" 1888 wurde sie an der Seite ihres erkrankten Gemahls kurzzeitig „Kaiserin Friedrich", bevor ihr ältester Sohn, Wilhelm II, den Thron bestieg und der letzte deutsche Kaiser wurde.

Ⓤ *im 19. Jh. Güterbahnhofstraße*

Ⓢ *St. Johann* Ⓓ *Hauptbahnhof* *66111* ↔ *463 Meter* *84 Einwohner*

verbindet Luisenbrücke und Bormannspfad Ⓠ *Lex, LHS*

Viktor-Tesch-Allee – Viktor Jean-Baptiste Tesch (10.3.1812 - 16.6. 1892): Jurist, Verleger und Hüttendirektor. 1850 - 1852 und 1857 - 1865 belgischer Justizminister, 1856 Gründung der Saarbrücker Eisenhüttengesellschaft und späteren Burbacher Hütte, Vorsitzender des Verwaltungsrates.
Teil eines Viertels mit Straßennamen nach Führungspersönlichkeiten der Burbacher Hütte.

Ⓢ Burbach Ⓓ Ottstraße 66115 ↔ 193 Meter < 30 Einwohner
verbindet Hubert-Müller- und Seebohmstraße mit Wegeverbindung zur Ob. Grüneichstraße
Ⓠ Bio, LHS

Virchowstraße – Dr. Rudolf Karl Ludwig Virchow (13.10.1821 - 5.9. 1902): deutscher Pathologe, Anthropologe, Prähistoriker und Politiker. Als Mediziner begründete er die moderne Pathologie (Krankheitslehre), als liberaler preußischer Politiker und Berliner Stadtverordneter setzte er sich für medizinische Grundversorgung und Hygiene ein und schuf u. a. die moderne Berliner Kanalisation.
Teil eines Viertels mit Straßennamen nach berühmten Medizinern (Schenkelberg: Standort der ehemaligen Klinik Rotes Kreuz und des ehemaligen Heilig-Geist-Krankenhauses).

Ⓤ bis ca. 1913 Humboldtstraße

Ⓢ St. Arnual Ⓓ Winterberg 66119 ↔ 245 Meter 67 Einwohner
verbindet Hoederathstraße und Schenkelbergweg Ⓠ Lex, LHS, Stpl

Vogelsborn – Flurbezeichung seit dem 18. Jahrhundert, die sich auf einen „Vogels Brunnen" (Born = Brunnen) etwas weiter nördlich nahe des Deutschmühlenweihers bezieht.

Ⓢ Alt-Saarbrücken Ⓓ Glockenwald 66117 ↔ 179 Meter 102 Einwohner
Seitenstraße der Hirtenwies (Siedlung Folsterhöhe) Ⓠ Bau, LHS

Völklinger Straße – Die Straße führt in Richtung der Nachbarstadt Völklingen (ca. 40.500 Einwohner, Industrie- und ehemaliger Bergbaustandort, seit 1994 Weltkulturerbe Völklinger Hütte).

Ⓢ Burbach Ⓓ Hochstraße 66115 ↔ 543 Meter 248 Einwohner
verbindet Jakob- und Luisenthaler Straße Ⓠ Lex, LHS, Phi

Vollweidstraße – Nicht endgültig nachgewiesen, aber zu vermuten ist eine Flurbezeichnung als Namensgeber, entweder von dem weiter nördlich gelegenen Flurstück „Füllenweide" (siehe Im Füllengarten) abgeleitet oder einfach als „volle" = gute Weidefläche zu verstehen.

Ⓢ *Burbach* Ⓓ *Füllengarten* *66115* ↔ *230 Meter* *55 Einwohner*
verbindet Im Füllengarten/Am Freibüsch und Saar-Lor-Lux-Straße (Eisenbahnkolonie)
Ⓠ *Adr, Bau, Phi*

Von der Heydt – Die Bergmannssiedlung ist nach dem preußischen Handels- und Finanzminister August Freiherr Von der Heydt (15.2.1801 - 13.6.1874) benannt. Zahlreiche Bergwerke im Saarrevier wurden zu deren Eröffnung nach bekannten und einflussreichen Politikern aus der Zeit benannt, die häufig einen Besuch vor Ort abstatteten.

Ⓢ *Burbach* Ⓓ *Von der Heydt* *66115* ↔ *ca. 1700 Meter* *67 Einwohner*
Erschließung der Inselsiedlung Von der Heydt im Saarkohlenwald Ⓠ *Lex, SBK 1952*

Von-der-Heydter-Brücke – Namenserklärung siehe Von der Heydt. Die Benennung erfolgte hier nach der nordwestlich sich anschließenden Straße, zu der sie den Anschluss über die Eisenbahnlinie herstellt.

Ⓤ *bis 1947 Kleistbrücke (nach nördl. gelegener Kleiststraße)*
Ⓢ *Burbach* Ⓓ *Ottstraße* *66115* ↔ *43 Meter* *0 Einwohner*
verbindet Von-der-Heydt- und Hochstraße Ⓠ *Int, LHS, Phi*

Von-der-Heydt-Straße – Namenserklärung siehe Von der Heydt. Da die Straßenführung durch das Weyerbachtal fortgesetzt Richtung Siedlung und ehemaligem Bergwerk Von der Heydt führt, ist von einer richtungsweisenden Namensgebung auszugehen.

Ⓢ *Burbach* Ⓓ *Ottstraße* *66115* ↔ *1128 Meter* *286 Einwohner*
verbindet Im Weyerbachtal und Parallelstraße Ⓠ *Phi*

Vorstadtstraße – Die Straße erschließt den Bereich, in dem zu Zeiten der Befestigung des Stadtkerns Saarbrückens (bis ins 18. Jahrhundert) durch eine Stadtmauer die westlich vorgelagerte Siedlung war, die Vorstadt.

Ⓤ *östl. Teil bis Eisenbahnstraße bis ca. 1980 Hintergasse (abweichender Straßenverlauf)*

Ⓢ *Alt-Saarbrücken* Ⓓ *Schloßplatz & Triller* *66117*

↔ *570 Meter* *253 Einwohner*

verbindet Talstraße/Schloßplatz und Metzer/Deutschherrnstraße Ⓠ *LHS, Phi*

Wackenbergweg – Der Weg führt entlang des bzw. auf den Wackenberg. Dessen Namensgebung ist auf das mittelhochdeutsche Wort „wacke" = (Feld-) Stein zurückzuführen. Auf dem Berg befand sich ein Kieslager in den Schichten des Buntsandsteins.

Ⓢ *St. Arnual* Ⓓ *Wackenberg* *66119* ↔ *226 Meter* *0 Einwohner*

zweigt an zwei Stellen vom Lehmkaulweg ab mit Wegeverbindungen zur Rubensstraße

Ⓠ *Bau, Phi*

Waldhausweg – Die Straße führt zum Waldhaus, seit dem 19. Jahrhundert eine Ausflugsgaststätte, die nach ihrer Lage mitten im Stadtwald benannt ist. Aus einem Stadtführer 1900: „Das Waldhaus und das Stuhlsatzenhaus sind beliebte und prächtig gelegene Ausflugspunkte."

Ⓢ *St. Johann* Ⓓ *Rotenbühl* *66123* ↔ *579 Meter* *527 Einwohner*

verbindet Meerwiesertal- und Neugrabenweg Ⓠ *LHS, Phi*

Waldstraße – Die Straße führt zum Wald bzw. am Waldrand entlang.

Ⓢ *Brebach-Fechingen* Ⓓ *Fechingen* *66130* ↔ *513 Meter* *44 Einwohner*

Seitenstraße der Flughafenstraße mit 2 Abzweigungen Ⓠ *Phi*

Waldstraße – Die Straße führt zu einem Waldstück am Nordhang des Geisberges.

Ⓢ *Schafbrücke* Ⓓ *Schafbrücke* *66121* ↔ *171 Meter* *58 Einwohner*

Seitenstraße der Bergstraße Ⓠ *Phi*

Waldstraße – Der Straßenverlauf nach Norden fortgesetzt führt zum Saarkohlenwald nördlich des Rastpfuhls.

Ⓢ *Malstatt* Ⓓ *Leipziger Straße & Ottstraße* *66113*
↔ *565 Meter* *580 Einwohner*
verbindet Rhein- und Von-der-Heydt-Straße Ⓠ *Phi*

Waldstraße – Die Straße befindet sich in der Mitte eines Viertels mit Straßennamen nach Baumarten und bildet somit eine sinnhafte Klammer.

Ⓢ *Bübingen* Ⓓ *Bübingen* *66129* ↔ *366 Meter* *56 Einwohner*
verbindet Kiefernstraße und Erlenweg Ⓠ *Phi*

Waldstraße – Der westliche Teil der Straße führt direkt auf den Wald zu.

Ⓢ *Gersweiler* Ⓓ *Gersweiler Mitte* *66128* ↔ *338 Meter* *78 Einwohner*
Seitenstraße der Bergstraße mit Wegeverbindung zur Talstraße Ⓠ *Phi*

Waldstraße – Die Straße verläuft in unmittelbarer Nähe zum Waldrand.

Ⓢ *Altenkessel* Ⓓ *Altenkessel* *66126* ↔ *154 Meter* *48 Einwohner*
verbindet Köhlerweg und Gartenstraße Ⓠ *Phi*

Waldstraße – Die Straße führt zum Waldrand.

Ⓢ *Dudweiler* Ⓓ *Dudweiler Süd* *66125* ↔ *109 Meter* *49 Einwohner*
Seitenstraße des Hofweges Ⓠ *DuStr*

Waldwiese – Der seit dem 18. Jahrhundert überlieferte Flurname bezieht sich auf eine mit Wiese bestandene Lichtung im Wald.

Ⓢ *St. Johann* Ⓓ *Am Homburg* *66123* ↔ *241 Meter* *109 Einwohner*
Seitenstraße des Meerwiesertalweges Ⓠ *Bau*

Wallerbrunnenplatz – Der namensgebende Brunnen („wallend" = reichlich Wasser schüttend) am Nordhang des Winterberges ist nicht offen zugänglich, wurde aber bereits im 13. Jahrhundert erwähnt. Durch sein gutes und reichliches Wasser wurde er zum Gegenstand einiger Sagen und Geschichten.

Ⓢ *St. Arnual* Ⓓ *Winterberg* *66119* ↔ *k.A.* *0 Einwohner*
Platz am Hang südlich der Saargemünder Straße gegenüber Einmündung Blücherstraße
Ⓠ *Bau, Spu2*

Wallgasse – Die Gasse führt zum ehemaligen Wall entlang der heutigen Bleichstraße, einem Teil der Befestigung der Stadt St. Johann, die um 1810 geschleift wurde.

Ⓤ *alte Bezeichnung Zwerggasse (18. Jh.)*

Ⓢ *St. Johann* Ⓓ *St. Johanner Markt* 🖃 *66111* ↔ *42 Meter* 🚹 *0 Einwohner*
✥ *verbindet Türkenstraße und Schreinergasse* Ⓠ *LHS, Phi*

Wallotstraße – Johann Paul Wallot (26.6.1841 - 10.8.1912): deutscher Architekt und Hochullehrer. Sein berühmtestes Gebäude ist der 1884 - 1894 errichtete Reichstag in Berlin.

Teil eines Viertels mit Straßennamen nach deutschen Architekten.

Ⓢ *St. Johann* Ⓓ *Am Homburg* 🖃 *66123* ↔ *171 Meter* 🚹 *182 Einwohner*
✥ *verbindet Daimler-/Philipp-Neufang-Straße und Am Homburg* Ⓠ *Lex, LHS*

Walter-Gieseking-Straße – Walter Wilhelm Gieseking (8.11.1895 - 26.10.1956): deutscher Pianist und Hochschulrektor der Hochschule für Musik und Theater in Saarbrücken (1947 - 1956, sog. Konservatorium). Die Hochschule war damals in der nur wenige Meter weiter östlich gelegenen Villa Lampert (nach Heinrich Lampert, siehe Lampertstraße) im Kohlweg untergebracht, was 1973 Anlass zur Benennung der Straße gegeben haben dürfte.

Ⓢ *St. Johann* Ⓓ *Rotenbühl* 🖃 *66123* ↔ *206 Meter* 🚹 *66 Einwohner*
✥ *Seitenstraße der Schwarzenbergstraße* Ⓠ *Bio, LHS, Phi*

Wannbornstraße – Nach dem ca. 2,6 km weiter nördlich gelegenen Forsthaus und ehem. Jagdschloss Neuhaus benannt, welches einen Vorgängerbau vom 12. Jahrhundert bis 1570 namens Schloss Wanborn (nach einem Brunnen = „Born" benannt) hatte. Der Name hat sich über die Zeiten, als die Nachfolgebauten Philippsborn und Neuhaus genannt wurden, hier erhalten.

Ⓢ *Herrensohr* Ⓓ *Herrensohr* 🖃 *66125* ↔ *83 Meter* 🚹 *< 30 Einwohner*
✥ *Seitenstraße der Thullenhausstraße* Ⓠ *DuStr*

Warndtstraße – Die Straße führt von Klarenthal in das Waldgebiet namens „Warndt" zwischen Forbach, Völklingen, Überherrn und Freyming-Merlebach. Seinen Namen hat der Warndt von seiner Funktion als Jagdrevier der Herrschaften, welches den Untertanen nicht zugänglich = „verwarnt" war. Ein Relikt dieser gräflichen Zeit ist das Jagdschloss Karlsbrunn.

Ⓢ *Klarenthal* Ⓓ *Klarenthal* ✉ *66127* ↔ *6263 Meter* 🚶 *442 Einwohner*
verbindet Kreis- und Ludweilerstraße (Völklingen) bis zur Stadtgrenze im unbewohnten Teil als L 163 Ⓠ *Lex, Phi*

Wehlener Weg – Wehlen: zweitgrößter Stadtteil der Stadt Bernkastel-Kues (Landkreis Bernkastel-Wittlich, Rheinland-Pfalz) an der Mosel, ca. 1.200 Einwohner.

Teil eines Viertels mit Straßennamen nach Orten des Mosellandes.

Ⓤ *bis 1945 Egerlandweg*

Ⓢ *Malstatt* Ⓓ *Rastpfuhl* ✉ *66113* ↔ *120 Meter* 🚶 *39 Einwohner*
verbindet Lieserer und Enkircher Weg Ⓠ *Lex, LHS, SU1*

Weidenhof – In Weideland eingebettetes, landwirtschaftliches Anwesen nördlich der Ortslage Ensheim.

Ⓢ *Ensheim* Ⓓ *Ensheim* ✉ *66131* ↔ *108 Meter* 🚶 *< 30 Einwohner*
Seitenstraße der Flughafenstraße Ⓠ *Phi*

Weidenstraße – Weide: Pflanzengattung der Familie der Weidengewächse mit ca. 450 Arten, Bäume und Sträucher, vorwiegend auf der Nordhalbkugel und in den Tropen verbreitet. Heimisch sind u.a. Silber-, Trauer- und Korbweide, deren Zweige gerne zum Flechten u.a. von Körben verwendet werden.

Teil eines Viertels mit Straßennamen nach Bäumen und Blumen.

Ⓢ *Gersweiler* Ⓓ *Neu-Aschbach* ✉ *66128* ↔ *175 Meter* 🚶 *< 30 Einwohner*
verbindet Wiesen- und Nelkenstraße Ⓠ *Lex*

Weidenstraße – Hier ist nicht der o. g. Baum namensgebend, sondern die frühere Nutzung des Landes als Nachtweide, das heißt als Schutzweide für das Malstatter Vieh während der Nächte (siehe In der Nachtweid). Die Burbacher Nachtweide befand sich auf der Fläche des heutigen IT-Parks.

Ⓢ *Malstatt* Ⓓ *Leipziger Straße* *66113* ↔ *180 Meter* *148 Einwohner*
verbindet Parallel- und Wörther Straße Ⓠ *Bau, LHS*

Weiherstraße – Nach dem bis zur Verfüllung Ende des 19. Jahrhunderts nahe gelegenen Jägersfreuder Weiher benannt. Dieser wurde für das Hammerwerk und die Eisenschmelze (siehe Blechhammerstraße) im Jahre 1718 durch Aufstauen des Sulzbaches künstlich erzeugt, um Energie zu gewinnen (z. B. Antrieb der Blasebälge mittels Wasserrädern).

Ⓢ *Jägersfreude* Ⓓ *Jägersfreude* *66123* ↔ *130 Meter* *61 Einwohner*
verbindet Haupt- und St. Johanner Straße Ⓠ *DuStr, LHS*

Weilburger Straße – Aus Weilburg an der Lahn (Stadt in Hessen, heute ca. 13.000 Einwohner) kam im Jahre 1575 Graf Philipp II aus dem Geschlecht Nassau-Weilburg in die Grafschaft Nassau-Saarbrücken, da sein Vorgänger Graf Johann IV kinderlos verstarb. Insofern passt die Namensgebung zur benachbarten Adalbert- und Sigebertstraße.

Ⓢ *St. Arnual* Ⓓ *Wackenberg* *66119* ↔ *86 Meter* *52 Einwohner*
verbindet Sigebert- und Rubensstraße Ⓠ *Lex, LHS*

Weimarer Straße – Weimar: Stadt in Thüringen an der Ilm, ca. 64.500 Einwohner. Wurde vor allem durch das kulturelle Erbe bekannt, das zahlreiche namhafte Komponisten und Schriftsteller dort hinterließen. U. a. Universität, Anna-Amalia-Bibliothek. Ort der Nationalversammlung 1919 („Weimarer Republik").
Teil eines Viertels mit Namen nach mittel- und ehemaligen ostdeutschen Städten und Gebieten, die nach dem Zweiten Weltkrieg Teile Polens, der Sowjetunion oder der ehemaligen DDR wurden.

Ⓢ *Eschberg* Ⓓ *Eschberg* *66121* ↔ *836 Meter* *< 30 Einwohner*
verbindet Am Kieselhumes und Schlesienring Ⓠ *Lex, LHS*

Weinbergweg – Am hiesigen Südhang des Winterberges wurde im 19. Jahrhundert Wein angebaut. Nachgewiesen sind Weinberge von 1824 bis 1914, genannt „Mügels Weinberg" und später Teile des Anwesens Petersberger Hof.

Ⓤ 1940-1945 Oberst-Petersen-Straße (siehe Oberst-Petersen-Weg)

Ⓢ St. Arnual Ⓓ Winterberg 66119 ↔ 765 Meter 346 Einwohner
verbindet Theodor-Heuss-Straße und Hohe Wacht Ⓠ LHS, Schm2, SU1

Weinbrennerstraße – Johann Jakob Friedrich Weinbrenner (24.11.1766-1.3.1826): deutscher Architekt, Stadtplaner und Baumeister des Klassizismus. War insbesondere in Karlsruhe und Teilen Badens aktiv.
Teil eines Viertels mit Straßennamen nach deutschen Architekten.

Ⓢ St. Johann Ⓓ Am Homburg 66123 ↔ 157 Meter 194 Einwohner
verbindet Daimlerstraße und Am Homburg Ⓠ Lex, LHS

Weinstraße – Erinnert an Bübingen als Standort des Weinanbaus: siehe Rebenstraße.

Ⓢ Bübingen Ⓓ Bübingen 66129 ↔ 112 Meter 41 Einwohner
Seitenstraße der Rebenstraße mit Wegeverbindung zur Saargemünder Straße Ⓠ Phi, Schm2

Weisdorffstraße – Edmund Weisdorff (3.4.1852-7.10.1921): Kommerzienrat und 1902 bis 1918 Generaldirektor der Burbacher Hütte.
Teil eines Viertels mit Straßennamen nach Führungspersönlichkeiten der Burbacher Hütte.

Ⓢ Burbach Ⓓ Ottstraße 66115 ↔ 284 Meter 170 Einwohner
verbindet über Eck Langfuhr- und Hubert-Müller-Straße Ⓠ Bio, LHS

Weisgerberweg – Albert Weisgerber (21.4.1878-10.5.1915): in St. Ingbert geborener deutscher Maler und Grafiker. Studierte in München und absolvierte Studienreisen durch Europa, fiel im Ersten Weltkrieg.
Teil eines Viertels mit Straßennamen nach berühmten Malern.

Ⓢ Gersweiler Ⓓ Ottenhausen 66128 ↔ 34 Meter < 30 Einwohner
Seitenstraße der Dürerstraße Ⓠ Bio

Weißenburger Straße – Wissembourg (deutsch Weißenburg): Stadt im nördlichen Elsass (Département Bas-Rhin, Région Grand-Est), ca. 7.600 Einwohner. Pittoreske historische Altstadt, französisches Omnibusmuseum. 1870 Ort einer Schlacht im Deutsch-Französischen Krieg.
Teil eines Viertels mit Straßennamen nach elsässischen Orten.

Ⓢ *Burbach* Ⓓ *Ottstraße* ✉ *66113* ↔ *554 Meter* 🚹 *220 Einwohner*
⊕ *verbindet Von-der-Heydt- und Rheinstraße* Ⓠ *Lex*

Wendel-Schorr-Straße – Wendel Schorr (31.1.1903 - 24.2.1941): Hüttenarbeiter und Straßenbahner. 1926 - 1936 Mitarbeiter der Gesellschaft für Straßenbahnen im Saartal, 1932 - 1935 Stadtratsmitglied der KPD, Widerstandskämpfer gegen das NS-Regime. 1937 Inhaftierung, 1941 Ermordung im KZ Ravensbrück. „Stolperstein" vor dem St. Johanner Rathaus.

Ⓤ *bis 1947 Dennewitzstraße (Ort einer Schlacht 1813)*

Ⓢ *Malstatt* Ⓓ *Jenneweg* ✉ *66113* ↔ *85 Meter* 🚹 *103 Einwohner*
⊕ *verbindet Tauentzien- und Bülowstraße* Ⓠ *Bio, LHS*

Werderstraße – Karl Friedrich Leopold August Graf von Werder (12.9.1808 - 12.9.1887): preußischer Militär, General der Infanterie, u. a. Teilnahme am Deutsch-Französischen Krieg.
Teil eines Viertels mit Straßennamen nach militärischen Befehlshabern des Deutsch-Französischen Krieges.

Ⓢ *Alt-Saarbrücken* Ⓓ *Malstatter Straße* ✉ *66117*
↔ *389 Meter* 🚹 *284 Einwohner*
⊕ *Seitenstraße der Françoisstraße bis vor die Autobahn A 620* Ⓠ *Lex, LHS*

Werftstraße – Die Straße führt ans Ufer der Saar, wo sich im 20. Jahrhundert bis ca. 1970 eine Schiffswerft befand. Diese gehörte den Unternehmen Gebr. Schäfer, Leffer und Gebr. Saar.

Ⓢ *Burbach* Ⓓ *Füllengarten* ✉ *66115* ↔ *140 Meter* 🚹 *< 30 Einwohner*
⊕ *Seitenstraße der Luisenthaler Straße bis zum Leinpfad* Ⓠ *Adr, Bru2, LHS, Stpl*

Werkstraße – Die Straße wurde nach dem früher hier ansässigen Werk der Eisengießerei Wilhelm Schulde benannt. Der Betrieb wurde 1855 gegründet, errichtete 1878 ein Gaswerk und wurde 2003 geschlossen.

Ⓤ *früher Teil der Dorf- und Wilhelmstraße, 1935 - 1945 Ortelsburger Straße (Ort in Ostpreußen)*

Ⓢ *Dudweiler* Ⓓ *Dudweiler Mitte* *66125* ↔ *125 Meter* *< 30 Einwohner*

verbindet Bahnhof- und Lessingstraße Ⓠ *DuStr*

Werkstraße – Die Straße führt zum Werksgelände des ehemaligen Auto-, Motorrad- und Kleinmaschinenherstellers Gutbrod, heute MTD Products.

Ⓢ *Bübingen* Ⓓ *Bübingen* *66129* ↔ *65 Meter* *0 Einwohner*

verbindet Saargemünder- und Industriestraße Ⓠ *Int, Lex, Phi*

Werner-von-Siemens-Allee – Siehe Siemensstraße. Die Namensgebung erfolgt aufgrund der hier ansässigen Niederlassung der Siemens AG.

Ⓢ *Burbach* Ⓓ *Füllengarten* *66115* ↔ *242 Meter* *0 Einwohner*

verbindet Georg-Heckel-Straße und Innovationsring Ⓠ *Lex*

Weserstraße – Weser: deutscher Strom, der durch Vereinigung der Quellflüsse Fulda und Werra bei Hannoversch Münden entsteht und bei Bremerhaven in die Nordsee mündet. Länge: 451 km, mit Werra 751 km. Städte an der Weser u. a. Bremen, Minden, Hameln. Einziger Strom, dessen Einzugsgebiet ausschließlich in Deutschland liegt.

Teil eines Viertels mit Straßennamen nach deutschen Flüssen.

Ⓢ *Burbach* Ⓓ *Füllengarten* *66115* ↔ *232 Meter* *< 30 Einwohner*

verbindet Georg-Heckel-Straße und Im Füllengarten (Siedlung Füllengarten) Ⓠ *Lex, LHS*

Westpreußenring – Westpreußen: ehemalige preußische Provinz an der unteren Weichsel, Hauptstadt Danzig. Seit 1945 Teil Polens.

Teil eines Viertels mit Namen nach mittel- und ehemaligen ostdeutschen Städten und Gebieten, die nach dem Zweiten Weltkrieg Teile Polens, der Sowjetunion oder der ehemaligen DDR wurden.

Ⓢ *Eschberg* Ⓓ *Eschberg* *66121* ↔ *645 Meter* *85 Einwohner*

ringförmige Seitenstraße des Pommernrings Ⓠ *Lex, LHS*

Westrichweg – Westrich: historische Region bzw. Landschaft in Südwestdeutschland und Nordostfrankreich. Er reicht im Westen vom saarländischen Bickenalbtal bis zum Osten an den Pfälzer Wald, im Süden vom Krummen Elsass bis in die Kaiserslauterer Senke. Klare Gebietsgrenzen sind nicht definiert. Städte u. a. Pirmasens, Zweibrücken.
Teil eines Viertels mit Straßennamen nach rheinland-pfälzischen Orten bzw. Landschaften.

Ⓢ *Malstatt* Ⓓ *Jenneweg* *66113* ↔ *130 Meter* *0 Einwohner*
verbindet Taunus- und Nürburgstraße Ⓠ *Lex, LHS, Phi*

Westspange – Spange: im Verkehrswesen Verbindungsstraße zweier hochrangiger Straßen, hier Trierer Straße und Autobahn A 620 bzw. Erschließung Alt-Saarbrückens. Die Brückenverbindung liegt im Westen der Kernstadt.

Ⓢ *Alt-Saarbrücken, St. Johann & Malstatt* Ⓓ *Schloßplatz, Malstatter Straße, Hauptbahnhof & Unteres Malstatt* *66115* ↔ *725 Meter* *0 Einwohner*
verbindet Hohenzollern- und Trierer Straße mit Abzw. zur A 620 und Hafen-/St. Johanner Straße Ⓠ *Cen, Lex*

Weyersbergtreppe – Siehe Große Weyersbergstraße.

Ⓢ *Burbach* Ⓓ *Hochstraße* *66115* ↔ *69 Meter* *0 Einwohner*
verbindet Noldplatz und Burbacher Markt Ⓠ *Bau, LHS*

Wickersberger Hof – Das Hofgut liegt auf dem Wickersberg, einer 361 m ü NN hohen Erhebung westlich der Ortslage Ensheim. Siehe Am Wickersberg.

Ⓢ *Ensheim* Ⓓ *Ensheim* *66131* ↔ *k.A.* *< 30 Einwohner*
über Weg an die Flughafenstraße angebunden Ⓠ *ens, Wil*

Wiesenstraße – Die Straßenführung ist nicht zusammenhängend. Vor allem der nördliche, wegeartige Teil der Straße ist von Wiesen umgeben.

Ⓢ *Dudweiler* Ⓓ *Wilhelmshöhe-Fröhn* *66125* ↔ *107 Meter* *40 Einwohner*
Seitenstraße von Am Engelwirtsberg sowie Seitenweg der Sulzbachtalstraße zum Huberweiher Ⓠ *DuStr*

Wiesenstraße – Die Straße verläuft auf ehemaligem Grünland bzw. Wiesengelände. Der Flurname Schurwiese weist auf ein trockenes Stück Land zwischen Sümpfen in der Nähe des Ziegelhofes hin.

Ⓢ Gersweiler Ⓓ Neu-Aschbach 66128 ↔ 289 Meter 37 Einwohner
verbindet Am Aschbacherhof und An den Ziegelhütten Ⓠ Büch, Phi

Wiesenstraße – Die Straße könnte einen Hinweis auf die frühere Landnutzung als Wiese am Südosthang des Eschberges geben.

Ⓢ Schafbrücke Ⓓ Schafbrücke 66121 ↔ 138 Meter 35 Einwohner
Seitenstraße von Zum Eschberg Ⓠ

Wiesenstraße – Die Straße verläuft im ehemaligen Überflutungsbereich der Saar, wo sich früher feuchte Wiesen befanden. Siehe auch Heuweg.

Ⓢ Bübingen Ⓓ Bübingen 66129 ↔ 243 Meter < 30 Einwohner
Seitenstraße des Heuweges Ⓠ Phi

Wiesenstraße – Auch hier dürfte sich der Straßenname auf die ehemals feuchten Wiesen im Überflutungsbereich der Saar beziehen. Die Flurnamen in diesem Bereich (Dörrwiesgärten, Gänswiese und Malstatter Bruch) unterstreichen dies. Die Wiese wurde z. B. zum Halten von Gänsen genutzt. Später Schlackenlager der Burbacher Hütte.

Ⓢ Malstatt Ⓓ Unteres Malstatt 66115 ↔ 498 Meter < 30 Einwohner
verbindet Strom- und Angela-Braun-Straße Ⓠ Bau, Phi

Wilhelm-Heinrich-Brücke – Fürst Wilhelm Heinrich von Nassau-Saarbrücken (6.3.1718 - 24.7.1768): wurde mit seiner Volljährigkeit 1741 Fürst in Saarbrücken. Baute die Stadt mit Hilfe seines Architekten F. J. Stengel zu einer barocken Residenz aus (u. a. Saarbrücker Schloss, Basilika St. Johann, zahlreiche Paläste, Bürgerhäuser, Marktbrunnen) und erwarb sich zahlreiche Verdienste im Bereich von Militär und Wirtschaft, u. a. staatliche Organisation des Steinkohlenbergbaus, Einrichtung der Porzellanmanufaktur Ottweiler, der Halberger Hütte und der Kokerei Altenwald.

Ⓤ Vorgängerbau bis 1944: Kaiser-Friedrich-Brücke, Behelfsbrücke 1945 - 1961: Dudweiler Brücke bzw. „Kummersteg"

Ⓢ Alt-Saarbrücken & St. Johann Ⓓ St. Johanner Markt & Schloßplatz 66111
↔ 200 Meter 0 Einwohner
verbindet Dudweiler-/Betzen- und Stengelstraße Ⓠ Lex, Phi

Wilhelm-Heinrich-Straße – s. o.

Die Straße ist Teil eines städtebaulich von Fürst Wilhelm Heinrich und F. J. Stengel angelegten Konzeptes von Sichtachsen, in diesem Falle vom Ensemble Ludwigsplatz zur evangelischen Kirche St. Johann.

Ⓤ *18. Jh. Saar-Weg, nach Bebauung Neugasse oder Wilhelmstraße (bis ca. 1900)*

Ⓢ *Alt-Saarbrücken* Ⓓ *Schloßplatz* 📮 *66117* ↔ *223 Meter* 🚹 *101 Einwohner*

⊕ *verbindet Eisenbahn- und Franz-Josef-Röder-Straße* Ⓠ *Köll, Lex, Phi*

Wilhelm-Meyer-Brücke – Johann Peter Wilhelm Meyer (29.1.1835 - 21.3.1900): langjähriger und vorletzter Bürgermeister von Malstatt-Burbach 1866 - 1900 zur Zeit des regen industriellen Aufschwungs.

Ⓢ *Malstatt* Ⓓ *Unteres Malstatt* 📮 *66115* ↔ *77 Meter* 🚹 *0 Einwohner*

⊕ *verbindet Parallel- und Frankenstraße* Ⓠ *Bio, LHS*

Wilhelm-Meyer-Straße – s. o.

Ⓢ *Malstatt* Ⓓ *Unteres Malstatt* 📮 *66115* ↔ *68 Meter* 🚹 *< 30 Einwohner*

⊕ *verbindet Franken- und Breite Straße* Ⓠ *Bio, LHS*

Wilhelmsklamm – Siehe Am Wilhelmsbrunnen. Der Begriff „Klamm" = steil eingeschnittenes Tal, bezieht sich auf den gleichnamigen Bachlauf südlich der Straße.

Ⓢ *Güdingen* Ⓓ *Alt-Güdingen* 📮 *66130* ↔ *178 Meter* 🚹 *32 Einwohner*

⊕ *Seitenstraße des Rosseler Weges* Ⓠ *Güd*

Wilhelmstraße – Im Rahmen der Recherchen zu diesem Buch konnte die namensgebende männliche Person nicht identifiziert werden. Da im Umfeld mehrere Straßennamen mit männlichen Vornamen existieren, ist auch eine beabsichtigte Gruppierung derselben denkbar.

Als möglicher Namensgeber käme Wilhelm Cleff (26.2.1861 - 25.8.1932), Geheimer Bergrat und Vorsitzender der königlich-preußischen Bergwerksdirektion 1907 - 11, infrage.

Ⓢ *Klarenthal* Ⓓ *Klarenthal* 📮 *66127* ↔ *249 Meter* 🚹 *39 Einwohner*

⊕ *Seitenstraße der Warndtstraße* Ⓠ *Phi*

Wilhelmstraße – Nach Kaiser Wilhelm I (Wilhelm Friedrich Ludwig von Preußen, 22.3.1797 - 9.3.1888) benannt, der 1871 erster Kaiser des vereinten deutschen Kaiserreiches wurde.

Ⓤ *bis ca. 1880 Dorfstraße*

Ⓢ *Dudweiler* Ⓓ *Dudweiler Mitte* ✉ *66125* ↔ *101 Meter* *52 Einwohner*

verbindet Bahnhof- und Werkstraße Ⓠ *DuStr*

Willi-Graf-Straße – Willi Graf (2.1.1918 - 12.10.1943): Medizinstudent. 1922 - 1937 Kindheit und Schulzeit in Saarbrücken. Wurde 1942 in München Mitglied der Widerstandsbewegung „Weiße Rose", 1943 wegen aktivem Widerstand gegen das Regime inhaftiert und hingerichtet. 1946 Bestattung auf dem nahe gelegenen Friedhof St. Johann, 2003 Ehrenbürger Saarbrückens.

Ⓤ *bis 1945 Eupener Straße (überwiegend deutschsprachige Stadt in Belgien)*

Ⓢ *St. Johann* Ⓓ *Rotenbühl* ✉ *66123* ↔ *350 Meter* *130 Einwohner*

verbindet Auf der Schlecht und St. Ingberter Straße Ⓠ *Bio, LHS, SU1*

Willi-Graf-Ufer – s. o.

Ⓤ *bis 2013 (untere) Berliner Promenade*

Ⓢ *St. Johann* Ⓓ *Hauptbahnhof & St. Johanner Markt* ✉ *66111*

↔ *524 Meter* *< 30 Einwohner*

verbindet Hafenstraße und Freitreppenanlage zum Rabbiner-Rülf-Platz Ⓠ *Bio, LHS*

Wiltinger Weg – Wiltingen: Ortsgemeinde an der unteren Saar, Landkreis Trier-Saarburg (Rheinland-Pfalz), ca. 1.400 Einwohner. Intensiver Weinanbau, v. a. Riesling.

Teil eines Viertels mit Straßennamen nach rheinland-pfälzischen Orten im unteren Saartal und in der Gegend um Trier.

Ⓢ *Malstatt* Ⓓ *Rastpfuhl* ✉ *66113* ↔ *377 Meter* *88 Einwohner*

verbindet über Eck Hubert-Müller-Straße und Trarbacher Platz Ⓠ *Lex, LHS*

Winterbachsroth – Der Flurname bezieht sich auf den südlich fließenden, bei Neuweiler entspringenden und inzwischen kanalisierten Winterbach, der vor allem im Winter Wasser führte. Der Namenszusatz „Roth" weist darauf hin, dass eine ehemals bewaldete Fläche hier nutzbar gemacht, also gerodet wurde.

Ⓢ *Dudweiler* Ⓓ *Pfaffenkopf* *66125* ↔ *490 Meter* *79 Einwohner*
Seitenstraße der St. Ingberter Straße Ⓠ *DuStr*

Winterberg – Der Name des Berges bezieht sich auf die Nordflanke des Berges, die von der Sonne abgewandt, also kalt = winterlich ist. Das Krankenhaus wurde 1999 offiziell „Klinikum Saarbrücken" genannt, um auf die Trägerschaft aufmerksam zu machen und Verwechslungen mit der Kurklinik Winterberg im Sauerland zu vermeiden.

Ⓤ *früher auch Großer Winterberg*
Ⓢ *St. Arnual* Ⓓ *Winterberg* *66119* ↔ *529 Meter* *< 30 Einwohner*
Seitenstraße der Theodor-Heuss-Straße, Klinikgelände Ⓠ *Bau, Stpl*

Winterbergpfad – Die Treppenanlage führt in Richtung des Winterberges, s. o.

Ⓢ *St. Arnual* Ⓓ *Winterberg* *66119* ↔ *38 Meter* *0 Einwohner*
verbindet Feldmann- und Winterbergstraße Ⓠ *Bau*

Winterbergstraße – Die Straße führt schräg auf den Winterberg hinauf, s. o.

Ⓢ *St. Arnual* Ⓓ *Winterberg* *66119* ↔ *891 Meter* *271 Einwohner*
verbindet Schenkelberg- und Feldmannstraße mit Abzweigung Ⓠ *Bau*

W

Wirthstraße – Dr. Johann August Georg Wirth (20.11.1798 - 26.7. 1848): deutscher Jurist, Schriftsteller und Politiker. Wirth engagierte sich für die Pressefreiheit und war mit W.J. Siebenpfeiffer Mitinitiator des Hambacher Festes 1832. Nicht nur die Einheit Deutschlands, sondern sogar bereits Europas schwebte ihm vor. Nach Inhaftierung, Flucht und Exil wurde er zuletzt noch Mitglied der Frankfurter Nationalversammlung. Teil eines Viertels mit Namen freiheitlicher Politiker des 19. Jahrhunderts und der Revolution von 1848.

Ⓤ *bis 1945 Gabainstraße (dt. Offizier 1809 standrechtl. erschossen), danach kurzzeitig Goerdelerstraße*

Ⓢ *Malstatt* Ⓓ *Leipziger Straße* ✉ *66113* ↔ *155 Meter* 🚶 *75 Einwohner*

⌖ *verbindet Leipziger und Friedrich-Hecker-Straße* Ⓠ *Lex, LHS, SU1*

Wogbachtal – Der Bach erhielt seinen Namen durch mehrere aufgestaute Weiher (aus dem althochdeutschen „wâg"/„wâc" wurde das auch im Hessischen und Pfälzischen verwendete „woog"). Mehrere Weiher entlang des Wogbaches existieren bis heute.

Ⓢ *Ensheim* Ⓓ *Ensheim* ✉ *66131* ↔ *k.A.* 🚶 *< 30 Einwohner*

⌖ *führt von der Thalmühle als Weg ins Ensheimer Gelösch* Ⓠ *Lagis, PfWB, Phi*

Wolfgang-Staudte-Platz – Wolfgang Georg Friedrich Staudte (9.10. 1906 - 19.1.1984): in Saarbrücken geborener deutscher Schauspieler, Synchronsprecher und Filmregisseur. Wirkte an Filmen zu Zeiten des NS-Regimes, in der DDR und Bundesrepublik mit, war Regisseur mehrerer „Tatorte" und Serien.

Ⓢ *St. Johann* Ⓓ *Hauptbahnhof* ✉ *66111* ↔ *ca. 21 x 48 Meter* 🚶 *0 Einwohner*

⌖ *an der Ecke Trierer-/Faktoreistraße gelegen* Ⓠ *Bio*

Wolfsau – Alter Flurname (seit dem 17. Jahrhundert überliefert), der das Vorkommen von Wölfen in früherer Zeit unterstrich: Diese sollten aus dem nahe gelegenen Stiftswald über die Saar nach Güdingen gekommen sein und in den dortigen Auen und Wiesen dem Vieh zur Bedrohung geworden sein. Eine Deutung als Wolfsschlau („schlau" = Delle im Gelände) wird ebenfalls angeführt.

Ⓢ *Güdingen* Ⓓ *Alt-Güdingen* ✉ *66130* ↔ *129 Meter* 🚶 *0 Einwohner*

⌖ *Seitenstraße der Saargemünder Straße, Erschließung Globus-Gelände* Ⓠ *Güd*

Wolfseck – Da die Straße eine kurze Querverbindung (siehe Im Eck) darstellt, ist eine Ableitung von Wolfsau denkbar.

Ⓢ *Güdingen* Ⓓ *Alt-Güdingen* *66130* ↔ *853 Meter* *0 Einwohner*
verbindet Saargemünder Straße und Neumühler Weg (Teil der B 51) Ⓠ *Phi*

Wolfshumes – Auch hier ist das Vorkommen des Wolfes in der Nähe des Saarkohlenwaldes namensgebend sowie „Humes"/„humus" = feuchte Stelle, nasse Niederung im Gelände. Flurbezeichnung seit dem 16. Jahrhundert („wolffs hymß").

Ⓢ *Malstatt* Ⓓ *Rodenhof* *66113* ↔ *191 Meter* *186 Einwohner*
zweigt an zwei Stellen vom Sittersweg ab Ⓠ *Bau, Lang*

Wörther Straße – Eine Ortschaft namens Wörth gibt es in der Südpfalz wie auch im nahe gelegenen Elsass. Letztere ist hier höchstwahrscheinlich namensgebend, aufgrund der logischen Gruppierung mit weiteren Straßennamen weiter westlich nach elsässischen Orten. Wœrth: Ort im Département Bas-Rhin (Région Grand-Est), ca. 1.700 Einwohner, am Flüsschen Sauer gelegen, Ort einer großen Schlacht des Deutsch-Französischen Krieges 1870.

Ⓤ *1947 - 1957 Niederbronner Straße (ebenfalls Ort im Elsass)*

Ⓢ *Malstatt* Ⓓ *Leipziger Straße* *66113* ↔ *323 Meter* *201 Einwohner*
verbindet Schill- und Parallelstraße Ⓠ *Lex, LHS*

Würzbacher Weg – Nach dem Bachlauf des Würzbaches sind Nieder- und Oberwürzbach benannt. Die Orte liegen im Saarpfalz Kreis, Biosphärenreservat Bliesgau, und sind Stadtteile von Blieskastel bzw. St. Ingbert. Die Bahnstation in Niederwürzbach heißt bis heute „Würzbach/Saar". Teil eines Viertels mit Straßennamen nach Orten der bayerischen Pfalz (heute Saarpfalz und Pfalz).

Ⓢ *St. Johann* Ⓓ *Rotenbühl* *66123* ↔ *86 Meter* *0 Einwohner*
verbindet Kaiserslauterer und St. Ingberter Straße Ⓠ *LHS, Phi*

Ein Ersatzschild der einzigen Straße mit „Y" mit Zierrahmen lagert in einem Saarbrücker Bauhof ein.

Yorckstraße – Johann David Ludwig Graf Yorck von Wartenburg (26.9.1759–4.10.1830): preußischer General, Teilnehmer an den Befreiungskriegen gegen Napoléon I, u. a. Schlacht bei Wartenberg und Völkerschlacht bei Leipzig.

Teil eines Viertels mit Straßennamen nach deutschen Militärs des 19. Jahrhunderts (Befreiungskriege).

Ⓤ *1947–1957 Molièrestraße (französischer Dramatiker)*

Ⓢ *Alt-Saarbrücken* Ⓓ *Schloßplatz* ✉ *66119* ↔ *98 Meter* *< 30 Einwohner*
verbindet Franz-Josef-Röder- und Talstraße (Regierungsviertel) Ⓠ *Lex, LHS*

Zähringerstraße – Zähringer: schwäbisches Fürstengeschlecht des Hochmittelalters, 11.-12. Jahrhundert. Den Namen haben sie von ihrer Stammburg Zähringen bei Freiburg im Breisgau. Aus ihnen gingen u.a. die Markgrafen von Baden hervor.

Ⓤ *1947 - 1957 Nobelstraße (schwedischer Chemiker)*

Ⓢ *Alt-Saarbrücken* Ⓓ *Schloßplatz* ✉ *66119* ↔ *150 Meter* ⧫ *< 30 Einwohner*
✥ *verbindet Franz-Josef-Röder- und Talstraße (Regierungsviertel)* Ⓠ *Lex, LHS*

Zaunstraße – Die Straße verläuft unmittelbar an der Grenze zum Gelände der ehemaligen Eisenbahn-Ausbesserungswerkstätten, die durch einen Zaun abgetrennt waren. Teile des Zauns sind noch sichtbar.

Ⓢ *Burbach* Ⓓ *Füllengarten* ✉ *66115* ↔ *182 Meter* ⧫ *< 30 Einwohner*
✥ *zweigt an zwei Stellen von Am Kesselhaus ab (Eisenbahnkolonie)* Ⓠ *Fry, LHS*

Zechenweg – Namensgebend ist hier die unmittelbare Nähe zur ehemaligen Grube Jägersfreude. In anderen Bergbaurevieren, z.B. im Ruhrgebiet, werden Bergwerke nicht als Gruben, sondern Zechen, bezeichnet. Weshalb an dieser Stelle im Zuge der Benennung 1910 die hier unübliche Bezeichnung gewählt wurde, ist unklar.

Ⓤ *nordwestl. Teil bis 1910 Brunnenstraße*

Ⓢ *Jägersfreude* Ⓓ *Jägersfreude* ✉ *66125* ↔ *623 Meter* ⧫ *88 Einwohner*
✥ *zweigt an zwei Stellen von der Schulstraße ab, mit Abzweigung und Verbindung zur St. Johanner Straße* Ⓠ *DuStr*

Zeller Weg – Zell an der Mosel: Stadt in einer Moselschleife im Landkreis Cochem-Zell (Rheinland-Pfalz), ca. 4.100 Einwohner. Der bereits zur Römerzeit entstandene Ort ist heute Verwaltungssitz mit Weinanbau, Tourismus, Plastikfabrikation.

Teil eines Viertels mit Straßennamen nach Orten des Mosellandes.

Ⓤ *bis 1945 Hultschiner Weg (tschech., ehem. dt. Stadt)*

Ⓢ *Malstatt* Ⓓ *Rastpfuhl* ✉ *66113* ↔ *250 Meter* ⧫ *104 Einwohner*
✥ *verbinder Erdener und Enkircher Weg* Ⓠ *Lex, LHS, SU1*

Zeltinger Weg – Zeltingen-Rachtig: Ortsgemeinde im Landkreis Bernkastel-Wittlich (Rheinland-Pfalz), ca. 2.200 Einwohner. Keltische Siedlungsursprünge, heute Weinanbau und Tourismus.

Teil eines Viertels mit Straßennamen nach Orten des Mosellandes.

Ⓤ *bis 1945 Troppauer Weg (tschech., ehem. österr. Stadt)*

Ⓢ *Malstatt* Ⓓ *Rastpfuhl* *66113* ↔ *128 Meter* *42 Einwohner*

verbinder Lieserer und Enkircher Weg Ⓠ *Lex, LHS, SU1*

Zeppelinstraße – Ferdinand Adolf Heinrich August Graf von Zeppelin (8.7.1838 - 8.3.1917): württembergischer Graf und General, Begründer des Starrluftschiffbaus. Ab 1909 wurden die Zeppelin genannten Luftschiffe zivil und militärisch eingesetzt. Heute mehrere Museen, u.a. in Friedrichshafen.

Teil eines Viertels mit Straßennamen nach Luftfahrtpionieren.

Ⓢ *Alt-Saarbrücken* Ⓓ *Bellevue* *66117* ↔ *584 Meter* *234 Einwohner*

verbindet Metzer und Dr.-Eckener-Straße Ⓠ *Lex, LHS*

Zerfer Weg – Zerf: Ortsgemeinde im Landkreis Trier-Saarburg (Rheinland-Pfalz), ca. 1.500 Einwohner, Erholungsort.

Teil eines Viertels mit Straßennamen nach Orten Westdeutschlands.

Ⓢ *Burbach* Ⓓ *Hochstraße* *66115* ↔ *120 Meter* *< 30 Einwohner*

verbindet Serriger und Heinrichstraße Ⓠ *Lex, LHS*

Ziegelstraße – Die Straße führt zum etwas nördlich an der heutigen Heinrich-Köhl-Straße gelegenen Standort der ehemaligen Ziegelei auf dem Rodenhof. Sie gehörte der Familie Bruch, Lüttgen & Cie. und wurde von 1889 bis 1930 betrieben. Hergestellt wurden v.a. Formsteine für Kamine.

Ⓢ *Malstatt* Ⓓ *Rodenhof* *66113* ↔ *668 Meter* *317 Einwohner*

verbindet Sittersweg/Jägersfreuder Straße und Heinrich-Köhl-Straße Ⓠ *Leo, LHS, Phi*

Ziehrerstraße – Carl Michael Ziehrer (2.5.1843 - 14.11.1922): österreichischer Komponist, schrieb v.a. Tänze und Operetten.

Bildet mit Silcherstraße ein sinnhaftes Namenspaar.

Ⓤ *bis 1993 Mozartstraße*

Ⓢ *Brebach-Fechingen* Ⓓ *Neufechingen* *66130* ↔ *106 Meter* *71 Einwohner*

verbindet Jakob- und Erzbergerstraße Ⓠ *Lex, LHS*

Zimmerplatz – Siehe Am Zimmerplatz.

Ⓢ *Gersweiler* Ⓓ *Gersweiler Mitte* ✉ *66128* ↔ *ca. 54 x 60 Meter* 🚹 *0 Einwohner*
⌖ *zwischen Krughütter Straße, Am Zimmerplatz, Friedhofsweg und Am Sportplatz gelegen*
Ⓠ *Kug*

Zinzinger Straße – Zinzing: grenznaher Ort im Département Moselle (Région Grand-Est), Ortsteil von Alsting.
Teil eines Gewerbeviertels mit drei Straßennamen nach grenznahen Orten.

Ⓢ *Alt-Saarbrücken* Ⓓ *Glockenwald* ✉ *66117* ↔ *558 Meter* 🚹 *< 30 Einwohner*
⌖ *Seitenstraße der Metzer Straße* Ⓠ *Lex, LHS*

Zollamtstreppe – Am nordöstlichen Beginn der Treppe stand das Hauptzollamtsgebäude Saarbrücken. Es wurde im Zweiten Weltkrieg zerstört. Kellerfundamente sind noch an der Stützmauer zur Vorstadtstraße hin zu sehen.

Ⓢ *Alt-Saarbrücken* Ⓓ *Triller* ✉ *66119* ↔ *136 Meter* 🚹 *< 30 Einwohner*
⌖ *verbindet Nelken- und Metzer/Vorstadtstraße* Ⓠ *LHS, Spu1*

Zolnhoferweg – Fritz Zolnhofer (13.1.1896 - 12.2.1965): deutscher Maler und Grafiker, lebte in Sulzbach und ab 1931 in Saarbrücken, stellte international seine Werke aus. Bekannt wurde er v. a. durch seine Bergbau- und Eisenhütten-Malerei, zumeist düster erscheinende Alltagsszenen sowie Kunst im öffentlichen Raum (z. B. Mosaik im ehemaligen Stadtbad St. Johann).
Teil eines Viertels mit Straßennamen nach berühmten Malern.

Ⓢ *Gersweiler* Ⓓ *Ottenhausen* ✉ *66128* ↔ *73 Meter* 🚹 *< 30 Einwohner*
⌖ *verbindet Haupt-und Dürerstraße* Ⓠ *Bio, Lex*

Zum Bartenberg – Die Straße führt zum östlich gelegenen Bartenberg (siehe Am Bartenberg).

Ⓢ *Dudweiler* Ⓓ *Pfaffenkopf* ✉ *66125* ↔ *159 Meter* 🚹 *< 30 Einwohner*
⌖ *Seitenstraße der Scheidter Straße* Ⓠ *DuStr*

Zum Ehrenfriedhof – Der Friedhof Beschberg, zu dem der Weg führt, wird auch Ehrenfriedhof genannt, da er aus einer Kriegsgräberanlage für Gefallene der beiden Weltkriege hervorgegangen ist.

Ⓢ *Brebach-Fechingen* Ⓓ *Neufechingen* *66130* ↔ *494 Meter* *0 Einwohner*
Seitenstraße der Saarbrücker Straße Ⓠ *Frie*

Zum Eschberg – Die Straße führt vom Scheidter Tal hinauf zum Eschberg (siehe Eschbergerweg).

Ⓢ *Schafbrücke* Ⓓ *Schafbrücke* *66121* ↔ *424 Meter* *35 Einwohner*
verbindet am Stahlhammer und Nußbaumstraße Ⓠ *Phi*

Zum Forstberg – Die Flurbezeichnung (seit dem 17. Jahrhundert überliefert), sagt aus, dass auf dem Berg ein bewirtschafteter und i. d. R. unter dem Einfluss der Herrschaft stehender Wald war = Forst.

Ⓢ *Bübingen* Ⓓ *Bübingen* *66129* ↔ *598 Meter* *32 Einwohner*
Seitenstraße der Feldstraße Ⓠ *Lauf*

Zum Gerlen – Mit „Gerle" wird ein Waldgebiet bezeichnet. Die Namensgebung geht auf die Siedlung Gerlen zurück, nordwestlich des Ensheimer Ortskerns unweit des heutigen Flughafengeländes. Über die Ortschaft und ihr Alter ist nicht viel bekannt. Sie soll vor 1450 wüst gefallen sein.

Ⓢ *Ensheim* Ⓓ *Ensheim* *66131* ↔ *837 Meter* *< 30 Einwohner*
zweigt in zwei Richtungen von Im Industriegebiet ab mit Abzweigungen (Erschließung Industriegebiet) Ⓠ *Stae, Wil*

Zum Grumbach – Der Weg führt in Richtung des weiter östlich tief eingeschnittenen Grumbachs (siehe Grumbachtalweg).

Ⓢ *Scheidt* Ⓓ *Scheidterberg* *66133* ↔ *305 Meter* *< 30 Einwohner*
Seitenstraße des Höhenweges Ⓠ *Phi*

Zum Güterbahnhof – Die Straße führt zum Gelände des ehemaligen Dudweiler Güterbahnhofes.

Ⓤ *bis 1910 Teil des Neuhauser Weges*

Ⓢ *Dudweiler* Ⓓ *Dudweiler Nord* *66125* ↔ *175 Meter* *55 Einwohner*
Seitenstraße von Am Neuhauser Weg Ⓠ *DuStr*

Zum Hasenberg – Flurbezeichnung, die darauf hinweist, dass hier auf eher magerem Boden Ödland war, auf dem sich die Hasen tummelten. Überliefert ist auch die Nutzung als Schweineweide.

Ⓢ *Brebach-Fechingen* Ⓓ *Fechingen* *66130* ↔ *365 Meter* *54 Einwohner*
verbindet Provinzial- und Schulstraße Ⓠ *BbFch*

Zum Meerwald – Aufgrund der Lage im Gelände kann die Erklärung aus dem mittelhochdeutschen „mer" = Sumpf (siehe Meerwiesertalweg) kaum stimmen. Vielmehr leitet sich die alte Flurbezeichnung „Mehrenwald/Meerwald" von mittelhochdeutsch „mêr" = größer, bedeutender, ab.

Ⓢ *Bübingen* Ⓓ *Bübingen* *66129* ↔ *121 Meter* *< 30 Einwohner*
verbindet Im Röthschesfeld und Bei der weiß Eich Ⓠ *Lauf*

Zum Schwarzenberg – Die Straßenführung weist nur grob in Richtung des Schwarzenberges, insofern dürfte eine frühere Wegeführung namensgebend sein. Siehe auch Schwarzenbergstraße.

Ⓢ *Scheidt* Ⓓ *Scheidt* *66133* ↔ *94 Meter* *< 30 Einwohner*
Seitenstraße der Dudweilerstraße Ⓠ *Bau, Phi*

Zum Stiftswald – Die Straße führt zum Wald, der im Besitz des Stiftes St. Arnual ist. Hier steht auch ein ehemaliges Forsthaus der Stiftsverwaltung, die sich heute am Ludwigsplatz befindet.

Ⓢ *St. Arnual* Ⓓ *Wackenberg* *66119* ↔ *271 Meter* *< 30 Einwohner*
verbindet Saargemünder Straße und Oberst-Petersen-Weg Ⓠ *LHS, Phi*

Zum Südhang – Die Straße verläuft hangparallel auf dem Richtung Süden exponierten Hang.

Ⓤ *bis 1993 Hochstraße*

Ⓢ *Brebach-Fechingen* Ⓓ *Fechingen* *66130* ↔ *335 Meter* *69 Einwohner*
Seitenstraße der Ringstraße mit Wegeverbindung zur Waldstraße Ⓠ *LHS, Phi*

Zum Teich – Die Straße führt unmittelbar an einem Teich (Obere und Untere Teichklamm) vorbei und in nördlicher Verlängerung zum Aschbacher Weiher. Welcher Teich nun gemeint ist, kann nicht festgestellt werden.

Ⓢ *Gersweiler* Ⓓ *Neu-Aschbach* *66128* ↔ *442 Meter* *64 Einwohner*
verbindet Am Aschbacherhof und Danziger Straße Ⓠ *Phi*

Zum Zollstock – Bereits 1784 wird hier ein „Zollstock" erwähnt, der namensgebend für Flur und Straße war. Es handelte sich um eine Grenzmarkierung, über deren genaue Gestalt nichts bekannt ist.

Ⓢ *Alt-Saarbrücken* Ⓓ *Glockenwald* *66117* ↔ *1005 Meter* *< 30 Einwohner*
verbindet Metzer Straße und Route Départementale D32c (Staatsgrenze) Ⓠ *Bau, LHS*

Zur Alten Fähre – Der Straßenverlauf führt in Richtung der Stelle, wo eine Fährverbindung nach St. Arnual existierte (Achtung: Verlauf der Saar heute begradigt, ehemaliger Verlauf an Altarmen unmittelbar westlich des Bahnhofs zu erkennen). Die Fähre wurde erstmals 1557 erwähnt und 1953 eingestellt. Die wegeartige Verlängerung der Straße führt über die Daarler Wiesen zur Brücke Am Gutenbrunnen, der sog. „Soda"-Brücke - die als Ergebnis einer nicht umgesetzten Stadtplanung voreilig realisiert wurde und nur „so da" steht.

Ⓤ *bis 1993 Saarstraße*

Ⓢ *Brebach-Fechingen* Ⓓ *Brebach* *66130* ↔ *240 Meter* *< 30 Einwohner*
Seitenstraße der Saarbrücker Straße Ⓠ *Phi*

Zur Letthohl – Die Straße findet sich in Stadtplänen, ist aber (noch) nicht erschlossen. Die Namensgebung geht auf einen Flurnamen zurück, der eine Vertiefung im Gelände (Hohl) mit Vorkommen von Letten (= Tonerde) beschreibt. In der Geologie beschreibt „Letten" bis heute ein Tongestein mit Sand- und/oder Kalkgehalt.

Ⓢ *Ensheim* Ⓓ *Ensheim* *66131* ↔ *k.A.* *0 Einwohner*
Seitenstraße vom Tälchenberg (Planstraße) Ⓠ *Mur, Wil*

Zur Malstatt – Der Weg dürfte zur Gerichtsstätte hinaufführen, nach der Malstatt seinen Namen erhielt (siehe Malstatter Markt).

Ⓢ *Malstatt* Ⓓ *Unteres Malstatt* *66115* ↔ *91 Meter* *< 30 Einwohner*
Seitenstraße der St.-Josef-Straße Ⓠ *Bau*

Zweibrücker Straße – Zweibrücken: kreisfreie Stadt in der Westpfalz, ca. 34.500 Einwohner. Barocke Baudenkmäler, Rosengarten, Ansiedlung von Betrieben u. a. im Metallbau und der Landmaschinenproduktion. Teil eines Viertels mit Straßennamen nach Orten der bayerischen Pfalz (heute Saarpfalz und Pfalz).

Ⓤ *bis 1945 Masurenstraße (poln., ehem. ostpreuß. Region)*

Ⓢ *St. Johann* Ⓓ *Rotenbühl* *66123* ↔ *294 Meter* *< 30 Einwohner*
verbindet St. Ingberter Straße und Kohlweg Ⓠ *Lex, LHS, SU1*

Zwergstraße – Die Namensgebung geht auf das mundartliche Wort „zwerch" = quer (vom mittelhochdeutschen „twerch" = auf die Seite gerichtet, schräg, verkehrt) zurück und besagt, dass die Straße eine kleine Querverbindung zwischen Saargemünder und Riesenstraße darstellt. Zufällig entsteht mit der Riesenstraße ein sinn- und scherzhaftes Namenspaar: Man könnte meinen, die Riesenstraße sei „riesig" = lang und die Zwergstraße „ein Zwerg" = kurz, was wohl die falsche Fährte sein dürfte.

Ⓢ *Brebach-Fechingen* Ⓓ *Neufechingen* *66130* ↔ *88 Meter* *< 30 Einwohner*
verbindet Saargemünder- und Riesenstraße Ⓠ *HSe, Lagis, PfWB*

Ein paar statistische Spielereien

Die Erfassung und Beschreibung der einzelnen Straßen erfolgte auf der Grundlage einer Excel-Datenbank. Daher liegt es nahe, ein paar Auswertungen vorzunehmen, die vielleicht nicht unbedingt notwendige, aber doch interessante und reizvolle Erkenntnisse hervorbringen. Eines vorweg: Zum Redaktionsschluss des Buches im November 2018 waren 1761 Straßennamen bekannt, darunter einige wenige nicht amtliche (z. B. Place Miniature oder Jens-Düwel-Platz), die dennoch verortbar und daher erwähnenswert sind.

Die erste Frage ist immer die nach den Superlativen – am längsten, am größten, am kleinsten ... Hierzu seien folgende Erkenntnisse preisgegeben:

1. Die Straßen mit den meisten Einwohnern

Das Ergebnis hat der Autor dieses Buches zwar schon vermutet, dennoch hat es ihn in dieser Klarheit überrascht. Die Straße mit den mit Abstand meisten Einwohnern war in seiner Kindheit und Jugendzeit fast 18 Jahre seine Heimat: Der Mecklenburgring. Diese fast reine Wohnstraße (sieht man vom großen Bürogebäude der Telekom ab) ist durch die große Anzahl Hochhäuser und teils kleinen Wohneinheiten sehr einwohnerstark und hat fast 2000 Einwohner. Hier die „TOP 10" der einwohnerstärksten Straßen Saarbrückens, Stand 31.12.2017:

Rang	Straßenname	Einwohner
1	Mecklenburgring (Eschberg)	1920
2	Kaiserstraße (Schafbrücke, Scheidt)	1604
3	Großherzog-Friedrich-Straße (St. Johann)	1516
4	Mainzer Straße (St. Johann)	1342

Rang	Straßenname	Einwohner
5	Luisenthaler Straße (Burbach)	1179
6	Saargemünder Straße (St. Arnual)	1126
7	Hohenzollernstraße (Alt-Saarbrücken)	1100
8	Lebacher Straße (Malstatt)	1097
9	Hochstraße (Malstatt, Burbach)	1064
10	Saarbrücker Straße (Dudweiler)	1023

Interessanterweise sind diese 10 Straßen auch gleichzeitig jene mit mehr als 1000 Einwohnern. Platz 11 belegt die Breslauer Straße mit 970, dann folgen Preußenstraße und Königsbruch - auch Straßen mit einer starken Dominanz von Hochhäusern.

2. Die längsten Straßen

Bei dieser Ermittlung liegt zum einen die eigene Messung mit der Gefahr von Ungenauigkeiten zugrunde (siehe Erläuterungen in der „Lesehilfe"), zum anderen setzen sich manche Straßen auch außerhalb der Siedlungsbereiche als (Über-)Landstraßen oder Wege fort, weshalb die wohl recht unbekannte Warndtstraße, die bis zum Bergwerk Velsen führt, hier den ersten Platz belegt. Auch hier wieder die „TOP 10":

Rang	Straßenname	Länge
1	Warndtstraße (Klarenthal)	6263 Meter
2	Flughafenstraße (Brebach-Fechingen, Ensheim)	6004 Meter
3	Kaiserstraße (Schafbrücke, Scheidt)	4897 Meter
4	Sulzbachtalstraße (Jägersfreude, Dudweiler)	4130 Meter
5	Metzer Straße (Alt-Saarbrücken)	3786 Meter
6	Kreisstraße (Gersweiler, Klarenthal)	3079 Meter
7	Hauptstraße (Gersweiler)	3062 Meter
8	Jakobshütter Weg (Burbach)	2998 Meter
9	Höhenweg (Scheidt)	2914 Meter
10	Stuhlsatzenhausweg (St. Johann)	2870 Meter

3. Die kürzeste Straße der Stadt

Hier stellt sich ein „Ranking" eher schwierig dar, da bei so kurzen Strecken die relative Messungenauigkeit steigt. Ein anderes Problem ist, dass auch Treppen mit aufgeführt sind und somit der „Spitzenreiter" eigentlich keine Straße im engen Sinne ist:

Rang	Straßenname	Länge
1	Philippinentreppe (Alt-Saarbrücken)	13 Meter
2	Echternacher Straße (Alt-Saarbrücken)	17 Meter
3	Rotenbergtreppe (St. Johann)	18 Meter
4	Pappelnweg (Burbach)	22 Meter
5	Am Kindergarten (Burbach)	24 Meter
5	Franz-Schubert-Straße (Fechingen)	24 Meter
5	Jungfleischhütte (Malstatt)	24 Meter
8	Am Knieschinner (Alt-Saarbrücken)	25 Meter
8	An der Friedenskirche (Alt-Saarbrücken)	25 Meter
8	Kleiststraße (Malstatt)	25 Meter

Bemerkenswert ist hierbei insbesondere die Echternacher Straße, die der Autor selber in Augenschein genommen hat. Hier steht bisher lediglich ein Anwesen. In naher Zukunft wird sich dies höchstwahrscheinlich ändern, denn es zeichnet sich ab, dass die Straße im Zuge von Bauarbeiten, die im Jahr 2018 begonnen haben, an das Neubaugebiet Franzenbrunnen angeschlossen und entsprechend verändert wird.

4. Wonach wurden die Saarbrücker Straßen benannt?

Diese Analyse gibt Aufschluss über den inhaltlichen Benennungstypus. Es überrascht wenig, dass die meisten Straßen nach Personen benannt sind, entweder nationale und internationale Berühmtheiten oder lokal bedeutende Persönlichkeiten. Um hier Prozentwerte zu ermitteln, hat der Autor bei jeder Straße eine Entscheidung getroffen, welchem Benennungstypus sie zuzuordnen ist. Hier gibt es diskutable Grenzfälle. Beispiel: Ist die Metzer Straße eine richtungsweisende Namensgebung oder eine rein zufällige Namensgebung nach der Stadt Metz? Der Autor entschied sich hier für die richtungsweisende Namensgebung, da die Straße schon in historischer Zeit eine wichtige Wegeverbindung nach Metz darstellte. Auch zwischen „Flurnamen" und „Historischem Ortsbezug" gibt es zweifelsohne Schnittmengen. Der Autor hofft auf das Vertrauen seiner Leser, hier in jedem Einzelfall nachvollziehbare Entscheidungen getroffen zu haben und gibt folgendes Ergebnis bekannt:

Rang	Benennung nach	Anzahl	Prozent (von 1761 gesamt)
1	Persönlichkeit	463	26,3 %
2	Flurbezeichnung	377	21,4 %
3	Straßeneigenschaft	269	15,3 %
4	historischem Ortsbezug	194	11,0 %
5	Ort oder Örtlichkeit	181	10,3 %
6	richtungsweisendem Namen	128	7,3 %
7	Pflanzenart	66	3,7 %
8	Tierart	40	2,3 %
9	bestimmtem Thema	30	1,7 %
10	historischem Gewerbe	13	0,7 %

Die Benennung nach einem bestimmten Thema meint z. B. einen bergbaulichen Bezug (Hammer und Schlägel, Knappe etc.) oder einen politischen oder religiösen Benennungsgrund (abgesehen von Personen, die unter 1. subsummiert sind).

Überraschend unterrepräsentiert sind historische Gewerbe wie z. B. die Küfer oder Kappenmacher.

5. Eine Dominanz im Alphabet

Der häufigste Anfangsbuchstabe der Saarbrücker Straßen ist der Buchstabe „A", was den vielen „Am ...", „An ..." und „Auf ..." geschuldet ist. Es handelt sich um 260 Straßen, immerhin 14,8 % der 1761 Saarbrücker Straßen.

Die seltensten Anfangsbuchstaben sind erwartungsgemäß „Y" mit einer Straße (Yorckstraße, 0,1 %) und „Q" mit immerhin vier Straßen (0,2 %). Eine Straße, die mit „X" anfängt, gibt es in Saarbrücken gar nicht.

6. Längster und kürzester Name

Hier steht die „Verlängerte Julius-Kiefer-Straße" (31 Zeichen ohne Leerzeichen) der „Grube" mit 5 Zeichen gegenüber. Da kann bei der händischen Beschriftung von Briefumschlägen schon mal was „schief"gehen ...

7. Mehrfachbenennung von Straßen

Trotz der Umbenennung mancher Straßen bei Vereinigung der drei Saarstädte 1909 und im Rahmen der Gebietsreform 1974 blieben zahlreiche Straßen mit identischen Namen übrig. In der Unterscheidung und bei der Adressierung gewinnt somit die Postleitzahl an Bedeutung. Von den laut „wikipedia" über 7600 Hauptstraßen in Deutschland gibt es in Saarbrücken nur fünf. Anders als bundesweit ist hier der Spitzenreiter die Schulstraße, die es gleich acht Mal gibt. Dies hat selbst den Autor überrascht. Folgende Straßennamen sind mehr als drei Mal vergeben:

Rang	Straßenname	Anzahl
1	Schulstraße	8
2	Blumenstraße	7
2	Feldstraße	7
2	Waldstraße	7

Rang	Straßenname	Anzahl
3	Beethovenstraße	6
3	Bergstraße	6
3	Finkenweg	6
3	Gartenstraße	6
3	Rosenstraße	6
4	Amselweg	5
4	Hauptstraße	5
4	Karlstraße	5
4	Talstraße	5
5	Bahnhofstraße	4
5	Birkenweg	4
5	Brunnenstraße	4
5	Fasanenweg	4
5	Goethestraße	4
5	Hangweg	4
5	Hochstraße	4
5	Kirchstraße	4
5	Lerchenweg	4
5	Lessingstraße	4
5	Moselstraße	4
5	Ringstraße	4
5	Scheidter Straße	4
5	Uhlandstraße	4
5	Wiesenstraße	4

Interessant ist hierbei, dass lediglich die Scheidter Straßen ein Saarbrücker Alleinstellungsmerkmal aufweisen (richtungsweisende Namensgebung, alle vier führen Richtung Scheidt). Alle anderen Straßennamen sind als beliebig und deutschlandweit verbreitet einzustufen.

8. Postleitzahlenbereiche mit den meisten Straßen

In welchem PLZ-Bereich gibt es die meisten Straßen? Hier ist wirklich nur von einer statistischen Spielerei zu sprechen, denn der Zuschnitt der

PLZ-Bereiche ist sehr ungleich und erscheint an manchen Stellen willkürlich. Dennoch hat „66125" gewonnen!

Rang	Postleitzahl	Anzahl der Straßen im PLZ-Bereich	Prozent (von 1761 gesamt)
1	66125	211	12,0 %
2	66115	182	10,3 %
3	66119	158	9,0 %
4	66113	154	8,7 %
5	66130	144	8,2 %
6	66117	132	7,5 %
7	66123	130	7,4 %
8	66111	112	6,4 %
9	66121	99	5,6 %
10	66128	84	4,8 %
11	66127	65	3,7 %
12	66129	64	3,6 %
13	66131	60	3,4 %
14	66132	56	3,2 %
15	66126	48	2,7 %
16	66133	44	2,5 %
17	zwei PLZ	18	1,0 %

9. Stadtteile mit den meisten Straßen

Hier wird es schon etwas interessanter: Welcher Stadtteil weist die meisten und die wenigsten Straßen auf? Dies hat natürlich auch etwas mit der Größe und Länge der Straßen und der Struktur der Stadtteile zu tun, gibt aber ein wenig Aufschluss über die Größe und Struktur der Stadtteile.

Rang	Stadtteil	Anzahl der Straßen	Prozent (von 1761 gesamt)
1	St. Johann	259	14,7 %
2	Malstatt	203	11,5 %

Rang	Stadtteil	Anzahl der Straßen	Prozent (von 1761 gesamt)
3	Alt-Saarbrücken	188	10,7 %
4	Dudweiler	181	10,3 %
5	Burbach	124	7,0 %
6	St. Arnual	90	5,1 %
7	Gersweiler	85	4,8 %
8	Brebach-Fechingen	74	4,2 %
9	Klarenthal	65	3,7 %
9	Bübingen	65	3,7 %
11	Güdingen	63	3,6 %
12	Ensheim	61	3,5 %
13	Bischmisheim	53	3,0 %
14	Altenkessel	48	2,7 %
15	Scheidt	46	2,6 %
16	über zwei Stadtteile	33	1,9 %
17	Schafbrücke	30	1,7 %
18	Eschberg	27	1,5 %
19	Jägersfreude	25	1,4 %
20	Herrensohr	20	1,1 %
21	Eschringen	18	1,0 %
22	über drei Stadtteile	3	0,2 %

Erwartungsgemäß liegen St. Johann, Malstatt, Alt-Saarbrücken und Dudweiler deutlich vorne. Eschringen als relativ kleiner, dörflicher Stadtteil belegt den letzten Platz. Immerhin 33 Straßen führen durch zwei Stadtteile. Nur die Breslauer Straße, Westspange und Johannisbrücke berühren drei verschiedene Stadtteile. An dieser Stelle sei nochmals angemerkt, dass die Einteilung der Stadtteile nach der offiziellen Lesart der Landeshauptstadt Saarbrücken erfolgt. Viele Menschen sehen z. B. den Eschberg als Teil von St. Johann oder Herrensohr und Jägersfreude als Teil Dudweilers an. Die Statistik sieht das anders und ist hier maßgeblich.

Literatur- und Quellenverzeichnis

Kürzel	Autor/Herausgeber	Titel	Ort, Jahr
Adr	Adressbücher der Stadt Saarbrücken aus den Jahren 1909, 1941, 1950, 1955, 1956, 1960, 1963, 1969		
Altk	Heimatgeschichtlicher Arbeitskreis Altenkessel (Hg)	Ortschronik Altenkessel	Schwalbach 1994
Are	Arend, Werner	Dudweiler Straßennamen im Wandel der Zeiten, in: Historische Beiträge der Dudweiler Geschichtswerkstatt 3	Saarbrücken-Ensheim 1994
Bal1	Ballas, Helmut	Gouvy vom Stahlhammer in Goffentaine, in: Historische Beiträge der Dudweiler Geschichtswerkstatt 9	Saarbrücken-Ensheim 2006
Bal2	Ballas, Helmut	Scheidterberg gestern und heute	Saarbrücken 2002
Bal3	Ballas, Helmut; Krieger, Berndt	750 Jahre Scheidt	St. Ingbert 1985
Bal4	persönliche Information von Helmut Ballas, Saarbrücken-Scheidt		
Bau	Bauer, Gerhard	Die Flurnamen der Stadt Saarbrücken	Bonn 1957
BbFch	Gemeinde Brebach-Fechingen; Lithart, Willibrord (Hg)	Brebach-Fechingen einst und jetzt	Saarbrücken 1973
Bio	Conrad, Joachim	Internetseite www.saarland-biografien.de	Püttlingen 2018
Bisch	Karg, Werner; Geschichtswerkstatt (Hg)	Bischmisheim	Ottweiler 1994
Bre1	Amt Brebach Saar (Hg)	150 Jahre Amt Brebach	Brebach 1954
Bre2	Geschichtswerkstatt Brebach (Hg)	Brebach in alten Ansichten	Zaltbommel 1995
Bru1	Brunner, Florian	Unterirdisches Saarbrücken	Saarbrücken 2011
Bru2	Brunner, Florian	Saarbrücken – Entdeckungen von oben	Saarbrücken 2014
Bru3	persönliche Information von Florian Brunner, Saarbrücken		

Kürzel	Autor/Herausgeber	Titel	Ort, Jahr
Büch	Büch, Carl	Flurnamen-Sammlung vom Gersweiler Raum	Gersweiler 1969
Bün	Bünte, Hans	Kleine Saarbrücker Stadtgeschichte	Regensburg 2009
Bung	Bungert, Gerhard (Hg)	Straßen im Saarland	Saarbrücken 2014
Car	Pickuth, Dirk (Hg)	Gesundheit für Generationen – die Geschichte der Caritasklinik St. Theresia	St. Ingbert 2011
Cen	Cenkel, Jak; Kabioll, Thomas	Saarbrücker Straßennamen hinterfragt	Saarbrücken 1989
Chri	Christmann, Ernst	Wege, Ziele und Bedeutung der Flurnamenforschung, in: Saarbrücker Hefte 11/1960	Saarbrücken 1960
DHb	Heimatverein St. Arnual e.V. (Hg)	Daarler Heimatbuch	Saarbrücken / Dillingen 1988
DRW	Heidelberger Akademie der Wissenschaften (Hg)	Deutsches Rechtswörterbuch www.deutsches-rechtswoerterbuch.de	Heidelberg 2017
Dud	Landeshauptstadt Saarbrücken, Stadtbezirk Dudweiler (Hg)	1000 Jahre Dudweiler	Saarbrücken 1977
DuStr	Jakobs, Reinhard; Sauer, Helmut; Wahl, Gerhard	Straßenlexikon Dudweiler, Herrensohr, Jägersfreude	Saarbrücken 2017
Eck	persönlicher Hinweis von Hans Eck, Saarbrücken		
Eis	Zimmer, Engelbert	Die Saarbrücker Eisenbahnverwaltung im Wandel der Zeit 1847 - 1857	St. Ingbert 1959
ens	Glass, Paul	Internetseite www.ensheim-saar.de	Saarbrücken 1997 - 2015
Eschb	Hofplatzverein (Hg)	Der historische Eschberg	St. Ingbert 1994
Flä	persönliche Information von Thomas Fläschner, Saarbrücken		
Frau	FrauenSichtenGeschichte (Hg)	... wegweisend, mehr Frauenstraßennamen für Saarbrücken	Saarbrücken 2011
Fre	Freyer, Rainer	Saar-Nostalgie, Band 1 und Band 2	Saarbrücken 2014 & 2015
Frie	Landeshauptstadt Saarbrücken (Hg)	Der Friedhofswegweiser, 2. Ausgabe	Leipzig 2012
Fry	persönliche Information von Lutz Frey, Mandelbachtal-Wittersheim		

Kürzel	Autor/Herausgeber	Titel	Ort, Jahr
Fuß	Albers, Jürgen; Blaß, Ursula; Bubel, Dirk; Glaser, Harald (Hg)	Saarbrücken zu Fuß – 17 Stadtteilrundgänge	Hamburg 1989
GA	Ausgabe(n) des Gersweiler Anzeigers, i.d.R. mit Datumsangabe		
Gas	Stadtwerke Saarbrücken (Hg); Voltmer, Erich	125 Jahre Gas für Saarbrücken	Dillingen 1982
Gers	Scherer, Gertrud; Conrad, Joachim	Gersweiler in alten Ansichten (Band 1 und 2)	Zaltbommel 1983/1989
Gla	persönliche Information von Paul Glass, Fichtenberg		
Gri	Griebler, Leo	Herrenland in Saarländischen Flurnamen, in: Saarheimat 1/1960	Saarbrücken 1960
Grt	Grittmann, Eugen	80 Jahre Saarbrücker Zoo	Saarbrücken 2012
Güd	Gemeinde Güdingen (Hg)	Güdinger Dorfbuch	Saarbrücken 1973
Hahn	persönliche Information von Manfred Hahn, Saarbrücken		
Hau	persönliche Information von Prof. Dr. Wolfgang Haubrichs, Saarbrücken		
Hel	Hellwig, Fritz	Die Saarwirtschaft und ihre Organisationen (Festschrift)	Saarbrücken 1939
Herr	Herrmann, Hans-Walter	Die Stiftskirche in Saarbrücken/St. Arnual	Saarbrücken-Dudweiler 1997
Herr2	Herrmann, Hans-Christian; Bauer, Ruth; Schmidt, Kathrin (Hg)	Schaufenster des Lebens – 150 Jahre Bahnhofstraße Saarbrücken	Marpingen 2014
HeSA	Heimatverein St. Arnual e.V. (Hg)	Es Daarler Heftsche – Der Flughafen / Die bauliche Entwicklung	Saarbrücken 1991
Hopp	Hoppstädter, Kurt	Die Entstehung der saarländischen Eisenbahnen	Saarbrücken 1961
HSe	persönliche Information von Harald Seiler, Saarbrücken-Güdingen		
HVG	Heimatkundlicher Verein Gersweiler-Ottenhausen e.V. (Hg)	Zwischen Saar und Aschbach	Merzig/Saarbrücken 1998
Int	Internetseiten der jeweiligen Vereine, Organisationen, Einrichtungen, Kirchengemeinden, Gebietskörperschaften oder sonstiger Betreiber		
Joch	Jochum-Godglück, Christa	Straßennamen von Saarbrücken (Vortrag, unveröffentlicht)	Saarbrücken, ohne Jahr

Kürzel	Autor/Herausgeber	Titel	Ort, Jahr
Jüng	Jüngst, Karl Ludwig	Neues zur Salzgewinnung in Dudweiler 1730-1736, in: Historische Beiträge der Dudweiler Geschichtswerkstatt 11	Saarbrücken 2014
Karg	persönliche Information von Werner Karg, Saarbrücken-Bischmisheim		
KiMa	Evangelisches Pfarramt Malstatt	1000 Jahre Kirche Malstatt 960-1960	Saarbrücken 1960
Klar	Gemeinde Klarenthal (Hg)	Gemeinde Klarenthal 1662-1962	ohne Ort 1962
Klau	Klauck, Hans Peter	Lexikon der saarländischen Orte, Gehöfte, Mühlen, Industrieanlagen ...	Saarlouis 2008
KlNf	Kloevekorn, Fritz; Neufang, Oskar Friedrich	Geschichte des Brauwesens im Saarland	Saarbrücken 1953
Kloe	Kloevekorn, Fritz	Saarbrückens Vergangenheit im Bilde	Saarbrücken 1934
Knf	Knauf, Rainer	Zivile und militärische Friedhofs- und Grabmalgestaltung im 20. Jahrhundert – der Saarbrücker Hauptfriedhof	Saarbrücken 2010
Köll	Köllner, Adolph	Geschichte der Städte Saarbrücken und St. Johann, Band 1 und 2	Saarbrücken 1865
Kug	persönliche Information von Karl-Ernst Kugler, Mandelbachtal-Ormesheim		
Lagis	Internetseite des landesgeschichtlichen Informationssystems des Landes Hessen mit mittel- und südhessischem Flurnamenbuch, www.lagis-hessen.de		Marburg 2018
Lang	Langenbahn, Albrecht	Die Bedeutung unserer Rodenhofer Straßennamen, in: Rodenhof-Info Mai 2011	Saarbrücken 2011
Lauf	Laufer, Wolfgang (Hg)	Bübingen – ein Dorf im alten Reich	Saarbrücken 1989
Lauf2	Laufer, Wolfgang	Bübingen – vom Bauerndorf zum Industrieort 1815-1914	Saarbrücken 2018
Leo	Leonardy, Heribert J.; David, Karlheinz	Leben im Stadtteil Rodenhof	Saarbrücken 2015

Kürzel	Autor/Herausgeber	Titel	Ort, Jahr
Lex	Allgemein zugängliches, lexikalisches Wissen aus u.a. www.wikipedia.org und Brockhaus		
LHS	Landeshauptstadt Saarbrücken	Tabellarische Straßendatenbank (unveröffentlicht)	Saarbrücken 2015
LuGy	Ludwigsgymnasium (Hg)	400 Jahre Ludwigsgymnasium	Saarbrücken 2004
Mel	Melcher, Ralph	Die Saarbrücker Schlosskirche	Dillingen 2009
Mor	persönliche Information von Pfarrer Reiner Morsch, Saarbrücken		
Mur	Murawski, Hans	Geologisches Wörterbuch	Stuttgart 1992
Näh	Näher, Gustav Adolf	Scheidt und seine Geschichte	Saarbrücken 1985
Nest	persönliche Information von Peter Nest, Saarbrücken-Klarenthal		
Neu	Neufang, Gerhard	Das Stammhaus der Familie Neufang in Saarbrücken (unveröffentlicht)	Saarbrücken 2002
Oem	persönliche Information von Stefan Oemisch, Erzhausen sowie Internetseite www.rastpfuhl.info		
Paul	Paul, Minoti	Der Ludwigsberg – Fürstliche Gartenkunst in Saarbrücken 1769-1793	Saarbrücken 2009
PfWB	Internetseite Pfälzisches Wörterbuch, www.woerterbuchnetz.de/PfWB		Mainz 1965-1998
Phi	eigenes Wissen, eigene Vermutungen und Schlussfolgerungen des Autors		
Put	Cornelsen, Velhagen & Klasing (Hg)	Putzger, Historischer Weltatlas	Bielefeld 1986
Qui	Müller, Rainer W; Staerck, Dieter (Hg)	Quierschied – die Gemeinde im Saarkohlenwald	Quierschied 1998
Roth	persönliche Information von Julius Roth, Saarbrücken-Burbach		
Rupp	Ruppersberg, Albert	Geschichte der ehemaligen Grafschaft Saarbrücken 1.-3. Teil	Saarbrücken 1908-1913
Rupp2	Ruppersberg, Albert	Saarbrücker Kriegschronik	Saarbrücken 1895

Kürzel	Autor/Herausgeber	Titel	Ort, Jahr
Ruth	Ruth, Karl-Heinz	Stollen und Schächte des Saarbergbaus, 26 Einzelhefte	ohne Ort ohne Jahr
RVS	Regionalverband Saarbrücken (Hg)	200 Jahre Landkreis Saarbrücken - von Preußens Rand zum Regionalverband	Saarbrücken 2016
SBK	Artikel aus einer Ausgabe des Saarbrücker Bergmannskalenders, mit Jahresangabe		
Schab	Schabert, J. Gottfried; Saam, Rudolf	Dudweiler Akzente - Zeichnungen und Betrachtungen	Saarbrücken-Ensheim 1984
Schar	Scharwath, Günter	Das große Künstlerlexikon der Saar-Region	Saarbrücken 2017
Schi1	Schindler, Reinhard	Die Mithrashöhle von Saarbrücken	Saarbrücken-Ensheim 1989
Schi2	Schindler, Reinhard	Studien zum vorgeschichtlichen Siedlungs- und Befestigungswesen des Saarlandes	Trier 1968
Schl	Schleiden, Karl-August	Straßennamen, in: Kohle, Kähne, Kußverwandtschaft	Saarbrücken 1998
Schm1	Schmitt, Roland (Hg)	Von Bächen und Brunnen, von Quellen und Teichen	Saarbrücken-Eschringen 1998
Schm2	Schmitt, Roland	Zur Geschichte des Weinbaus im Bliesgau und an der oberen Saar	Wiesbaden 2010
Schm3	persönliche Information von Roland Schmitt, Saarbrücken-Eschringen		
SLM	Saarland Museum (Hg)	Saarland Museum Saarbrücken - Prestel-Museumsführer	München 1999
SLWB	Bungert, Gerhard	Saarländisch - So schwätze und so schreiwe mir	Saarbrücken 2016
Slo	persönliche Information von Delf Slotta, Saarbrücken-Bischmisheim		
Spa	Spang, Rolf	Die Gewässernamen des Saarlandes	Saarbrücken 1982
Spu1	Brunner, Florian; Philipp, Markus	Saarbrücker Spurensuche - Eine Reise zu sichtbaren Geheimnissen der Stadt	Saarbrücken 2015

Kürzel	Autor/Herausgeber	Titel	Ort, Jahr
Spu2	Brunner, Florian; Philipp, Markus	Saarbrücker Spurensuche Band 2 – Neue Reisen zu sichtbaren Geheimnissen der Stadt	Saarbrücken 2017
Stae	Staerck, Dieter	Die Wüstungen des Saarlandes	Saarbrücken 1976
Ste	Steuer, Sebastian	Die Entwicklung der Saarbrücker Brauindustrie (Diplomarbeit, unveröffentlicht)	Schwalbach 2014
StJo	Katholische Kirchengemeinde St. Josef	50 Jahre Pfarrkirche St. Josef Saarbrücken/Malstatt	Saarbrücken 1961
Stpl	Stadtpläne aus den Jahren 1600, 1780, 1880, 1903, 1912, 1914, 1927, 1933, 1938, 1949. 1950, 1960, 1970, 1972, 2008, 2017 sowie amtliche topographische Karten des 19., 20. und 21. Jahrhunderts		
SU1	Bekanntmachung über Straßenumbenennungen im Stadtgebiet durch den Oberbürgermeister vom 24.11.1945 (Archiv Julius Roth)		
SZ	Ausgabe(n) der Saarbrücker Zeitung, i. d. R. mit Datumsangabe		
Thä	persönliche Information von Norbert Thäder, Saarbrücken-Bischmisheim		
VKS	Isberner, Roland/Kesternich, Hubert	Völklinger Straßen gestern und heute	Völklingen 2012
Wesz	persönliche Information von Stefan Weszkalnys, Saarbrücken		
Wil	Wilhelm, Helmut & Alexander (Hg)	Ortschronik Ensheim	Saarbrücken-Ensheim, ohne Jahr
Witt	Wittenbrock, Rolf (Hg)	Geschichte der Stadt Saarbrücken Band 1 und 2	Saarbrücken 1999
Zim1	Zimmer, Werner	Flitsch und Rehbach, zwei Straßen im Dudweiler Nordosten: in: Historische Beiträge der Dudweiler Geschichtswerkstatt 7	Saarbrücken-Ensheim 2002
Zim2	Zimmermann, Walther	Die Kunstdenkmäler der Stadt Saarbrücken und des Landkreises Saarbrücken	Düsseldorf 1932

Bildquellen

Florian Brunner: S. 103, S. 150, S. 174, S. 225, S. 239, S. 241, S. 280, S. 282, S. 314, S. 341, S. 386, S. 389, S. 401, S. 407, S. 408, S. 426, Titelmotiv.

Markus Philipp: S. 31, S. 49, S. 54, S. 81, S. 232, S. 266, S. 288, S. 382, S. 391.

Ernst Schmitt GmbH: S. 19

Foto Autor S. 451: privat

Landeshauptstadt Saarbrücken: Stadtplan Titel

Dank dem Bauhof Mitte der Landeshauptstadt Saarbrücken und dem Schilderlieferanten Hausalit GmbH in Sulzbach/Saar für Einblicke in ihre Schilderlager und die Fertigung.

Zum Autor

Markus Philipp (*1974 in Saarbrücken) hat seine Passionen zum Beruf gemacht. Der diplomierte Geograph ist seit 1999 als Exkursionsleiter und Gästeführer tätig. Seine Schwerpunkte sind dabei Stadt- und Stadtteilführungen in Saarbrücken sowie Tagesfahrten nach Lothringen, die er freiberuflich anbietet. Er war bis 2009 hauptberuflich und bis 2016 als Vorstandsmitglied für den Verein Geographie ohne Grenzen e.V. tätig, für den er sich bis heute ehrenamtlich engagiert. Er interessiert sich seit Jahren für seine Heimatstadt. Dabei liegen inhaltliche Schwerpunkte im Bereich ÖPNV (v.a. Geschichte der „Straßenbahnen im Saartal") und der Saarbrücker Brauereigeschichte. Er hat über die Jahre eine umfangreiche Sammlung zu den genannten Themen, Saarbrücker Postkarten und regionale Literatur zusammengetragen. Hauptberuflich arbeitet er als Verkehrsplaner im öffentlichen Dienst.